```
SUSANNE VAN CLEVE
POSTFACH 61 30 20
D - 10941 BERLIN
TEL.: 030 / 692 17 47
```

Mac
für Dummies

David Pogue

Mac für Dummies

Lassen Sie sich vom Apple verführen!

Übersetzung aus dem
Amerikanischen von
Markus Bill und Claudia Koch

Die Deutsche Bibliothek – CIP-Einheitsaufnahme:

Pogue, David:
Mac für Dummies / David Pogue. Übers. aus dem Amerikan. von
Markus Bill und Claudia Koch. - Bonn : MITP-Verlag, 2001
Einheitssacht.: Macs For Dummies <dt.>
ISBN 3-8266-2909-4

ISBN 3-8266-2909-4
4. Auflage 2001

Alle Rechte, auch die der Übersetzung, vorbehalten. Kein Teil des Werkes darf in irgendeiner Form (Druck, Fotokopie, Mikrofilm oder einem anderen Verfahren) ohne schriftliche Genehmigung des Verlages reproduziert oder unter Verwendung elektronischer Systeme verarbeitet, vervielfältigt oder verbreitet werden. Der Verlag übernimmt keine Gewähr für die Funktion einzelner Programme oder von Teilen derselben. Insbesondere übernimmt er keinerlei Haftung für eventuelle aus dem Gebrauch resultierende Folgeschäden.

Die Wiedergabe von Gebrauchsnamen, Handelsnamen, Warenbezeichnungen usw. in diesem Werk berechtigt auch ohne besondere Kennzeichnung nicht zu der Annahme, dass solche Namen im Sinne der Warenzeichen- und Markenschutz-Gesetzgebung als frei zu betrachten wären und daher von jedermann benutzt werden dürften.

Übersetzung der amerikanischen Originalausgabe:
David Pogue: Macs For Dummies, 7th Edition

© Copyright 2001 by MITP-Verlag GmbH, Bonn
Original English language edition text and art copyright © 2000 by IDG Books Worldwide, Inc.
All rights reserved including the right of reproduction in whole part or in part in any form.
This edition published by arrangement with the original publisher, IDG Books Worldwide, Inc.,
Foster City, California, USA.

Printed in Germany

Ein Unternehmen der verlag moderne industrie AG & Co. KG, Landsberg

Lektorat: Anita Kucznierz
Korrektorat: Johanna Schmitz
Herstellung: Dieter Schulz
Satz und Layout: Lieselotte und Conrad Neumann, München
Umschlaggestaltung: Sylvia Eifinger, Bornheim
Druck: Media-Print, Paderborn

Inhaltsverzeichnis

Einführung — 19
    Wer braucht dann noch ein Mac-Buch? — 19
    Wie Sie dieses Buch nutzen sollten (nicht nur als Mouse Pad) — 20
        Macintosh-Messen — 20
        Wichtiges besser im Blick — 20
    Apple und immer wieder etwas Neues — 21

Teil I
Für den absoluten Computer-Neuling — 23

Kapitel 1
Den Mac einschalten (und was dann zu tun ist) — 25
    Die Verpackung ist geöffnet – was nun? — 25
        Den Mac einschalten — 25
        Die Start-Dia-Show — 26
    Die ersten Momente mit Ihrem Mac — 27
        Der Setup-Assistent – und Ihre Mac Ausführung — 27
        Die Maus bewegen — 28
        Was ist ein Menü? — 29
        Den Mac ausschalten — 29
        Dinge über den Schreibtisch bewegen — 31
        Symbole, Fenster und die Macintosh-Sprache — 32
        Die Kontrollleiste der Fenster — 33
        Alles funktioniert — 34
        Doppelklick in Theorie und Praxis — 36
        Mehrere Fenster — 37
        Mit Listen arbeiten — 37
        Die einfachste Hausaufgabe bisher — 38
        Wo finden Sie Unterstützung — 38
        Eine Verschnaufpause — 40

Kapitel 1,5
High Tech leicht gemacht — 41
    So arbeitet der Mac — 41
        Speichern mit Platten — 41
        Das Prinzip der Festplatte — 41

Das Gedächtnis begreifen　42
　　Wo sind die Megabytes?　43
　　RAM verstehen　43
　　Alles zusammengefasst　45
　　Ich habe meine gesamte Arbeit verloren　46
　　Die zehn Unterschiede zwischen Arbeitsspeicher und Festplatte　46

Kapitel 2
Fenster, Symbole und Papierkorb　49

　　Geschickt ändern　49
　　　Ordnermania　49
　　　Die Tastatur-Kurzbefehle　50
　　　Etwas in den Papierkorb legen　55
　　Zehn Tipps für Fenster, Symbole und Papierkorb　57

Kapitel 3
Immer wieder auf dem aktuellen Stand　61

　　Die Therapie gegen Alterung　61
　　Investition Nr. 2: Software kaufen　62
　　　Wo bekommen Sie die Software　62
　　　Ihr erstes Programm　63
　　Die Schreibtischprogramme　64
　　　Der Rechner　64
　　　Der Notizblock　64
　　　Den Text auswählen　65
　　　Das Grundprinzip menschlicher Anstrengung: Kopieren und Einfügen　66
　　　Das Menü Programme　66
　　Kontrollfelder　70
　　Die wichtigsten zehn Kontrollfenster　71

Kapitel 4
Schreiben, Sichern und Wiederfinden　73

　　Ihr erster Bestseller　73
　　　Die drei wichtigsten Regeln der Textverarbeitung　73
　　　Das Experiment kann beginnen　75
　　　Anmerkungen für die Sprachbegabten　77
　　　Verblüffende Funktion: Ziehen und Ablegen (Drag&Drop)　79
　　Schriftarten und Schrifteinstellungen　83
　　　Die Rückkehr des Zeilenumbruchs　84
　　　Attraktive Schriften in großer Auswahl　85
　　　Textausrichtung　86

Arbeiten mit Dokumenten	87
Erkunden Sie das Dialogfenster	88
Eine Datei schließen und Aufatmen	93
Wie Sie herausfinden, was so passiert	94
Wie man alles wieder zurückbekommt	94
Verrückte Beziehungen: Eltern und Kinder	95
Zwischenspiel: Wie man ein Dokument zurückbekommt	95
Noch einmal speichern!	97
Back-Up von Mac Dateien	98
Sicherheitskopien sind wichtig	98
Wo ist das Floppy Laufwerk?	98
Einlegen einer externen Platte	99
Dokumente auf einen Datenträger kopieren	100
Und wie bekommen Sie den Datenträger wieder aus dem Laufwerk?	100
Wie man etwas wiederfindet, was man gerade verloren hat	101
So finden Sie goldene Worte in Ihren Dateien und im Internet	103
Sherlock ganz anders	103
Zehn wichtige Tipps für die Textverarbeitung	104

Kapitel 5
Ein kleiner Ausflug zu Druckern, Drucken und Schriften   107

Tintenstrahldrucker	107
Einen Tintenstrahldrucker mit USB-Schnittstelle anschließen	108
Einen älteren Tintenstrahldrucker anschließen	109
Laserdrucker	110
Einen modernen Laserdrucker anschließen	111
Nach all dem können Sie endlich drucken	112
Mit dem Tabulator in Dialogfeldern arbeiten	112
Im Hintergrund drucken	113
Drucken abbrechen	115
Die zehn wichtigsten Wahrheiten über Schriften	115

Teil II
Internet leicht gemacht   119

Kapitel 6
So finden Sie Ihren Weg ins Internet   121

Erstens: Das Modem	122
America Online (AOL) oder direkt ins Internet?	123
America Online (AOL), der Cyber-Lebensmittelladen	124
Suchen mit Symbolen	126

Suchen mit Suchbegriffen	126
Wie Sie Ihren Weg zu den guten Hilfen wiederfinden	127
Die E-Mail Verbindung	127
Die Online-Party Verbindung	128
Hinter dem Rücken der anderen miteinander sprechen	129
Wie Sie kostenlose Software finden – und bekommen	130
Einen direkten Internet-Zugang (ISP) anmelden	130
Was passiert im Internet?	131
E-Mail	131
Newsgroups	131
Das World Wide Web	133
Die Verbindung wieder trennen	133
Downloads, die sich nicht öffnen lassen	135
StuffIt Expander: Kostenlos und ganz einfach	136
Downloads, die sich nicht öffnen lassen	137
Zehn gute und schlechte Aspekte des Internet	138

Kapitel 7
Web ohne Grenzen – zum Kennenlernen 141

Surfen im Internet ist kinderleicht – mit einem Klick	141
Mit AOL	142
Ins Web per ISP	143
Wohin im Web gehen – und was dort tun?	143
Mehr zu einem speziellen Thema finden	145
Suchen mit Sherlock	149
Ein noch einsatzfreudigerer Sherlock	150
Nützliche Webseiten – allerdings nur die Spitze des Eisbergs	152
Navigator gegen Explorer – wer ist besser?	153
Wählen Sie Ihre Waffe	153
Einfach den Namen eingeben	153
So bekommen Sie PlugIns	153
Und wo sind Sie zu Hause?	154
Schneller – bitte, das muss doch schneller gehen!	154
Lesezeichen setzen	156
Wenn das ständige Geblinke nervt	156
Den Zugang ins Internet teilweise für Kinder verschlossen halten	157

Kapitel 8
E-Mail für Sie und Ihn 159

Ihr Zugang zu E-Mail	159
Eine E-Mail verschicken	160
Eine E-Mail erhalten	161

Eine erhaltene E-Mail gelesen – was nun?	162
Dateien an eine E-Mail anhängen	164
Eine Datei senden	164
Eine Datei an jemanden senden, der einen Windows-Rechner hat	165
Eine Datei empfangen	166
Das Anti-Müll-Mail-Handbuch	167

Teil III
Software-Kompetenz   169

Kapitel 9
Word, Palm Desktop und iMovie   171

Microsoft Word 2001	171
Ansichten	172
Die Seitenränder verändern	173
Die Invasion der Werkzeugleiste	174
Die Formatierungspalette	175
Seien Sie vorsichtig auf dem Streifen	177
Text durch Ziehen bewegen	178
Rechtschreibung, Grammatik und Wortwahl überprüfen	178
Die Auto-Formatierung abschalten	179
Seitennummerierung	179
Wie Sie überflüssige Menübefehle abschalten	180
Hilfe bekommen – und schräge Animationen	180
Palm Desktop	181
Den Palm Desktop installieren	182
Der Kalender	182
Banner	186
Die Kontaktliste (Adressbuch)	187
Die Task-Liste	190
Die Notizliste	191
Die Magie des Instant Palm Desktop	191
iMovie 2	193
Alles dabei?	194
Ihr Leben filmen	195
Schritt 1: Das Rohmaterial in ein iMovie verwandeln	195
Benennen, Abspielen und Zurechtschneiden von Clips	198
Schritt 2: Den Film zusammenbauen	200
Schritt 3: Ein Publikum finden	204

Kapitel 10
Ein großes Kapitel über AppleWorks — 207

- Ihre erste Datenbank — 209
  - Es ist Zeit für die Dateneingabe — 210
  - Den Serienbrief erstellen — 215
- Das Element »Zeichnung« — 218
  - Zeichenkonzepte — 219
  - Einen Briefkopf erstellen — 221
  - Die Wiederkehr von Kopieren und Einfügen — 223
- AppleWorks: Die etwas andere Tabellenkalkulation — 224
  - Die nicht so tolle Gesamtsumme — 224
  - Die guten Nachrichten — 227
  - Die endgültige Analyse — 228
- Weitere coole Funktionen von AppleWorks — 230
  - Ein kleines Gemälde — 230
  - Eine kleine Diashow — 232

Kapitel 11
Pixeltricks: Graphik leicht gemacht — 235

- Woher die Bilder kommen — 235
  - Das Internet — 235
  - Scanner — 237
  - Digitalkameras — 239
  - Kodak PhotoCDs — 239
- Was Sie mit Bildern machen können — 239
  - Sie können sie anderen per E-Mail schicken — 240
  - Ein Bild auf die Webseite stellen — 241
  - Bilder ausdrucken — 241
  - Bepflastern Sie den Schreibtisch Ihres Mac — 241

Kapitel 12
Der Systemordner – das Nähkästchen des Mac — 243

- Der Systemordner Schritt für Schritt erklärt — 243
  - Erscheinungsbild / Application Support — 244
  - Der Apple-Menü Ordner — 244
  - Der Kontext-Menü Ordner — 247
  - Der Ordner Kontrollleistenmodule — 247
  - Der Ordner Kontrollfelder — 247
  - Der Ordner Systemerweiterung — 257
  - Der Ordner Preferences — 263
  - Noch weitere spezielle Ordner — 263
  - Andere Dokumente im Systemordner — 265

Teil IV
Was Ihr Mac alles noch kann — 267

Kapitel 13
Die Ausstattung kennt keine Grenzen — 269

- Die Options-Taste noch effektiver einsetzen — 269
  - Alle Fenster auf einmal schließen — 269
  - Der stille Papierkorb — 270
  - Multitasking-Methoden — 270
- Verborgene Eigenschaften — 272
  - Ein Alias einer Datei erstellen — 272
  - Der Mac Programm-Umschalter — 275
  - Die Bildschirmauflösung verändern — 275
- Ihr ganz individueller Computer — 276
  - Legen Sie sich eigene Symbole an — 276
  - Den eigenen Bildschirm-Hintergrund erstellen — 277
  - Den Symbolen eigene Farben geben — 278
- Window-Mania — 279
  - Ansichten und Fenster-Voreinstellungen — 279
  - Hallo, Ihr Fenster — 281
  - Zu- und aufgehende Fenster — 282
- Die Mac-Tastatur: Etwas anders als Vaters Schreibmaschine — 283
  - Viel Spaß mit Funktionstasten — 285
- Mehrere Benutzer (Mac OS 9) — 287
  - Die großartige Idee — 287
  - Die Einrichtung mehrerer Benutzer — 288
  - Die Mehrere Benutzer-Funktion benutzen — 290

Kapitel 14
USB, Ethernet, AirPort und andere imponierende Schnittstellen — 293

- USB Nimble, USB Quick — 293
  - Wo sind die USB's? — 294
  - Ein neues USB-Gerät anschließen — 294
  - Mehr USB-Geräte anschließen — 294
- Ethernet leicht gemacht — 295
  - Einen Mac mit einem anderen Mac verbinden — 296
  - Ein lebendiges, das ganze Büro umfassendes Ethernet-Netzwerk aufbauen — 298
- Drahtlos ins Internet mit AirPort — 300
  - Die AirPort-Karte installieren — 301
  - Online mit der Basis-Station — 301
  - Den Mac als Basisstation nutzen — 303
  - Die Kommunikation zwischen Mac und Mac — 304

Kapitel 15
Das Buch von iBook und PowerBook — 307

- iBook contra PowerBook — 307
- Wie versorge ich meinen Laptop? — 308
  - Schlaf ist gut. Wir lieben Schlaf — 308
  - Vor- und Nachteile der Batterien — 309
- Die Leistungsfähigkeit des Trackpads ausnutzen — 310
- Die Tastatur: Nicht die Schreibmaschine Ihres Opas — 312
- Einen Laptop besitzen und ab durch die Mitte — 314
  - Röntgengeräte und Sie — 315
  - Verzweiflungstaten — 315
  - Eingebaute Drucker — 315
- Die besten Tipps, um die Leistung Ihrer Batterie zu erhöhen — 316

Teil V
Fehlerbehebung leicht gemacht — 319

Kapitel 16
Wenn Ihrem Mac etwas Schlechtes widerfährt — 321

- Ein Blick in den Computer-Alptraum — 321
- Der Mac ist abgestürzt oder steht — 322
  - So tauen Sie das eingefrorene System auf — 322
  - So vermeiden Sie wiederholten Systemstillstand — 323
- Probleme in einem Programm — 323
- Fehlermeldungen — 324
  - »Anwendung/Programm nicht gefunden« — 325
  - »Sie haben keine Zugangsberechtigung« — 327
  - »DNS Entry not found« oder »Error 404« — 327
  - »Es ist nicht genug Speicherplatz verfügbar« — 327
  - »Die Anwendung wurde unerwartet beendet« — 327
  - Nummerierte Fehlermeldungen — 328
- Nicht genügend Arbeitsspeicher vorhanden — 328
  - Erster Versuch: Schließen Sie einige Programme — 329
  - Zweiter Versuch: Defragmentieren Sie Ihren RAM-Speicher — 329
  - Dritter Versuch: RAM-Doubler — 330
  - Vierter Versuch: Den virtuellen Speicher nutzen — 330
  - Letzter Versuch: Kaufen Sie einfach mehr Arbeitsspeicher — 332
- Startprobleme — 332
  - Kein Ton, kein Bild — 332
  - Bild – aber kein Ton — 332
  - Ein Fragezeichen blinkt auf dem Bildschirm — 333

Der Einschaltknopf auf der Tastatur funktioniert nicht ... 334
Manche Programme werden geöffnet, wenn Sie den Mac einschalten ... 334
Probleme mit dem Drucker ... 334
Der Tintenstrahldrucker druckt nur weiße Blätter ... 334
Finder-Fehler ... 335
    Eine Datei lässt sich nicht umbenennen ... 335
    Eine Disk lässt sich nicht umbenennen und nicht auswerfen ... 335
    Alle Symbole werden schwarz angezeigt ... 335
    Es ist der 1. Januar 1904 ... 335
Speicher-Chaos (Floppies, Zips, CD und Co.) ... 336
    Eine CD vibriert sehr stark ... 336
    Sie können kein neues Programm von einer SuperDisk installieren ... 336
Das CD-Laufwerk öffnet sich nicht ... 337
Alles geht so langsam ... 337
Die Hardware macht Kopfschmerzen ... 337
    Die Maus spielt nicht mehr mit ... 337
    Doppelklick funktioniert nicht ... 338
    Der Bildschirm ist zu klein ... 338
    Ihr Bildschirm »tanzt« ... 339

Kapitel 17
Noch mehr Hilfen bei Problemen   341

Die Schreibtischdatei aufräumen ... 341
Das Parameter-RAM zurücksetzen ... 342
Der erstaunliche »Sofort-Beenden« Tastaturbefehl ... 342
Der Neustart-Knopf ... 343
Einen Konflikt mit Systemerweiterungen beheben ... 343
Einem Programm mehr Speicherplatz zuweisen ... 345
Das System komplett neu installieren ... 347
    Schritt 1: Die neue Software installieren ... 347
    Schritt 2: Ihre persönlichen Einstellungen übertragen ... 347
    Andere Wege, um Ihren Mac zu aktualisieren ... 349
Die Festplatte defragmentieren ... 350

Kapitel 18
Mac OS X: Das System der Zukunft   353

Ein Überblick ... 354
    Das finden Sie im Dock ... 355
        Fenster-Durcheinander ... 356
        Zurück zu Mac OS 9 ... 357
Sollten Sie umstellen? ... 358

Kapitel 19
Was es rund um den Mac alles gibt — 359

- Wenn dann doch einmal Fragen auftreten sollten — 359
  - 15 Minuten kostenlose Hilfe für Sie — 359
  - Servicepauschale — 360
  - Adressen, bei denen Sie kostenlose Hilfe erhalten — 360
- Upgrade auf Mac OS 9 und darüber hinaus — 360
- Die Änderungen vor dem Schließen sichern — 361

Teil VI
Was noch wichtig ist — 363

Kapitel 20
Zehn Geräte zum Kaufen und Anschließen — 365

- Ein Scanner — 365
- Eine Digitalkamera — 366
- Eine Maus — 366
- Ein Joystick — 367
- Lautsprecher oder Kopfhörer — 367
- Der Harmon/Kardon Subwoofer — 368
- Musik und MIDI — 368
- Ein Projektor — 369
- Zip, SuperDisk und Co. — 369
- Eine Filmkamera — 370

Kapitel 21
Zehn Dinge, von denen Sie bestimmt nicht dachten, dass Ihr Mac sie kann — 371

- Musik-CDs abspielen — 371
- Sprechen »Speech« — 372
- Singen — 373
- Filme abspielen — 373
- Faxe verschicken — 374
- Faxe empfangen — 376
- Wissen in der Tasche — 376
- Ton aufnehmen — 377
  - Ton aufnehmen geht so: — 377
  - Die Lautstärke des Mac einstellen — 378
- Mit Windows Programmen arbeiten — 378
- Fotos ausdrucken — 379

Teil VII
Anhang   381

Anhang A
Wie Sie einen Mac kaufen und einrichten   383

Anhang B
Weitere Schätze   391

    Zeitschriften   391
        Englische Zeitschriften   391
        Deutsche Zeitschriften   391
        User Groups   391
        Online bestellen   392
        Die Mac Webseiten   392

Stichwortverzeichnis   393

Einführung

Wenn Sie sich einen Mac gekauft haben, dann sind Sie wahrscheinlich unglaublich klug (oder hatten nur Glück). Sie sind nämlich so ziemlich allen Schwierigkeiten, allem Frust und Ärger aus dem Weg gegangen, den man normalerweise nach dem Kauf eines Computers hat. Sie haben unheimlich viel Geld gespart, trotzdem besitzen Sie jetzt eine schnelle und moderne Maschine. Außerdem haben Sie Ihrem Büro einen neuen Blickfang hinzugefügt. (Vor allem, wenn Sie sich einen Mac in einer der Designerfarben zugelegt haben.)

Das moderne Mac-Modell verfügt bereits über alles, was Sie bei einem Computer brauchen: ein Modem (um das Internet und E-Mail zu benutzen) und einen ausgezeichneten Farbbildschirm (nur in den Power Mac-Modellen ist dieser nicht eingebaut). Einen Computer als bequemes Bundle zu verkaufen – diese Idee ist nicht neu. Dennoch hat sie selten so gut funktioniert. Außerdem kam es bisher noch nie vor, dass diese geniale Ausrüstung in einem futuristischen Outfit daherkommt und sich sogar noch ohne Weiteres ins nächste Zimmer tragen lässt, ohne dazu alle verfügbaren Freunde um Hilfe zu bitten.

Wer braucht dann noch ein Mac-Buch?

Gute Frage, wenn der Mac wirklich so einfach ist.

Nun, bei all den guten Dingen, die der Mac von Hause aus mitbringt – ein Bedienungshandbuch ist nicht dabei. Aber Sie brauchen schon ein wenig Unterstützung, wenn mal etwas schiefgeht, wenn Sie wissen wollen, was die beigefügte Software eigentlich leistet, oder wenn Sie das erste Mal mit dem Mac im Internet surfen wollen.

Nebenbei bemerkt, natürlich sind Sie kein Dummie. Das merkt man schon an zwei Dingen: Erstens kennen Sie den Mac und zweitens lesen Sie dieses Buch. Ich habe vielen hundert Menschen die Benutzung Ihres Macintosh beigebracht und dabei immer wieder gehört, dass viele sich wie Dummies fühlen, sobald es um Computer geht. Um uns herum existiert eine Welt, in der die Kinder, Teenager ganz selbstverständlich mit Computern aufwachsen – und der Rest von uns fühlt sich langsam etwas ausgegrenzt.

Aber bald sind Sie nicht mehr der Dummie – das ist wie beim Autofahren: Wenn Sie das Prinzip des Macintosh nach einer oder zwei Lektionen einmal begriffen haben, können Sie mit ein wenig Übung bald überall hinfahren.

Also, wenn wir von Dummies reden, dann tun wir das mit einem Augenzwinkern.

Wie Sie dieses Buch nutzen sollten (nicht nur als Mouse Pad)

Wenn Sie wirklich ganz am Anfang Ihrer Computerkarriere stehen, empfehlen wir Ihnen, dieses Buch von hinten zu lesen. Beginnen Sie mit dem Anhang A, dort finden Sie eine genaue und einfache Anleitung über das Aufbauen und Einschalten Ihres Macs.

Ansonsten beginnen Sie einfach mit Kapitel 1, sehen in Kapitel 15 nach, wenn Sie Probleme haben, und holen sich aus den anderen Kapiteln von Zeit zu Zeit Anregungen für Ihre Arbeit.

Das Buch enthält außerdem mit dem Anhang B wichtige Adressen und Veröffentlichungen und im Anhang C eine Auswahl von Peripheriegeräten speziell für den Mac.

Macintosh-Messen

Gelegenheit zum Erfahrungsaustausch mit Macintosh gibt es auf der Macworld und der Maxpo, die einmal jährlich in Deutschland veranstaltet werden.

Wichtiges besser im Blick

Besondere Passagen in diesem Buch habe ich durch auffällige und wie ich hoffe – einleuchtende – Markierungen gekennzeichnet:

 Anmerkungen für technisch sehr interessierte Leser – wer diesen Einblick nicht gewinnen will, kann dies gerne überblättern.

 Obwohl der Macintosh der größte Computer der Welt ist, ist er immer noch ein Computer, der manchmal zu einem unerklärlichem Verhalten neigt, das ich hier erklären werde.

 Die so gekennzeichneten Tipps erleichtern Ihnen das Leben mit dem Mac.

 Kennzeichnet eine Aufgabe, die Sie Schritt für Schritt, wie im Buch beschrieben, ausführen sollten.

Diese Markierung verweist auf Besonderheiten der Betriebssoftware Mac OS 9 (mehr über Mac OS 9 finden Sie in Kapitel 1).

Apple und immer wieder etwas Neues

Sagen wir einmal so: Apple ist ein großer Computer-Hersteller, der vor vielen Jahren durch eine engagierte Gruppe von Teenagern in einer Garage gegründet wurde. Jedes Mal, wenn Apple einen neuen Mac vorstellte, war er schneller, leistungsfähiger und preiswerter als das Vorgängermodell. Die Käufer waren stolz auf ihren Macintosh, allerdings war da immer der Wermutstropfen, dass der erst vor kurzer Zeit für viel Geld angeschaffte Mac plötzlich überholt war.

Dabei ist es völlig egal, welchen Computer Sie kaufen und wie geschickt Sie verhandeln, der Wertverlust Ihrer Investition in einen Computer ist nicht zu stoppen. Für jeden Computer, den Sie heute kaufen, steht morgen schon das leistungsfähigere und preiswertere Nachfolgemodell in den Regalen der Computerläden.

Wenn sich trotzdem immer mehr Menschen dafür entscheiden, mehrere Tausend Mark in einen Computer zu investieren, so deshalb, weil sie davon ausgehen, dass diese Kosten durch höhere Produktivität mehr als wett gemacht werden. Zumindest theoretisch.

Teil I
Für den absoluten Computer-Neuling

»So, also mein erster Tag war gar nicht so schlecht. Ich habe den Finder verloren, eine Datei in den Papierkorb kopiert und mich auf die Maus gesetzt.«

In diesem Teil...

Es gibt drei Wege, zu lernen, wie man mit einem neuen Computer umgeht. Man kann sich an das Handbuch halten – leider hat Ihr Mac keines. Sie können einen Kurs belegen – wenn Sie Zeit dafür haben. Oder Sie können ein Buch wie dieses lesen.

In diesem Kapitel lernen Sie, wie Sie Ihren Mac einrichten und starten – nicht mehr und nicht weniger!

Den Mac einschalten
(und was dann zu tun ist)

In diesem Kapitel

- Den Mac einschalten (und ausschalten)
- Seltsame neue Begriffe wie Maus, Menü und System
- Fenster erstellen
- Öffnen und Schließen von Ordnern

---

*W*enn Sie Ihren Mac noch nicht angeschlossen haben, sollten Sie jetzt zu Anhang A blättern, wo Sie zu diesem Thema ganz gezielt angeleitet werden.

Die Verpackung ist geöffnet – was nun?

Bereits in diesem Moment steht ein einsatzbereiter Mac auf Ihrem Schreibtisch – und ein ungläubiges Staunen auf Ihrem Gesicht.

Den Mac einschalten

In dieser, Ihrer allerersten Mac-Stunde fragen Sie sich:

Wo ist der Einschaltknopf? Sie finden ihn in der rechten oberen Ecke der Tastatur. Er ist rund und trägt das allgemein gültige Einschaltsymbol für Macs.

Drücken Sie den Knopf. Wenn der Mac antwortet – ein Sound ertönt, der Monitor leuchtet –, arbeitet er bereits. Sie können jetzt weitergehen zum Abschnitt »Die Start-Dia-Show«.

Wenn Sie den Knopf gedrückt haben und nichts passiert, drücken Sie zunächst den identischen Knopf auf der Frontseite. Führt dieser Schritt zum Erfolg, ist die Tastatur nicht auf der richtigen Seite des Mac verbunden. Wenn auch das nichts bringt, sollten Sie prüfen, ob Ihr Mac mit dem Stromnetz verbunden ist. Wenn Sie das Anschlussproblem gelöst haben, können wir weitermachen.

Die Start-Dia-Show

Wenn Ihr Experiment mit dem Einschaltknopf erfolgreich war, hören Sie einen Akkord und nach ein paar Sekunden erscheint eine Graphik auf dem Monitor und Sie werden Zeuge der vielen Millionen bekannten Macintosh Start-Dia-Show. Zunächst sehen Sie einen lächelnden Macintosh wie hier:

In wirklich sehr seltenen Fällen sieht der lächelnde Macintosh so aus:

(In diesem Falle steht Ihr Mac auf dem Kopf.)

Das nächste Bild zeigt das berühmte Mac OS-Logo ähnlich einem Porträt von Picasso:

Während dieser Zeit erscheinen am Fuß Ihres Monitors viele kleine Abbildungen. In der Macintosh-Sprache heißen diese kleinen Abbildungen Symbole (auch Icons genannt).

(Sie sollten sich aber beide Begriffe einprägen, es werden gern beide Begriffe in der Macwelt benutzt: Symbol = Icon. Wir werden in diesem Buch den Begriff Symbol verwenden.)

Diese speziellen Symbole Ihres Mac sind Erweiterungen, die sich von selbst einschalten, um die Funktionalität ihres Systems zu steigern: Eines zeigt Ihr CD-ROM Laufwerk, ein anderes die Internetverbindung und so weiter. Mehr über diese Startinformationen erfahren Sie in Kapitel 12.

Die daraufhin erscheinende Ansicht auf Ihrem Bildschirm wird Schreibtisch genannt. Herzlichen Glückwunsch – der erste Schritt ist getan!

Falls Sie noch etwas anderes während der Startphase sehen sollten – etwa ein blinkendes Fragezeichen, eine Fehlernachricht oder schwarzen Rauch – haben Sie Ihr erstes Computerproblem. In diesem Fall sollten Sie in Kapitel 15 weiterlesen, hier werden die möglichen Probleme und die Möglichkeiten zur Behebung beschrieben.

Die ersten Momente mit Ihrem Mac

Wie Ihnen jeder Techniker gerne bestätigen wird, sind die ersten Momente mit einer neuen Maschine die aufregendsten. Wie in einer neuen Beziehung.

Der Setup-Assistent – und Ihre Mac Ausführung

Wenn Sie Ihren Mac das erste Mal einschalten, erwartet Sie eine spezielle Einführung, der Mac OS Setup-Assistent.

Der moderne CD Slot-In Mac

Heute sind die Macs schneller, leistungsfähiger und preiswerter. Sie erkennen die modernen Macs an der Frontseite. Anstelle eines Ausfahrfaches für die CDs sind sie mit einem Schlitzlader wie bei Radios in teuren Autos ausgestattet. Die modernen Macs haben noch viele weitere Verbesserungen. (Mehr darüber erfahren Sie am Ende dieses Kapitels, jedoch ist der CD-Schlitz die markanteste von allen. Deshalb wird diese Mac-Linie von Apple auch als CD-Schlitzlader-Modell bezeichnet.)

Aber wir schweifen ab. Das erste Mal, wenn Sie einen CD-Schlitzlader Mac einschalten, erscheint auf dem Monitor ein Film. Lichter! Musik! Bewegung! Sie werden u.a. aufgefordert, einen Internetzugang (vorausgesetzt Sie haben eine Telefonverbindung zu Ihrem Mac wie in Anhang A beschrieben) einzurichten. Sie werden nach Ihrem Namen, Adresse, Kreditkartennummer gefragt und können entscheiden, ob Sie E-Mail empfangen möchten oder nicht. Der Mac wählt einige Male und Ihr Internetzugang wird automatisch eingerichtet wie hier:

Wenn Sie jetzt keine Zeit haben, einen Internetzugang einzurichten oder noch keinen Internetzugang besitzen, dann brechen Sie einfach ab. Sie finden mehr über das Internet und das Einrichten eines Internetzuganges in Kapitel 5 dieses Buches.

Der klassische CD-Schlittenlader Mac

Alle Mac Modelle vor Oktober 1999 haben auf der rechten Seite eine Klappe, hinter der die Anschlüsse liegen. Diese traditionellen Macs sind mit einem Schlitten für CDs ausgestattet, der aus der Frontseite herausfährt. Daher nennt Apple diese traditionellen Macs auch CD-Schlittenlade-Modelle.

Wenn Sie das erste Mal eines dieser Modelle einschalten, kommt keine Musik, sondern nur ein Dialog. Ihr Mac fragt Sie u. a. nach der Zeitzone, in der Sie leben, nach dem angeschlossenen Drucker und so weiter ...

Viele dieser Fragen haben anscheinend gar nichts mit Ihnen zu tun. Das kommt daher, dass der Abfragekatalog auch den Einsatz in Netzwerken berücksichtigt – und Sie sind vielleicht gar nicht an ein solches Netzwerk angeschlossen. Sie können dieses kleine Programm verlassen, indem Sie die Tastenkombination ⌘+Q eingeben (⌘-Taste ist die Taste rechts bzw. links von der Leertaste).

Die Maus bewegen

Die Maus ist rund, aus Kunststoff und befindet sich auf Ihrem Schreibtisch neben Ihrer Tastatur. Wenn Sie Schwierigkeiten haben, sich darunter ein Nagetier vorzustellen, denken Sie sich doch einfach das Verbindungskabel als Schwanz und – falls es Ihnen weiterhilft – malen Sie sich einfach kleine Augen auf die Ihnen zugewandte Seite.

Um die Maus zu bedienen, drehen Sie sie so, dass das Verbindungskabel von Ihnen wegzeigt. Wenn Sie die Maus auf Ihrem Schreibtisch (oder auf einem MausPad) bewegen, sehen Sie, wie sich der Zeiger über den Bildschirm bewegt. Für den Rest Ihres Lebens werden Sie diesen Zeiger nun als Cursor bezeichnen, sowie »Bewegen Sie die Maus!« werden Sie als Befehl für das Bewegen des Cursors von A nach B hören.

Heben Sie die Maus einmal an und bewegen Sie sie in der Luft wie eine Fernbedienung – es passiert nichts! Die Maus steuert den Cursor nur, wenn sie auf einer flachen Oberfläche aufliegt. (Die Bewegungen werden durch die Kugel auf der Mausunterseite erfasst). Das ist eine sehr nützliche Eigenschaft, da Sie einfach die Maus anheben können, wenn der Platz auf dem MausPad oder dem Schreibtisch nicht mehr ausreicht, und neu aufsetzen können. Der Cursor bleibt dann auf dem Monitor stehen und Sie können ihn nach dem Aufsetzen weiterbewegen.

Was ist ein Menü?

Lassen Sie uns etwas versuchen. Bewegen Sie den Cursor auf den hellgrauen Balken am oberen Bildschirmrand. Dieser Balken heißt Menüleiste, benannt nach einem kleinen Pub in Silicon Valley. Zeigen Sie mit dem Cursor auf das Wort SPEZIAL.

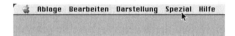

Auf etwas mit dem Cursor auf dem Bildschirm zeigen hat einen besonderen Ausdruck: Zeigen.

Legen Sie jetzt Ihren Zeigefinger auf die Maustaste und drücken Sie die Taste nach unten (und loslassen). Wenn alles gut geht, sollten Sie jetzt eine Liste mit Befehlen sehen, die unter dem Wort SPEZIAL erscheinen, so wie hier:

Herzlichen Glückwunsch – Sie haben eben gelernt, wie man mit der Maus klickt (durch Tastendruck) und Sie haben ebenso gelernt, wie sich ein Menü (eine Liste von Befehlen) öffnet. Wenn Sie nun irgendwo auf Ihren Hintergrund-Schreibtisch klicken, verschwindet das Menü wieder, oder Sie warten einfach 15 Sekunden.

Den Mac ausschalten

Bevor wir nun weitergehen zu 3D-Zeichnungen, Raumfahrzeug-Entwicklung und DNA-Analyse, sollte ich Ihnen schnell noch sagen, wie Sie den Mac ausschalten.

Am einfachsten könnten Sie natürlich immer den Stecker aus der Dose ziehen. Aber auf Dauer wird das Ihrem Mac weniger gut bekommen und sicher zu technischen Problemen führen. Deshalb sollten Sie Ihren Mac immer auf einem der nachstehend beschriebenen Wege ausschalten:

✔ **Ausschalten mit der Tastatur:** Drücken Sie einfach den Einschaltkopf für einige Sekunden. Dann erscheint diese Meldung:

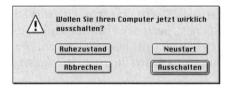

Wenn Sie also im Augenblick nicht weiterarbeiten wollen, klicken Sie mit der Maus auf AUSSCHALTEN – der Computer schaltet sich dann selbst aus. Wenn Sie nur einmal wissen wollten, wie es geht, nun aber weiterarbeiten möchten, dann klicken Sie mit der Maus auf ABBRECHEN.

✔ **Ausschalten mit der Maus:** Klicken Sie noch einmal mit der Maus auf das Wort SPEZIAL (im weiteren als SPEZIAL-Menü bezeichnet). Wenn die Befehlsliste erscheint, fahren Sie mit der Maus abwärts. Dabei werden die jeweiligen Befehle schwarz hinterlegt (man sagt dazu auch, die Befehle werden aktiviert). Die einzigen Befehle, die nicht aktiviert werden, sind diejenigen, deren Schrift in diesem Menü grau erscheint. Sie werden deshalb grau angezeigt, weil sie im Augenblick keinen Sinn ergeben würden. Wenn zum Beispiel keine CD-ROM im Laufwerk eingelegt ist, macht der Befehl AUSWERFEN keinen Sinn. Der Mac stellt selbsttätig jene Befehle in den Hintergrund, die im Moment für Sie unwichtig sind.

Fahren Sie mit der Maus den ganzen Weg, bis das Wort AUSSCHALTEN aktiviert wird. Wenn Sie ausschalten wollen, drücken Sie die Maustaste. Der Mac schaltet sich dann selbst komplett aus. Wenn Sie jedoch weiterarbeiten möchten, bewegen Sie den Cursor einfach in irgendeine Richtung aus dem Menü heraus und klicken Sie erst dann. Das Menü verschwindet und nichts weiter geschieht. (Ein Menübefehl wird nur dann ausgelöst, wenn Sie mit der Maustaste klicken, während der Cursor auf den jeweiligen Befehl zeigt.)

Na also, Sie haben nur ein paar Seiten gelesen und schon können Sie Ihren Mac aus- und einschalten. Das ist wirklich nicht schwieriger, als einen Toaster zu bedienen.

Wenn Sie noch aufnahmebereit sind, dann lesen Sie doch einfach weiter.

Alles über das Schlafen

Ob Sie es glauben oder nicht, viele Mac-Benutzer schalten ihren Computer niemals aus. Jedoch lassen sie ihn schlafen, wenn sie ihn nicht benutzen. Wenn der Mac schläft, ist der Bildschirm schwarz, alle internen Verbindungen ruhen, alle Tätigkeiten sind gestoppt und der Stromverbrauch ist auf ein Minimum reduziert. Erst wenn Sie auf irgendeine Taste drücken, wacht der Mac wieder auf. Was vorher auf dem Bildschirm zu sehen war, ist wieder da und bereit für die weitere Bearbeitung.

1 ➤ Den Mac einschalten (und was dann zu tun ist)

Wenn Sie den Mac kaufen, ist er automatisch auf eine *Schlafenszeit von 30 Minuten* nach dem letzten Bearbeitungsvorgang eingestellt. Sie können diese Einstellung im Kontrollfeld ENERGIE SPAREN (siehe Kapitel 12) verändern; oder sie so einstellen, dass der Mac auf Ihr Kommando einschläft, z. B. dann, wenn Sie gerade im Internet Mohrhühner schießen und Ihr Chef zur Tür herein kommt.

Diese Einstellung nehmen Sie vor, indem Sie den Einschaltknopf auf der Tastatur drücken. Wenn die Meldung »*Wollen Sie Ihren Computer jetzt wirklich ausschalten?*« erscheint, klicken Sie einfach auf RUHEZUSTAND oder drücken Sie [S] auf der Tastatur und der Mac schläft sofort ein.

Während er schnarcht, *blinkt der Einschaltknopf* an der Frontseite, um Ihnen zu signalisieren, dass der Computer nicht wirklich ausgeschaltet ist. Bei den Modellen mit Schlitzlader blinkt der Knopf nicht, sondern er atmet ganz langsam – wie das lebendige Wesen, das Ihr Mac nun einmal ist.

Dinge über den Schreibtisch bewegen

Schauen Sie einmal auf Ihren Bildschirm. Sie entdecken hier weitere Menüs (unter den Worten *Ablage, Bearbeitung, Darstellung*) am oberen Rand. In der oberen rechten Ecke des Schreibtisches sehen Sie ein Symbol (Sie erinnern sich doch – ein kleines Symbol), und wenn Sie es nicht geändert haben, heißt dieses Symbol *Macintosh HD*. Die Symbole stehen für praktisch alles in der Mac-Welt. Sie sehen alle unterschiedlich aus: Manche stehen für einen Brief, den Sie geschrieben haben, ein anderes für den Papierkorb, wieder ein anderes zeigt eine CD an, die Sie eingelegt haben. Hier sehen Sie einige Beispiele dafür:

Eine Festplatte Ein Ordner Eine Nachricht AOL 5.0 Eine CD-ROM

Sie können die Symbole auf dem Schreibtisch einfach bewegen. Versuchen Sie es einmal:

1. **Zeigen Sie auf den PAPIERKORB.**

2. **Drücken und halten Sie die Maustaste gedrückt und bewegen Sie die Maus in irgendeine Richtung.**

    Diese verblüffende Technik wird *dragging* genannt. Sie haben soeben den Papierkorb damit verschoben.

3. **Lassen Sie jetzt die Maustaste los.**

Das ist doch alles gar nicht so hochtechnisch – oder?

Abgesehen von der Tatsache, dass da ein Papierkorb steht, weiß niemand so ganz genau, warum diese Grundansicht auf dem Monitor eigentlich Schreibtisch heißt. Darum gibt es dafür auch noch einen Namen: FINDER. Und das ist schon etwas logischer, denn hier finden Sie zum Beispiel Ihre gesammelten Arbeiten und vieles mehr. Die aktuelle Mac Software zeigt das Wort FINDER rechts oben in der Menüleiste (siehe folgende Illustration). Vielleicht haben Sie ja auch schon einmal Folgendes gehört: »*Kein Wunder, dass du den Papierkorb nicht siehst, du bist ja nicht im Finder.*«

Symbole, Fenster und die Macintosh-Sprache

Zeigen Sie mit dem Cursor auf das Festplatten-Symbol (ein perspektivischer Kasten mit der Bezeichnung Macintosh HD – für Festplatte) in der rechten oberen Ecke des Monitors.

Dieses spezielle Symbol repräsentiert die gigantische Festplatte in Ihrem Mac, die als Ihr Gedächtnis funktioniert. Hier werden Ihre Arbeiten, Ihre Ordner und Ihre Software gespeichert. Und wie sehen Sie, was so alles auf Ihrer Festplatte lagert? Wie kommen Sie an den Inhalt heran?

Sie können jedes Symbol in einer Fensterdarstellung öffnen, in dieser Darstellung sehen Sie den Inhalt Ihres Symbols z.B. den Inhalt Ihrer *Festplatte* MACINTOSH HD. Dieses Fenster hat dieselbe Bezeichnung wie das Symbol, das Sie geöffnet haben.

Bevor wir jedoch beginnen, ist es an der Zeit für eine kleine Lektion in der Macintosh-Sprache. Aber keine Bange, das ist nicht schon wieder eine neue Fremdsprache, sondern beschreibt die einzelnen Funktionen und zwar direkt erklärend und leicht verständlich.

Lassen Sie es uns doch einfach einmal versuchen.

1. **Klicken Sie auf das Festplatten-Symbol in der rechten oberen Ecke des Monitors.**

Das Symbol wird schwarz, das bedeutet, es ist aktiviert. Hervorragend!

2. **Zeigen Sie nun auf das Menü** ABLAGE **und wählen Sie** ÖFFNEN.

Das ist es – Ihre Festplatte wird als Fensterdarstellung geöffnet und Sie können den Inhalt betrachten.

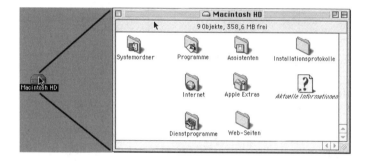

Macht das etwa keinen Sinn? In der Mac-Welt bestimmen Sie im ersten Schritt immer, was Sie ändern wollen (mit Hilfe der Maus) und dann wählen Sie über einen Menübefehl die Art der Veränderung. Das werden Sie immer wieder sehen: zuerst etwas auf dem Monitor auswählen und dann über einen Menübefehl verändern.

Die Kontrollleiste der Fenster

Betrachten Sie den Inhalt Ihrer Festplatte wie in der folgenden Graphik gezeigt. (Bitte beachten Sie, dass jeder einen eigenen Inhalt hat, so dass der Inhalt Ihrer Festplatte von der hier gezeigten Abbildungen schon etwas abweichen kann.)

Schauen Sie sich diese Kontrollleiste und Schalter rund um das Fenster genau an. Mit diesen Kontrollen können Sie alle Eigenschaften der Fenster bestimmen: aufziehen, bewegen und schließen. (Sie finden die ausführlicheren Beschreibungen dieser Kontrollleiste in Kapitel 13.) Da Sie praktisch ständig mit Fenstern zu tun haben werden, lohnt es sich, die Funktionen genau zu kennen.

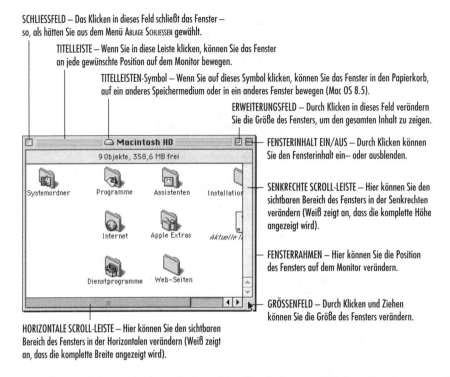

Probieren Sie die Funktionen doch einfach mal in aller Ruhe aus. Klicken Sie sie an, scrollen Sie. Öffnen Sie ein Fenster und schließen Sie es wieder. Egal, was Sie tun, Ihrem Mac macht das nichts aus – das ist das Wundervolle am Mac: Er ist ein sehr geduldiger Mitarbeiter.

Alles funktioniert

Wie in dem unten abgebildeten Fenster wird nur bei der Betriebssoftware Mac OS 8.5 oder höher neben dem Symbol auch der Name des jeweiligen Programms in der rechten oberen Ecke der Menüleiste angezeigt.

Jetzt fragen Sie sicher mit Recht, was ist Mac OS 8.5 oder höher?

Das ist eine lange Geschichte. Praktisch jedes Jahr benötigten die Apple Computer eine neue Betriebssoftware. Und weil wir in einer betriebsamen Zeit leben, wird diese Software OS genannt. (Ausgesprochen O – S, nicht oss.)

Die Original Mac-Modelle aus 1998 besaßen die Betriebssoftware Mac OS 8.1, damals die aktuellste Version. Schon am Ende dieses Jahres war dann die Version Mac OS 8.5 aktuell. Und heute ist bereits eine neue Version, Mac OS 9, im Einsatz (in Kapitel 13 finden Sie noch einiges mehr zu diesem Punkt).

Dieser Punkt ist erwähnenswert, da verschiedene Funktionsunterschiede zwischen den einzelnen Versionen bestehen. So wird zum Beispiel der Name des jeweils benutzten Programms erst ab Version Mac OS 8.5 in der rechten oberen Ecke der Menüleiste angezeigt.

Allerdings bleiben die Dinge auf dem Monitor immer dieselben. Dieses Buch beschreibt weitestgehend das neue Aussehen. Lassen Sie sich dadurch nicht verwirren – auch wenn Sie einen älteren Mac besitzen, Sie finden sich ganz sicher zurecht.

 Lassen Sie uns Folgendes festhalten: Wenn Sie etwas hier Beschriebenes nicht sofort finden können, halten Sie einfach Ausschau nach einem ähnlichen Symbol.

 Nehmen Sie jetzt einen Stift zur Hand.

Sehen Sie das -Logo in der linken oberen Ecke Ihres Monitors? Das ist nicht einfach nur ein Logo, sondern ein komplettes Menü, wie Sie es bereits gesehen haben. Zeigen Sie mit dem Cursor auf diesen Apfel, klicken Sie und sehen Sie, was passiert.

Wie bei jedem anderen Menü öffnet sich eine Liste, diesmal mit einem sehr nützlichen Befehl. Dieser Befehl ist so wichtig, dass er sogar mit einer Linie vom nachfolgenden Listeninhalt abgegrenzt ist. Der Befehl heißt: ÜBER DIESEN COMPUTER.

Wenn Sie diese Zeile aktivieren (sie wird schwarz unterlegt) und mit der Maustaste klicken, erscheint ein Fenster:

Aus diesem Fenster können Sie nun alle Informationen über das Betriebssystem Ihres Mac entnehmen, wie zum Beispiel die *OS-Version*, die Sie später in diesem Buch noch benötigen werden. Vielleicht wäre es gut, wenn Sie sich diese Nummer auf dem Buchdeckel oder irgendwo sonst notieren, wo Sie sie schnell wiederfinden.

Wenn Sie diese kleine Hausaufgabe erledigt haben, schließen Sie das ÜBER DIESEN COMPUTER-Fenster, indem Sie in das kleine Rechteck oben links klicken – Schließfeld – und das Fenster verschwindet.

Doppelklick in Theorie und Praxis

Fahren wir mit unserer Lektion fort. Stellen Sie dafür zunächst sicher, dass Ihr Festplattenfenster geöffnet ist.

Bis jetzt hat Ihre ganze Arbeit im FINDER (auf dem Schreibtisch) darin bestanden, dass Sie die Maus umherbewegt haben. Aber Sie können auch Ihre Tastatur für viele nützliche Dinge benutzen. Sehen Sie zum Beispiel den Systemordner? Sollte das nicht der Fall sein, tippen Sie einfach die Buchstaben [S]+[Y] ein.

Na bitte, der Mac findet den Systemordner (die beiden Buchstaben sind die Anfangsbuchstaben der Ordnerbezeichnung), aktiviert ihn und zeigt ihn. Jetzt fehlt nur noch, dass der Mac mit dem Schwanz wedelt.

Versuchen wir etwas anderes: Betätigen Sie doch einmal die Pfeiltasten auf Ihrer Tastatur – rechts, links, oben, unten. Der Mac aktiviert dann die in der jeweiligen Richtung neben dem Systemordner liegenden Ordner.

Vielleicht wollten Sie ja auch sehen, was sich in Ihrem Systemordner verbirgt. Dafür nutzen Sie einfach die Ihnen bereits bekannte Methode: 1. den Systemordner aktivieren, 2. öffnen über das Menü ABLAGE.

Aber das ist etwas umständlich. Versuchen Sie doch jetzt einmal diesen Weg: Zeigen Sie so auf den Systemordner, dass *die Spitze des Cursorpfeils* auf die *Mitte des Ordnerbildes* zeigt. Halten Sie die Maus still und klicken Sie zweimal schnell hintereinander. Die Gemeinschaft der Computernutzer nennt diesen Vorgang sinnigerweise *Doppelklick*.

Wenn alles gut geht, öffnet Ihr *Doppelklick* nun ein neues Fenster, das Ihnen den Inhalt Ihres Systemordners zeigt. (Falls nicht, sollten Sie versuchen, die Maus noch ruhiger zu halten oder schneller zu klicken – alles Übungssache!)

Auf jeden Fall sollten Sie sich diese goldene Regel merken: »*Doppelklick = Öffnen*«.

Solange Sie mit Ihrem Mac arbeiten, werden Sie ständig gebeten, irgendetwas auf dem Bildschirm anzuklicken: OK-Bestätigungen; Werkzeuge, die aussehen wie Pinsel; die verschiedensten Auswahlfelder. In allen diesen Fällen müssen Sie nur *einmal klicken*. Das einzige Mal, wo Sie *zweimal klicken* müssen, ist, wenn Sie etwas öffnen wollen. Verstanden?

Mehrere Fenster

Jetzt sollen Sie gleichzeitig zwei Fenster auf Ihrem Bildschirm öffnen: Das Festplatten-Fenster und das Systemordner-Fenster. (Das Systemordner-Fenster wird dabei das erste Fenster überdecken – ähnlich wie übereinander liegende Papiere auf Ihrem Schreibtisch.)

Versuchen Sie dies: Klicken Sie in die *Titelleiste* des Systemordners (nur ein Klick) und ziehen Sie das Fenster nach unten, bis Sie das dahinter liegende Fenster des Festplatten-Ordners sehen können wie in der Abbildung gezeigt.

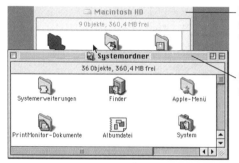

Sie sehen, dass dieses Fenster im Hintergrund liegt – die Titelleiste ist durchgehend grau. Wenn Sie jetzt irgendwo in dieses Fenster klicken, wird es in den Vordergrund geholt.

Dieses Fenster ist im Vordergrund. Sie erkennen dies an den schwarzen Linien in der Titelleiste.

Nehmen Sie sich ruhig einige Minuten Zeit, um diesen Effekt selbst auszuprobieren. Klicken Sie das hintere Fenster an, um es in den Vordergrund zu holen, dann klicken Sie das andere Fenster an, um es wiederum davor zu setzen.

Mit Listen arbeiten

Und es gibt noch einen weiteren Effekt der Fenster, den Sie sehr gut für Ihre Arbeit nutzen können. Bis jetzt wurde Ihnen der Inhalt der Ordner immer nur als eine Sammlung von Symbolen gezeigt. Schön und gut, aber vielleicht wollen Sie ja mehr Informationen, zum Beispiel eine Sortierung in alphabetischer Reihenfolge, um schneller den für Sie interessanten Ordner finden zu können?

1. **Stellen Sie zunächst einmal sicher, dass Ihr Systemordner das aktive Fenster ist (das vordere Fenster, in der folgenden Abbildung mit A gekennzeichnet).**

   Wir nutzen hier den Systemordner, weil er so schön voll ist und die Demonstration dadurch richtig gut wirkt.

   Als Nächstes benutzen Sie nun einen Menübefehl. Sie erinnern sich, wie Sie Menübefehle auswählen können? Klicken Sie auf den Menünamen und dann auf den entsprechenden Menübefehl in der Befehlsliste.

2. **Klicken Sie auf das Wort DARSTELLUNG in der Menüleiste am oberen Rand des Bildschirms und wählen Sie dann den Befehl ALS LISTE (siehe Graphik B im folgenden Bild).**

   Und ganz plötzlich haben sich die Symbole in eine alphabetische Liste des Fensterinhaltes verwandelt (siehe Grapik C).

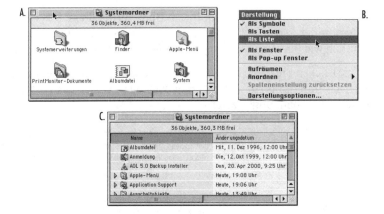

Die einfachste Hausaufgabe bisher

Um Ihre bisherige Kunstfertigkeit im Umgang mit der Maus weiter zu vervollständigen, gibt es einen ganz einfachen Weg: Lesen Sie dazu einfach die Original Mac-Bemerkungen.

Probieren Sie das Selbsthilfe-Programm aus, vergessen Sie alles andere für die nächsten 20 Minuten und stellen Sie am besten auch das Telefon ab. Jetzt klicken Sie auf das HILFE-Menü am oberen Rand des Bildschirms und wählen aus dem Menü LEHRGANG (ältere Macs) bzw. MAC LEHRGANG (neuere Modelle). Sie werden in ein Reich verzaubernder Animationen geführt, die zwar niemals über eine Kinoleinwand huschen und auch keinen Filmpreis erhalten werden, Ihnen aber viel über Ihren Computer verraten.

Wo finden Sie Unterstützung

Nachdem Sie das Hilfemenü verlassen haben, machen Sie sich am besten noch eine geistige Notiz für später. Der *Mac-Hilfebefehl* steht Ihnen immer für jede Frage zur Verfügung, die sich Ihnen jetzt oder später stellen wird. Wenn Sie irgendwo nicht weiter wissen, klicken Sie einfach auf das HILFE-Menü auf Ihrem Bildschirm bzw. den Befehl HILFE. Sofort öffnet sich ein Fenster, das ungefähr so aussieht:

1 ➤ Den Mac einschalten (und was dann zu tun ist)

Sie können diese Hilfe gleich zweifach nutzen. Zunächst einmal können Sie in das obere freie Feld einen Suchbegriff eingeben (etwa Ordnernamen oder Internetanwahl). Wenn Sie nun auf den Suchen-Knopf klicken und Ihr Computer einen wirklich guten Tag hat, wird er Ihnen eine Auswahl von Beschreibungsseiten zeigen, auf denen Sie Näheres zu dem von Ihnen eingegebenen Suchbegriff finden. Sie brauchen sich dann nur noch durchzuklicken, bis Sie auf die Lösung Ihres Problems stoßen.

Der zweite Weg ist, dass Sie sich einfach durch das kleine Hilfeprogramm arbeiten – einfach auf die blauen, unterstrichenen Zeilen klicken, die wir hier allerdings nur schwarz anzeigen.

Die blauen unterstrichenen Zeilen zeigen Ihnen immer an, dass Sie dort weitere Informationen finden.

Die Invasion der kleinen Dreiecke

Wenn Sie den Fensterinhalt in Listenform ansehen, wird jeder Ordner innerhalb dieses Fensters mit einem kleinen Dreieck markiert, das nach rechts zeigt.

Sie können diese Ordner im Ordner ganz einfach durch einen Doppelklick öffnen – falls Sie das wollen. Aber es ist sehr viel hübscher, wenn Sie einfach auf den Pfeil klicken. Die unten stehende Abbildung zeigt Ihnen die Ansicht vor und nach dem Öffnen eines Ordners im Ordner am Beispiel des Ordners KONTROLLFELDER.

Wenn Sie auf den Pfeil klicken, wird der Ordnerinhalt etwas eingezogen angezeigt. Um den Ordner wieder zu schließen, klicken Sie auf den nun nach unten zeigenden Pfeil.

Und noch ein Tipp: Oben wird Ihnen auch angezeigt, wann der Ordner bzw. die Datei angelegt bzw. zuletzt bearbeitet wurde. Und rechts davon, wenn Sie das Fenster entweder weiter aufziehen oder nach rechts scrollen, erhalten Sie die Information über die jeweilige Größe. Wenn Sie nun in eine dieser Bezeichnung klicken, sortiert Ihr Mac alle Dateien nach dem jeweiligen Inhalt in aufsteigender Reihenfolge. Probieren Sie es einmal aus.

Eine Verschnaufpause

Schalten Sie Ihren Mac jetzt aus, wenn Sie wollen (wenn Sie nicht mehr wissen, wie es geht, blättern Sie einfach ein paar Seiten zurück), denn wir kommen nun zu Kapitel 1,5, das Ihnen verdeutlichen soll, was wirklich im Gehirn Ihres Computers passiert.

High Tech leicht gemacht

In diesem Kapitel

▶ Warum Arbeitsspeicher und Festplattenspeicher nicht dasselbe sind

▶ Warum keine Arbeit im Computer verloren geht

▶ Was Sie über Speicher wissen sollten

So arbeitet der Mac

Es ist ein wenig unglücklich, dass dieses Kapitel bereits am Anfang dieses Buches steht. Denn eine Menge Menschen glauben, dass der Mac eine Persönlichkeit hat – wenn etwas schiefgeht, ist der Mac beleidigt, wenn eine frohe Botschaft auf dem Bildschirm erscheint, ist der Mac glücklich. In dieser Ansicht sollten Sie sich auch durch die folgende Darstellung der kalten und unpersönlichen Schaltkreise nicht beeinflussen lassen; der Mac hat eine Persönlichkeit, egal was die Ingenieure sagen.

Aber jetzt müssen Sie sich leider ein wenig auf den nachfolgenden Computerjargon konzentrieren – doch keine Bange, es ist ein ganz kurzes Kapitel.

Speichern mit Platten

Die Menschen, jedenfalls ein großer Teil davon, speichern Informationen an einem von zwei Plätzen: entweder im Gedächtnis oder auf einem Zettel, Zeitungsrand, Buchdeckel …

Computer arbeiten letztlich genau nach demselben Prinzip. Sie speichern entweder kurzzeitig im Gedächtnis oder sie schreiben es auf. Ein Computer schreibt dabei natürlich auf einen Plattenspeicher.

Das Prinzip der Festplatte

Jeder Mac hat eine gigantische eingebaute Festplatte. Diese Festplatte verwirrt manche Menschen, weil sie unsichtbar im Mac-Gehäuse eingebaut ist. Jedoch – obwohl man sie nicht sieht oder anfassen kann – sie existiert und ist Bestandteil des Computers und sie macht auch einen Großteil des Preises aus, den Sie für Ihren Mac bezahlt haben.

Wozu nun dieser Vortrag? Ganz einfach: Die Festplatte ist das Zentrum Ihres Mac – auf ihr bleibt Ihre Arbeit erhalten, auch wenn der Computer ausgeschaltet ist. Ob Sie es wollen oder nicht – schon bald wird Ihnen das Wohlbefinden der Festplatte Ihres Computers ganz schön ans Herz wachsen.

Selbstverständlich ist die Festplatte nicht das einzige Speichermedium, mit dem Sie in ihrer Computerkarriere zu tun haben werden. Vielleicht entscheiden Sie sich ja eines Tages für die Anschaffung eines externen Speichermediums, z. B. für Floppy Disketten oder wiederbeschreibbare Platten, Zip-Disketten oder oder oder. (Unglücklicherweise hat der Mac kein eingebautes Laufwerk für Floppy-Disks mehr.) Übrigens ist die Speicherung Ihrer wichtigen Arbeitsdaten auf ein tragbares Medium ein besonders handlicher Weg der Datensicherung oder um Duplikate herzustellen. Mehr über die verschiedenen Laufwerke für Floppy-Disketten, Zip-Disketten und andere wiederbeschreibbare Plattenspeicher lesen Sie in Kapitel 18.

Das Gedächtnis begreifen

Gut, jetzt kommen wir zu einem besonderen Punkt: Wie arbeitet ein Computer wirklich? Gerade wenn Sie bisher nichts darüber wussten, sind die folgenden Informationen besonders wichtig und können Ihnen vielleicht einmal beim Verständnis bestimmter Vorgänge nützlich sein. Sollten Sie sich jedoch im Moment zu überanstrengt dazu fühlen, entspannen Sie sich doch zunächst mit dem Kapitel 2.

Grundsätzlich besteht ein gewaltiger Unterschied zwischen dem Gedächtnis eines Mac und Ihrem eigenen Gedächtnis (abgesehen von der Tatsache, dass Ihr Gedächtnis das wesentlich interessantere ist). Wenn Sie den Mac ausschalten (nicht nur schlafen lassen), vergisst er alles und wird zu einem tumben Türstopper aus ein wenig Metall und Kunststoff. Denn das Gedächtnis eines Computers wird durch elektrische Impulse – ähnlich wie ein menschliches Gehirn – am Leben erhalten. Wenn Sie ausschalten, fließt auch kein Strom mehr.

Deshalb muss der Mac auch jedesmal alles wieder neu lernen, wenn Sie ihn einschalten – einschließlich der Tatsache, dass er ein Computer ist, was für ein Computer er ist, wie er einen Text darstellen soll, wann die Garantie abläuft und was sonst noch wichtig ist. Nun kommen wir direkt zu den Aufgaben der Plattenspeicher, über die wir gerade gesprochen haben. Darauf lebt das Wissen des Computers weiter, wenn der Saft abgedreht wird. Ohne den Plattenspeicher ist der Mac ein kompletter Idiot. Sollten Sie jemals die nicht wünschenswerten Erfahrungen mit einer beschädigten Festplatte machen, werden Sie sehen, wie sich der Mac ohne Festplatte fühlt: Mitten auf einem komplett grauen Bildschirm blinkt ein kleines Fragezeichen.

Wenn Sie den Mac einschalten, passiert einiges. Die Festplatte läuft an, bei 4.500 Upm beginnt der Mac zu lesen – er spielt die Festplatte ab wie ein CD-Player. Und er findet heraus: »Hei – ich bin ein Mac! Und so soll ich Text darstellen!« und so weiter. Der Mac liest die Festplatte und kopiert alles in sein Gedächtnis. (Deshalb braucht ein Computer für den Start auch ca. eine Minute.)

Ein gutes Gedächtnis ist wirklich nett. Nachdem alles im Arbeitsspeicher ist, ist es auch für den Computer verfügbar. Der Mac muss nicht länger von der Festplatte lesen, um wichtige Dinge zu lernen. Natürlich ist sein Gedächtnis teuer; ein Teil eines komplizierten Schaltkreises auf einem Stück Silicon, das gescheite Leute in weißen Laborkitteln erfunden haben.

1,5 ➤ High Tech leicht gemacht

Und weil es so teuer ist, haben Computer sehr viel weniger Gedächtnis als Speicherplatz. Das mag ein Beispiel verdeutlichen: Angenommen, Sie haben auf Ihrer Festplatte alle jemals erschienen Ausgaben des *Spiegel* komplett gespeichert, so können Sie doch nur einen Artikel zur Zeit lesen. Genauso liest der Mac einen Teil der Informationen von der Festplatte in den Arbeitsspeicher und zeigt dies auf dem Bildschirm an. Deshalb macht es auch nichts, dass das Gedächtnis Ihres Mac nicht den gesamten Inhalt der Festplatte speichern muss. Der Mac nutzt die Festplatte als Langzeit-Gedächtnis für die dauerhafte Speicherung vieler Dinge und den Arbeitsspeicher für die kurzzeitige Speicherung, während Sie daran arbeiten.

Wo sind die Megabytes?

Den Begriff Megabyte haben Sie sicher schon irgendwann gehört. Megabyte (MB, megabyte = 1.000.000 byte. Ein byte = 8 bit. Ein bit = die kleinste Informationseinheit, die nur einen Buchstaben aus dem Alphabet speichern kann) ist die übliche Größeneinheit für die Speicherkapazität eines Speichermediums, zum Beispiel einer Festplatte.

Was die meisten Anfänger zunächst verwirrt, ist, dass sowohl die Kapazität des Arbeitsspeichers (schnell, vorübergehend, teuer) als auch der Festplatte (dauerhaft, langsamer) in dergleichen Größeneinheit, nämlich in Megabyte, angegeben wird. Ein typischer Mac hat 32 oder 64 MB Arbeitsspeicher (Silikonchips), aber 6.000 oder 13.000 MB Festplattenspeicher.

(Ein zusätzlicher Hinweis: Wenn die Kapazität einer Festplatte 1.000 MB ist, ändert sich der Namen in Gigabyte (GB). Ihr Mac hat zum Beispiel eine Festplatte von 6 GB.)

Was sich hinter RAM verbirgt

Sie wissen sicher, was ein Akronym ist. Ein Haufen Großbuchstaben, die zusammen ausgesprochen ein Wort ergeben – in Amerika ein durchaus übliches Verfahren zur Abkürzung langer Bezeichnungen, das bei uns allerdings weniger weit verbreitet und nicht mit solchem Geschick eingesetzt wird. Ursprünglich bedeutete die Abkürzung RAM Random Abbreviation for Memory, heute etwas abgewandelt Random Access Memory, (was auch immer das heißt) und steht für den Bereich des temporären Speicherns bei eingeschaltetem Computer.

RAM verstehen

Lassen Sie uns nun Ihrem Computer-Wortschatz einen weiteren Begriff hinzufügen. Es quält mich, Sie dieses Wort zu lehren, weil es einer der Begriffe ist, der nur dazu erdacht wurde, um die Menschen zu verwirren. Aber da Sie ihn immer wieder hören werden, ist es schon besser, Sie wissen darüber Bescheid. Der Begriff ist »RAM« – ausgesprochen REMM. RAM bedeutet Arbeitsspeicher. Davon hat ein typischer Mac 32 oder 64 MB. Eigentlich ein guter Zeitpunkt für Sie, einmal herauszufinden, wieviel RAM eigentlich Ihr Mac besitzt.

Wecken Sie Ihren Mac auf oder schalten Sie ihn ein.

Sie sehen das -*Logo* in der oberen rechten Ecke des Bildschirms? Das ist kein gewöhnliches Logo, es ist gleichzeitig ein Menü wie jene, die Sie bereits ausprobiert haben. Zeigen Sie mit der Pfeilspitze des Cursors auf den Apfel, klicken Sie mit der Maustaste und beobachten Sie, was geschieht.

Wie bei allen anderen Menüs erscheint eine Liste. Diese jedoch enthält einen besonders wichtigen Befehl, der deshalb sogar mit einer Linie von den anderen Befehlen getrennt ist: ÜBER DIESEN COMPUTER.

Ziehen Sie den Cursor auf diesen Befehl, bis er schwarz erscheint, und klicken Sie ihn an. Ein Fenster erscheint:

Die Zahl hinter *Eingebauter Speicher* zeigt an, über wie viel Arbeitsspeicher Ihr Mac verfügt. Das ist immer ein Vielfaches von Acht. (Der nutzbare Speicher laut der Angabe in der zweiten Zeile kann höher sein dank verschiedener Tricks, wie zum Beispiel RAM Doppler und *virtueller Speicher*. Aber darüber erfahren Sie mehr in Kapitel 16.)

1,5 ► High Tech leicht gemacht

Auf jeden Fall ist die RAM-Ausstattung Ihres Mac immer wieder eine Freude, die man sich gar nicht oft genug ansehen kann. Nutzen Sie diese Gelegenheit und notieren Sie sich die Zahl für den Fall, dass Sie einmal jemand danach fragen sollte.

Wenn Sie diese kleine Aufgabe beendet haben, schließen Sie das ÜBER DIESEN COMPUTER-Fenster, indem Sie in das kleine Quadrat in der linken oberen Ecke des Fensters klicken – das Schließfeld, und das Fenster verschwindet.

Alles zusammengefasst

Jetzt wissen Sie, wo das Computerwissen lagert. Es folgt eine Tour in die Eingeweide Ihres Mac. Steigen Sie ein, halten Sie Ihre Hände immer schön innerhalb der Gondel und lassen Sie sich entführen in eine Welt voller Geheimnisse.

Wenn Sie den Mac einschalten, läuft die Festplatte an – wir sprachen schon darüber – und der Mac liest alle wichtigen Informationen in den Arbeitsspeicher ein. Bis jetzt weiß der Mac aber nur, dass er ein Computer ist. Er weiß nichts über die Art der von Ihnen gespeicherten Daten auf der Festplatte, weder etwas über Ihr neuestes Computerspiel, noch über die Aufstellung Ihrer Immobilien oder gar die Nummer Ihrer Kreditkarte.

Damit Sie mit der praktischen Arbeit (was auch immer Sie darunter verstehen wollen) beginnen können, müssen Sie diese in den Arbeitsspeicher laden – in der Macintosh Terminologie heißt das, Sie müssen eine Datei öffnen. In Kapitel 2 werden Sie herausfinden, wie einfach das ist. Jedenfalls, nachdem Sie eine Datei geöffnet haben, erscheint diese auf dem Bildschirm und ist damit im Arbeitsspeicher.

Wenn Ihr Dokument auf dem Bildschirm erscheint, können Sie es beliebig verändern. Deshalb haben Sie ja auch einen Spitzencomputer gekauft. Sie können einen Absatz aus Ihrem neuesten Roman löschen oder eine Szene von einem Kapitel in ein anderes kopieren. (Der Begriff für dieses Vorgehen ist Textbearbeitung.) Wenn Sie zum Beispiel an Ihrer Vermögensübersicht arbeiten, können Sie jederzeit ein paar Nullen einfügen und sich ganz schnell als Millionär fühlen. (Der Begriff für dieses Vorgehen ist *Träumen*.) Und das geht ohne Radiergummi oder ähnliche Hilfsmittel.

Standfeste Leser, die sich immer noch nicht langweilen oder inzwischen zum Fernsehprogramm – was auch nicht spannender sein dürfte – abgewandert sind, werden tiefsinnig geschlossen haben, dass alle diese Änderungen im Arbeitsspeicher vorgenommen werden. Daraus folgt aber auch, dass die Version Ihres Dokumentes, die Sie gerade auf dem Bildschirm bearbeiten, sich mit jeder Änderung immer mehr von der immer noch auf der Festplatte gespeicherten Version unterscheidet.

An diesem Punkt sind Sie nun in einer wirklich unangenehmen Lage. Erinnern Sie sich bitte noch einmal daran, dass der Arbeitsspeicher durch Elektrizität am Leben gehalten wird. Mit anderen Worten, sollte ausgerechnet jetzt Ihr Filius, Hund oder Katze das Anschlusskabel des Mac für ein Spielzeug halten und aus der Steckdose ziehen, wäre Schluss mit dem Leben Ihres Arbeitsspeichers. Der Bildschirm wird im Nu schön blankgeputzt und alle Änderungen verschwinden für immer. Ihnen bleibt zwar noch die gespeicherte Kopie, aber die ganze Arbeit war vergebens – ein für allemal verschwunden wie die anderen Informationen im Arbeitsspeicher Ihres Mac.

Man kann davon ausgehen, dass deshalb jedes Programm über einen ganz einfachen Befehl, nämlich Speichern, verfügt, mit dem die Änderungen zurück auf die Festplatte gesichert werden. Das heißt, der Computer aktualisiert die Originalkopie auf der Festplatte und Sie haben alle Änderungen in trockenen Tüchern. Selbst wenn die gesamte Stromversorgung zusammenbricht, Ihr Mac dunkel wird, Ihr geändertes Dokument ist jetzt so sicher wie in Abrahams Schoß. Manche Menschen nutzen den Speicher-Befehl alle 5 oder 10 Minuten, so dass die Arbeit immer in der aktuellsten Version gespeichert ist. (Wie Sie den SPEICHERN-Befehl nutzen, erfahren Sie in Kapitel 4.)

Ich habe meine gesamte Arbeit verloren

Es soll Ihnen nicht so gehen wie einigen Menschen, die bereits schlimme Erfahrungen hinter sich haben, wie zum Beispiel dieser Archivar: »Ich war mit meinem neuen 100bändigen Lexikon bereits beim Buchstaben Y und durch einen blöden Computerfehler sind alle Daten gelöscht!« Der erzählt diese Geschichte heute immer noch unter einer Brücke an der Seine.

Wenn so etwas passiert, nutzt es Ihnen gar nichts, wenn Sie bittere Krokodilstränen weinen und im Büro randalieren. Sie wissen doch ganz genau, was passiert ist. Sie haben Stunden um Stunden gearbeitet und leider vergessen, zwischendurch zu sichern. Dann ist das Unfassbare geschehen, irgend jemand ist über das Kabel gestolpert und hat damit die gesamte Arbeit vernichtet. Dabei wären Sie mit dem einfachen SICHERN-Befehl schön auf der sicheren Seite gewesen.

Die zehn Unterschiede zwischen Arbeitsspeicher und Festplatte

Mögen Sie daraufhin nie mehr den Arbeitsspeicher mit der Festplatte verwechseln:

1. *Sie haben normalerweise Arbeitsspeicher von 32 bzw. 64 MB gekauft.* Die Festplatten dagegen haben ein Speichervolumen von 4 GB, 6 GB und mehr. (Ein Gigabyte ist 1.000 Megabyte.)

2. *Arbeitsspeicher wird in kleinen Miniatur-Schaltkreisen geliefert.* Eine Festplatte ist eine Kunststoff- oder Metallbox, aus der einige Kabel heraushängen.

3. *Arbeitsspeicher können Sie nur innerhalb des Computers installieren* (in Kapitel 16 sehen Sie, wie das geht). Eine Festplatte kann sowohl innerhalb (internes Laufwerk) als auch außerhalb des Mac in einem separaten Gehäuse, das mit dem Mac verbunden wird (externes Laufwerk), installiert werden.

4. *Arbeitsspeicher-Informationen behält der Mac nur vorübergehend.* Die Festplatten-Informationen scheinen für die Ewigkeit zu sein.

5. *Manche Speicherplatten sind auswechselbar.* Wenn eine voll ist, nimmt man einfach eine neue, wie zum Beispiel Floppy-Disketten, Zip-Disketten etc. Das Auswechseln des RAM dagegen ist etwas kniffliger und man sollte es schon einem Spezialisten überlassen.

6. *Nicht jeder Computer hat eine Festplatte.* (Die ersten Macs benutzten zum Beispiel nur Floppy-Disketten, und Organizer wie z. B. der PalmPilot kennen dieses Speichermedium überhaupt nicht.) Aber jeder Computer, der jemals hergestellt wurde, hatte einen Arbeitsspeicher.

7. Wenn Sie einmal ganz genau hinhören, bekommen Sie mit, wie der Mac die Informationen *von der Festplatte liest; es hört sich an wie ein leises Kratzen* – böse Zungen behaupten auch, dass es sich anhört, als ob etwas eingemeißelt wird. Dagegen hören Sie überhaupt nichts, wenn der Mac Informationen aus dem Arbeitsspeicher holt.

8. Der wohl *wichtigste Unterschied ist der Preis*: RAM kostet etwa 20-mal so viel wie Festplattenspeicher per MB.

9. Der Inhalt des *Arbeitsspeichers* verschwindet beim Ausschalten. Der Inhalt der Festplatte bleibt, bis Sie ihn bewusst löschen oder die ganze Festplatte samt gespeicherten Daten vernichten.

10. Wenn Sie herausfinden wollen, *wie viel Speicherplatz* Ihnen noch auf der *Festplatte* zur Verfügung steht, brauchen Sie nur auf das Fenster der Systemplatte zu schauen, dort wird das ständig aktuell angezeigt.

Aber um zu sehen, über wieviel RAM Ihr Mac verfügt, müssen Sie den Befehl ÜBER DIESEN COMPUTER aus dem -*Menü* anwenden.

Die Angabe GRÖSSTER FREIER BLOCK zeigt dabei ungefähr an, wie viel RAM zur Zeit nicht genutzt werden. Einzelheiten dazu finden Sie in Kapitel 16.

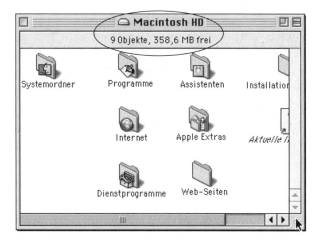

Fenster, Symbole und Papierkorb

In diesem Kapitel

▶ Alles über Fenster, Ordner und Symbole

▶ Alles über die Tastatur-Kurzbefehle

▶ Eine Menge darüber, wie Sie mit Fenstern und Platten Ihren sozialen Status anheben können

Geschickt ändern

All das Klicken und Ziehen und Auf- und Zumachen von Fenstern, das Sie in Kapitel 1 gelernt haben, sollte natürlich auch zu etwas gut sein.

Ordnermania

Wir hatten bereits angedeutet, dass auf Ihrer Festplatte praktisch alles gesammelt wird. Ohne Ordnung wäre das dann über kurz oder lang etwa so, als wollten Sie ein rohes Ei ohne Schale transportieren. Für diese Ordnung haben Sie auf dem Mac die Ordner.

Die Mac-Ordner belegen keinen Speicherplatz auf Ihrer Festplatte – sie sind einfach nur eine elektronische Vision, um Ihnen die Orientierung zu erleichtern.

Der Mac bietet Ihnen die Möglichkeit, eine unbegrenzte Anzahl von Ordnern anzulegen. Dazu brauchen Sie nur dies zu tun:

 Wählen Sie das Menü ABLAGE und klicken Sie auf NEUER ORDNER.

Ganz schön trickreich, dieser Computer! Ein neuer Ordner erscheint. Bitte beachten Sie, dass der Mac ihn freundlicherweise gleich mit der Bezeichnung NEUER ORDNER versieht.

Bitte beachten Sie außerdem, dass diese Bezeichnung auch schon aktiviert ist (schwarz). Erinnern Sie sich an das vorherige Kapitel *Schwarz = ausgewählt = bereit für eine Änderung*. Wenn der Text aktiviert ist, können Sie ihn sofort durch einen eigenen anderen Text ersetzen. Mit anderen Worten, Sie müssen ihn für eine Änderung nicht noch einmal extra aktivieren. Schreiben Sie einfach mal los:

1. **Tippen Sie ein *Deutschland* und drücken Sie die ⏎-Taste (= *Return*-Taste).**

   Die ⏎-Taste sagt Ihrem Mac, dass Sie mit der Eingabe fertig sind.

   Jetzt haben Sie gesehen, wie das mit den Ordnern funktioniert, erzeugen Sie einfach noch einen.

2. **Wählen Sie aus dem ABLAGE-Menü den Befehl NEUER ORDNER.**

   Wieder erscheint ein Ordner und wartet auf die Eingabe einer Bezeichnung.

3. **Tippen Sie nun *Hessen* und drücken Sie die ⏎-Taste.**

Sie könnten immer weiter neue Ordner erstellen – aber das geht eigentlich noch sehr umständlich, immer erst in das Menü und dann mit der Maus auf den Befehl klicken. Das muss doch einfacher gehen, schließlich arbeiten Sie doch mit einem Mac! Und das geht!

Die Tastatur-Kurzbefehle

Öffnen Sie zunächst einmal das ABLAGE-Menü, wählen Sie jedoch keinen der Befehle aus. Sehen Sie die Buchstabenkombinationen am rechten Rand?

Die können Sie mit Ihrer Tastatur als Kurzbefehle nutzen – und das Schöne daran ist, diese Kurzbefehle erscheinen in jedem Menü, das Sie jemals sehen werden. Tastatur-Kurzbefehle helfen Ihnen dabei, Befehle ohne den Einsatz der Maus aus Menüs auszuwählen.

Manche Menschen lieben diese Tastatur-Kurzbefehle über alles und sind mit der Eingabe schneller, als Sie mit der Maus klicken können. Andere Menschen lehnen die Tastatur-Kurzbefehle ab und begründen das damit, dass Sie lieber mit der Maus arbeiten, weil sie dann nichts auswendig lernen müssen. Entscheiden Sie selbst, wie Sie es in Zukunft gerne machen möchten.

Eine unwichtige Anmerkung zu anderen Menüsymbolen

Neben den Tastatur-Kurzbefehlen am rechten Rand der Menüleisten können Sie bei manchen Menüpunkten auch einen kleinen, nach unten zeigenden Pfeil sehen, wie auf dieser Abbildung gezeigt:

Dieser kleine Pfeil sagt Ihnen, dass das Menüangebot noch weitergeht. Um zu diesen zusätzlichen Befehlen zu gelangen, führen Sie den Cursorpfeil vorsichtig zu dem Pfeil, das Menü springt um und zeigt Ihnen den Rest.

Und dann sind da noch die kleinen schwarzen Pfeile, die nach rechts zeigen (siehe Abbildung unten). Diese Pfeile deuten darauf hin, dass hier noch weitere Menüpunkte angeordnet sind, die dann seitlich angezeigt werden (in diesem Beispiel an der rechten Seite):

Von alleine schließt sich kein Fenster

Öffnen Sie den *Deutschland*-Ordner. Sie bemerken sicherlich, dass er dabei die Farbe ändert. Nach dem Doppelklick wird das Bild aufgerastert.

Das soll auch so sein. Wenn Sie auf ein Symbol doppelklicken, wird das jeweilige Fenster geöffnet und das Symbol wechselt die Farbe in der eben beschriebenen Weise. Das ist der sichtbare Hinweis für Sie, dass dieser Ordner geöffnet ist.

Von alleine allerdings geht das Symbol nicht mehr in seinen Normalzustand zurück. Erst wenn Sie das entsprechende Fenster schließen, präsentiert sich das Symbol wieder in seiner ansprechenden eleganten Farbe.

(Was ist das? Sie können das Fenster nicht finden? Dann doppelklicken Sie doch einfach noch einmal auf das Symbol und schon wird das Fenster in den Vordergrund gestellt.)

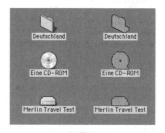

Wenn Sie auf einer Schreibmaschine schreiben, dann drücken Sie die *Shift*-Taste (⇧), um einen Großbuchstaben zu erzeugen. Richtig? Deshalb nennt man die *Shift*-Taste auch *Umschalt*-Taste, weil mit ihr u.a. aus einer gewöhnlichen 3 oder 4 so außergewöhnliche Zeichen wie § und $ erzeugt werden können.

Und nun herzlich willkommen in der Welt der Computer, wo alles viermal so kompliziert ist. Denn anstatt einer Umschalt-Taste bietet Ihnen der Mac deren vier. Schauen Sie auf Ihre Tastatur neben der Leertaste, da sind sie einträchtig beieinander: Gemeinsam mit der ⇧-Taste, die Taste ctrl, die Taste alt und die dritte Taste mit dem ⌘-Zeichen.

Es ist dieses kleine ⌘ *Zeichen* der *Befehlstaste*, das immer wieder in den Tastatur-Kurzbefehlen auftaucht. Neben dem Befehl NEUER ORDNER finden Sie zum Beispiel die Kombination ⌘-N. Das bedeutet:

1. **Während Sie die Befehlstaste (⌘-Taste) gedrückt halten, geben Sie gleichzeitig den Buchstaben N ein.**

   Erstaunlich! Sie haben schon wieder einen neuen Ordner erzeugt.

2. **Tippen Sie *Niedersachsen* ein und drücken Sie die ↵-Taste.**

   Sie haben Ihrem dritten selbsterzeugten Ordner einen Namen gegeben. Nun haben Sie einen ganzen schönen Nachmittag (oder was auch immer Sie gerade für eine Tageszeit haben) damit verbracht, leere Ordner zu erzeugen. Aber immerhin können Sie von sich behaupten, Sie seien jetzt organisiert.

3. **Und jetzt nehmen Sie den *Hessen*-Ordner mit der Maus und bewegen ihn über den *Deutschland*-Ordner.**

   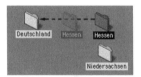

   Achten Sie darauf, dass die Pfeilspitze auf die Mitte des *Deutschland*-Ordners zeigt, so dass dieser aktiviert wird. Sobald der Ordner schwarz wird, lassen Sie den *Hessen*-Ordner los – und Sie können beobachten, wie er im *Deutschland*-Ordner verschwindet. (Wenn Ihr Zielwasser nicht gut war, kann es allerdings auch sein, dass er einfach nur drauf- oder danebenliegt – also wiederholen Sie einfach den letzten Schritt.)

4. **Packen Sie jetzt den *Niedersachsen*-Ordner auf demselben Weg in den *Deutschland*-Ordner – einfach durch Ziehen auf diesen.**

   Soweit Sie nun wissen, sind diese beiden Länder-Ordner einfach verschwunden. Sie haben ganz schön Vertrauen, wenn Sie glauben, wir wüssten, wo sie sind.

5. **Doppelklicken Sie jetzt mal auf den *Deutschland*-Ordner.**

   Ihr Vertrauen hat sich ausgezahlt – Ihre beiden Länder-Ordner sind genau da, wo wir sie hinhaben wollten.

   Wenn Sie jetzt auf einen der Länder-Ordner doppelklicken, wird ein neues Fenster geöffnet. (Übrigens: Auch wenn Sie eine Million Fenster geöffnet hätten, ist das kein Grund zur

Sorge. Sie können sie jederzeit wieder schließen – erinnern Sie sich an das Schließfeld in der linken oberen Fensterecke?)

Nun gut – aber wie bekommen Sie diese Ordner wieder heraus? Müssen Sie sie alle einzeln anfassen – ein ganz schöner Stress bei 16 Bundesländern.

Um die Länder-Ordner wieder aus dem *Deutschland*-Ordner herauszubekommen, gibt es viele Möglichkeiten.

6. **Klicken Sie einfach mit der Maus links über den *Hessen*-Ordner (Bild 1 in der Graphik unten). Dann ziehen Sie die Maus mit gedrückter Taste schräg nach unten rechts, so dass beide Ordner durch ein gestricheltes Rechteck eingeschlossen werden (Bilder 2 und 3).**

Lassen Sie die Maustaste los, wenn beide Ordner vollständig eingeschlossen sind. Damit haben Sie mehrere Ordner ausgewählt, die Sie nun gemeinsam an einen anderen Ort bewegen können.

7. **Bewegen Sie den *Hessen*-Ordner aus dem *Deutschland*-Ordner heraus.**

Der *Niedersachsen*-Ordner folgt brav.

Ein Bonus für geduldiges Mitarbeiten

Die Methode zur Auswahl verschiedener Symbole durch Ziehen eines Auswahlrahmens eignet sich allerdings nur dann, wenn die auszuwählenden Symbole ideal neben- und zueinander stehen. Aber was tun Sie, wenn Sie zum Beispiel nur die Ordner mit dem Anfangsbuchstaben A auswählen wollen, wie in der unten stehenden Zeichnung gezeigt?

Mit einem Auswahlrahmen wählen Sie auch die dazwischen liegenden Dokumente aus.

Das Geheimnis: Klicken Sie die auszuwählenden Ordner bzw. Dokumente an, während Sie die ⇧-Taste gedrückt halten. So können Sie Stück für Stück Ihre Auswahl treffen und ergänzen – so lange bis Sie alles, was Sie auswählen wollten, komplett haben. (Und wenn Sie sich einmal verklicken sollten, klicken Sie dieses Symbol einfach noch einmal an, es wird dann wieder deaktiviert.)

Zugegeben, das war nun etwas unproduktiv, weil wir nur mit leeren Ordnern gearbeitet haben. Das macht viel mehr Sinn, wenn Sie mit Ihren eigenen Dokumenten arbeiten, denn diese Technik funktioniert nicht nur mit Ordnern, sondern auch mit einzelnen Dokumenten.

Etwas in den Papierkorb legen

Und hier ist noch ein Trick, den Sie sicher ganz nützlich finden werden:

1. Schließen Sie den *Deutschland*-Ordner durch Klick in das *Schließfeld*.

2. Ziehen Sie den Ordner auf den Deckel des Papierkorbs in der linken unteren Ecke des Bildschirms.

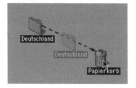

Lassen Sie nicht los, bis der Papierkorb aktiviert ist und schwarz wird (das geschieht dann, wenn die Pfeilspitze des Cursors den Papierkorb berührt). Wenn Sie jetzt den Ordner loslassen, können Sie sehen, dass er im Papierkorb gelandet ist. Leider war er so groß, dass der Deckel nicht mehr zugeht und noch ein Stück herausschaut. Damit will der Mac Sie darauf aufmerksam machen, dass etwas im Papierkorb liegt. Es könnte sich ja um etwas Wichtiges handeln – Ihr Mitarbeiter denkt eben mit.

Das jedenfalls ist der Weg, wie Sie Ihren Mac von unnötigen Dingen befreien – werfen Sie sie einfach in den Papierkorb. Dafür gibt es übrigens auch einen Tastatur-Kurzbefehl: Markieren Sie das Symbol und drücken Sie dann die Tastenkombination ⌘-←. Das ausgewählte Symbol fliegt in den Papierkorb als wäre der Teufel hinter ihm her.

Was nun wirklich hart ist, wie der Mac zögert, bevor er es Ihnen erlaubt, sich von ungeliebten oder unnötigen Dingen zu trennen. Denn nur die Dinge in den Papierkorb zu werfen reicht nicht aus, um sie endgültig loszuwerden – sie landen nur in einem Zwischenlager und bleiben dort für ewig, egal, ob Ihr Papierkorb überquillt oder nicht. Das hat natürlich den Vorteil, dass *Sie jederzeit ein irrtümlich weggeworfenes Dokument wieder retten können*. Ein Doppelklick öffnet das Fenster des Papierkorbs und Sie können das kostbare Stück wieder an seinen alten Platz zurückbefördern.

Was sollen Sie aber tun, um sich endgültig des überflüssigen Krams zu entledigen? Wählen Sie einfach den Befehl PAPIERKORB ENTLEEREN aus dem Menü SPEZIAL.

Doch selbst da kommen Sie noch nicht endgültig zum Ziel, denn es erscheint die folgende Meldung:

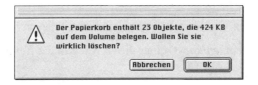

Wenn Sie jetzt mit *OK* bestätigen, haben Sie es endlich geschafft.

Nebenbei bemerkt – aber erzählen Sie das niemandem weiter – auch wenn Sie den Papierkorb entleert haben, sind die Daten noch nicht endgültig vernichtet. Hilfsprogramme wie etwa Norton können diese Daten retten. Dieses zu wissen kann unter Umständen hilfreich sein, wenn Sie (1) etwas versehentlich weggeworfen haben oder (2) vielleicht ein Spion sind – unsichtbare Tinte und so.

 So erklärt sich übrigens auch, warum man praktisch nie von Mac-Besitzern hört, die darüber klagen, dass sie unabsichtlich wichtige Dokumente unwiderbringlich gelöscht haben – der Mac zeigt Ihnen vorher eine ganze Menge roter Ampeln.

Ein wirklich starker Computer, nicht wahr?

Ihr CD-ROM Grundkurs

Sie werden im Leben nicht weit kommen, wenn Sie nicht wenigstens einige Kenntnisse über das in Ihrem Mac eingebaute CD-ROM Laufwerk haben. So erhalten Sie zum Beispiel neue Programme immer auf CD-ROM.

Wie Sie die CD einlegen ist abhängig davon, welches Mac Modell Sie besitzen. Schauen Sie Ihren Computer an. Auf der Vorderseite unmittelbar unter dem Bildschirm sehen Sie entweder einen Schlitz (SlotIn) oder eine Kunststoff-Klappe mit einem Knopf in der Mitte.

Schlitz-Modell (SlotIn): Die CD wird einfach nur eingeschoben (beschriftete Seite nach oben), bis der Mac sie selbsttätig einzieht. Achten Sie darauf, dass Sie nicht eine weitere CD einschieben, wenn bereits eine CD eingelegt ist.

Schlitten-Modell: Um die CD einzulegen, drücken Sie auf den markierten Knopf direkt unter dem Schriftzug Mac an der Vorderseite Ihres Computers. Nach einem kurzen Augenblick fährt der Schlitten aus. Legen Sie die CD ein (beschriftete Seite nach oben) und drücken Sie den Zentrierring fest (vermeiden Sie es dabei, die Unterseite der CD zu berühren) und fahren Sie den Schlitten wieder ein. Fast augenblicklich erscheint das CD-Symbol auf Ihrem Bildschirm.

Alle Modelle: Versuchen Sie nicht, den *Öffnen-Knopf* zu drücken, um die CD wieder herauszunehmen, das funktioniert nicht. Klicken Sie einfach auf das CD-Symbol auf dem Bildschirm und wählen Sie dann aus dem Menü Spezial den Befehl AUSWERFEN – oder bewegen Sie das CD-Symbol einfach in den PAPIERKORB. Die CD erscheint in dem Schlitz bzw. der Schlitten fährt heraus und Sie können die CD entnehmen.

Zehn Tipps für Fenster, Symbole und Papierkorb

Flott durch die Bedienungsgrundlagen Ihres Macs zu führen, ist eine Sache. Dagegen ist es schon etwas anderes, Fenster und Symbole gezielt auf dem Bildschirm zu bewegen und zu verändern. Hier noch einmal die wichtigsten Grundsätze:

1. Wenn Sie die *Bezeichnung eines Symbols ändern* wollen, klicken Sie einmal auf den Namen, warten ein wenig, bis ein Rahmen um den Namen erscheint. Das ist dann das Zeichen, dass Sie mit der Eingabe der neuen Beschriftung beginnen können. Wenn Sie fertig sind, einfach mit der Return-Taste bestätigen.

2. Vergessen Sie nicht, dass Sie sich den Inhalt *von Ordnern auch als Liste zeigen* lassen können (wählen Sie dafür den Befehl ALS LISTE aus dem Menü ANSICHT). Wenn Sie in der Listenansicht sind, können Sie mit der Tastenkombination ⌘ + → (Pfeiltaste rechts) einen markierten Ordner öffnen (genau so als würden Sie in das Bild klicken), um den Inhalt anzusehen und ⌘ + ← (Pfeiltaste links) um den Ordner wieder zu schließen.

3. Jedesmal, wenn Sie PAPIERKORB ENTLEEREN aus dem Menü SPEZIAL wählen, fragt Sie der Mac, ob Sie auch wirklich sicher sind, dass Sie die Dateien löschen wollen. Wenn Sie diese Warnung nicht mehr erhalten wollen, klicken Sie auf das PAPIERKORB-Symbol und wählen dann aus dem Menü ABLAGE den Befehl INFORMATION. Hier können Sie diese Meldung ausschalten.

4. Sehr wichtige Dateien können Sie *vor unbeabsichtigtem Löschen schützen*. Anklicken, aus dem Menü ABLAGE den Befehl INFORMATION auswählen und den Dateischutz über die Klickbox einschalten. Wenn Sie diese Datei nun in den Papierkorb legen und löschen wollen, meldet Ihnen der Mac, dass es sich um eine geschützte Datei handelt, die nicht gelöscht werden kann.

5. Dateien können Sie kopieren, indem Sie einfach auf das Symbol klicken und dann aus dem Menü ABLAGE den Befehl DUPLIZIEREN wählen. Oder Sie bewegen die Datei oder den Ordner bei gedrückter ⌥-Taste in ein neues Fenster oder einen anderen Ordner.

6. Manchmal kann es schon sehr störend sein, wenn man ein Fenster öffnet und nur einen Teil des Inhaltes sieht, wie im linken Bild unten. Natürlich können Sie in diesem Fall ganz geduldig mit dem Scrollbalken operieren, bis Sie endlich das gefunden haben, was Sie suchen. Aber es gibt natürlich auch hier eine einfachere Lösung. Klicken Sie einfach in das *Erweiterungsfeld* am rechten oberen Rand des Fensters (wie auf dem rechten Bild gezeigt) und der Mac stellt die Fenstergröße exakt so ein, dass der gesamte Inhalt sichtbar ist.

7. Sie haben einmal keine Lust dazu, einen Ordner oder eine Datei mit der Maus über den gesamten Bildschirm in den PAPIERKORB am rechten unteren Ende zu bewegen.

8. Dann versuchen Sie einfach einmal diesen kurzen Weg: Klicken Sie bei gedrückter ctrl -Taste auf ein Symbol oder in ein Fenster und halten Sie die Maustaste gedrückt.

Aus der daraufhin erscheinenden Befehlsleiste können Sie dann den gewünschten Befehl auswählen.

Zum Beispiel: Wenn Sie bei gedrückter ctrl-Taste eine CD oder eine Festplatte anklicken, können Sie zwischen den Befehlen AUSWERFEN, HILFE und ÖFFNEN wählen. Wenn Sie bei gedrückter ctrl-Taste ein Symbol anklicken, erhalten Sie u.a. Befehle wie INFORMATION, DUPLIZIEREN oder IN DEN PAPIERKORB LEGEN. Und wenn Sie bei gedrückter ctrl-Taste irgendwo in ein Fenster klicken – nicht direkt auf eine Datei oder einen Ordner – können Sie u.a. zwischen AUFRÄUMEN, SCHLIESSEN, NEUER ORDNER und mehr wählen (der Fachausdruck dafür ist *Kontextmenü*, da das angebotene Befehlsmenü in direktem inhaltlichem Zusammenhang mit dem von Ihnen angeklickten Objekt steht).

9. Insgesamt gibt Ihnen Ihr Mac immer das Gefühl von Kontrolle und Ordnung. Ein Beispiel gefällig? Dann öffnen Sie doch einmal ein Fenster, zum Beispiel das Ihrer Festplatte. Jetzt wählen Sie aus dem Menü DARSTELLUNG den Befehl DARSTELLUNGSOPTIONEN.

Im rechten Bild unten sehen Sie, wie so ein Fenster aussieht – die Ordner stehen wahllos über und nebeneinander. Jetzt wählen Sie aus dem Menü DARSTELLUNG den Befehl AUFRÄUMEN – klick – und schon erhalten Sie den gesamten Fensterinhalt fein säuberlich präsentiert wie im linken Bild.

10. Übrigens, Sie brauchen Ihre Fenster nicht immer aufzuräumen, wenn Sie den Mac ausschalten. Beim nächsten Einschalten finden Sie sie in demselben Zustand wieder, wie Sie sie zuletzt verlassen haben.

Immer wieder auf dem aktuellen Stand

In diesem Kapitel

▶ Was man eigentlich unter Software versteht

▶ Alles über Kopieren und Einfügen

▶ Schreibtischzubehör und das befruchtende Menü, in dem es aufgelistet ist

▶ Das reine unbeschwerte Vergnügen der Kontrollfelder

Der Mac ist wie ein Videorecorder. Die Software, die Sie auf dem Mac installiert haben, sind wie die Kassetten, die Sie im Videorecorder abspielen. Ohne die Kassetten (Software) ist der Videorecorder (Mac) wertlos. Aber mit den Kassetten (Software) kann der Videorecorder (Mac) Ihr persönliches Programm abspielen, so wie Sie es sich vorstellen.

Mit dem Videorecorder können Sie sich zum Beispiel mitten in einer Nacht einen Western, am anderen Tag ein selbstgedrehtes Video oder eine Dokumentation über Humor in der Politik ansehen. Genau so verwandelt die entsprechende Software Ihren Mac in eine Schreibmaschine, einen Zeichenstift oder eine Filmbearbeitungsmaschine. Die einzelnen Teile der Software werden in der Regel als Programme oder auch als Anwendungen bezeichnet – je nach Anwendung verhält sich Ihr Mac anders. Erfahrene Mac-Benutzer setzen bis zu 6, 7 oder mehr verschiedene Programme ein.

Die Therapie gegen Alterung

Ihre Verbindung zu einem Software-Anbieter endet nicht, wenn Sie ein Programm gekauft haben – im Gegenteil, sie beginnt erst damit. Zunächst einmal bietet Ihnen der Software-Anbieter natürlich technische Unterstützung, wenn etwas nicht funktioniert. Hier bekommen Sie zum Teil einen besonders umfassenden Service – von der gebührenfreien Rufnummer, unter der Sie immer einen kompetenten Fachberater erreichen. Bei anderen dagegen kann es auch schon einmal sein, dass Sie einige Zeit (bei Ferngesprächen teuer) warten müssen, ehe Sie zum Service-Center durchkommen. Welcher Software-Anbieter einen besonders guten Service bietet, erfahren Sie von Mac-Anwendern (eventuell auch in Ihrem Bekanntenkreis). Sie finden aber auch viele nützliche Hinweise darauf in der regelmäßig erscheinenden MacWelt und MacUp.

Wie die Computer werden auch die Programme von den Herstellern immer wieder verbessert und aktualisiert. Daher ist auch die Anschaffung einer bestimmten Software keine einmalige Ausgabe. Sie erhalten nach jeder Erneuerung (Up-Date) in der Regel vom Hersteller ein günstiges Angebot, um Ihre bestehende Version zu aktualisieren.

Wie Sie persönlich bei der Aktualisierung Ihrer Software vorgehen, bleibt ganz Ihnen überlassen. Manche Mac-Nutzer aktualisieren Ihre Programme erst nach einem Jahr oder in noch längeren Abständen und überspringen damit einige der vom Hersteller empfohlenen Aktualisierungsversionen, andere nutzen jede dieser angebotenen Versionen, weil sie einfach immer auf dem neuesten programmtechnischen Stand sein wollen – es ist eigentlich immer nur eine Frage der Notwendigkeit und des notwendigen finanziellen Aufwandes.

Investition Nr. 2: Software kaufen

(Investition Nr. 1 war Ihr Computer)

Ihren Mac erhalten Sie schon mit einigen bereits fix und fertig installierten Programmen. Das ist ein schöner Zug, denn Software ist teuer.

Wenn Sie nun beschließen, Ihren Programmhorizont über den mitgelieferten Rahmen hinaus auszuweiten, werden Sie sehr schnell feststellen, dass zum Beispiel das bekannte Textverarbeitungs-Programm Microsoft-Word ca. 600,– bis 700,– DM kostet. Wenn Sie darüber hinaus noch ein Tabellen-/Kalkulationsprogramm installieren wollen (ca. 90 % der Mac-Nutzer setzen dafür Microsoft Excel ein), müssen Sie mit weiteren 600,– bis 700,– DM rechnen. Dann gibt es noch ein Programm (FileMaker), mit dem Sie sich selbst Datenbanklösungen programmieren können (weitere ca. 450,– bis 500,– DM) etc. Sie sollten dabei berücksichtigen, dass Sie immer mehr bekommen als nur eine CD-ROM und ein Handbuch.

Aber das können Sie sich alles später noch überlegen. Im Moment haben Sie bereits mit AppleWorks eine sehr gute Basis. Dieses Programm integriert eine Reihe von Anwendungen, wie zum Beispiel Textverarbeitung, Datenbank, Spreadsheet, Zeichenprogramm und so weiter. (Lesen Sie mehr darüber in Kapitel 9 »So finden Sie Ihren eigenen Weg durch die Software«).

Mit Ihrem Mac erhalten Sie außerdem zwei Spiele, Quicken (um Ihrem Kontostand immer auf dem Laufenden zu halten) und ein Webseiten-Gestaltungsprogramm. Die CD-Schlitzlader Macs bieten sogar noch mehr: Ein Lexikon auf der CD-ROM, ein Programm für digitale Videos, ein Kalender/Adressbuch-Programm genannt Palm Desktop und ein Programm, das verhindert, dass Jugendliche die dunklen Seiten des Internet sehen. Die Kapitel 9 und 10 beschreiben diese Programme in allen Einzelheiten.

Wo bekommen Sie die Software

Grundsätzlich können Sie Software über das Internet (E-Mail) und in Fachgeschäften beziehen. Unglücklicherweise werden auch Sie bald feststellen müssen, dass auch heute noch die Fachgeschäfte nur eine begrenzte Anzahl von Programmen für den Macintosh im Sortiment haben. Andererseits werden diese Programme günstig im Internet angeboten – und in der Regel bei sofortiger Lieferung.

Die Internet-Shops finden Sie zum Beispiel auf der Macintosh-Website www.Apple.de. Sie können auch so genannte »Mail-Order-Häuser« wie MacWarehouse, MacZone oder Cancom über deren jeweilige kostenlose Bestell-Rufnummern oder ihren Websites erreichen.

Im folgenden Kapitel beschäftigen wir uns ein wenig mit Textverarbeitung. Zum Aufwärmen zeigen wir Ihnen einige der Grundprinzipien für das Arbeiten mit Programmen auf Ihrem Mac. Damit sichergestellt ist, dass Sie das sehen, was wir in diesem Buch beschreiben, beginnen wir zunächst mit den Programmen, die Ihr Mac von Haus aus mitbringt.

Billige Software

Nach der Lektüre von Kapitel 6 wird in dem einen oder anderen unserer Leser der Wunsch erwachen, den Mac über die Telefonleitung einfach mit einem anderen Computer zu verbinden. Dabei werden Sie einen neuen Begriff entdecken: Shareware. Dabei handelt es sich um Programme, die in der Regel nicht von Softwareherstellern, sondern von einzelnen Programmierern erstellt wurden, die ihr Werk der Internetgemeinde zur freien Nutzung zur Verfügung stellen. Sie können sich diese Programme über die Telefonleitung direkt auf Ihren Mac laden. Und Sie können so großzügig sein, den oft geringen Nutzungsbeitrag von $5 bis ca. $20, der manchmal gewünscht wird, zu bezahlen.

Sicher, Shareware hat oft etwas Handgestricktes an sich. Aber einiges davon ist auch großartig. Hier zwei Internet-Adressen für den Anfang, wo Sie sich das Angebot einfach einmal ansehen können: www.macdownload.com und www.shareware.com. Hier können sie nach jeder Art von Shareware-Programmen suchen oder aber auch nach Spielen, Musik, Bilder usw.

Ihr erstes Programm

Erinnern Sie sich, wir sprachen bereits über die verschiedenen Menüs am oberen Rand Ihres Bildschirms. Je intensiver Sie mit Ihrem Mac arbeiten, desto eher werden Sie entdecken, dass diese Menüs von Programm zu Programm ganz unterschiedlich sind. Im Augenblick steht da vermutlich Ablage, Bearbeiten, Darstellung und Spezial; in einem Textverarbeitungsprogramm könnten die Menüs zum Beispiel Datei, Bearbeiten, Schrift, Größe, Format und so weiter heißen. Das kommt daher, weil die jeweiligen Menüleisten und entsprechend auch die darunter aufgelisteten Befehle immer speziell auf die Funktion des Programmes eingerichtet werden.

Aber da gibt es ein Menü, das Sie immer auf Ihrem Bildschirm sehen: Unser Freund, das -Menü (zur Erinnerung: der in der linken oberen Ecke des Bildschirms). Neben vielen anderen Dingen finden Sie hier einige nützliche kleine Programme, die allgemein als *Schreibtischprogramme* bezeichnet werden. Zum Beispiel *Tastatur, Album, Notizblock* usw. – alle nahezu perfekt geeignet, damit Sie Ihre ersten Gehversuche in die Welt der Software untenehmen können.

Die Schreibtischprogramme

Lassen Sie uns nun ganz einfach beginnen: Zeigen Sie mit dem Cursor auf den und wählen Sie daraus RECHNER. Der Rechner erscheint in einem eigenen Fenster in der Mitte Ihres Bildschirms.

Der Rechner

Mit der Maus können Sie nun die Tasten auf dem Rechner bedienen. Der Mac rechnet für Sie das gewünschte Ergebnis und Sie können stolz darauf sein, einen der größten Taschenrechner der Welt zu besitzen.

Sie können die Zahlen und Rechenfunktionen aber auch mit der Tastatur eingeben. Sobald Sie die Zahl auf der Tastatur eingeben, bestätigt der Mac die Eingabe durch das Blinken der entsprechenden Taste. Probieren Sie das doch einmal aus.

Und Sie sollten sich noch einen kleinen Moment Zeit nehmen, um das Aussehen Ihres Bildschirms nach Ihren Wünschen zu gestalten. Nehmen Sie den Rechner und platzieren Sie ihn dort auf dem Bildschirm, wo er Ihnen am besten gefällt bzw. am nützlichsten und leichtesten zugänglich erscheint. Zeigen Sie dazu mit dem Cursor auf den oberen Balken (dort, wo Rechner steht) und ziehen Sie den Rechner bei gedrückter Maustaste an die von Ihnen gewünschte Position. Und wenn Sie den Rechner nicht mehr benötigen? Richtig, Sie klicken einfach auf das kleine Schließfeld in der linken oberen Ecke.

Aber jetzt noch nicht – wir wollen noch ein wenig damit arbeiten.

Der Notizblock

Öffnen Sie wieder das -Menü und klicken Sie auf den Befehl NOTIZBLOCK.

Falls der Befehl NOTIZBLOCK nicht angezeigt wird, ist vermutlich die Betriebssoftware Mac OS 9 (Sie finden alles darüber in Kapitel 13) installiert. In diesem Fall finden Sie den Notizblock nicht unter dem -Menü, sondern unter einer neuen Adresse. Doppelklicken Sie auf das Symbol Ihrer Festplatte (MACINTOSH HD) und dann auf den Ordner APPLE EXTRAS. Ein weiterer Doppelklick auf das Symbol NOTIZBLOCK offnet dieses dann.

In jedem Fall haben Sie nun das weltweit schnörkelloseste Textverarbeitungsprogramm auf dem Bildschirm.

Mehr über die Textverarbeitung erfahren Sie im nächsten Abschnitt. Jetzt wollen wir uns nur ein wenig mit den Funktionen vertraut machen, indem wir ein welterschütterndes mathematisches Problem unter Einsatz der Mac-Rechenkapazitäten lösen.

Bitte schreiben Sie dazu einfach die folgende Formel auf Ihren Notizblock:

37+8+19*3-100

(Anmerkung: In der Computerwelt bedeutet das Zeichen * Multiplizieren.) Sollten Sie sich dabei vertippt haben, korrigieren Sie einfach mit der Korrekturtaste ⬅ in der rechten oberen Ecke Ihrer Tastatur (auch Rückschritttaste genannt).)

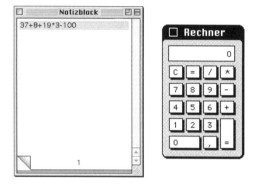

Mit der Maus bewegen Sie den Notizblock so neben den Rechner, wie es in der Abbildung gezeigt ist (einfach den Cursor auf die Titelleiste platzieren und bei gedrückter Maustaste an die entsprechende Position bewegen). Im Folgenden werden Sie nun den Mac mit zwei Programmen arbeiten lassen (übrigens eine der wesentlichsten Funktionsmerkmale des Mac).

Den Text auswählen

Führen Sie den Cursor mit der Maus zum Anfang unserer Formel (oben). Drücken Sie die Maustaste und führen Sie den Cursor waagerecht nach rechts (Mitte). Wenn die gesamte Formal markiert ist, lassen Sie die Maustaste los – der Text bleibt markiert (unten).

```
37+8+19*3-100

37+8+19*3-100

37+8+19*3-100
```

Sie haben damit einen Text ausgewählt. Erinnern Sie sich noch an das Kapitel 1? Hier haben Sie zunächst ein Symbol ausgewählt und dann einen Menübefehl, um das ausgewählte Symbol zu bearbeiten. Genau das tun wir jetzt auch. Das Prinzip »Erst auswählen, dann bearbeiten« funktioniert hier exakt gleich – in diesem Falle mit dem von Ihnen markierten bzw. ausgewählten Text. Der Mac wartet bereits darauf, dass Sie ihm mitteilen, was mit dem Text geschehen soll.

Das Grundprinzip menschlicher Anstrengung: Kopieren und Einfügen

Wählen Sie dazu KOPIEREN aus dem Menü BEARBEITEN.

Donner grollt, Blitze zucken durch die Nacht, atemlose Spannung bannt das Publikum ... und nichts passiert.

Es geschieht alles ohne Aufsehen im Hintergrund. Der Mac speichert den ausgewählten Text (unsere Formel) im unsichtbaren Zwischenspeicher, der dafür angelegt ist, um Inhalte aus einem Fenster in ein anderes Fenster oder aus einem Programm in ein anderes Programm zu transportieren. (Einige Programme verfügen über einen Befehl »Zwischenspeicher anzeigen« – in diesem Falle ist der Zwischenspeicher natürlich nicht unsichtbar.)

Wie auch immer, in unserem Beispiel können Sie den Zwischenspeicher nicht sehen, aber Sie sollten uns vertrauen, er ist da und der von Ihnen markierte Text ist auch dort abgespeichert und Ihr Mac wartet nun auf weitere Anweisungen, was damit geschehen soll.

Das Menü Programme

Sehen Sie das Notizblock-Symbol und den Text Notizblock in der rechten oberen Ecke Ihrer Menüleiste?

Das Menü PROGRAMME

Dieses Symbol steht für das Menü PROGRAMME. Darunter finden Sie alle Anwendungsprogramme, die zur Zeit auf Ihrem Mac aktiv sind. Zur Zeit sind dort drei Programme aufgeführt: Notizblock, Rechner und der berühmte Finder (oder Schreibtisch). Sie sind damit schon fast ein Multitasking-Spezialist geworden (Multitasking = mehrere Aufgaben gleichzeitig bearbeiten).

Wählen Sie aus dem Menü PROGRAMME nun den RECHNER.

Wie Sie natürlich sofort bemerken, wird das Fenster mit dem Rechner in den Vordergrund gestellt. (Sie erinnern sich sicher an Kapitel 1, in dem wir durch Anklicken ein Objekt in den Vordergrund geholt haben, was wesentlich weniger Aufwand erforderte.)

Vollkommen richtig! Sie haben bereits eine sehr fortgeschrittene Ebene erreicht. Aber etwas über das Menü PROGRAMME zu wissen, kann ja nicht schädlich sein. Denn meistens wird es in Ihrem zukünftigen Computerleben so sein, dass die Dateien einer Anwendung den gesamten Bildschirm bedecken und Sie über dieses Menü dann problemlos ein anderes bereits geöffnetes Programm in den Vordergrund rufen können – obwohl Sie das entsprechende Fenster nicht so wie jetzt sehen.

Wie auch immer, auf jeden Fall ist jetzt der Rechner die aktive Anwendung. (Aktiv bedeutet in diesem Falle, diese Anwendung ist im Vordergrund.) Beachten Sie bitte, dass der Mac immer noch die Formel im Zwischenspeicher gespeichert hat. Anstatt nun die Formel neu zu schreiben, kopieren wir sie einfach über einen Tastaturbefehl in den Rechner:

1. **Geben Sie über die Tastatur** $\boxed{C}$ **ein oder klicken Sie mit der Maus auf die Taste** $\boxed{C}$ **des Rechners.**

    Damit löschen Sie eventuell bereits vorhandene Angaben im Rechner.

2. **Wählen Sie aus dem Menü BEARBEITEN den Befehl EINFÜGEN und beobachten Sie nun den Rechner!**

Falls Sie rechtzeitig hingeschaut haben, sehen Sie ein Zahlenspiel wie an den Spielautomaten in Las Vegas um Mitternacht. Und mit stolzer Selbstverständlichkeit präsentiert der Mac das Ergebnis unseres mathematischen Problems. (Wenn alles gut geht, sollte das 92 sein.)

Haben Sie mitbekommen, was hier gerade abgelaufen ist? Sie haben eine mathematische Formel in ein Textverarbeitungsprogramm eingegeben (Notizblock), es in den Zwischenspeicher und von dort in ein Kalkulationsprogramm (Rechner) kopiert. Diese Fähigkeit, Informationen zwischen Programmen hin- und herzubewegen und zu bearbeiten, ist die faszinierendste Eigenschaft des Mac.

Und es ist ein Zwei-Wege-System. Sie können die Zahl auch wieder in das Textverarbeitungsprogramm übernehmen:

1. **Wählen Sie KOPIEREN aus dem Menü BEARBEITEN.**

   Halt! Es steht ja schon etwas auf dem Notizblock. Wo soll der Mac den neuen Wert denn einfügen?

   Natürlich auf dem Notizblock. Und was zuvor dort gestanden hat, soll gelöscht werden, denn auf dem Notizblock kann immer nur eine Nachricht notiert werden.

2. **Wählen Sie aus dem Menü PROGRAMME die Anwendung NOTIZBLOCK (oder klicken Sie einfach auf das Fenster des Notizblocks auf dem Bildschirm).**

   Der Notizblock steht nun im Vordergrund.

3. **Geben Sie nun den folgenden Text ein:**

   Lieber Sohn, Du schuldest mir DM

   Nach dem M sollten Sie noch eine Leertaste einfügen und dann den Cursor zum Menü BEARBEITEN bewegen.

4. **Wählen Sie den Befehl EINFÜGEN aus dem Menü BEARBEITEN.**

   Hervorragend! Der Mac kopiert das errechnete Ergebnis unserer mathematischen Aufgabe auf den Notizblock.

5. **Wenn Sie jetzt noch einmal EINFÜGEN anklicken, erfolgt eine weitere Eingabe, noch einmal erscheint die Zahl 92 auf dem Notizblock.**

Sie müssen dazu nicht unbedingt immer die Befehle KOPIEREN und EINFÜGEN aus dem Menü BEARBEITEN wählen, sondern können diese Befehle auch über die Tastatur eingeben. Vielleicht erinnern Sie sich noch an die Ausführungen in Kapitel 2.

Und wie erfahren Sie die Tastatur-Kurzbefehle der einzelnen Befehle in den Menüs? Sie können sie auswendig lernen oder im Menü ablesen. Mit der Zeit werden Sie einige davon einfach im Schlaf beherrschen.

Die Kurzbefehle finden Sie immer an der rechten Seite des Menüs. Notieren Sie sich die wichtigsten Tatstatur-Kurzbefehle wie WIDERRUFEN ⌘+Z, AUSSCHNEIDEN ⌘+X, KOPIEREN ⌘+C und EINSETZEN ⌘+V (Einfügen).

 C ist KOPIEREN und V EINSETZEN, beim Arbeiten ist dies immer die richtige Reihenfolge der beiden Tastatur-Kurzbefehle. (Ich weiß, ich weiß: Warum nicht das ⌘+E als Tastatur-Kurzbefehle, aber philosphische Gedanken zur Zuordnung der einzelnen Buchstaben zu den Befehlen ersparen wir uns, nachzuvollziehen sind sie in der deutschen Programmversion ohnehin nicht mehr.)

Klicken Sie jetzt einfach irgendwo auf den Schreibtisch, um das Menü – falls offen – zu schließen, und lassen Sie uns Folgendes versuchen:

1. **Geben Sie bei gedrückter ⌘-Taste ein V ein.**

   Eine Kopie des Zwischenspeicher-Inhaltes erscheint auf Ihrem Notizblock.

   (Im weiteren Text bezeichen wir solche Tastatur-Kurzbefehle mit dem Kürzel ⌘+V.)

2. **Geben Sie noch einmal ⌘+V ein.**

   Dieses Kind steht inzwischen bei Ihnen ganz schön in der Kreide. Nun gut, immerhin ist er Ihr Sohn – löschen wir die letzte 92.

3. **Wählen Sie aus dem Menü BEARBEITEN WIDERRUFEN.**

   Mit diesem Befehl widerrufen Sie die letzte Aktion, in diesem Fall das Hinzufügen der 92.

Bitte beachten Sie, dass mit dem Befehl WIDERRUFEN *immer nur die letzte Aktion rückgängig gemacht wird*. Wenn Sie zum Beispiel etwas kopieren (1), es irgendwo einfügen (2) und dann etwas dazu schreiben (3), bewirkt der Befehl WIDERRUFEN nur, dass das Geschriebene (3) widerrufen wird, nicht mehr das Einfügen (2).

Eine Nachricht für Raumfahrt-Wissenschaftler

Versuchen Sie nicht, mit dem kleinen Rechner komplizierte Berechnungen durchzuführen, bevor Sie die Verfahrensweise des Kalkulationsprogrammes verstanden haben.

Der Rechner arbeitet von links nach rechts. Er bearbeitet Multiplikationen und Divisionen nicht vor der Addition und Subtraktion, wie es sonst eigentlich weltweit üblich ist. Ein Beispiel soll dies verdeutlichen: 3+2*4=; (* = multiplizieren). Die wissenschaftlich korrekte Antwort ist 11, da zunächst die Funktion Multiplizieren ausgeführt und dann der Wert 3 addiert wird. Die Antwort des Mac ist dagegen 20, da der Mac die Funktionen streng nacheinander abarbeitet. Ist das verständlich?

Kontrollfelder

Ein Begriff in Ihrem -Menü ist kein Schreibtischprogramm. Es heißt KONTROLLFELDER und öffnet den Kontrollfelder-Ordner. Aber was bitte ist ein Kontrollfelder-Ordner? Das ist ein Ordner, der in Ihrem System-Ordner zu Hause ist und eine Menge Symbole beherbergt, mit denen viele Einstellungen Ihres Mac vorgenommen (kontrolliert) werden können. Wählen Sie jetzt bitte aus dem -Menü KONTROLLFELDER, damit das entsprechende Fenster erscheint.

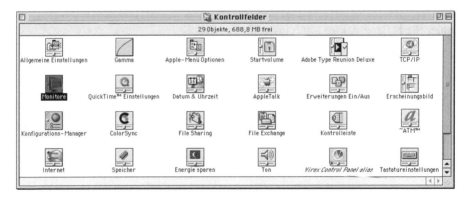

Wir zeigen es Ihnen an einem Kontrollfeld, dann können Sie es weiter selbst nachvollziehen:

1. **Geben Sie die Buchstaben DA auf der Tastatur ein.**

    Erinnern Sie sich an diesen kleinen Trick? Sie können ein Symbol auswählen, indem Sie die Anfangsbuchstaben des Namens eingeben. In unserem Falle wird das Symbol DATUM&UHRZEIT aktiviert.

2. **Doppelklicken Sie jetzt auf das DATUM &UHRZEIT-Symbol.**

Es öffnet sich ein Fenster, in dem Sie die aktuelle Uhrzeit einstellen bzw. korrigieren können, indem Sie einfach eine Zahl anklicken und dann den neuen Wert eingeben.

Wenn die Zeit richtig eingestellt ist, schließen Sie das Fenster durch Klick in das Schließfeld oben links.

Die wichtigsten zehn Kontrollfenster

In dem Ordner KONTROLLFENSTER sind dutzende von Kontrollfenster-Programmen, hier ist nur ein Ausschnitt der Favoriten. (Es können hierzu abweichende Namen zu ihren Kontrollfenster-Programmen bestehen, das hängt vom Zeitpunkt des Einkaufs ihres Mac ab.) Nähere Informationen zu diesem Thema, siehe Kapitel 12.

1. **Monitore** – damit können Sie die Farbeinstellung des Bildschirms verändern (Graustufen – wie ein Schwarz/Weiß-Fernseher oder die Farbtiefe). So verlangen zum Beispiel einige Spiele, dass die Farbtiefe auf 256 Farben reduziert wird; wenn Sie sich dagegen Fotos in guter Qualität ansehen wollen, sollten Sie die Farbtiefe auf Millionen Farben einstellen.

   (Hinweis: Wenn Ihr Mac über ein Betriebssystem unter Mac OS 9 verfügt, gibt es ein Kontrollfeld MONITORE&TON, in dem diese Funktionseinstellungen zusammengefasst sind.)

2. **Ton** – in diesem Kontrollfeld können Sie dem Mac mitteilen, mit welchem Ton Sie die unterschiedlichen Aktivitäten quittiert bzw. vor Fehlbedienungen gewarnt werden wollen. Sie können übrigens auch eigene Töne dafür abspeichern – mehr darüber erfahren Sie in Kapitel 19.

3. **Maus** – hier können Sie die Geschwindigkeit einstellen, mit der sich der Mauszeiger auf dem Bildschirm bewegt, und die Blinkfrequenz des Cursors variieren.

4. **Erscheinungsbild** – verschiedene Einstellung erlauben Ihnen eine ganz individuelle Einstellung der Bildschirmdarstellungen. Für eine tiefer gehende Darstellung dieser Einstellung lesen Sie bitte in Kapitel 12 nach. Für jetzt sei nur angemerkt, dass Sie hier zum Beispiel auch ein eigenes Bild als Hintergrundmotiv auf Ihren Bildschirm zaubern können.

5. **Weltkarte** – hier können Sie sehen, wie viel Uhr es an einem beliebigen Punkt der Erde gerade ist. (Bei Mac OS 9 oder höher ist dieses Kontrollfeld nicht im Ordner KONTROLLFELDER sondern im Ordner APPLE EXTRAS abgelegt.)

6. **Speech** – hier können Sie die Sprache auswählen, in der Ihr Mac sich mit Ihnen unterhält (sehen Sie dazu auch Kapitel 19).

7. **File Exchange** – damit kann Ihr Mac auch FloppyDisks von Windows-PCs problemlos lesen (allerdings nur, wenn Sie ihm auch ein Laufwerk für FloppyDisks spendieren).

8. **Energie sparen** – hier können Sie die Zeit einstellen, wann Ihr Mac sich abschaltet, also zum Beispiel 30 Minuten nach der letzten Aktivität.

9. **Allgemeine Einstellungen** – hier lassen sich eine ganze Menge individueller Einstellungen vornehmen, zum Beispiel die Blinkfrequenz des Cursors in einem Textverarbeitungsprogramm, Schutzeinstellungen für den Systemordner oder Programme vor ungewolltem Zugriff und so weiter. Außerdem finden Sie hier noch drei weitere nützliche Mac-Eigenschaften: den Klickstarter (siehe Kapitel 4) und verschiedene Einstellungen für Dokumente (siehe Kapitel 12 »Allgemeine Einstellungen«).

10. **Tastatur** – hier können Sie entscheiden, ob durch eine Taste bei Dauerdruck ein Buchstabe bzw. Zeichen immer wieder geschrieben wird, zum Beispiel XXXXXXXXX.

Schreiben, Sichern und Wiederfinden

In diesem Kapitel

▶ Ungezählte Schreibmaschinen-Lektionen

▶ Ziehen und Ablegen

▶ Wie Sie Ihre Dateien sichern, damit sie nicht verloren gehen

▶ Sie machen DeskTop-Publishing

---

*W*ir wissen, dass Sie Ihren Mac dafür benutzen wollen, um 3D-Animationen und Fotoretuschen bzw. eine Symphonie zu komponieren. Aber (das Versenden von E-Mails oder das Surfen im Internet einmal ausgenommen) realistischerweise werden Sie den Mac die meiste Zeit für die gute alte Textverarbeitung benutzen.

Obwohl es jeder tut, heißt das noch lange nicht, dass Textverarbeitung nicht die tollste und vor allem zeitsparendste Innovation seit der Erfindung des Mikrowellenherdes ist. Wenn Sie die Textverarbeitung meistern, haben Sie Ihren Computer im Griff.

Ihr erster Bestseller

Es ist ein besonders glücklicher Umstand, dass Ihr Mac mit einem vorzüglichen Textverarbeitungsprogramm ausgestattet ist. Es heißt AppleWorks und Sie lesen mehr darüber in Kapitel 9.

Für diese kleine Lektion aber wollen wir zunächst ein kleines Textverarbeitungsprogramm, den Notizblock verwenden. Wählen Sie dazu bitte im -Menü dieses Programm.

 Wenn Sie dieses Programm nicht in Ihrem -Menü sehen, ist Ihr Mac mit dem Betriebssystem MacOS9 ausgestattet. Auch hier gibt es das Notizbuch, es liegt jedoch an einer anderen Stelle. Sie finden es im Systemordner auf Ihrer Festplatte im Ordner APPLE EXTRAS. Einfach ein Doppelklick und der Notizblock wird geöffnet.

Die drei wichtigsten Regeln der Textverarbeitung

Die ersten Regeln für das Schreiben mit einem Computer sind besonders dann sehr schwer zu lernen, wenn man bereits jahrelang mit einer mechanischen oder elektrischen Schreibmaschine gearbeitet hat. Aber sie sind eminent wichtig:

✔ **Geben Sie keine Return/Zeilenschaltung (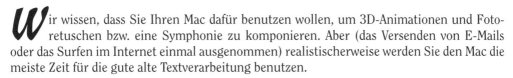) nach jeder Zeile ein!** Schreiben Sie den Text einfach weiter. Am Ende der Zeile entscheidet das Textverarbeitungsprogramm, ob das neue Wort noch in die Zeile passt oder nicht, und nimmt dann den Umbruch selbst vor. Mit einem Return in der Mitte eines Satzes schneiden Sie den Rest ab.

✔ **Geben Sie nur einen Zwischenraum nach jedem Punkt ein.** Von jetzt an wird alles, was Sie schreiben, wesentlich professioneller aussehen als das, was Sie bisher auf einer mehr oder weniger neuen mechanischen oder elektrischen Schreibmaschine mit abgenutztem Farbband geschrieben haben.

✔ **Benutzen Sie nicht die ⎕-Taste für die 1.** Ihr Mac hat nämlich eine Taste für die 1, die Sie auch benutzen sollten. Falls Sie stattdessen das l nutzen, sieht Ihre 1 a) nicht besonders gut aus und b) stimmt auch der Buchstabenabstand nicht.

Wir weisen nur der Vollständigkeit halber auf diese kleinen Unterschiede hin und nicht als strenger Schreibmaschinenlehrer. Einfach weil wir wollen, dass Ihre geschriebenen Seiten besser und professioneller aussehen sollten.

Da gibt es natürlich auch noch eine ganze Reihe weiterer Regeln, die Sie im Laufe der Zeit beherzigen sollten. Aber wir wollen es zunächst einmal dabei bewenden lassen. Nun, haben Sie jetzt ein schönes neues jungfräuliches weißes Blatt Papier vor sich auf dem Notizblock?

Alles über den Klickstarter

Können Sie sich an dieses Bild erinnern?

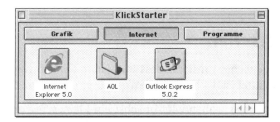

Falls Sie es nicht sehen, können Sie es sich über KLICKSTARTER aus dem -*Menü* auf Ihren Bildschirm holen.

Der Klickstarter hat die Aufgabe, Ihnen das Öffnen von Programmen zu erleichtern. Er nimmt Ihre wichtigsten Programme an einem zentralen Ort auf. Mit der Zielsetzung, Ihnen Zeit zu sparen, hat Apple den Klickstarter außerdem so gestaltet, dass ein einziger Klick ausreicht, um die Programme zu öffnen, statt des sonst üblichen Doppelklicks.

Den Klickstarter zu nutzen ist denkbar einfach:

1. Wenn es ein Programm oder eine Datei oder einen Ordner gibt, den Sie gerne im Klickstarter hätten und dessen Symbol dort noch nicht ist, brauchen Sie nur das entsprechende Symbol in das Klickstarter-Fenster zu ziehen. Sofort erscheint dort eine Kopie des Symbols, mit dem Sie das Programm, die Datei oder den Ordner öffnen können.

2. Wenn ein Programm im Klickstarter ist, das Sie dort nicht mehr wollen oder benötigen, können Sie es ganz einfach entfernen. Ziehen Sie das Symbol bei gedrückter ⎕-Taste

einfach in den Papierkorb. (Wichtig: Sie löschen damit nicht das eigentliche Programm, sondern entfernen nur sein Symbol aus dem Klickstarter.)

3. Wenn Sie wollen, dass Sie der Klickstarter jeden Morgen nach dem Einschalten begrüßt, wählen Sie KONTROLLFELDER aus dem -Menü und aktivieren Sie im Kontrollfeld ALLGEMEINE EINSTELLUNGEN die Option KLICKSTARTER BEI NEUSTART ÖFFNEN.

4. Sie können die Darstellungsgröße der Symbole im Klickstarter einfach verändern, indem Sie bei gedrückter -Taste auf den Leerraum im Klickstarter klicken. Treffen Sie Ihre Wahl in dem erscheinenden PopUp-Menü KLEIN, NORMAL ODER GROSS.

Das Experiment kann beginnen

Wenn alles perfekt läuft, sollten Sie eine kurze blinkende vertikale Linie rechts oben im Schreibfeld sehen. Dies wird der Einfügepunkt genannt. Er zeigt Ihnen, wo der Buchstabe eingesetzt wird, wenn Sie anfangen zu schreiben.

Bitte schreiben Sie den nachfolgenden Satz ab. Sollten Sie einen Schreibfehler gemacht haben, drücken Sie einfach die ⬅-Taste wie bei einer Schreibmaschine. (Die anderen unüblichen Tasten der Mac-Tastatur beschreiben wir genauer in Kapitel 13.)

Sollten Sie mit Ihrem Text zu weit nach rechts kommen, korrigieren Sie dies bitte nicht mit der ↵-Taste. Schreiben Sie einfach weiter, der Mac erzeugt eine zweite Zeile für Sie. Glauben Sie es ruhig und schreiben Sie einfach mal drauflos.

Das Gebrüll der Löwen traf sein Trommelfell wie das Dröhnen eines Motorbootes, aus dem Nichts kommend und völlig unkontrollierbar.

Sehen Sie, wie die Worte automatisch am Zeilenende umbrochen werden? Dieser Effekt wird mit erstaunlicher Präzision *automatischer Zeilenumbruch* genannt. Aber beachten Sie bitte, dass Ihr literarischer Erguss vor dem Weg in die Millionenauflage eventuell noch einer Korrektur bedarf. Nachdem Sie den Text gelesen haben, beschließen Sie, das Wort »schnellen« vor »Motorbootes« einzufügen.

Erinnern Sie sich noch an den blinkenden Cursor – den Einfügepunkt? Er ist immer noch auf dem Bildschirm zu sehen, allerdings am Ende des Textes. Wenn Sie jetzt den Text einfügen wollen, müssen Sie die Position des Cursors verändern.

Sie können die Position des Einfügepunktes auf zwei Wegen verändern. Einmal geht das über die Pfeiltasten auf Ihrer Tastatur. Probieren Sie es einmal aus und Sie sehen, wie der Cursor seine Position verändert – er springt von einer Zeile zur anderen oder wandert innerhalb einer Zeile nach rechts oder links.

Das ist sicher eine schöne Lösung, wenn die Stelle, an der Sie etwas einfügen wollen, nicht allzu weit von der aktuellen Position des Cursors entfernt ist. Sollte die gewünschte Einfügung zum Beispiel auf einer anderen Seite vorgenommen werden, ist das Verfahren sicher sehr ineffizient. Dann sollten Sie lieber diese fingerschonende Version anwenden:

1. **Bewegen Sie die Maus an die gewünschte Einfügestelle (der Cursor ändert dabei sein Aussehen) – in diesem Falle vor das Wort »Motorbootes« – und klicken Sie.**

   Die Einfügemarke erscheint nun an der neuen Position. Das ist ziemlich verwirrend, ähnlich wie die gesamte Textverarbeitung an sich. Da sind nun plötzlich zwei Cursor, von denen einer blinkt.

    In Wirklichkeit sind die beiden Cursor grundverschieden. Der blinkende Einfügepunkt ist nur eine Markierung, kein Zeiger. Er zeigt Ihnen nur an, wo der nächste Buchstabe erscheinen wird. Der Cursor (Mauszeiger) dagegen zeigt Ihnen, wohin Sie den Einfügepunkt bewegt haben. Mit einem Klick haben Sie dann den Einfügepunkt neu positioniert.

2. **Schreiben Sie jetzt das Wort »schnelles«.**

   Der Einfügepunkt tut seine Pflicht und der Mac schafft Platz in der Zeile für das neue Wort. Dabei werden ein oder zwei Wörter automatisch in die nächste Zeile verschoben. Ist dieser automatische Zeilenumbruch nicht wundervoll?

Ohne Return sieht es besser aus

Hier zeigen wir Ihnen noch einmal, warum Sie die Return-Taste nicht am Ende jeder Zeile eingeben sollten.

Das Beispiel unten zeigt Ihnen, wie Ihr Text aussehen würde, wenn Sie am Ende jeder Zeile ⏎ eingeben (linkes Bild). Das sieht zweifellos gut aus – zugegeben. Aber jetzt beschließen Sie, zum Beispiel das Wort »Geschäftsführer« aus dem Text zu streichen, weil Ihnen klar geworden ist, dass alle Empfänger Ihres Textes genau wissen, wer Herr Paulson ist und welche Funktion er ausfüllt (markierter Text). Das Beispiel in der Mitte zeigt nun die fatale Auswirkung der ⏎-Taste am Ende jeder Zeile: Die dritte Zeile bleibt wie vorher und in der zweiten Zeile ist plötzlich eine große Lücke.

Das sieht nicht gut aus. Wenn Sie dagegen dem Mac den automatischen Zeilenumbruch überlassen, rückt der Text aus der dritten Zeile automatisch nach und die Lücke wird geschlossen.

Merke: Die ⏎-Taste sollte nur dann benutzt werden, wenn ein Absatz im Text tatsächlich gewollt ist!

Anmerkungen für die Sprachbegabten

Text einfügen leicht gemacht: Sie klicken einfach mit der Maus, um Ihrem Mac zu zeigen, wo der Text eingefügt werden soll, und fangen an zu schreiben. Aber was ist, wenn Sie Text löschen wollen? Was ist, wenn Sie beschließen, zum Beispiel die erste Hälfte unseres Beispieltextes zu löschen?

Bisher kennen Sie einen Weg, um Text zu entfernen, wenn Sie sich vertippt haben – einfach mit der ←-Taste. Damit entfernen Sie einen Buchstaben nach dem anderen immer links von der Einfügemarkierung.

Bei den gestellten Fragen ist das allerdings ein sehr mühseliges und langwieriges Verfahren. Wenn Sie auf diese Weise längere Textpassagen löschen wollen, werden Sie langsam aber sicher die Lust an der Textverarbeitung verlieren.

Sie brauchen also einen effizienteren Weg dafür. Und auch dafür bietet Ihnen die bewährte Macintosh-Methode »Markieren & Bearbeiten« eine elegante Lösung:

1. **Benutzen Sie dafür wieder den Mauscursor und bewegen Sie ihn an den Anfang der zu löschenden Textpassage.**

    Zugegeben, das braucht eine ruhige Hand – aber die haben Sie sicher.

2. **Klicken Sie links neben das erste zu löschende Wort und ziehen Sie die Maus mit gedrückter Maustaste möglichst horizontal nach rechts.**

    Der Text, über den Sie den Mauscursor ziehen, wird dabei markiert bzw. ausgewählt. Sie haben das bereits in der vorherigen Lektion beim Kopieren und Einfügen praktiziert.

```
Das Gebrüll der Löwen traf sein Trommelfell wie das Dröhnen
eines Motorbootes, aus dem Nichts kommend und völlig unkon-
trollierbar.
```

Wenn Sie beim Ziehen die darunter oder darüber liegende Zeile erfassen, werden Sie feststellen, dass auch diese Textpassagen markiert werden. Aber keine Panik, noch ist nichts passiert. Bewegen Sie den Mauscursor einfach wieder auf die Zeile oder das Wort, das Sie tatsächlich löschen wollen, und versuchen Sie, sie beim nächsten Versuch etwas waagerechter zu bewegen.

Wenn Sie jetzt vorausschauend waren, haben Sie auch gleich den Wortzwischenraum nach dem zu löschenden Wort mit markiert, wie wir das in der vorherigen Abbildung gezeigt haben.

Auf jeden Fall haben Sie nun in der Mac-typischen Art festgelegt, welchen Textbereich Sie bearbeiten wollen (er erscheint schwarz unterlegt als Zeichen dafür, dass er von Ihnen ausgewählt wurde). Jetzt können Sie ihn bearbeiten:

1. **Drücken Sie die ⬅-Taste (Rückschritt-Taste).**

   Und der Text ist verschwunden. Zwar sieht der gesamte Satz nun etwas merkwürdig aus, aber Sie haben das ja so gewollt.

2. **Um weitere Korrekturen vorzunehmen, positionieren Sie den Mauscursor vor oder nach den noch zu korrigierenden Buchstaben und verfahren Sie wie eben beschrieben.**

   ```
   das Dröhnen eines Motorbootes, aus dem Nichts kommend und
   völlig unkontrollierbar.
   ```

   Und hier lernen Sie gleichzeitig auch eine weitere wichtige Regel der Textverarbeitung kennen. Wenn Sie einen Text auf die eben beschriebene Weise auswählen und mit neuem Text überschreiben, ist das wesentlich effektiver, als wenn Sie ihn zunächst mit der ⬅-Taste entfernen und dann erst neu schreiben.

3. **Schreiben Sie jetzt Ihren neuen Text.**

   Der von Ihnen nach dem oben beschriebenen Verfahren ausgewählte Text wird durch den neu eingegebenen Text überschrieben. Und das ist die, richtig, *vierte Grundregel der Textverarbeitung*: Ausgewählter Text wird komplett durch neuen Text ersetzt. Sie können zum Beispiel einen 40 Seiten langen Text auswählen und durch einen einzigen Buchstaben ersetzen oder – umgekehrt – einen Buchstaben oder einen Wortzwischenraum auswählen und dafür einen 40 Seiten langen Text einfügen.

   Nehmen Sie sich jetzt ein paar Minuten Zeit und versuchen Sie es selbst. Klicken Sie einfach irgendwo in den Text (setzen Sie den Einfügepunkt). Versuchen Sie, längere oder kürzere Textpassagen zu markieren und bedenken Sie dabei: Wenn Sie horizontal ziehen, markieren Sie immer nur den Text in einer Zeile. Wenn Sie diagonal über den Text ziehen, markieren Sie den gesamten Inhalt, der sich zwischen dem Einfügepunkt und der jeweiligen Cursorposition befindet.

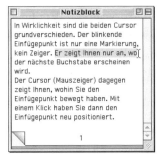 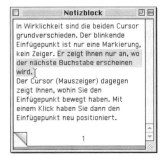

Die Auswahl wird aufgehoben (oder – poetischer ausgedrückt – entmarkiert), indem Sie einfach irgendwo in den markierten Bereich klicken.

 Und hier ist einer der tollsten Textverarbeitungs-Kurzbefehle, der je entwickelt wurde: Zeigen Sie mit dem Mauscursor auf ein Wort und *klicken Sie zweimal*. Und schon haben sie das gesamt Wort ohne langes Ziehen ausgewählt.

Jetzt sollten Sie selbst einmal ein bisschen experimentieren. Versuchen Sie einfach alles: Ziehen, Klicken, Doppelklicken und Auswahl über das Menü BEARBEITEN. Ist es nicht gut zu wissen – und das sollten Sie sich golden einrahmen –, dass alles, was Sie mit der Maus oder der Tastatur tun, Ihrem Mac überhaupt nicht schadet. Sicher, es kann passieren, dass Sie einmal den Inhalt einer Platte oder einer Datei beschädigen, aber das erfordert keinen Besuch beim Computerdoktor, denn durch das Herumprobieren schädigen Sie niemals Ihren Computer.

Verblüffende Funktion: Ziehen und Ablegen (Drag&Drop)

Wer heute erstmals mit einem Computer arbeitet, nimmt in der Regel den großen Komfort moderner Betriebssysteme gar nicht richtig wahr. Denn noch vor einigen Jahren konnte Text nur durch Kopieren und Einfügen von einem Dokument in das andere übernommen werden.

Heute sieht das ganz anders aus. Sie können jetzt Textpassagen einfach dadurch über den Bildschirm bewegen, indem Sie auf sie zeigen. Diese Eigenschaft heißt bei Macintosh Ziehen und Ablegen oder in der englischen Version Drag&Drop.

Leider arbeitet Drag&Drop nicht in jedem Programm. Hier jedoch können Sie sich damit das Leben leichter machen: Notizblock, AppleWorks, Microsoft Programme, Outlook Express, Palm Desktop, Simple Text, FileMaker und viele andere.

1. **Starten Sie ein Programm, das Drag&Drop anbietet.**

    Wenn Sie uns bis hierher gefolgt sind, dann ist immer noch Ihr Notizblock geöffnet. Wenn nicht, sollten Sie nun dieses Programm über das -Menü öffnen. Löschen Sie zunächst einmal eventuell vorhandenen Text auf dem Notizblock.

Einige Regeln zur Textverarbeitung

Sie wissen bereits, dass Ihr Mauszeiger so aussieht –I–, wenn Sie damit auf Text zeigen. Und Sie wissen auch, dass Sie mit diesem Cursor nur an die Stelle des Textes zu klicken brauchen, an der Sie schreiben wollen.

Aber was ist, wenn Sie zusätzlichen Text weiter unten hinzufügen wollen, wie in der folgenden Abbildung gezeigt?

Sie werden ziemlich schnell herausfinden, dass der Macintosh Sie dort nicht schreiben lässt. Die Regel dabei ist: Sie können mit dem Textcursor nur dort klicken, wo Sie bereits etwas geschrieben haben. Wenn Sie versuchen, in den weißen Bereich weiter unten zu klicken, haben Sie kein Glück – der blinkende Cursor springt automatisch an das Ende Ihres bereits geschriebenen Textes. In der ihm eigenen Art bestimmt der Mac die Schreibregeln: Es gibt kein Vorwärtsspringen und basta!

Natürlich können Sie trotzdem auch weiter unten Text eingeben, wenn Sie wollen, dass der Text dort erscheint. Aber Sie müssen zunächst einen Weg dorthin anlegen – mit der Returntaste. Drücken Sie die Returntaste dafür so lange, bis der Textcursor an der Position blinkt, an der Sie Ihren zusätzlichen Text platzieren wollen, und beginnen Sie dann zu schreiben.

2. **Geben Sie dann den folgenden Text ein:**

   Blaue Augen, rote Lippen

3. **Markieren Sie den Text *Blaue Augen*.**

   Sie haben das bereits gemacht: Setzen Sie den Einfügepunkt links neben das Wort *Blaue* und ziehen Sie den Mauscursor vorsichtig nach rechts, bis auch das Wort *Augen* markiert ist.

4. **Jetzt zeigen Sie mit dem Pfeilcursor auf die Mitte der Markierung und ziehen diese Textpassage mit gedrückter Maustaste an das Ende der Zeile.**

   Wenn der Pfeilcursor korrekt am Ende der Zeile platziert ist, sehen Sie, dass hier der neue Einfügepunkt blinkt.

5. **Lassen Sie die Maustaste los!**

Jetzt haben Sie die erste Textpassage einfach hinter die zweite Textpassage gezogen – und den Teil des Gedichtes wesentlich verbessert.

Aber Geduld, es kommt noch besser! Wenn Sie einmal das Prinzip Drag&Drop verstanden haben, steht Ihnen der Himmel offen. Hier noch mehr:

✔ Wenn Sie die ⌐-Taste gedrückt halten, während Sie den markierten Text ziehen, wird der markierte Text nicht nur verschoben, sondern gleichzeitig auch kopiert, wie hier gezeigt:

✔ Sie können den markierten Text aus diesem Programm auch in ein anderes Programm übernehmen, zum Beispiel von AppleWorks in den Notizblock.

✔ Oder Sie können den markierten Text auf Ihren Schreibtisch legen. Wenn Sie die Maustaste loslassen, wird dabei ein neues Symbol – ein Textclip – erzeugt:

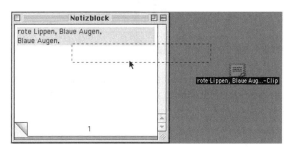

Wenn Sie diesen Text wieder benötigen, ziehen Sie ihn einfach mit der Maus in das entsprechende Textverarbeitungsprogramm – und er erscheint dort exakt so, wie Sie ihn einmal geschrieben haben.

So lassen sich Texte einfach genial bearbeiten.

Schriftarten und Schrifteinstellungen

 Jetzt ist es Zeit, dass Sie vom Notizblock zu einem echten Textverarbeitungsprogramm wechseln. Schließen Sie den Notizblock. Öffnen Sie Ihre Festplatte, Ordner Programme, Ordner AppleWorks und doppelklicken Sie auf das AppleWorks-Symbol.

AppleWorks heißt Sie willkommen und offeriert Ihnen sechs Arbeitsalternativen: Datenbank, Tabellen und so weiter. (Was sich dahinter verbirgt, erfahren Sie in Kapitel 9.) Ein Doppelklick auf Textverarbeitung öffnet ein neues, blendend weißes Stück elektronisches Papier. Jetzt kann es endlich losgehen.

Einer der entscheidensten Unterschiede zwischen einer Schreibmaschine und einem Computer ist die Reihenfolge der Bearbeitung. Wenn Sie mit einer Schreibmaschine arbeiten, müssen Sie alle Texteinstellungen vor dem Schreiben vornehmen: Die Ränder, die Tabulatoren und bei Typenrad-Schreibmaschinen auch die Schriftform (normal, fett, gesperrt etc.).

Der wichtigste Punkt bei der Textverarbeitung mit einem Computer ist wohl, dass alle diese Einstellungen hier vor, während oder nach der Arbeit vorgenommen werden können. Viele Menschen schreiben daher zunächst einmal nur den kompletten Text eines Briefes oder eines anderen Dokumentes und formatieren diesen dann nachträglich. Wenn Sie eine Schreibmaschine benutzen, kann es Ihnen passieren, dass Sie am Ende der ersten Seite überrascht feststellen, dass der Text viel zu lang ist und nun für Ihre Unterschrift der Platz fehlt. Wenn Sie mit einem Mac schreiben, sehen Sie dieses Problem zwar auch, haben jedoch immer die Möglichkeit, den Text zum Beispiel weiter nach oben zu verschieben, die Schriftgröße kleiner einzustellen oder die Ränder zu verändern …

Unsichtbares sichtbar machen

Wir haben am Anfang gesagt, dass die ⏎-Taste (Zeilenschaltung) unsichtbar ist. Wie auch immer, jedesmal wenn Sie eine Zeilenschaltung eingeben, setzt der Mac innerhalb des Textes dafür eine Markierung. Wie beim Wortzwischenraum oder beim Tabulator.

Bei einem Textverarbeitungsprogramm können sie sich diese Markierungen auch anzeigen lassen. Bei den Programmen AppleWorks oder ClarisWorks wählen Sie dazu aus dem Menü BEARBEITEN oder WERKZEUGE den Befehl EINSTELLUNGEN und aktivieren die Funktion SONDERZEICHEN ZEIGEN. Jedesmal sieht das Ergebnis dann so aus:

„Also·—·mein·Gott,·nicht·das!·Alles,·nur·das·nicht!"¶
Aber·es·war·zu·spät.·Da·hat·Sie·es·schon·getan.¶

Textverarbeitungsprogramme bieten darüber hinaus noch viele weitere Vorteile: einfache Korrekturen ohne dass man sie bemerkt; die gesamte Korrespondenz ist ständig verfügbar und immer leicht zu finden; es können viele Schriftarten in jeder gewünschten Größe ganz nach Belieben eingesetzt werden; es können Zeichnungen, Graphiken oder Bilder in den Text eingebunden werden und so weiter. Es erübrigt sich wohl der Hinweis, dass Sie nie wieder auf ein Textverarbeitungsprogramm verzichten werden, wenn Sie einmal damit angefangen haben.

Die Rückkehr des Zeilenumbruchs

Mit der Sensibilität eines Bulldozzers haben wir Ihnen vermittelt, dass Sie die Zeilenschaltung niemals am Ende einer Zeile betätigen sollen. Und dennoch ist diese Taste auf Ihrer Tastatur sehr wichtig. Sie benötigen Sie zum Beispiel am Ende eines Absatzes.

Für den Computer hat diese Taste dagegen dieselbe Bedeutung wie ein Buchstabe oder eine Zahl – die Funktion wird entsprechend innerhalb des Textes markiert. Die Funktion entspricht derjenigen bei einer Schreibmaschine – einmal Drücken bewirkt eine neue Zeile, wenn Sie zweimal drücken, erhalten Sie eine Leerzeile zwischen zwei Absätzen. Mit der Zeilenschaltung können Sie aber zum Beispiel auch den Text innerhalb der Seite platzieren, wie die untenstehende Abbildung zeigt:

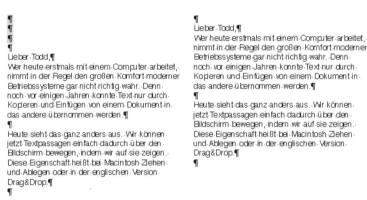

Die Zeilenschaltung bewegt den Text auf der Seite. Wenn Sie den Text weiter oben auf der Seite platzieren möchten, entfernen Sie einfach die entsprechende Anzahl Zeilenschaltungen, indem Sie die unsichtbaren Zeichen auswählen und löschen.

Wenn Sie diese Erkenntnis mit Ihrem Wissen über das Einfügen von Text (Sie erinnern sich – klicken und dann schreiben) verbinden, erkennen Sie von selbst, wie Sie durch geschicktes Einfügen von Leerzeilen zwischen Absätzen Ihren Text auf einer Seite platzieren können.

Attraktive Schriften in großer Auswahl

Ein anderer großer Unterschied zwischen einem Textverarbeitungsprogramm und einer Schreibmaschine ist die Tatsache, dass Sie unter einer praktisch unbegrenzten Vielzahl zur Verfügung stehender Schriften wählen können, von denen allerdings nur ein kleiner Teil auf Ihrem Mac vorhanden ist. Und Sie können jeden Buchstaben oder Textabschnitt **fett**, *kursiv*, unterstrichen oder in einem anderen Schnitt darstellen. Wenn Sie diese Möglichkeiten ausnutzen, sehen Ihre Dokumente wirklich hervorragend aus.

Hier ein Beispiel dafür, wie Sie das Textformat verändern können:

1. **Wählen Sie den entsprechenden Text aus.**

   Sie erinnern sich, dass Sie ein einzelnes Wort durch Doppelklick auswählen können, längere Textpassagen durch Ziehen des Mauscursors. Der ausgewählte Text erscheint schwarz unterlegt.

   In jedem Textverarbeitungsprogramm gibt es ein spezielles Menü für die gängigen Texteinstellungen, wie zum Beispiel fett, kursiv oder unterstrichen. In AppleWorks heißt dieses Menü FORMAT (AppleWorks und Microsoft Programme bieten außerdem eine Auswahl der Einstellungen auf der Menüleiste für den schnelleren Zugriff an).

2. **Wählen Sie jetzt aus dem Menü FORMAT den Befehl FETT.**

   Damit bestimmen Sie, wie der von Ihnen ausgewählte Text aussehen soll.

Sie können natürlich auch mehrere Formateinstellungen auf einen Textbereich anwenden, wenn Sie nicht unbedingt darauf erpicht sind, einen Preis für gute Typographie zu bekommen. Probieren auch die verschiedenen Schriftarten, wie zum Beispiel Chicago, Geneva, Times, Helvetica etc., aus. Das funktioniert genau so wie bei der oben beschriebenen Änderung des Formats.

Und Sie können den Schriftgrad (Schriftgröße) ändern: Markieren Sie wieder einen Text und wählen Sie dann den Schriftgrad aus dem Menü SCHRIFT|GRÖSSE. Der Schriftgrad wird üblicherweise in Punkt angegeben (1 Punkt = 0,38 mm).

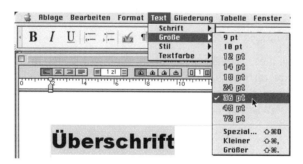

Bevor Sie es richtig mitbekommen, haben Sie Ihr erstes Dokument in einen attraktiven Handzettel verwandelt.

Textausrichtung

Während die Einstellungen der Schriftart oder des Schriftgrades überall im Text bzw. auf einzelne Textelemente angewendet werden können, beeinflusst die Textausrichtung immer ganze Absätze. Die Änderung der Textausrichtung (linksbündig, mittig, rechtsbündig, Blocksatz) ist denkbar einfach. Sie müssen nicht den kompletten Absatz markieren, sondern es reicht völlig aus, wenn Sie einmal mitten auf den zu ändernden Absatz klicken. Dann können Sie über das Menü FORMAT bzw. über die Knöpfe der Menüleiste die gewünschte Einstellung vornehmen.

Die Abbildungen zeigen Ihnen das Aussehen der möglichen Textausrichtungen, die von jedem Textverarbeitungsprogramm angeboten werden – linksbündig, rechtsbündig, Blocksatz und zentriert:

Wer heute erstmals mit einem Computer arbeitet, nimmt in der Regel den großen Komfort moderner Betriebssysteme gar nicht richtig wahr. Denn noch vor einigen Jahren konnte Text nur durch Kopieren und Einfügen von einem Dokument in das andere übernommen werden.
Linksbündig

Wer heute erstmals mit einem Computer arbeitet, nimmt in der Regel den großen Komfort moderner Betriebssysteme gar nicht richtig wahr. Denn noch vor einigen Jahren konnte Text nur durch Kopieren und Einfügen von einem Dokument in das andere übernommen werden.
Rechtsbündig

Wer heute erstmals mit einem Computer arbeitet, nimmt in der Regel den großen Komfort moderner Betriebssysteme gar nicht richtig wahr. Denn noch vor einigen Jahren konnte Text nur durch Kopieren und Einfügen von einem Dokument in das andere übernommen werden.
Blocksatz

Wer heute erstmals mit einem Computer arbeitet, nimmt in der Regel den großen Komfort moderner Betriebssysteme gar nicht richtig wahr. Denn noch vor einigen Jahren konnte Text nur durch Kopieren und Einfügen von einem Dokument in das andere übernommen werden.
Zentriert

(In AppleWorks können Sie diese Einstellungen zum Beispiel über die Menüleiste vornehmen. Die entsprechenden Knöpfe sehen Sie auf der vorherigen Abbildung. Sollte diese Leiste auf Ihrem Bildschirm nicht zu sehen sein, wählen Sie aus dem Menü ANSICHT den Befehl LINEAL.)

Sie können noch viele weitere Einstellungen an Ihrem Text vornehmen, zum Beispiel den Abstand zwischen den Zeilen verändern (einzeilig, zweizeilig oder nach eigenen Werten). Sie können den Abstand zwischen den einzelnen Buchstaben, die Spationierung, verändern. All das hilft Ihnen bei der individuellen Gestaltung Ihres Textes.

Nutzen Sie diese Gelegenheit und entspannen Sie sich, indem Sie ein wenig mit Ihrem Textverarbeitungsprogramm spielen. Probieren Sie einfach die verschiedenen Schriftarten, Schriftschnitte und Schriftgrade aus, damit Sie ein Gefühl für die optische Wirkung der einzelnen Einstellungen bekommen.

Wegweiser für starke Typographie

Dass Sie der Schrift ein anderes Aussehen geben können, nachdem Sie alles geschrieben haben, heißt ja nicht, dass Sie in der Praxis auch so verfahren müssen. Viele Benutzer nutzen gleich beim Schreiben zum Beispiel Tastaturkürzel für die wichtigsten Einstellungen, zum Beispiel fett und kursiv. Weil sie einfach zu merken sind: In den meisten Textverarbeitungsprogrammen steht die Tastenkombination ⌘+B für fett und ⌘+I für kursiv.

Wie viel einfacher ist es doch, wenn Sie gleich beim Schreiben die entsprechenden Texteinstellungen mit eingeben. So können Sie zum Beispiel den folgenden Text schreiben, ohne dass Sie die Hände von der Tastatur nehmen müssen:

Mit anderen Worten, Sie schalten mit der Tastenkombination ⌘+B den Schriftschnitt fett beim ersten Mal ein und mit derselben Kombination beim zweiten Mal wieder aus – ohne ein weiteres Menü zu benutzen (ähnlich bei der Tastenkombination ⌘+I).

Arbeiten mit Dokumenten

Es mag Sie erschrecken – und ehrlich gesagt, sollte Sie das auch –, wenn Sie lesen, dass Sie mit einem imaginären Dokument arbeiten. Nur ein zarter elektrischer Strom erzeugt Ihnen die Illusion eines wirklichen Dokumentes aus Papier. Alles was Sie schreiben, existiert nicht wirklich – außer im Gedächtnis Ihres Mac.

Vielleicht erinnern Sie sich noch an die Eingangsbemerkungen über die Funktion der Speicher und vor allem daran, dass das Gedächtnis Ihres Mac nur so lange hält, wie es mit elektrischem Strom versorgt wird. In dem Augenblick, in dem Ihr System abstürzt – ein zwar seltenes, aber trotzdem nicht ganz auszuschaltendes Ereignis für jeden Computer – ist alles, was eben noch auf dem Bildschirm zu sehen war, für immer verloren.

Deshalb hat jedes Programm einen Befehl SICHERN im Menü ABLAGE oder DATEI. Das Tastaturkürzel für diesen Befehl ist immer ⌘+S.

Wenn Sie diesen Befehl geben, schreibt der Mac den Inhalt des flüchtigen Arbeitsspeichers in den permanten Plattenspeicher, wo Ihre Arbeit sicher geschützt ist und auch morgen noch verfügbar sein wird. Oder in der nächsten Woche, oder in ein paar Jahren, wenn Sie dann noch mit diesem Computer arbeiten.

Wir wollen das einmal mit dem Dokument üben, das Sie jetzt eigentlich immer noch auf dem Bildschirm sehen müssten. Wählen Sie aus dem Menü ABLAGE den Befehl SICHERN.

Puh – was ist denn jetzt passiert: Ihr Mac zeigt Ihnen ein Fenster mit einer Fülle von Fragen, das Dialogfenster. Er möchte zunächst gerne ein wenig mit Ihnen plaudern, bevor er weiterarbeitet.

Im Dialogfenster werden Sie gefragt, unter welchem Namen Sie Ihr Dokument speichern wollen. Wie sollen Sie denn das wissen?

 Nichts einfacher als das – geben Sie in den bereits markierten Bereich einen Namen für Ihr Dokument ein. Möglichst einen Namen, unter dem Sie auch noch nach vielen Jahren schnell erkennen können, welcher Inhalt sich dahinter verbirgt, vielleicht sollten Sie auch noch das Datum mit angeben. Fangen Sie einfach an zu schreiben, zum Beispiel Literaturpreis,1.8.2000.

Wenn Sie das erledigt haben, können Sie bereits den Befehl zum Sichern geben und der Mac schreibt Ihr Dokument unter dem von Ihnen eingegebenen Namen geschützt auf die Festplatte, wo es liegen bleibt, bis Sie sich wieder einmal daran erinnern und eventuell daran weiterarbeiten.

Aber es sind noch viele andere Angaben in diesem Dialogfenster, die Neulinge schon sehr verwirren können. Deshalb erscheint uns an dieser Stelle ein Erkundungsgang durch das Dialogfenster angebracht.

Erkunden Sie das Dialogfenster

Sie haben bereits erfahren, wie Ihr Mac Dateien organisiert: Mit Ordnern und Ordnern in Ordnern. Erinnern Sie sich noch an die kleine Übung in Kapitel 2, bei der wir Länderordner angelegt und ineinander verschachtelt haben?

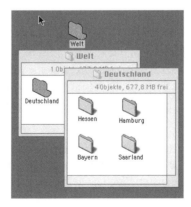

Nun, all die sehr kompliziert aussehenden Angaben in der Sichern-Dialogbox sind nichts anderes als dieses bereits dargestellte Ordnersystem. Und das sehen Sie, wenn Sie Ihre *Datei sichern* wollen:

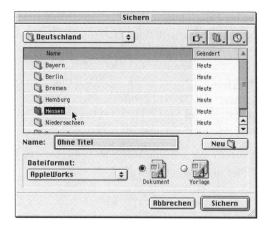

Ganz oben sehen Sie ein Rechteck mit einem Ordner-Symbol und der Bezeichnung *Deutschland*-Ordner. Dies sagt Ihnen, dass die in dem Rechteck darunter aufgelisteten Ordner (Hessen, Bayern, Niedersachsen) in diesem Ordner abgelegt sind. Mit anderen Worten, wenn Sie jetzt den Knopf SICHERN anklicken, wird Ihr Dokument zwischen den anderen Ordnern im Ordner *Deutschland* abgelegt. Aber das wollen Sie eigentlich nicht – Sie möchten Ihr Dokument vielleicht lieber im Ordner *Hessen* ablegen. Gut, dann doppelklicken Sie auf das Symbol dieses Ordners und folgendes Fenster erscheint:

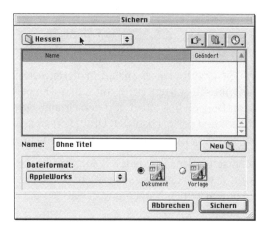

Wie Sie vielleicht bemerkt haben, hat sich auch die Bezeichnung darüber in *Hessen* verändert. Die Liste darunter zeigt Ihnen den gesamten Inhalt des Ordners *Hessen* an. Manche Namen erscheinen grau, das sind einzelne Dokumente, Ordner dagegen erscheinen schwarz. Damit zeigt Ihnen der Mac an, wo Sie Ihr Dokument außerdem noch lagern könnten – nur in diesen anderen Ordnern. Es ist nicht möglich, ein Dokument in einem Dokument abzuspeichern – eigentlich logisch, oder?

 Schön, jetzt sehen Sie den Inhalt des Ordners *Hessen*. Aber was, wenn Sie finden, dass auch dort Ihr Dokument nicht am richtigen Platz ist? Was ist, wenn Sie jetzt feststellen, dass Ihr Dokument eigentlich in den Ordner *Welt* gehört, den Ordner, in dem auch der Ordner *Deutschland* liegt?

Dann gehen Sie einfach ein paar Schritte zurück – einfach über das kleine *Listenmenü*, wo im Augenblick *Hessen* steht. Dieses Menü wird geöffnet, wenn Sie auf die Pfeile am rechten Rand klicken – die Spezialisten nennen das PopUp-Menü im Unterschied zu den Menüs, die am oberen Rand des Bildschirms erscheinen.

In diesem Menü sehen Sie nun alle Ordner aufgelistet, die Sie auf Ihrer Reise nach Hessen bereits durchwandert haben – in umgekehrter Reihenfolge:

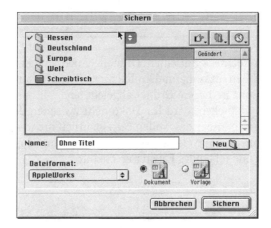

Mit anderen Worten, wenn Sie jetzt im Finder anstatt in dieser Sichern-Dialogbox wären, würden Sie auf der Ebene Schreibtisch starten, dann mit einem Doppelklick das Fenster Macintosh IID öffnen. Ein weiterer Doppelklick öffnet dort den Ordner *Europa*, der nächste Doppelklick den Ordner Deutschland und der nächste den Ordner *Hessen*. Diesen Pfad erkennen Sie auch auf dem PopUp-Menü, nur dass Ihr Startordner ganz unten angeordnet ist.

Wenn Sie sich jetzt also entschließen, Ihr neues Dokument im Ordner *Europa* abzulegen, müssen Sie ihn lediglich aus dem PopUp-Menü auswählen. Und wenn Sie dann wirklich sicher sind, geben Sie Ihrem Dokument seinen Namen und bestätigen Sie mit Sichern.

4 ➤ Schreiben, Sichern und Wiederfinden

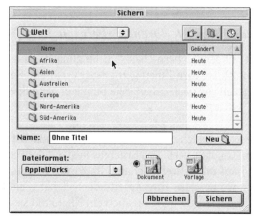

Ihre Datei wird immer in dem Ordner abgelegt, dessen Inhalt Sie im Dialogfenster sehen. Das können Sie an unserem Beispiel leicht nachprüfen. Wählen Sie den FINDER aus dem PROGRAMM-Menü – das Menü rechts oben auf Ihrem Bildschirm. Das PROGRAMM-Menü zeigt alle Programme, die zur Zeit auf Ihrem Computer geöffnet sind.

Wenn Sie den FINDER auswählen, erscheinen die Ordner, Fenster und der Papierkorb. Wenn Sie sich jetzt überzeugen wollen, dass Ihr Dokument wirklich an der Stelle abgespeichert wurde, die Sie wollten, öffnen Sie jetzt die Systemplatte MACINTOSH HD und dort den Ordner *Europa* und weiter entsprechend Ihrem vorherigen Weg, bis Sie die Datei gefunden haben:

Zwei einfache Wege, verlorene Arbeit wiederzufinden

Dass die Arbeit mit dem Sichern-Dialogfenster zunächst eine der verwirrendsten Angelegenheiten auf dem Macintosh ist, wird Ihnen gerne jeder erfahrene Benutzer bestätigen. Wir stellen Ihnen hier zwei Methoden vor, nach denen viele Benutzer beim Speichern ihrer Dateien vorgehen:

Möglichkeit 1:

Wenn Sie eine Datei speichern wollen, klicken Sie zunächst auf den Knopf SCHREIBTISCH und erst danach auf den Knopf SICHERN. Das Ergebnis liegt auf der Hand: Wenn Sie Ihre Tagesarbeit beendet haben und auf die Schreibtischansicht zurückkehren, brauchen Sie nicht lange darüber nachzudenken, wo der Mac Ihre Arbeit abgelegt hat – sie liegt gut sichtbar mitten auf dem Schreibtisch. Und von jetzt an kann auch ein Kleinkind sie an jeder beliebigen Stelle ablegen.

Möglichkeit 2:

Viele Computernutzer klagen darüber, dass es immer so schwer ist, die abgespeicherten Daten wiederzufinden.

Damit Sie Ihre Dateien einfacher wiederfinden, wählen Sie KONTROLLFELDER aus dem -Menü und öffnen Sie mit einem *Doppelklick* die ALLGEMEINEN EINSTELLUNGEN. Wählen Sie dann rechts unten die Option ORDNER DOKUMENTE, damit dieser bei Neustart geöffnet wird. Die anderen Optionen sollten Sie ausschalten.

Wenn Sie jetzt die nächste Datei speichern oder öffnen, erzeugt der Mac automatisch einen Ordner Dokumente im Fenster Macintosh HD. Von jetzt an zeigt Ihnen der Mac jedesmal, wenn Sie eine Datei speichern oder öffnen, den Inhalt des Ordners Dokumente:

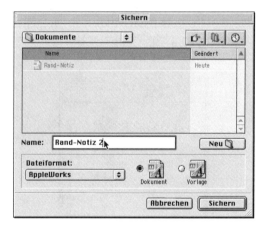

Sie haben jederzeit einen Überblick über den Inhalt dieses Ordners und Sie werden sich nie wieder fragen: »Wo ist denn mein Brief jetzt wieder gelandet?« – anders als bei der Post landet er hundertprozentig sicher im richtigen Kasten.

Warum wir so lange auf diesem bereits müden Pferd herumreiten? Ganz einfach: Damit Sie sich mit der Organisationsstruktur vertraut machen können und später praktisch im Schlaf die von Ihnen angelegten Dateien und Ordner wiederfinden bzw. eine eigene Organisationsstruktur sinnvoll anlegen können.

Eine Datei schließen und Aufatmen

Sie haben einen wunderschönen Handzettel geschrieben und den Text mit allen gestalterischen Möglichkeiten so lange bearbeitet, bis er Ihren Wünschen hundertprozentig entsprochen hat. Sie haben ihn auf Ihrer Festplatte abgespeichert, wollen ihn jetzt aber doch noch einmal überprüfen.

Öffnen Sie AppleWorks über das Programm-Menü rechts oben. Klicken Sie dann in das Schließfenster oben links. In der Mac-Welt bedeutet dieser Klick, dass das Fenster geschlossen werden soll und wenn alles gut geht, verschwindet das Fenster auch vom Bildschirm.

Sorgen Sie sich nicht!

Nach allem, was wir Ihnen bisher über das Gedächtnis des Mac erzählt haben – dass es zum Beispiel nur so lange intakt ist, wie der Strom fließt – sollten Sie sich trotzdem nicht mehr Sorgen als nötig um die Sicherheit Ihrer Dateien machen. Schließlich haben Sie es mit einem intelligenten Computer zu tun. Sie müssen also keine Angst haben, wenn Sie versehentlich ein Fenster schließen, dass Ihre Arbeit damit auch vernichtet ist. Mitnichten! Denn der Mac hütet Ihre Arbeit wie seinen eigenen Arbeitsspeicher.

Glauben Sie uns, es passiert ziemlich häufig, dass man eine Datei schließen will, ohne das die letzten Änderungen gespeichert wurden. Aber da sei Mac vor: Der passt nämlich höllisch auf. In diesem Fall ist ihm wieder nach Unterhaltung zumute und er präsentiert die folgende Nachricht:

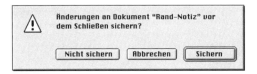

Jetzt können Sie in aller Ruhe darüber nachdenken, was Sie mit der Datei wirklich anfangen wollen: Sie können sie speichern oder dem Mac sagen, dass Sie diese letzte Änderung lieber nicht speichern wollen.

Oder Sie können den Dialog mit dem aufdringlichen Kerl komplett beenden und noch einmal gründlich alleine nachdenken, was denn nun mit der immer noch geöffneten Datei geschehen soll – weiterarbeiten oder doch speichern oder …

Wie Sie herausfinden, was so passiert

Hier wird es leicht metaphysisch, aber nicht zu sehr.

Dass Sie soeben eine Datei über das Schließfeld geschlossen haben, heißt nicht, dass Sie damit auch das laufende Programm beendet haben. Im PROGRAMM-Menü rechts oben in der Ecke erkennen Sie das an dem Häkchen vor dem Programmnamen.

So können Sie zum Beispiel den Finder in den Vordergrund stellen, ohne dass Sie das Textverarbeitungsprogramm verlassen müssen. Beide Programme laufen gleichzeitig, aber immer nur eines davon im Vordergrund.

Und das ist das tatsächlich Erstaunliche an einem Macintosh: Sie können gleichzeitig mehrere Programme geöffnet halten und damit arbeiten. Mit wie vielen Programmen das noch gelingt hängt dann lediglich von der Arbeitsspeicher-Kapazität Ihres Macintosh ab.

 Was dabei verwirrend sein kann ist, dass ein Programm (etwa AppleWorks) im Vordergrund ist, Sie aber denken, dass Sie sich im Finder bewegen, da Sie die Ordner, den Papierkorb etc. klar und deutlich sehen. Diese scheinen jedoch nur durch die leere Ansicht des Programms AppleWorks hindurch, da hier im Moment kein Fenster geöffnet ist. Ein geöffnetes Fenster würde alles dahinter Liegende verdecken.

Wir glauben gerne, dass das für Sie schwer zu glauben ist, dass Sie ein Textverarbeitungsprogramm nutzen, wenn gar keine Worte auf dem Bildschirm zu sehen sind. Aber Sie können sich an verschiedenen Stellen darüber informieren, dass dem tatsächlich so ist.

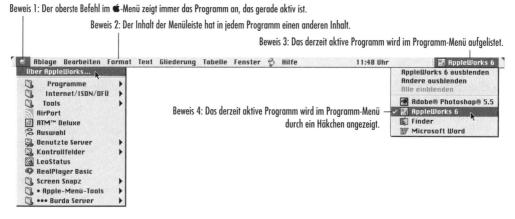

Doch bleiben wir noch einen Augenblick in AppleWorks.

Wie man alles wieder zurückbekommt

Sie haben ein eigenes Dokument erstellt, das Dokument abgespeichert und Sie haben sein Symbol auf Ihrer Festplatte gesehen. Wir denken, dass es jetzt an der Zeit ist, etwas Neues zu erklären.

Verrückte Beziehungen: Eltern und Kinder

Auf Ihrer Festplatte haben Sie nun zwei verschiedene Arten von Dateien: Programme, auch Anwendungen genannt, und Dokumente. Der Unterschied dabei ist, dass Programme nicht verändert werden – außer bei einem bewussten Update. Dokumente sind das, was Sie selbst mit diesen Programmen hergestellt haben. Sie haben viel Geld für die Programme bezahlt, nachdem sie nun Ihnen gehören, können Sie damit so viele Dokumente herstellen, wie Sie wollen.

Wenn Sie zum Beispiel das Programm »Word Proc-S-R« benutzen, können Sie damit die verschiedensten Textverarbeitungs-Dokumente in beliebiger Stückzahl erstellen. Das Verhältnis von Programm zu den Dokumenten ist dann etwa so wie das von Eltern zu den eigenen Kindern.

Hier sehen Sie die bestehende Verbindung noch deutlicher:

✔ Nach einem *Doppelklick* auf das PROGRAMM-Symbol öffnet das Programm ein reines und völlig unbenutztes neues Dokument.

✔ Durch den *Doppelklick* auf ein DOKUMENT wird erstens dieses Dokument geöffnet, gleichzeitig aber auch das Programm, mit dem dieses Dokument erstellt wurde.

Ein Doppelklick öffnet das Dokument ... ... und der Mac öffnet automatisch das entsprechende Programm, mit dem dieses Dokument erstellt wurde. Dabei ist es ganz egal, wo das Dokument abgelegt wurde.

Zwischenspiel: Wie man ein Dokument zurückbekommt

Stellen Sie sich vor, es ist früh am Morgen. Sie gähnen, strecken sich und massieren Ihr Haar (soweit noch vorhanden). Und jetzt finden Sie heraus, dass der Mensch, den Sie gekidnappt haben, aus einer reichen Adelsfamilie stammt und Sie daher etwas mehr Lösegeld verlangen können. Glücklicherweise haben Sie Ihre Lösegeldforderung auf einem Mac geschrieben, so dass Sie nicht noch einmal alles komplett neu schreiben müssen. Sie müssen einfach nur den Betrag ändern und das Schreiben neu ausdrucken.

Aber nachdem Sie nun den Schritten in diesem Kapitel gefolgt sind, können Sie Ihr Dokument nicht entdecken. Sie sind noch im Textverarbeitungs-Programm oder sollten es zumindest sein. Prüfen Sie es am besten noch einmal nach – ist der Name im PROGRAMM-Menü aufgelistet, ist ein Häkchen vor dem Namen – alles da? Aber wo ist dann Ihr Dokument?

Probieren Sie das:

1. **Wählen Sie den Befehl ÖFFNEN aus dem Menü ABLAGE.**

   Es erscheint ein Dialogfenster wie in der nächsten Abbildung, das ungefähr so aussieht wie das Sichern-Dialogfenster, das Sie ja schon kennen. Dieses Fenster funktioniert nach demselben Prinzip.

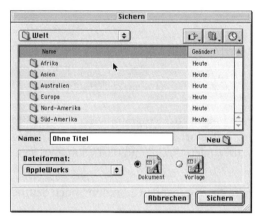

Wenn Sie bisher alles genau wie wir gemacht haben, sehen Sie Ihre Datei sofort. Denn der Mac erinnert sich von alleine, in welchen Ordner Sie zuletzt etwas abgelegt haben, und zeigt Ihnen diesen Ordner, wenn Sie wieder etwas speichern oder öffnen wollen.

Jetzt könnten Sie sich die Frage stellen, was sich denn aus all dem ergibt. Bitte erinnern Sie sich, dass Sie Ihr Dokument zunächst nicht finden konnten. Machen Sie noch einen Test. Fahren Sie auf dem POPUP-MENÜ nach unten auf die Ebene Macintosh HD. Die Anzeige im Dialogfester wechselt nun und zeigt Ihnen den Inhalt Ihrer Festplatte.

Und jetzt wissen Sie doch sicher wieder selbst, wie es weitergeht – zurück in den Ordner World, Doppelklick und Sie sind wieder am Ausgangspunkt.

2. **Doppelklicken Sie jetzt auf Ihr Dokument.**

Hier ist es wieder, woran Sie die ganze Zeit gearbeitet haben. Das Dokument erscheint auf Ihrem Bildschirm und Sie können es nach Herzenslust bearbeiten.

Noch einmal speichern!

Um mit diesem Experiment zu beginnen, sollten Sie zunächst einige Änderungen an Ihrem Dokument vornehmen. Vorher sollten Sie sich jedoch noch einmal ins Gedächtnis rufen, dass Ihre aktuelle Arbeit nur als ein zerbrechliches Gebilde aus zarten elektrischen Impulsen ist. Was würde eigentlich passieren, wenn Sie jetzt Ihren Mac ausschalten? Sie verlieren alle neuen Änderungen, die Sie an dem Dokument vorgenommen haben. (Das Original des Dokumentes ist nach wie vor auf Ihrer Festplatte sicher gespeichert.)

Deshalb müssen Sie das Dokument nach jeder Änderung auch immer wieder neu sichern, um die Änderungen zu übernehmen. (Falls Sie sich nicht mehr daran erinnern, das Tastaturkürzel dafür ist ⌘+S. Sie ersparen Ihrer Maus damit den weiten Weg über den gesamten Bildschirm zum Menü ABLAGE.) In diesem Fall erscheint das Sichern-Dialogfenster wie beim ersten Mal. Nur beim ersten Sichern fragt der Mac Sie nach einem Namen für das Dokument (und den Ordner, in dem es aufgehoben werden soll).

Am Anfang dieses Buches lasen Sie Horrorgeschichten von Nutzern, die ihre gesamten Arbeit dadurch verloren, dass der Computer plötzlich abgestürzt ist. Sicher werden Sie nun auch erkennen, dass diese Menschen zwei wichtige Grundregeln für die Arbeit mit Computern einfach vernachlässigt haben:

Regel Nr. 1 »Speichern Sie Ihre Arbeit immer wieder.«

Regel Nr. 2 »siehe Regel Nr. 1«

»Immer« steht hier für alle 5 Minuten. Es kann auch bedeuten nach jedem Absatz. Wichtig ist, dass Sie es oft genug tun. Prägen Sie sich das Tastaturkürzel ⌘+S ein und nutzen Sie es immer wieder, bis es fast zu einem Reflex wird.

Jetzt haben Sie gelernt, wie Sie ein neues Dokument anlegen, es bearbeiten, es auf Ihrer Festplatte abspeichern, wieder öffnen und mit neuen Änderungen nochmals abspeichern. Sie wissen, wie man ein Programm öffnet – durch Doppelklick auf das jeweilige Symbol. Jetzt müssen Sie nur noch lernen, wie Sie ein Programm schließen, wenn Sie die Arbeit damit beendet haben. Und das ist nicht so schrecklich schwierig:

Wählen Sie einfach den Befehl SCHLIESSEN *aus dem Menü* ABLAGE.

Wenn AppleWorks das einzige Programm war, das Sie zur Zeit geöffnet hatten, kommen Sie automatisch zurück in den FINDER. Wenn noch andere Programme geöffnet waren, kommen

Sie in das nächste geöffnete Programm. Es ist praktisch so, als würde ein Programm über dem anderen liegen; wenn Sie das oberste wegnehmen, landen Sie im darunter liegenden.

Back-Up von Mac Dateien

Die Pflicht verlangt einfach nach diesem Kapitel und sei es auch nur, um Ihnen wieder einen besonders schönen neuen Begriff vorzustellen: Back-Up.

Back-Up bedeutet nicht mehr und nicht weniger als eine Sicherheitskopie Ihrer Arbeitsdateien.

Sicherheitskopien sind wichtig

Wenn Sie sich im FINDER befinden, werden die von Ihnen erstellten Dateien auf der Festplatte mit Symbolen dargestellt. Ebenso wie wir haben auch diese Festplatten ihre guten und schlechten Tage. An einem solchen Tag werden Sie sich wünschen, Sie hätten rechtzeitig eine Sicherheitskopie Ihrer Dateien angelegt.

Sie wissen, dass es immer dann regnet, wenn man seinen Regenschirm vergessen hat. Dasselbe passiert meistens auch mit der Festplatte. Will heißen, wenn Sie keine Sicherheitskopie angelegt haben, macht Ihre Festplatte Schwierigkeiten, wenn Sie Sicherheitskopien anlegen, haben Sie meist keine Probleme – eine unergründliche Logik. Die aber dazu verführen könnte, mit den Sicherheitskopien schlampiger zu werden und dann – siehe oben. So ist das Leben.

Wo ist das Floppy Laufwerk?

Viele Computernutzer legen sich von den wichtigsten Dateien Sicherheitskopien auf Floppy Disks an. Obwohl der Verkäufer in dem Computerladen Ihnen viel erzählt und die Zukunft in rosigsten Farben ausgemalt hat – inzwischen dürfte es Ihrer Aufmerksamkeit nicht entgangen sein, dass Ihr Mac leider kein eingebautes Floppy-Laufwerk besitzt.

Dafür gibt es drei gute Gründe. Alle beruhen auf dem geänderten Kaufverhalten und alle würden den Mac teurer machen:

- ✔ In den vergangenen Tagen wurden im Gegensatz zu heute die Programme noch auf Floppy Disks ausgeliefert. Für die heutigen Versionen auf CD ist Ihr Mac mit einem CD-Laufwerk ausgestattet.

- ✔ In den vergangenen Tagen wurden Floppy Disks für den Datenaustausch mit anderen Computern benutzt. Heute werden solche Dateien meist per E-Mail, betriebsintern über ein Netzwerk oder per DFÜ-Leitung an weitere Nutzer übertragen und sogar drahtlos mit der entsprechenden Mac-Ausstattung. (In Kapitel 8 und 14 finden Sie mehr über diese Ausstattungsdetails.)

4 ➤ Schreiben, Sichern und Wiederfinden

✔ In den vergangenen Tagen reichten Floppy Disks in der Regel noch für die Sicherheitskopien von erstellten Dateien aus. In dem Maße, wie jedoch die Dateien anwachsen, ist eine Speicherung auf Floppy Disks alleine schon durch die geringe Speicherkapazität nicht mehr sinnvoll.

Dennoch – Sie brauchen irgendein Medium für Ihre Sicherheitskopien. Manche Mac-Anwender nutzen das Internet als eine gigantische Sicherheitskopie, ein Trick, den wir in Kapitel 6 beschreiben. Andere speichern ihre Sicherheitskopien auf einem anderen Computer, was wir in Kapitel 14 beschreiben.

Aber die meisten kapitulieren und spendieren ihrem Mac ein externes Platten-Laufwerk. Die gibt es für Floppy Disks, Zip Disks, Super Disks und viele andere Spielarten (sehen Sie dazu mehr in Kapitel 18).

Wenn Sie sich bereits so ein externes Laufwerk geleistet haben, ist der folgende Abschnitt für Sie besonders interessant. Wenn nicht, können Sie ihn überblättern oder ganz entspannt ansehen.

Einlegen einer externen Platte

Nehmen Sie Ihre erste Platte (Floppy, Zip, Super Disk oder was immer) und schieben Sie sie in den Schlitz des externen Laufwerks – Metallseite nach unten, die beschriftete Seite nach oben. Das Laufwerk zieht die Platte dann automatisch ein und bestätigt den Vorgang mit einem zufriedenen Rülpser.

Falls es eine nagelneue Platte oder keine Macintosh-formatierte Platte war, zeigt Ihnen der Mac zunächst diese Nachricht (manchmal eine richtige Plaudertasche);

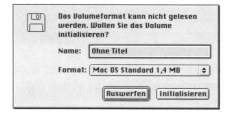

Bestätigen Sie initialisieren, geben Sie den Namen für dieses Speichermedium ein und klicken Sie auf OK. Der Mac richtet nun die neue Platte als einen Ihrer zukünftigen Speicher ein.

Wenn die Platte nicht neu war, wird das Symbol der Platte rechts auf Ihrem Schreibtisch in der Nähe des Symbols Ihrer Festplatte angezeigt.

Sie können sich den Inhalt durch Doppelklick auf das Symbol anzeigen lassen. Obwohl Sie es vielleicht nervt, immer wieder dasselbe zu lesen: Ein Doppelklick auf das Symbol einer Platte öffnet das entsprechende Inhaltsfenster.

Dokumente auf einen Datenträger kopieren

Wenn Sie diese Übung beginnen, sollte sich ein beschreibbarer Datenträger (Floppy, Zip, Super Disk oder ähnliches) im entsprechenden Laufwerk befinden.

1. **Doppelklicken Sie auf Ihre Festplatte, um das Inhaltsfenster zu öffnen.**
2. **Ziehen Sie Ihr Dokument *mit gedrückter Maustaste* auf das Symbol des eingelegten Datenträger.**

Mehr ist nicht zu tun. Der Mac erstellt automatisch eine Kopie von allem, was Sie auf einen Datenträger ziehen. Sie können nach diesem Prinzip zum Beispiel auch ein Dokument im Inhaltsfenster des Datenträgers ablegen (anstatt es nur auf das Symbol zu ziehen).

Das funktioniert selbstverständlich auch umgekehrt, indem Sie einfach ein Dokument von einer Floppy Disk (oder einem anderen Datenträger, z.B. einer CD) auf Ihre Festplatte ziehen.

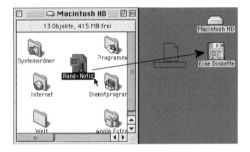

Und natürlich können Sie so viele Kopien des Dokumentes herstellen, wie Sie wollen, ohne dabei Qualität oder Inhalte zu verlieren – das ist der Vorteil digitalisierter Daten!

Und wie bekommen Sie den Datenträger wieder aus dem Laufwerk?

Sie haben das Back-Up Ihrer Dokumente erledigt und alles auf einem externen Datenträger gesichert, oder von einer CD-ROM ein neues Programm in Ihren Mac geladen. Was nun? Wie bekommen Sie diesen Datenträger denn nun wieder aus dem externen Laufwerk beziehungsweise die CD-ROM aus dem Laufwerk Ihres Mac?

Ganz einfach: Klicken Sie das Symbol der Platte oder der CD-ROM an und wählen Sie aus dem Menü Spezial den Befehl Auswerfen. Die Diskette – Floppy, Zip – beziehungsweise die CD-ROM wird automatisch ausgeworfen!

Und wenn die Diskette nicht herauskommen will?

Manchmal kann es vorkommen, dass die Diskette oder CD-ROM einfach nicht herauskommen will, egal, mit welchen Mitteln Sie versuchen, sie herauszulocken. Dann hilft es nichts, schalten Sie den Mac einfach aus und starten Sie ihn mit gedrückter Maustaste neu. Halten Sie die Maustaste so lange gedrückt, bis der Drückeberger erscheint.

Wenn selbst dieser Trick nicht funktioniert, nehmen Sie eine Büroklammer, die Sie zuvor gerade biegen, und führen Sie diese vorsichtig in die winzige runde Öffnung des CD-Laufwerks.

Wenn auch diese Radikalkur nichts nutzt, können Sie noch einen weiteren Versuch starten, indem Sie versuchen, das CD-Laufwerk vorsichtig mit einem Buttermesser zu öffnen, allerdings besteht dabei die Gefahr, dass Sie das Laufwerk beschädigen, was teure Reparaturen nach sich ziehen kann, deshalb sei davon abgeraten. Es wird Ihnen eigentlich nicht anderes übrigbleiben, als Ihren Mac in die Hände eines fachkundigen Computerspezialisten zur Reparatur zu geben.

Und was denken Sie, was dieser Spezialist tun wird? Richtig, er wird versuchen, das Laufwerk mit einem Buttermesser zu öffnen.

Vielleicht versuchen Sie deshalb lieber noch eine andere Methode. Ziehen Sie einfach das Symbol der Platte bzw. der CD-ROM in den Papierkorb. Wir wissen, dass Sie jetzt denken, wir wollten Sie dazu veranlassen, Ihre mühsam gesicherten Daten auf einen Schlag zu vernichten. Mitnichten – wie durch Zauberhand erscheint Ihre Platte oder CD-ROM und Sie können Ihre Backup-Dateien endlich im Panzerschrank verschließen.

Wie man etwas wiederfindet, was man gerade verloren hat

Ein praktisches Beispiel: Sie haben eine Arbeit gesichert und jetzt passiert es, Sie können die Datei nicht mehr finden.

Das ist durchaus nichts Ehrenrühriges! Jeden Tag verlieren Tausende von Menschen Dateien. Aber durch den unermüdlichen Einsatz verschiedener Selbsthilfegruppen können diese Menschen weiterhin ein glückliches und produktives Leben führen.

Und das sollten Sie tun: Setzen Sie sich gerade hin, denken Sie an etwas Positives und drücken Sie das Tastaturkürzel ⌘ + F . Oder gehen Sie einen kleinen Umweg und wählen Sie Sherlock aus dem -Menü.

Sofort erscheint auf Ihrem Bildschirm das Informationsfenster von Sherlock, Ihrem persönlichen elektronischen Butler, der darauf spezialisiert ist, in den nächsten Sekunden Ihren Mac vom Keller bis zum Dachboden zu durchsuchen.

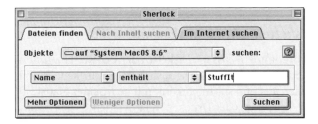

Sie müssen nichts weiter tun, als Sherlock einen Suchbegriff zu geben – einige Buchstaben reichen aus (Groß- oder Kleinschreibung müssen nicht, Wortzwischenräume wohl beachtet werden!). Klicken Sie auf SUCHEN oder bestätigen Sie die Eingabe mit der ⏎-Taste.

Sofort erscheint ein neues Fenster mit den Suchergebnissen für den durchsuchten Datenträger, in diesem Falle Ihre Festplatte. Jetzt können Sie die nachfolgend gezeigten Aktionen durchführen:

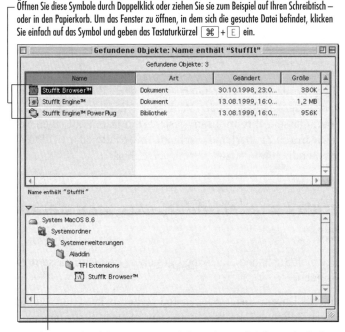

Wenn Sie den Sherlock nicht mehr benötigen, wählen Sie den Befehl SCHLIESSEN aus dem Menü ABLAGE (oder Sie schließen das Programm mit dem Tastaturkürzel ⌘+Q).

So finden Sie goldene Worte in Ihren Dateien und im Internet

In der Darstellung des Sherlock-Fensters auf der vorigen Seite entdecken Sie zwei weitere interessante Begriffe, von denen Sie sicher wissen wollen, was sich dahinter verbirgt. Der eine davon heißt FINDEN NACH INHALT und der andere SUCHEN IM INTERNET.

Damit zeigt sich Sherlock anderen traditionellen Suchbefehlen, die immer nur nach den Dateinamen suchen, weit überlegen. Nehmen Sie doch einmal an, Sie haben eine 253-seitige Abhandlung über das Liebesleben der Killerbienen verfasst, diese aber »Geschenkideen für Mama« genannt, dann werden Sie diese Datei nie unter dem Suchbegriff Liebesleben oder Killerbienen finden.

Hier hilft Ihnen Sherlock, indem er für Sie die Dateien auch inhaltlich nach einem von Ihnen vorgegebenen Begriff durchsucht – das ist mit FINDEN NACH INHALT gemeint.

Aber bevor Sie diese Eigenschaft nutzen können, müssen Sie dem Mac gestatten, seinen eigenen Katalog Ihrer Festplatte anzulegen. Dieser Vorgang wird Indexieren genannt und braucht einige Stunden, um jede Datei zu durchsuchen. Sie starten diesen Vorgang, indem Sie nacheinander die Optionen SUCHEN NACH INHALT, INDEX VOLUME, Ihre Festplatte und schließlich ERSTELLEN INDEX anklicken. Dann gehen Sie einfach ins Kino und sehen sich einen besonders langen Film an, zum Beispiel Titanic 2 – Die Rückkehr oder so. (Sie können Ihren Mac diese Arbeit natürlich auch nachts, wenn Sie ihn sowieso nicht benutzen, erledigen lassen.)

Wenn dieser Index einmal angelegt ist, können Sie die Option FINDEN NACH INHALT nutzen, um Dateien zu suchen, in den bestimmte Worte benutzt werden. (Selbstverständlich müssen Sie diesen Index durch den Mac von Zeit zu Zeit aktualisieren lassen, allerdings dauert diese Aktualisierung dann immer nur wenige Minuten.)

Die Option SUCHEN IM INTERNET ist weit weniger kompliziert. Mit einfachen Worten: Sie können damit das Internet nach Inhalten zu dem von Ihnen vorgegebenen Begriff durchsuchen (vielleicht Liebesleben oder Killerbienen o. ä.). Einzelheiten dazu finden Sie in Kapitel 7.

Sherlock ganz anders

Haben Sie Mac OS 9? (Mehr dazu in Kapitel 1.) Wenn ja, dann sieht das Sherlock Programmfenster vollkommen anders aus als die gerade gezeigte Abbildung. Es ist größer und silbrig:

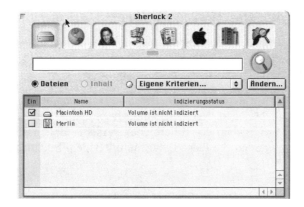

Darüber hinaus fehlen die drei Auswahloptionen (DATEI FINDEN, NACH INHALT SUCHEN und IM INTERNET SUCHEN). Sie können diese drei Suchfunktionen selbstverständlich auch weiterhin nutzen, jedoch sind die Knöpfe dafür neu:

Wenn Sie eine Datei nach dem Namen suchen wollen, aktivieren Sie die Option DATEINAME; wenn Sie nach einem bestimmten Begriff suchen, aktivieren Sie Inhalt; wenn Sie im Internet auf die Suche gehen wollen, klicken Sie einfach auf einen der Knöpfe der Kopfleiste.

Die Frage ist berechtigt: Welchen Knopf? Da können wir Sie an dieser Stelle nur auf das Kapitel 7, Abschnitt »Sherlock jetzt noch einsatzfreudiger!« verweisen.

Zehn wichtige Tipps für die Textverarbeitung

1. Aus einem Text können Sie ein Wort durch Doppelklick mit der Maustaste in das Wort schnell auswählen. Wenn Sie jetzt die Maustaste gedrückt halten und seitwärts auf der Zeile bewegen, wählt der Mac für Sie immer das komplette rechts bzw. links anschließende folgende Wort aus.

2. Bitte versuchen Sie nie, Text mit Hilfe der Leertaste senkrecht auszurichten. Das hat vielleicht noch mit Ihrer alten mechanischen Schreibmaschine funktioniert, aber jetzt geht das nicht mehr. Denn Sie werden mit großer Wahrscheinlichkeit immer nur solche Ergebnisse erhalten, wie Sie unten gezeigt sind. Einmal abgesehen davon, dass dieses Vorgehen absolut unelegant ist.

   ```
   1963    1992              2001
   Born    Elected President Graduated College
   ```

   Das sieht auf dem Bildschirm ja noch einigermaßen gut aus, aber im Druck erscheint es dann vermutlich so:

   1963 1992   2001

   Born Elected President Graduated College

Also beherzigen Sie den Grundsatz: Für die Spaltenerstellung immer die Tabulatoren benutzen!

3. Sie können den gesamten Text eines Dokumentes einfach mit dem Befehl ALLES AUSWÄHLEN markieren (zum Beispiel, um die Schriftart oder den Schriftgrad zu verändern). Das Tastaturkürzel dafür ist ⌘ + A .

4. Nutzen Sie möglichst nicht mehr als zwei Schriftarten in einem Dokument. (Fett, kursiv und normaler Schnitt einer Schrift zählen dabei als eine Schriftart.) Dieses Thema wurde auch im Zusammenhang mit der bereits als Musterdatei erstellten Lösegeldforderung behandelt.

5. Nutzen Sie möglichst keine Unterstreichungen, um etwas hervorzuheben. Unterstreichungen sind ein Hilfsmittel für die Schreibmaschine – Sie haben jetzt ganz andere Möglichkeiten, Sie können Hervorhebungen zum Beispiel kursiv darstellen.

6. Der Scrollbalken auf der rechten Seite Ihres Dokumentes zeigt Ihnen immer an, an welcher Stelle in Ihrem Dokument Sie sich gerade befinden.

Mit dem Regler können Sie sich schnell an jede andere gewünschte Stelle bewegen.

Sie können sich außerdem auf zwei weiteren Wegen durch Ihr Dokument bewegen:

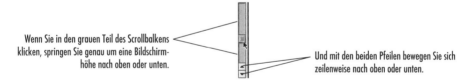

7. Sie haben bereits gelernt, wie Sie einen Text im Notizblock kopieren, um ihn dann an einer anderen Stelle wieder einzufügen. Eine andere nützliche Technik ist das Ausschneiden eines Textes aus einem Dokument. Das Prinzip ist ähnlich, außer dass beim Ausschneiden der markierte Text gleichzeitig aus dem Ursprungsdokument gelöscht wird. (Ausschneiden und Einfügen wirkt damit so, als würden Sie einen Text von einem Dokument in ein anderes bewegen.)

8. Verabschieden Sie sich von den »geraden Anführungszeichen« und den »geraden Apostrophen». Das gehört auch noch in die Zeit der guten alten Schreibmaschine. Als wahrer Textverarbeitungsspezialist können Sie hier mit wundervollen geschwungenen " ' Lösungen aufwarten.

Sie können diese geschwungen Anführungszeichen und Apostrophe jeweils mit gedrückter ⌥- und ⇧-Taste setzen. Aber wer kann sich das schon alles so merken, dass er es im entscheidenden Augenblick auch anwenden kann? Deshalb bieten die Textverarbeitungsprogramme (AppleWorks, Microsoft Word etc.) dafür eine automatische Funktion an.

(Aber Achtung: Nutzen Sie diese geschwungenen Anführungs- und Apostroph-Zeichen niemals in einer E-Mail-Nachricht. Diese Sonderzeichen erscheinen dann beim Empfänger entweder als bizarre kleine Rechtecke oder verwirrende Buchstabenkombinationen.)

9. Wenn Sie ein Element, zum Beispiel die Seitenzahl, immer am oberen rechten Rand auf jeder Seite eines mehrseitigen Dokumentes erscheinen lassen wollen, müssen Sie dieses Element nicht auf jeder Seite neu eingeben. Abgesehen davon, dass bei nachträglichen Änderungen die Position dieses Elementes dann auch verändert wird und es wahrscheinlich nicht mehr am Kopf, sondern in der Mitte der Seite bzw. am Fuß der vorherigen Seite erscheint. Nutzen Sie stattdessen die vom Textverarbeitungsprogramm angebotenen speziellen Kopf- und Fußnoten-Standards – ein kleines Fenster, in das Sie dann Ihren Wunschtext für die entsprechende Version eingeben können. Das Textverarbeitungsprogramm platziert diese Information dann immer wieder auf jeder neuen Seite am Kopf oder Fuß, ganz egal, wie viel Text Sie auf dieser Seite schreiben.

10. Sie haben bereits gelernt, wie Sie ganz einfach ein Wort innerhalb eines Textes markieren können (mit Doppelklick). Sie wissen, wie Sie eine Zeile (waagerecht ziehen) und einen größeren Textblock (diagonal ziehen) auswählen. Und damit haben Sie schon eine ganze Menge an Textauswahlmöglichkeiten.

Aber eine fehlt noch: Was ist, wenn Sie zum Beispiel für einen längeren Textabschnitt, zum Beispiel für 10 Worte, schnell den Schriftschnitt verändern wollen?

Dafür sind nur zwei Klicks notwendig: Positionieren Sie zunächst die Einfügemarke links neben dem Wort, an dem Ihre Auswahl beginnen soll. Drücken Sie dann die ⇧-Taste und klicken Sie mit der Maustaste rechts neben dem Wort, mit dem Ihre Auswahl enden soll. Ganz zauberhaft – Ihre ⇧-Klick-Kombination hat gewirkt!

Ein kleiner Ausflug zu Druckern, Drucken und Schriften

In diesem Kapitel

- Verschiedene Drucker und was sie kosten
- Einrichten und Drucken
- Die Wahrheit über Schriften

Sehr verehrte Leserin, sehr verehrter Leser. Sie können sich wirklich glücklich schätzen, dass Sie entschlossen haben, so lange zu warten, bis Sie mit der Arbeit an einem Computer beginnen. Damit sind Sie glücklich den Tagen entronnen, als die Druckergebnisse der früher eingesetzten Nadeldrucker noch aussahen wie die Fußspuren besoffener Hühner.

Den Kauf eines Druckers für Ihren Mac behandeln wir ausführlicher im Spezialthema Nr. 3. So viel sei hier nur dazu gesagt: Es kommen grundsätzlich nur zwei Arten, nämlich Laserdrucker und Tintenstrahldrucker, in Betracht.

Tintenstrahldrucker

Das ist heute die preiswerteste Art, zu drucken. Hewlett-Packard (HP) bietet eine breite Auswahl an so genannten DeskJets; Epson nennt seine Farbdrucker Stylos Color. Mehr oder weniger sieht ein typischer Tintenstrahldrucker so aus:

Die Ausdrucke von Tintenstrahldruckern erreichen praktisch schon die Qualiät von Laserdruckern. Die Drucker sind klein, leicht und leise. Und Sie können verschiedene Dinge damit bedrucken: normales Papier, Umschläge, Kartons bis zu einer gewissen Stärke etc. Vor allem aber sind Tintenstrahldrucker eines, sie sind preiswert, sogar diejenigen, mit denen Sie farbig drucken können. (Wenn Sie über einen Tintenstrahldrucker verfügen und Sie wollen zum Beispiel ein Foto besonders gut drucken, dann können Sie die Qualität sogar noch durch speziell beschichtetes Papier verbessern, das allerdings seinen Preis hat.) Einige HP und Epson Tintenstrahldrucker sind mit USB-Schnittstelle (mehr darüber in Kapitel 14) für den direkten Anschluss an den Mac ausgerüstet; bei älteren Modellen können Sie den Drucker über einen Adapter an den Mac anschließen (zum Beispiel Farallon iPrint, siehe Anhang C).

Der Punkt ist, dass Tintenstrahldrucker – wie der Name schon sagt – die Farbe in einem feinen Strahl auf das Papier auftragen. Da kann es dann schon vorkommen, dass der Ausdruck nicht so gestochen scharf ist wie bei einem Laserdrucker, insbesondere, wenn Sie stark saugendes Papier für den Druck verwenden. Außerdem müssen die Tintenpatronen ziemlich oft gewechselt werden. Außerdem verschmieren die Ausdrucke leicht, wenn Sie feucht werden und sind daher nicht besonders gut als Seekarten für eine Hochseeregatta geeignet.

Andererseits sind die Tintenstrahldrucker so handlich, leise und preiswert, dass es kaum eine Alternative dazu gibt, wenn Sie farbig drucken wollen.

Einen Tintenstrahldrucker mit USB-Schnittstelle anschließen

Der Begriff USB steht für einen Anschluss des Druckers – in der MacWelt bedeutet USB Universal Serial Bus. Und das bedeutet, dass alles, was Sie mit der Mac USB-Schnittstelle verbinden, bereits beim ersten Mal funktioniert, jedes Mal funktioniert, ohne dass Sie lange daran herumbasteln oder den Mac ständig an- und ausschalten müssen. (Wenn Ihnen das als das Normalste von der Welt erscheint, seien Sie froh, dass Sie sich nicht bereits in den 80er Jahren einen Computer angeschafft haben.)

Zahlreiche Epson- und Hewlett-Packard Tintenstrahldrucker sind mit USB-Schnittstellen ausgestattet – und das ist genau das, was Sie benötigen. In allen anderen Fällen benötigen Sie ein zusätzliches USB-Kabel (Drucker-zu-Mac). Dann kann es aber wirklich losgehen:

1. **Schließen Sie den Drucker an das Stromnetz an. Schalten Sie den Drucker ein.**

2. **Verbinden Sie das eine Ende des USB-Druckerkabels mit dem Drucker und das andere Ende mit dem USB-Anschluss des Mac.**

   Der USB-Anschluss auf der linken Seite des Computers ist gekennzeichnet mit einem kleinen dreizackigen Symbol.

3. **Wenn Sie die Software-CD gefunden haben, die mit dem Drucker geliefert wurde, legen Sie die CD ein und starten das Installationsprogramm.**

   Sollten Sie mit diesem Schritt Schwierigkeiten haben, wenden Sie sich direkt an den Hersteller des Druckers. Wurde die Software aber korrekt installiert, fordert Sie der Mac zu einem Neustart auf.

5 ➤ Ein kleiner Ausflug zu Druckern, Drucken und Schriften

 Jetzt haben Sie zwar die Verbindung zwischen Mac und Drucker hergestellt, können aber noch nicht drucken. Denn es reicht nicht aus, den Mac mit einem neuen Spielkameraden zusammenzubringen, Sie müssen ihm auch noch erzählen, um welches Spiel es geht.

4. **Wählen Sie den Befehl AUSWAHL aus dem -Menü. Das sieht dann ungefähr so aus:**

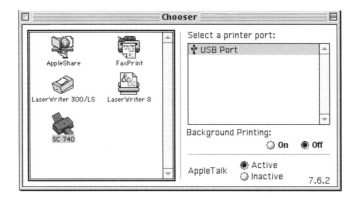

Die Symbole auf der linken Seite des Fensters zeigen Ihnen die verschiedenen Druckertreiber, die in Ihrem Systemordner installiert sind. Ein Druckertreiber ist ein kleines Programm, das dem Mac sagt, wie er mit einem bestimmten Drucker kommunizieren kann. Die Drucker werden sowohl per Text als auch per Graphik angezeigt. In der Graphik wurde zum Beispiel der Epson Stylus 740 ausgewählt.

5. **Klicken Sie auf das Symbol Ihres Druckers.**

Damit haben Sie Ihrem Mac den neuen Drucker vorgestellt. Alles mit einer einzigen Aktion, nebenbei bemerkt. Sie können jetzt das Auswahlfenster wieder schließen. Ignorieren Sie die folgende Warnung einfach mit OK, wir kommen darauf im Abschnitt »So wird gedruckt« noch ausführlich zu sprechen.

Sie benötigen dieses Auswahlfenster nur, wenn Sie zum Beispiel mehrer Drucker angeschlossen haben und zwischen diesen beim Drucken hin- und herwechseln wollen, sonst nie mehr.

Einen älteren Tintenstrahldrucker anschließen

Sie waren natürlich schlau und haben den USB-Tintenstrahldrucker und den Mac gleichzeitig gekauft. Es gibt aber auch Menschen, die unbedingt an einen neuen Mac einen alten Drucker ohne USB-Schnittstelle, wie zum Beispiel einen alten Apple StyleWriter, anschließen wollen.

In diesem Falle müssen Sie noch in einen Adapter investieren (z. B. Farallon iPrint SL, mehr in Anhang C). Mit diesem Adapter können Sie den Drucker über die USB- oder Ethernet-Schnittstelle Ihres Mac anschließen.

Mit dem Farallon iPrint erhalten Sie ebenfalls eine Software, die Sie wie zuvor beschrieben installieren. Öffnen Sie nach erfolgreich beendeter Installation die KONTROLLFELDER im -Menü und dort das APPLETALK *Kontrollfenster*. Wählen Sie im PopUp-Menü die Option ETHERNET und bestätigen Sie die *AppleTalk* mit ja.

Gehen Sie jetzt zurück zur Auswahl und markieren Sie rechts Ihren Drucker. Wenn der Drucker links angezeigt wird, schließen Sie das Auswahlfenster, klicken OK, lehnen sich zufrieden zurück und gehen in diesem Buch weiter zum Abschnitt *»So wird gedruckt«*.

Laserdrucker

Wenn Sie ein bisschen mehr Geld in den Drucker investieren können und wollen, erwartet Sie mit den PostScript Laserdruckern eine ganz andere und faszinierende Welt. Stören Sie sich bitte nicht an dem Wort PostScript, achten Sie nur darauf, dass diese Bezeichnung auch in der Beschreibung des von Ihnen ins Auge gefassten Druckers erscheint, weil es eine Art Gütesiegel ist.

Ein PostScript Drucker wie zum Beispiel der HP LaserJet oder die Apple LaserWriter können jeden Text in jeder Schriftart, jedem Schriftgrad und Auflösung drucken und es sieht einfach göttlich aus. Die Ausdrucke sehen aus wie Photokopien, sie stehen vollkommen scharf und schwarz auf dem weißen Papier. Laserdrucker sind auch hervorragend geeignet für den Druck von Graphiken, wie Sie sie zum Beispiel im Macintosh-Magazin finden. Laserdrucker sind schnell, leise und praktisch wartungsfrei; viele Modelle können auch Umschläge oder Adressaufkleber bedrucken. Sie sind aber meistens auch größer und schwerer als Tintenstrahldrucker.

Wenn Sie also einen Laserdrucker bekommen können, greifen Sie zu, auch wenn Sie nur ein kleines Büro haben sollten. Damit haben Sie eine perfekte Ausstattung für Schwarz/Weiß-Ausdrucke. Es gibt auch Farb-Laserdrucker, trotz der sehr hohen Preise erreichen Sie damit nicht die Farbqualitäten eines Tintenstrahldruckers.

Einen modernen Laserdrucker anschließen

Die meisten modernen Laserdrucker verfügen über einen Ethernet-Anschluss – wie Ihr Mac. Allerdings werden Laserdrucker immer ohne die nötigen Anschlusskabel geliefert. Die Hersteller begründen das damit, dass Laserdrucker an die verschiedensten Computer angeschlossen werden können und sie nicht für jede Möglichkeit ein Kabel beifügen können. Außerdem sind Laserdrucker netzwerkfähig und schließlich sind Sie ja der Netzwerkadministrator vor Ort, der viel besser weiß, welches Kabel bei Ihnen benötigt wird. Wenn Sie in einem Büro arbeiten stört, Sie das weniger, irgendwen werden Sie schon finden, den Sie nach dem richtigen Kabel fragen können, damit Sie Ihren Mac und Ihren Laserdrucker in das Netzwerk integrieren können (falls ein Netzwerk existiert).

Wenn Sie allerdings alleine arbeiten, gestaltet sich dieser Punkt schon ein wenig schwieriger. In Kapitel 14 zeigen wir Ihnen, wie Sie sich ein eigenes Ethernet Netzwerk aufbauen können. Was Sie hier jetzt zunächst wissen müssen ist, dass Ihr neuer Laserdrucker an den Ethernetanschluss des Mac angeschlossen werden muss. Mehr darüber finden Sie ebenfalls in Kapitel 14.

1. **Schließen Sie Ihren Laserdrucker und Ihren Mac an die Ethernet-Verbindung an (siehe Kapitel 14).**

   Noch einmal: Ethernet ist nichts für Dummies, aber in Kapitel 14 wird dieses Thema so transparent dargestellt wie die äußere Hülle Ihres Mac.

2. **Wählen Sie KONTROLLFELDER aus dem -Menü, öffnen Sie das APPLETALK Kontrollfenster und wählen Sie die Option ETHERNET. Bestätigen Sie *AppleTalk* mit ja und schließen Sie das Kontrollfenster.**

   Damit haben Sie Ihrem Computer mitgeteilt, welche Verbindung gilt.

3. **Wählen Sie nun Auswahl aus dem -Menü und markieren Sie auf der linken Seite Ihren Laserdrucker.**

   Sollte Ihr spezieller Laserdrucker hier nicht aufgeführt sein, markieren Sie das LaserWriter 8 Symbol und Ihr Drucker wird rechts aufgeführt – aber nur, wenn er eingeschaltet ist. Klicken Sie jetzt auf den Druckernamen.

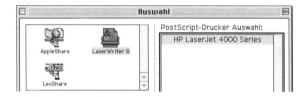

Sollten rechts mehrere Druckernamen angezeigt werden, sind Sie entweder Teil eines firmeninternen Netzwerkes, das Ihnen mehrere Drucker zur Nutzung bereitstellt, oder Sie sind unerwartet reich und verfügen selbst über eine reichhaltige Ausstattung. Aber auch dann müssen Sie sich immer noch für einen der Drucker entscheiden, danach das Auswahlfenster schließen, mit OK bestätigen und weiterlesen.

Nach all dem können Sie endlich drucken

Stellen Sie zunächst sicher, dass Ihr Drucker wirklich angeschlossen ist und Sie ihn über das *Auswahlfenster* mit Ihrem Mac bekannt gemacht haben. Der große Moment ist nun da, Sie können irgendetwas drucken.

Achten Sie darauf, dass das, was Sie drucken wollen (ein AppleWorks Dokument zum Beispiel) auch auf Ihrem Bildschirm zu sehen ist. Wenn Sie nun DRUCKEN aus dem Menü ABLAGE wählen, erscheint ein Dialogfenster ähnlich dem hier gezeigten.

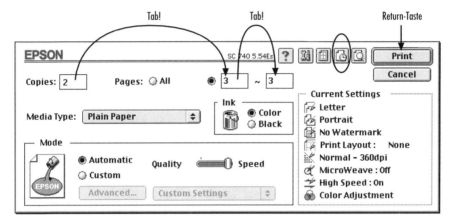

Das gezeigte Dialogfenster gilt für Epson Farbdrucker – andere Drucker bieten andere Dialogfenster an, die hier nicht alle gezeigt werden können.

 In sicher 95 Prozent aller Fälle werden Sie die im Dialogfenster aufgeführten Optionen ignorieren und einfach DRUCKEN anklicken.

In den anderen 5 Prozent werden Sie Ihrem Mac sagen, dass Sie nur einen Teil des Dokumentes, zum Beispiel nur die Seiten 5 und 6, ausdrucken möchten. Diese Angabe machen Sie in den Feldern *»von«* und *»bis«*. (Wenn Sie nur die von Ihnen gewünschte erste Druckseite angeben und das *»bis«*-Feld freilassen, werden alle folgenden Seiten ausgedruckt.)

Im Feld Anzahl geben Sie die gewünschte Kopienzahl pro Seite an. Das war es eigentlich.

Mit dem Tabulator in Dialogfeldern arbeiten

Es scheint sich anzubieten, jetzt einmal ein paar Worte darüber zu verlieren, wie Sie sich mit Hilfe des Tabulators durch Dialogfelder arbeiten können. Nehmen wir einmal an, Sie wollen Kopien der Seite 3 eines Dokumentes drucken. Anstatt nun jedesmal mit der Maus jedes einzelne Dialogfeld anzuklicken, können Sie mit Hilfe des Tabulators schnell von Feld zu Feld springen.

Tippen Sie also die Zahl 2 in das Feld Anzahl, drücken Sie dann die Tabulatortaste auf Ihrer Tastatur und geben die Zahl 3 (Feld »von«) ein. Ein weiterer Druck auf die Tabulatortaste bringt Sie dann in das Feld »bis« und Sie geben auch hier die Zahl 3 ein. Und Ihre Maus nagt sich vor Langeweile die Nägel kurz.

Nachdem Sie nun die verschiedenen Optionen in diesem Dialogfenster ausgefüllt haben, klicken Sie entweder auf DRUCKEN oder bestätigen Ihre Eingaben einfach mit der ⏎-Taste (das ist im Ergebnis gleich). Der Mac brummt ein wenig und kurz darauf wird Ihr Dokument von Ihrem Drucker ausgegeben.

Dieser schnelle Weg mit den Tabulatoren von Feld zu Feld zu springen und anschließend die Eingaben mit der ⏎-Taste zu bestätigen funktioniert übrigens in jedem Dialogfenster. Immer wenn Sie einen Knopf mit einer dicken Umrahmung sehen wie in der vorigen Abbildung, können Sie die entsprechende Bestätigung mit der ⏎-Taste vornehmen und müssen nicht extra mit der Maus darauf klicken.

Im Hintergrund drucken

In den düsteren 80er Jahren wurde beim Drucken noch der gesamte Mac vom Drucker lahmgelegt. Man konnte während des Ausdruckes nichts mehr eingeben, nicht mehr arbeiten und verbrachte einen Großteil der Zeit damit, dem Drucker bei der Arbeit zuzusehen. Angezeigt wurde das zudem noch durch die Meldung »*Ausdruck wird bearbeitet*« auf dem Monitor. Das war wirklich eine dunkle und stürmische Zeit mit schier endlosen Kaffeeorgien. Erst wenn der Druck endlich vom Drucker ausgegeben wurde, konnte man den Computer wieder benutzen.

Damals kamen findige Apple-Ingenieure auf den glorreichen Gedanken, den Druck im Hintergrund ablaufen zu lassen. Wenn Sie diese Option einschalten, speichert der Mac alle notwendigen Druckdaten zunächst in einer speziellen Datei auf Ihrer Festplatte und wendet Ihnen dann wieder seine volle Aufmerksamkeit zu.

Ohne dass Sie es bemerken, sendet er dann die Druckdaten scheibchenweise an den Drucker. Das alles geschieht in den millisekundenlangen Pausen, die Sie zwischen Ihrer Arbeit einlegen. Irgendwann hat dann der Drucker alle Informationen für den Ausdruck erhalten und dieser wird ausgegeben. Nun gehört der Mac wieder zu hundert Prozent Ihnen. Dieser gleichzeitige Prozess senkt zwar die Bearbeitungsgeschwindigkeit Ihres Mac ein wenig, hilft Ihnen aber sehr, wenn Sie einmal enge Termine haben.

Die Option für den Hintergrunddruck wird bei jedem Drucker an einer anderen Stelle angezeigt. Aber versuchen wir es einmal hiermit: Wenn Sie den Befehl Drucken aus dem Menü Datei eines Programms auswählen, erhalten Sie immer ein Dialogfenster ähnlich dem bereits gezeigten. Für Epson-Drucker haben wir die Option für den Hintergrunddruck bereits eingekreist. Bei anderen Druckern müssen Sie einfach nach einem Befehl HINTERGRUNDDRUCK EIN/AUS suchen, den Sie dann einfach anklicken.

Ein Zwischenspiel für Mehr-Drucker-Besitzer

Es ist in Demokratien nichts Ungewöhnliches, dass die Reichen besonderen Einfluss nehmen. Im Falle Mac entwickelte sich Anfang der 90er Jahre die Partei der »Menschen Mit Mehr Als Einem Drucker« (MMMAED wie die Insider diesen Kreis nennen). Diese Menschen – meist Mitarbeiter in einem Büro mit mehreren installierten Druckern – forderten von Apple eine einfache Möglichkeit, mit der sie jederzeit für ihre Ausdrucke einen ihnen genehmen Drucker auswählen konnten.

Apple hat verstanden. Vielleicht haben Sie beim ersten Einschalten Ihres Mac das Symbol Ihres Druckers auf Ihrem Schreibtisch bemerkt, wie in der Abbildung unten gezeigt. (Dieses Symbol erscheint standardmäßig übrigens nur für Apple-Drucker.)

Die Mitglieder der MMMAED-Partei haben jedoch im Laufe der Zeit einfach weitere Druckersymbole aus dem Auswahlmenü auf den Schreibtisch gezogen.

Sie brauchen jetzt das zu druckende Dokument einfach nur auf das Symbol des jeweiligen Druckers zu ziehen und können so ihre Auswahl treffen.

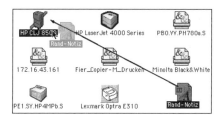

Wenn Sie jedoch nur einen Drucker besitzen, belasten Sie mit dieser Methode lediglich Ihren Arbeitsspeicher und stellen sich ohne Not Ihren Schreibtisch mit unnötigen Symbolen voll. So können Sie das Druckersymbol wieder entfernen:

1. **Wählen Sie KONTROLLFELDER aus dem -Menü.**
2. **Doppelklicken Sie auf ERWEITERUNGEN EIN/AUS.**

   Es öffnet sich ein Fenster mit mindestens einer Million Symbolen, den so genannten *Systemerweiterungen* (mehr darüber in Kapitel 12) und deaktivieren Sie alle Systemerweiterungen mit dem Begriff *Desktop*.

3. **Starten Sie nun Ihren Mac neu.**

Jetzt können Sie alle Symbole entfernen, die noch auf Ihrem Schreibtisch erscheinen (Sie erkennen Sie an dem dicken roten Kreuz, mit dem sie markiert sind.) Ein gelungener Aufstand der Basis gegen die Reichen!

Drucken abbrechen

Wenn Sie den Druckvorgang abbrechen wollen, geben Sie einfach das Tastaturkürzel ⌘+.
(. = Punkt) ein. Manchmal braucht der Drucker einen Moment (oder eine Seite oder zwei), bis er den Befehl bestätigt.

Die zehn wichtigsten Wahrheiten über Schriften

Die verschiedenen Schriftarten, die im Schriftenmenü Ihrer Programme, wie zum Beispiel in AppleWorks, aufgeführt sind, sind wahrlich erstaunlich. Sie sehen hervorragend auf dem Bildschirm aus und auch beim Ausdruck sind sie sehr ansehnlich und erinnern nicht einmal entfernt an die krakeligen Computerschriften vergangener Tage. Sie bemerken es nicht, aber Ihre Schriften sind ganz spezielle Schriften, die auf jedem Drucker in praktisch jeder Größe großartig aussehen: so genannte TrueType Schriften.

Wenn Sie mit einer professionellen Druckerei oder einem Graphikstudio zusammenarbeiten, haben Sie sicher auch schon einmal den Begriff PostScript Schriften gehört. Mehr über die Unterschiede und die Geschichte der Schriften erfahren Sie in Spezialveröffentlichungen. Für den Moment sei nur so viel gesagt: TrueType Schriften – das sind diejenigen, die mit Ihrem Mac mitgeliefert wurden, sind einfacher zu handhaben und zu installieren.

Hier nun zehn Beispiele für den Spaß, den Sie mit Ihren Schriften haben können:

1. Sie wollen noch mehr Schriften? Können Sie haben – kaufen Sie einfach welche. In Anhang B haben wir Ihnen zwei Adressen aufgeführt, wo Sie neue Schriften beziehen können.

   Abhängig von Ihrem finanziellen Einsatz können Sie Tonnen von Schriften bekommen – mehr als Ihre typographischen Geschmacksnerven vertragen.

2. Um eine neue Schrift zu installieren, schließen Sie alle Anwendungsprogramme (falls welche geöffnet sind). Ziehen Sie das Schriftsymbol (das sieht in der Regel aus wie ein Koffer) auf den *Systemordner* – legen Sie es auf keinen Fall in den geöffneten Systemordner. Legen Sie es nicht in den Papierkorb. Gehen Sie nicht über Los) ...

   Sie erhalten eine Nachricht, dass der Mac die Schrift für Sie installiert. Lehnen Sie sich zurück, entspannen Sie sich und klicken OK.

3. Sie wollen sehen, wo Ihre Schriften zu Hause sind? Dann öffnen Sie zunächst den *Systemordner* und dann den Ordner *Zeichensätze*. Hier sehen Sie alle Schriften in einem Fenster. Sie können sich auch ansehen, wie die Schrift aussieht, indem Sie einfach auf das Schriftensymbol doppelklicken und dann den gewünschten Schriftgrad (zum Beispiel

Times 10 oder Times 18) auswählen. Anhand von eindrucksvollen und sinnigen Beispieltexten wie etwa »Hinnarks Mähdrescher verliert in Rechtskurven immer ein Rad« können Sie dann die Schrift beurteilen, in die Sie gerade viel Geld investiert haben.

4. Um eine Schrift zu entfernen, schließen Sie ebenfalls zunächst alle Programme. Öffnen Sie dann den Ordner *Zeichensätze* (wie zuvor beschrieben) und ziehen Sie die zu entfernende Schrift – oder den entsprechenden Schriftenkoffer – aus dem Fenster auf den Schreibtisch. Oder in einen anderen Ordner. Oder direkt in den Papierkorb ...

5. Es gibt grundsätzlich zwei Arten von Menschen: Die einen ordnen immer alles in verschiedene Kategorien ein, die anderen tun das nicht. Bei Schriften ist es ähnlich, hier gibt es auch zwei Sorten: Proportionalschriften, bei denen jedes Zeichen exakt so viel Raum erhält, wie es benötigt, und Schriften, bei denen alle Zeichen immer den gleichen Raum erhalten (typisches Beispiel sind Schreibmaschinen). Der Text, den Sie gerade lesen, ist mit einer Proportionalschrift gesetzt. Sie erkennen das daran, dass das *W* mehr Raum beansprucht als das *i*.

Ihr Mac bietet zwei Monospace-Schriften: Courier und Monaco. Alle anderen Schriften sind Proportionalschriften.

Und wer braucht das? Sie, mit Verlaub. Nehmen Sie einmal an, Ihnen sendet jemand eine Nachricht per E-Mail (wie unten abgebildet), die so aussieht, als sollten es mehrere Spalten sein, es aber nicht sind:

```
From:      IntenseDude
To:        pogue@aol.com

Hello, David! Here are the prices you asked about:

Item              Features              Price
----              --------              -----
Seinfeld Statuette    Removable hairpiece      $25.00
Baywatch digital watch   Surfboard sweep-second hand  $34.50
"60 Minutes" bowtie    Mike Wallace autograph    $65.75
E.R. BandAid Pak™     100 per box          $ 9.85
```

Wenn Sie den gesamten Text markieren und die Schriftart auf Courier umstellen, sieht das genau so aus, wie der Sender es sich ursprünglich vorgestellt hat:

```
From:         IntenseDude
To:           pogue@aol.com

Hello, David! Here are the prices you asked about:

Item                     Features                    Price
----                     --------                    -----
Seinfeld Statuette       Removable hairpiece         $25.00
Baywatch digital watch   Surfboard sweep-second hand $34.50
"60 Minutes" bowtie      Mike Wallace autograph      $65.75
E.R. BandAid Pak™        100 per box                 $ 9.85
```

6. Nur für Besitzer von Laserdruckern: Wählen Sie SEITE EINRICHTEN aus dem Menü ABLAGE. Das Dialogfenster bietet Ihnen nun verschiedene nützliche Optionen – wollen Sie das Papier hoch oder quer bedrucken, wollen Sie Ihr Dokument vergrößert oder verkleinert ausdrucken und mehr ...

5 ➤ Ein kleiner Ausflug zu Druckern, Drucken und Schriften

Das PopUp-Menü PAPIER – ungefähr in der Mitte – bietet dabei eine besondere Funktion. Wenn Sie zum Beispiel die Option DIN A4 größere Druckfläche auswählen und praktisch immer auf DIN A4 drucken wollen, drücken Sie die ⌥-Taste und bestätigen Sie dann mit OK. Der Mac fragt Sie nun, ob Sie diese Papiereinstellung als Standard einrichten wollen. Bestätigen Sie diese Anfrage einfach mit OK. Sie können sich natürlich auch eine der anderen Papieroptionen als Standard einrichten – das ist ganz alleine Ihnen überlassen.

7. Wählen Sie KONTROLLFELDER aus dem -Menü. Doppelklicken Sie auf ERSCHEINUNGSBILD und dann in ZEICHENSÄTZE. Aktivieren Sie die Option »*Zeichensätze glätten*« und Sie sehen, wie die Schriften auf dem Bildschirm schöner dargestellt werden.

Vorher	Nachher
The Staten Island Fairy	**The Staten Island Fairy**
A true story in nine chapters	*A true story in nine chapters*
Once upon a time there was a water sprite named Tia. She lived in New York, near the harbor where	Once upon a time there was a water sprite named Tia. She lived in New York, near the harbor where

8. AppleWorks, Word 98 und einige andere Textverarbeitungsprogramme zeigen Ihnen die Schriftart bereits im Original bei der Auswahl im Menü SCHRIFT:

Das Problem dabei ist, die Schriftart Symbol, bei der jedes Zeichen ein anderes Zeichen oder Bild ist, zu lesen (ähnlich wie bei Zapf Dingbats). Einfach. Halten Sie einfach die ⇧-Taste gedrückt, während Sie die Maus über die Schriften ziehen – alle Schriften werden nicht mehr in Ihrem typischen Schriftbild, sondern einheitlich und leicht lesbar angezeigt.

9. Sie wollen beim nächsten Treffen mit Typo-Spezialisten besonders glänzen? Dann sollten Sie etwas über die Begriffe serif (ausgesprochen SAIR-iff) und sans serif (SANNZ sair-iff) wissen.

Eine Serife ist eine kleine Verlängerung an den Ecken der Buchstaben bei verschiedenen Schriftarten (in der Abbildung sind diese Serifen durch kleine Kreise markiert).

Terrif serifs
Sans-serif

Eine sans serif Schrift hat diese Verlängerungen (Serifen) nicht – wie der Name schon sagt (in der Abbildung gekennzeichnet durch ein Quadrat). Times, Palatino und die Schrift, die Sie gerade lesen, sind Serif Schriften. Helvetica, Geneva und die Überschriften in diesem Buch sind Sans Serif Schriften. Mit diesem Wissen und 1,10 DM können Sie sich jetzt eine Marke für einen Brief kaufen.

10. Dieser Hinweis ist zwar technisch, aber trotzdem wertvoll.

    Beim Drucken positioniert der Mac jedes Wort exakt an die Position, an der es auch in dem Dokument auf Ihrem Bildschirm steht. Jedoch ist die Bildschirmauflösung des Mac geringer als die Auflösung des Druckers – 72 dpi – Punkte per inch – zu 600 bzw. 1400 dpi (gängiger Druckerstandard). So kann die Darstellung auf dem Bildschirm speziell bei fetten Texten anders aussehen als im Druck (siehe Abbildung unten).

Die Lösung: Aktivieren Sie für den Druck die Funktion Fractional Character Widths. Auf dem Bildschirm sieht der Text dann zwar nicht so schön aus, dafür wird der Ausdruck viel eleganter und professioneller, wie der unten abgebildete Vergleich zeigt.

	Fractional Widths OFF	Fractional Widths ON
Auf dem Bildschirm:	**Bullwinkle's Little Secret**	**Bullwinkle's Little Secret**
Im Druck:	**Bullwinkle's Little Secret**	**Bullwinkle's Little Secret**

Und wie finden Sie dieses magische Werkzeug? In AppleWorks ist Fractional Width eine der möglichen Einstellungen im Menü BEARBEITEN. In Word 98 finden Sie es im Menü Werkzeuge unter Einstellungen. Denken Sie aber möglichst daran, diese Funktion auszuschalten, während Sie arbeiten und nur zum Drucken einzuschalten.

Teil II

Internet leicht gemacht

»Er muss ein Macintosh-User sein, ein Armbanduhrsymbol hat sich auf seiner Bindehaut eingebrannt.«

In diesem Teil...

Auch wenn Sie die Begriffe Internet, Informations-Autobahn, Web oder was auch immer, nicht mehr hören bzw. lesen können, wir denken, dass Ihnen dieser Teil sehr nützlich sein kann. Denn im Internet finden Sie auch sehr viele hilfreiche Informationen für das private und geschäftliche Leben, Anregungen und Hilfen, zum Teil kostenlos und zum Teil kostenpflichtig. Die folgenden Kapitel zeigen Ihnen, wie das geht.

So finden Sie Ihren Weg ins Internet

In diesem Kapitel

▶ Das Internet: Was man darunter versteht und wie es funktioniert

▶ Wie Sie sich einwählen

▶ Und wie Sie sich darin zurechtfinden

Wenn Sie bis heute nichts von Internet oder zum Beispiel T-Online oder AOL gehört haben, dann müssen Sie die letzten Jahre ganz tief unten in einem bayerischen Salzbergwerk verbracht haben. Heute können Sie praktisch keinen Schritt mehr tun, ohne dass Ihnen Web-Adressen (www.groschengrab.de) und E-Mail-Adressen begegnen. In Zeitschriften, Zeitungen, auf Plakaten, ja sogar im Fernsehen wird tagtäglich dafür geworben, Firmen und Privatleute präsentieren diese neue Kontaktadresse auf Briefbögen und Visitenkarten. Oder Sie treffen immer öfter Bekannte, denen die nächtlichen Surfreisen durch das World Wide Web deutlich ins Gesicht geschrieben sind.

Online eröffnen sich Ihnen Tausende von Möglichkeiten: Sie können E-Mails an jedermann senden, der auch online ist; Sie können kostengünstig Personal suchen; Sie erhalten kostenlose Informationen aus Magazinen (Focus, Stern und Spiegel) und Zeitungen wie FAZ; Sie haben Zugang zu großen Bibliotheken; Sie können Museen besuchen; Sie können an Diskussionen zu praktisch jedem Thema teilnehmen; Sie haben über so genannte Chatrooms Kontakt zu interessanten Menschen und und und ...

Bevor Sie sich jedoch Hals über Kopf in dieses Abenteuer stürzen, beherzigen Sie bitte diese Warnung: Online zu sein kann sich zu einer Sucht auswirken und ist mit Sicherheit ebenso gefährlich. Während Sie durch das endlose Angebot immer neuer und noch verlockenderer Informationen stromern und an jeder Ecke neue Einsichten gewinnen, besteht die Gefahr, dass Sie gleichzeitig eine Menge Dinge verlieren – Zeit, Schlaf und vielleicht Ihre Familie. Deshalb gehen Sie es ganz ruhig an, suchen Sie nicht wahllos, sondern gezielt nach Informationen zu den Themen, die Sie wirklich interessieren.

Und bedenken Sie bei all dem, dass das Internet keine Erfindung von Apple ist. Es bestand schon lange vor dem Macintosh und wurde in seiner ursprünglichen Form bereits in den 60iger Jahren von Wissenschaftlern eingerichtet, die dies für eine glänzende Idee hielten, um über TCP/IP, FTP, Bits und Bytes zu diskutieren. Im Ergebnis ist es etwas komplizierter, »online zu gehen« als die tagtäglichen Routinearbeiten mit dem Mac zu erledigen.

Mit anderen Worten, wenn Sie nicht ganz begreifen, was hier eigentlich abgeht, ist das nicht unbedingt Ihr Fehler.

Die Geburt eines riesigen Verwirrspiels

Die heutige Form des Internet hat seinen Ursprung in einem riesigen Kommunikations-Netzwerk des amerikanischen Militärs. Die Idee dabei war, ein Netz von miteinander verbundenen Computern über das ganze Land zu legen, um im Ernstfall schnell und sicher Informationen übertragen zu können. Daraus hat sich eine heute weltweite Vernetzung entwickelt.

Deshalb kann es gut sein, dass eine E-Mail-Nachricht, die Sie Ihrem Nachbarn nebenan schicken, auch erst in der ganzen Welt herumgeschickt wird – von Hintertupfingen nach NewYork und zurük über London/Frankfurt –, bevor sie auf dem Bildschirm Ihres Nachbarn landet.

Denn es gibt keine Zentrale für das Internet, das Internet ist überall und nirgends. Niemand kann es kontrollieren, niemand weiß, wie viele Computer angeschlossen sind. Es lässt sich nicht messen und eben nicht kontrollieren, deshalb hat es so einen großen Erfolg gerade bei jungen Menschen.

Mit der Öffnung des Internet durch Die US-Behörden für die Öffentlichkeit wurden immer mehr Angebote und Dienstleistungen kreiert – heute ist praktisch jeder Lebensaspekt darin vertreten. Es gibt eine Unzahl von nützlichen Informationen ebenso wie es eine Unzahl von wirklich Sinnlosem gibt. Mit den folgenden Kapiteln wollen wir Ihnen eine Hilfestellung geben, damit Sie Ihren Weg durch die verwirrende Vielfalt einfacher finden.

Erstens: Das Modem

Ihr Mac verfügt über ein eingebautes Modem, eine kleine Welt elektrischer Schaltkreise, die Ihren Computer mit dem Telefon verbinden. Es handelt sich dabei um ein so genanntes 56K-Modem, das schnellste Modem, das zurzeit auf dem Markt ist.

Wenn Ihr Mac telefoniert, wählt er die entsprechende Nummer um ein Vielfaches schneller, als Sie es könnten, und nutzt die Kapazität der Telefonleitung besonders effektiv. Wenn Ihr Mac das Modem benutzt, kann niemand telefonieren. Deshalb sollten Sie sich zunächst überlegen, wie Sie Ihr Modem anschließen:

✔ **Sie teilen sich eine Leitung mit dem Modem.** Dazu können Sie sich bei dem Radiogeschäft um die Ecke einen Y-Stecker kaufen, das ist ein kleines Plastikteil, das aus einem Telefonanschluss zwei macht – einen für Ihr Telefon und einen für Ihren Mac. Mit dieser Lösung können Sie jedoch nur dann telefonieren, wenn Sie das Modem nicht benutzen – und umgekehrt.

✔ **Sie lassen eine zweite Telefonleitung installieren.** Das ist der Königsweg: Sie geben dem Modem einen eigenen Anschluss.

Dafür sprechen: (1) Ihr Familienanschluss ist nicht blockiert, wenn das Modem die neuesten Fußballergebnisse herunterlädt. (2) Sie können mit Ihrem Freund/Ihrer Freundin sprechen, während Sie gleichzeitig über das Modem einen Liebesbrief versenden. (3) Wenn Sie in einem Büro arbeiten, das mit einer modernen Telefonanlage ausgestattet ist, müssen Sie für das Modem in jedem Fall einen eigenen Anschluss legen lassen.

Dagegen sprechen: (1) Diese Lösung ist teurer. (2) Diese Lösung erfordert einen Anruf bei der Telekom, was so viel Freude bereitet, wie etwa Sand zu essen. (3) Sie gehen das Risiko ein, ein Modemverrückter zu werden.

✔ **Sie benutzen gar keine Telefonleitung.** Wenn Sie das Glück haben, in einer Gegend zu wohnen, wo schon der Internetanschluss über Kabel funktioniert, können Sie ein Kabelmodem (DSL) anschließen. Dieser Service kostet einige Mark pro Monat und erfordert den Besuch eines Technikers für den Anschluss. Aber das Ergebnis ist sensationell. Ihr Mac ist immer online ohne jemals das eingebaute Modem zu benutzen und ohne Ihren Telefonanschluss zu blockieren. Und Ihr Mac hat eine Verbindung zum Internet, die ein Vielfaches schneller ist als die Verbindung mit dem schnellsten erhältlichen Telefonmodem.

Wie auch immer Sie sich jetzt entscheiden, die DSL-Verbindungen werden auf jeden Fall wohl die Zukunft bestimmen.

Für den Rest dieses Kapitels gehen wir einfach einmal davon aus, dass Sie Ihre Online-Verbindung so herstellen, wie es auch der größte Rest der Welt tut: Sie schaffen eine Verbindung über das Telefon. Dazu stecken Sie einfach das Telefonkabel in den Modemanschluss des Mac. (Der Modemanschluss ist der Anschluss auf der rechten Seite des Computers, der mit einem kleinen Telefon markiert ist.) Das andere Ende stecken Sie in die Telefondose in der Wand. (Wenn Sie Ihren Mac mit der AirPort Karte ausgestattet haben, ist die Vorgehensweise etwas unterschiedlich – lesen Sie dazu Kapitel 14.)

America Online (AOL) oder direkt ins Internet?

Wenn Sie die große weite Welt des Cyberspace betreten wollen, so können Sie das grundsätzlich durch zwei Türen tun. Entweder Sie werden Mitglied bei America Online (AOL) oder Sie entscheiden sich für einen eigenen Internetzugang bei einem Internet Service Provider, wie z.B. Nacamar.

Wir finden den Begriff Internet Service Provider – kurz ISP – etwas übertrieben, etwa so, als wenn man einen Schriftsteller als »*Literatur Service Provider*« bezeichnen würde. Unglücklicherweise können Sie heute kein Computermagazin mehr aufschlagen oder sich mit Computerfreaks unterhalten, ohne über kurz oder lang beim Thema Internet Service Provider zu landen. (»Mein ISP verlangt nur 39,– DM im Monat.« »Oh wirklich, dann sollte ich doch einmal darüber nachdenken, meinen ISP zu wechseln.«) Mit Ihrer Erlaubnis bezeichnen wir daher im Folgenden die Unternehmen, die Ihnen Zeit im Internet vermieten, als ISP's.

In diesem Kapitel zeigen wir Ihnen die beiden Wege »*online*« zu gehen. Jeder Weg hat entscheidende Vor- und Nachteile, die Sie in der folgenden Tabelle finden. Am besten, Sie fotokopieren diese Liste, verteilen sie dann an Ihre Familienmitglieder und diskutieren Sie bei einem guten Essen.

America Online AOL	Internet Service Provider (ISP)
keine monatliche Grundgebühr	keine monatliche Grundgebühr
unbeschränkter Zugang	unbeschränkter Zugang
häufig überlastete Leitungen	praktisch nie überlastete Leitungen
trennt die Verbindung sehr schnell, wenn Sie nicht aktiv sind	trennt die Verbindung nie
um Hilfe und Unterstützung zu bekommen, braucht man sehr viel Geduld	für Hilfe und Unterstützung praktisch immer erreichbar
mit einem Programm auf Ihrer Festplatte können Sie alles erledigen: E-Mail, Websurfen, Chatrooms und so weiter	Sie benötigen verschiedene Programme für E-Mail und zum Websurfen
generell sicher für Kinder, z.B. keine Pornographie auf den AOL-Seiten	man sollte sich zunächst informieren, bevor man Kinder unbeaufsichtigt lässt
sehr einfach, manchmal frustrierend; die wahren Kenner verachten Menschen mit AOL-Zugang	komplexer und weniger limitiert – die anderen beneiden Sie um den richtigen Internetzugang

America Online (AOL) ist wie der Name schon sagt ein Online Service. Die Angebote sind normiert und für Sie selektiert. Was etwas im Widerspruch zum lebendigen Internet steht, wo sich ständig alles ändert und erneuert und wo es eigentlich keine Grenzen gibt.

Wenn Sie zu AOL kommen, ist das ungefähr so, als würden Sie in ein Lebensmittelgeschäft gehen, wo jedes einzelne Produkt sauber und ordentlich verpackt und beschriftet ist. Wenn Sie dagegen ins Internet gehen, so ähnelt das mehr dem Besuch eines Wochenmarktes, wo alles durcheinanderwuselt, die verschiedensten Dinge unmittelbar nebeneinander angeboten werden und Sie nur das verpackt bekommen, was Sie auch tatsächlich wollen. Aber dort sind Sie auf sich alleine gestellt und Sie müssen Ihre Auswahl ganz alleine treffen und vor allem: finden.

Andererseits erhalten Sie von AOL auch den Zugang zum wirklichen Internet. Sehen Sie es einmal so: Der schön aufgeräumte »AOL-Laden« hat eine offene Hintertür zum Wochenmarkt.

America Online (AOL), der Cyber-Lebensmittelladen

Ihr Mac kommt bereits mit einem fertig installierten America Online (AOL) Ordner auf der Festplatte zu Ihnen (im Ordner Internet). In diesem Ordner ist das America Online-Programm, auf dessen Symbol Sie einfach doppelklicken, um es zu öffnen.

Wenn Sie zum ersten Mal auf das Symbol doppelklicken, werden Sie durch eine ganze Reihe von Einrichtungsschritten geleitet.

- ✔ Sie werden nach Ihrem Namen, Ihrer Adresse und Ihrer Kreditkartennummer gefragt. Bitte beachten Sie, dass Sie 100 Online-Freistunden erhalten. Wenn Sie innerhalb von 5 Monaten wieder kündigen, war die ganze Veranstaltung für Sie kostenfrei.
- ✔ Sie wählen eine lokale Zugangsnummer aus einer Liste. Damit können Sie zum Ortstarif in die ganze Welt wählen.
- ✔ Sie geben einen Internetnamen und ein Passwort ein.

Der Intenetname kann 10 Buchstaben lang sein, Sie können jedoch keine Leerzeichen oder Punkte verwenden. Sie können auch eine Variation Ihres Namens benutzen (DrDummie, PeterPan, ElkeTran) oder einen Phantasienamen, der Ihnen besonders gut gefällt (Patachon, MusikMann, Hyperlocke). Damit Sie es richtig verstehen: America Online hat über 17 Millionen Mitglieder, von denen jedes (einschließlich Ihnen) bis zu fünf verschiedene Namen haben kann – für jedes Familienmitglied einen. Da können Sie sich sicher vorstellen, dass so schöne Namen wie Helena, Ottokar oder Ottfriede schon vor langer langer Zeit belegt wurden.

Wenn Sie trotz kreativer Hochleistung trotzdem noch einen Namen gewählt haben, der bereits belegt ist, fordert das Programm Sie so lange zur Neueingabe auf, bis es passt.

Wenn Sie diese Einrichtungsschritte hinter sich haben, kommt auch Ihr Modem in Gang und Sie sehen endlich das AOL-Logo auf Ihrem Bildschirm mit der erfreulichen Meldung »Passwort prüfen«. Wenn das auch noch geklappt hat, sehen Sie die Startseite von AOL.

Übrigens werden Sie bei AOL begrüßt, als seien Sie der- bzw. diejenige, auf die man schon den ganzen Tag gewartet hätte. Und wenn Sie eine E-Mail erhalten haben, macht man Sie darauf aufmerksam (um die E-Mail anzusehen, brauchen Sie nur noch auf das entsprechende Symbol zu klicken).

Suchen mit Symbolen

AOL – und das werden Sie sicher schnell entdecken – ist eine Sammlung Hunderter verschiedener Bildschirmansichten, die jede für sich einen anderen Service des Unternehmens präsentiert. Jeden Tag erscheint die Eingangsseite mit einem anderen Inhalt – Sie wählen nur noch das entsprechende Symbol aus, klicken – und schon wird Ihnen die gewünschte Informationsseite präsentiert.

Das Inhaltsverzeichnis erhalten Sie nach einem Klick auf das Symbol AOL Channels. Jeder Punkt des Inhaltsverzeichnisses bringt Sie dann auf die entsprechende Informationsseite, wie zum Beispiel:

✔ News
✔ Shopping
✔ Leute

Suchen mit Suchbegriffen

Jetzt haben Sie genug herumgeklickt, mit den verschiedenen Symbolen Seite um Seite geöffnet und alles oder einen großen Teil davon gesehen, was Ihnen America Online (AOL) zu bieten hat. In der Zwischenzeit ist Ihre Telefonrechnung gehörig angewachsen und Sie haben den typischen »Maus-Arm« entwickelt.

Sehr viel schneller kommen Sie zu den Seiten, die Sie wirklich interessieren, über einen Suchbegriff. Ein Suchbegriff arbeitet wie ein Aufzug, der Sie schnell und ohne Umwege direkt zum Ziel bringt – ohne zeit- und nervenraubende Zwischenstopps. Geben Sie Ihren Suchbegriff einfach in das Feld oben auf der Seite ein (dort, wo »Suchbegriff/Webadresse eingeben« steht). Wenn Sie dann die Return-Taste drücken, wird Ihnen die Seite mit den gewünschten Informationen direkt präsentiert.

Hier sind einige der AOL-typischen Informationsseiten, die Sie über die verschiedenen Suchbegriffe schnell aufrufen können. Am besten bewaffnen Sie sich mit diesen Suchbegriffen, um den Angriff auf Ihre Freistunden erfolgreich abzuwehren.

Zugang: eine Liste der lokalen Einwahlnummern von AOL

Suchbegriff	Und wo Sie dann landen …
Online-Banking	Hier können Sie Ihre Bankgeschäfte abwickeln
Anfänger	Eine Sammlung nützlicher Tipps für Internet-Einsteiger
Lexikon	Hier können Sie in verschiedenen Lexika blättern
Hilfe	Eine Online-Unterstützung, damit Sie sich bei AOL besser zurechtfinden
Macgame	Informationen zu Mac Spielen
Star Trek	Star Trek

 Jetzt fragen Sie sich natürlich ganz zu Recht, wie der Suchbegriff für die Information ist, die Sie tatsächlich suchen. Ganz einfach – geben Sie als Suchbegriff einfach »Suchbegriffe« ein. Dann erhalten Sie einen ganzen Bildschirm mit Suchbegriffen. Da können Sie dann auswählen.

Wie Sie Ihren Weg zu den guten Hilfen wiederfinden

Bei den vielen hundert Seiten von AOL und den Millionen Seiten im Internet, die es alle wert sind, öfter besucht zu werden – wäre es da nicht nett, wenn Sie sich jetzt einige davon merken könnten? Stellen Sie sich doch einmal vor, Sie haben durch Zufall die wirklich aufregende Seite der Cockerspaniel-Züchter entdeckt – aber wie sollen Sie beim nächsten Mal die von Ihnen zufällig geklickte Reihenfolge der Buttons auf dem Weg dorthin wiederholen können?

Da gibt es eine einfache Lösung: Wenn Sie eine Webseite sehen, die Sie gerne wieder einmal besuchen möchten, dann speichern Sie diese einfach im Ordner FAVORITEN. Wenn Sie dann die Seite wieder besuchen möchten, brauchen Sie nur diese Adresse anzuklicken – und schon sind Sie da.

Übrigens: Um eine Seite aus Ihrer Favoritenliste zu löschen, wählen Sie einfach den ersten Befehl aus dem PopUp-Menü (Favorite places). Im folgenden Fenster klicken Sie dann einmal auf den Namen der Seite und wählen LÖSCHEN aus dem Menü BEARBEITEN.

Die E-Mail Verbindung

Eines der besten Dinge, das Ihnen AOL bietet, ist die Möglichkeit, E-Mails zu versenden – und natürlich auch E-Mails zu erhalten.

Wenn Ihnen jemand eine E-Mail gesendet hat – was Ihnen AOL mitteilt – brauchen Sie nur auf den SIE HABEN EINE E-MAIL ERHALTEN Button zu klicken, um sie zu lesen.

Wenn Sie die Nachricht gelesen haben, gibt es mehrere Möglichkeiten: Sie können (a) darauf antworten (indem Sie einfach auf den Button ANTWORTEN klicken); Sie können sie (b) an einen anderen Empfänger weiterleiten (indem Sie auf den WEITERLEITEN-Button klicken); Sie können sie (c) auf Ihrer Festplatte speichern (indem Sie SPEICHERN aus dem Menü DATEI wählen); Sie können sie (c) ausdrucken (DRUCKEN aus dem Menü DATEI); oder Sie können (e) das Fenster einfach schließen, ohne irgendetwas davon zu tun. Wenn Sie das tun, bleibt die Nachricht eine Woche lang in Ihrem guten alten Mailordner und verschwindet dann sang- und klanglos für immer.

Wenn Sie eine Nachricht an jemanden senden wollen, klicken Sie einfach auf SCHREIBEN in der Werkzeugleiste. Geben Sie die E-Mail Adresse des glücklichen Empfängers ein, einen Betreff und natürlich Ihre Nachricht in den betreffenden Feldern. (Mit der Tabulatortaste gelangen Sie dabei mühelos von einem Feld in das nächste.) Wenn Sie die Nachricht beendet haben, klicken Sie einfach auf den Button SENDEN.

 Wenn Sie den Webnamen eines Empfängers wissen wollen – geben Sie einfach den Suchbegriff Mitglieder ein.

Das sollten Sie wissen, bevor Sie sich auf eine Online-Party begeben

Wenn Sie das erste Mal einen Chatroom betreten, werden Sie etwas irritiert sein durch die Sprache, die dort herrscht. Alle paar Minuten scheint es so, als würde jemand etwas eingeben, das aussieht wie {{{{{{{{Jennifer!!!}}}}}}}} oder ****BabyBones!****.

Allerdings sind keinesfalls die Tastaturen dieser »Chatter« defekt – die Klammern sollen nur ausdrücken, dass die darin eingeschlossene Person umarmt wird, die Sternchen stehen für Küsse. So begrüßt man sich eben online im Chatroom.

Die Online-Party Verbindung

Eine der Dienstleistungen von AOL, bei der sich die Geister scheiden, sind die so genannten Chatrooms. In einem Chatroom treffen Sie gleichzeitig bis zu 23 Personen, die miteinander sprechen – indem Sie die Worte natürlich über die Tastatur eingeben. Da alle gleichzeitig »reden«, können die Diskussionen manchmal etwas konfus werden.

Trotzdem haben die Chatrooms einen außerordentlichen sozialen Charakter: Zum ersten Mal können Sie sich so geben, wie Sie sich wirklich sehen – als die Schönste im Ballhaus, als den charmantesten, nettesten und bestaussehendsten Menschen weltweit – und dazu brauchen Sie sich nicht einmal die Haare zu kämmen.

Um in einen Chatroom zu gelangen, wählen Sie einfach CHATROOM aus dem Menü LEUTE in der Werkzeugleiste. Klicken Sie dann auf CHAT FINDEN und Sie entdecken zu den verschiedensten Themen Dutzende von gleichzeitig stattfindenden Online-Parties.

Hinter dem Rücken der anderen miteinander sprechen

Besonders interessant ist das Leben im Chatroom, wenn Sie heimlich einem einzigen Teilnehmer etwas ins Ohr flüstern – und keiner der anderen bekommt davon etwas mit. Diese Art der »Hinter-dem-Rücken-der-anderen« Unterhaltung wird Instant Nachricht genannt. Um eine solche Nachricht zu senden, wählen Sie einfach Instant Message aus dem Menü MITGLIEDER (oder drücken Sie die Tastenkombination ⌘+I). Dann erhalten Sie das folgende Dialogfenster:

Nach dem Sie Ihre »*geflüsterte*« Nachricht eingegeben und SENDEN geklickt haben, verschwindet das Dialogfenster von Ihrem Bildschirm und erscheint auf dem Bildschirm des Empfängers. Diese Person kann Ihnen dann auch wieder etwas zuflüstern.

Vielleicht hat inzwischen ja einer der Teilnehmer am Chatroom eine geflüsterte Nachricht für Sie.

Wenn Sie versuchen, sich im Hauptfenster zu präsentieren und bei den geflüsterten Nachrichten mitzumischen, erreicht die Komik Ihren Höhepunkt. Nichts schult die Fertigkeiten auf der Tastatur besser als die Teilnahme an AOL Chatrooms.

Sie können übrigens Instant Messages auch mit Menschen austauschen, die keine Mitglieder bei AOL sind – eben mit jenen Glücklichen, die über einen eigenen Zugang zum Internet (ISP) verfügen. Diese müssen dann allerdings erst ein entsprechendes Programm downloaden. Mehr darüber erfahren Sie unter dem Suchbegriff »Ziel«.

Wie Sie kostenlose Software finden – und bekommen

Für die meisten ist das Beste an AOL die kostenlose Software – vielleicht das einzig Gute. Benutzen Sie einfach den Suchbegriff »Dateisuche«, klicken Sie dann SHAREWARE und geben Sie im Feld »Find What?« den Namen oder die Art der Datei ein, die Sie suchen. Klicken Sie dann auf SUCHEN.

Innerhalb kürzester Zeit erhalten Sie eine Liste aller Dateien in der AOL-Datenbank, die auf Ihren Suchbegriff zutreffen. Bitte denken Sie daran, dass in der AOL-Datenbank mehr als 500.000 Dateien gespeichert sind, wählen Sie daher Ihre Suchbegriffe mit Sorgfalt.

Wenn Sie denken, dass sich eine Datei gut anhört, können Sie sich eine Beschreibung per Doppelklick anzeigen lassen. Sollte sich das dann immer noch gut anhören, klicken Sie einfach auf DOWNLOAD. Der Mac fragt Sie, wo Sie die Datei ablegen möchten. Wenn Sie auf den Schreibtisch-Knopf klicken, bevor Sie SPEICHERN klicken, umgehen Sie die Krisensituation »Wo ist mein Download hin?«, die mindestens jeder sechste Anfänger immer wieder durchlebt. Wenn Sie dann AOL beenden, wartet die Datei ganz gemütlich auf dem Schreibtisch Ihrers Mac auf das, was Sie weiter mit ihr vorhaben.

Nachdem Sie auf DOWNLOAD geklickt haben, übernimmt Ihr Modem die Datenübertragung auf Ihre Festplatte. (Lesen Sie dazu bitte den Abschnitt »Downloads, die sich nicht öffnen lassen«.)

Einen direkten Internet-Zugang (ISP) anmelden

Sollten Sie sich jetzt doch für einen direkten Internet-Zugang statt des AOL-Weges entschieden haben, senden Sie zunächst einmal ein Dankschreiben an Apple, denn das ist genau so einfach wie die Anmeldung bei AOL. Wenn Sie einen modernen Mac mit DVD-Laufwerk besitzen, haben Sie diesen Zugang vielleicht sogar schon eingerichtet, als Sie den Computer das erste Mal eingeschaltet haben (wie in Kapitel 1 bereits beschrieben).

Wenn nicht, öffnen Sie das Programm INTERNET ASSISTENT im Ordner INTERNET auf Ihrer Festplatte. Der Internet Assistent fragt Sie dann, ob Sie jetzt einen Zugang zum Internet konfigurieren möchten: Ja, Sie wollen. Und dann werden Sie noch gefragt, ob Sie bereits einen Zugang besitzen: Nein.

Danach wählen Sie nur noch das Land und den jeweiligen Anbieter aus den PopUp-Menüs und geben dann Ihre persönlichen Daten (Name, Adresse etc.) für den Anbieter und Ihren Internetnamen ein.

Wenn alles korrekt abgewickelt wurde, sind Sie ein offizieller Teilnehmer des Internet. Ab jetzt haben Sie zum Beispiel eine E-Mail-Adresse mit einem @-Zeichen auf Ihren Visitenkarten. Und Sie können ab jetzt auf jeder Party Ihren Senf dazu geben. Und Sie können sich in den weiten Himmel der Cyberwelt fern ab von Familie, Job und Alltag absetzen.

Was passiert im Internet?

Auf den folgenden Seiten lesen Sie, was Sie alles im Internet tun können. Die nützlichsten Dinge dabei heißen E-Mail, Newsgroups und World Wide Web. Wie Sie sich sicher erinnern, können Sie alle diese Dinge nutzen, egal ob Sie einen Zugang über AOL oder über einen Internet Service Provider (ISP) besitzen.

E-Mail

Wenn Sie einen Zugang über AOL haben, lesen Sie bitte den Abschnitt »Die E-Mail-Verbindung« etwas weiter vorne. Wenn Sie einen direkten Zugang besitzen, lesen Sie bitte Kapitel 8. Wie auch immer, E-Mail wird Ihre Zukunft ebenso beeinflussen wie andere führende Technologien, etwas Kabelfernsehen oder Popcorn aus der Mikrowelle.

Newsgroups

Ein weiterer Nutzen sind die Newsgroups. Aber keine Bange, das hat nichts mit Nachrichten zu tun und das sind auch keine Gruppen. Das ist einfach Ihr persönliches Internet.

Newsgroups sind elektronische Pinboards – Sie veröffentlichen darin eine Nachricht, die jeder im Internet lesen und auch öffentlich darauf antworten kann. Dann antwortet wieder jemand auf die Antwort und so weiter und so weiter ...

 Nebenbei bemerkt: Viele Nachrichten sind im Internet sehr offenherzig – ungefähr so, als wenn man bei einem Glas Wein gemütlich zusammen vor dem Kamin sitzt. Dafür gibt es zwei Gründe: Erstens sind hier alle vollkommen anonym – keiner kann den anderen sehen, so dass es eigentlich vollkommen egal ist, wie jemand in Wirklichkeit ist. Und zweitens erscheinen auf diese Weise täglich Millionen von persönlichen Nachrichten und viele davon versprechen sich mehr Aufmerksamkeit durch höchste Dramatik.

Das >-Zeichen bedeutet, dass dieser Teil der Nachricht aus einer früheren Mail zitiert wurde, sodass jeder weiß, worauf sich der Absender bezieht.

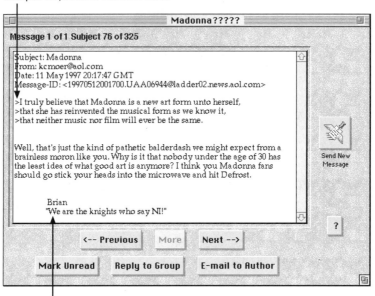

Für gewisse Leute im Internet ist es typisch, dass sie ihre Namen mit besonders anspruchsvollen Zitaten versehen. Fragen Sie mich nicht warum; mich persönlich nervt sowas eher.

Es gibt zur Zeit über 29.000 verschiedene Newsgroups zu praktisch jedem denkbaren Thema – Chemiker, die gerne Fußball spielen, linkshändige Geiger, Asterix-Fans auf Feuerland und so weiter ... Wie Sie diese Newsgroups erreichen, lesen Sie hier:

✔ **Nutzen Sie bei AOL den Suchbegriff Newsgroups.** Wenn Sie dann MEINE NEWSGROUPS LESEN klicken, sehen Sie eine Themenliste. Doppelklicken Sie einfach auf die Themen, die Sie interessieren, um die aktuellsten Mitteilungen zu lesen. (Um Newsgroups Themen hinzuzufügen, klicken Sie auf ALLE NEWSGROUPS SUCHEN.)

Nachdem Sie eine Nachricht gelesen haben, können Sie darauf antworten (klicken Sie auf den Button NEUE NACHRICHT SENDEN) oder weiterlesen (klicken Sie auf den Button NÄCHSTE>>).

✔ **Bei Zugang über einen ISP**: Verwenden Sie dafür das E-Mail-Programm Outlook Express, das mit Ihrem Mac geliefert wurde. (Das ist das Programm, mit dem Sie Ihre E-Mail lesen, wie in Kapitel 8 beschrieben.)

Wenn Sie mit Outlook Express online sind, klicken Sie auf das Symbol Microsoft News Server auf Ihrem Bildschirm. Dann erhalten Sie zum Beispiel alle Newsgroups, die sich mich Windows-Software beschäftigen. Mit dem Lesen könnten Sie Tage zubringen – das ist aber für den Besitzer eines Mac eher weniger interessant. Versuchen Sie daher lieber dies:

 Wählen Sie PRÄFERENZEN aus dem Menü BEARBEITEN, klicken Sie auf das Symbol NEWS SERVER und geben Sie Newsgroups Liste ein. Beim ersten Mal werden Sie dann aufgefordert, den Newsserver einzugeben, den Sie von Ihrem ISP erhalten haben. Dann wird die komplette Liste der vorhandenen Newsgroups geladen, was einige Minuten dauern kann.

Wenn Ihnen jetzt danach ist, können Sie jederzeit viele Millionen Nachrichten aus aller Welt über alle Themen der Welt lesen. Links im Fenster Outlook Express wurde nämlich ein neuer Begriff erzeugt: News. Wenn Sie darauf klicken, erhalten Sie die komplette Liste (ca. 29.000). Doppelklicken Sie einfach auf den Namen der Nachricht, die Sie interessiert. (Wenn Sie darauf antworten wollen – Button ANTWORTEN.)

Es ist uns klar, dass dieser Vorgang ungefähr 500 Arbeitsschritte benötigt – aber wir haben auch nie behauptet, Internet sei einfach.

Das World Wide Web

Einmal abgesehen von E-Mails ist das Tollste am Internet das World Wide Web. Deshalb haben wir dafür auch das komplette nächste Kapitel reserviert. Für jetzt nur so viel:

✔ **Mit America Online:** Ihre AOL-Software enthält einen Webbrowser. In einigen Fällen kommen Sie durch einfaches Klicken auf irgendeinen Button innerhalb dieses Browsers weiter. Wenn Sie mehr sehen wollen, geben Sie einfach die Webadresse in das Eingabefeld im Kopf des Browserfensters ein – dort wo bereits die Buchstaben `http:` stehen.

✔ **Mit einem ISP-Zugang:** Hier haben Sie die freie Auswahl zwischen zwei Webbrowsern – Netscape Navigator und Microsoft Internet Explorer –, die beide im folgenden Kapitel beschrieben werden.

Die Verbindung wieder trennen

Wenn Sie Ihre AOL-Verbindung trennen wollen, ist das keine große Sache – wählen Sie einfach BEENDEN aus dem Menü DATEI. Und schon ist Ihr Telefonanschluss wieder frei für die übrigen Familienmitglieder.

Wenn Sie einen direkten Internetzugang (ISP) besitzen, ist das etwas trickreicher. Lassen Sie uns dafür einen Vergleich bemühen: Stellen Sie sich vor, Sie telefonieren zum Beispiel an Neujahr mit Onkel oder Tante, um Grüße auszutauschen. Sie haben angerufen und reichen dann den Telefonhörer reihum an die verschiedenen Mitglieder Ihrer Familie weiter: »Und hier ist der kleine Robert. Robert – sag was zu Onkel Paul …!«

Das Internet als gigantisches Backup-System nutzen

Wie wir bereits in Kapitel 4 beschrieben haben, bedeutet Backup nicht mehr und nicht weniger als eine Sicherheitskopie Ihrer Arbeiten. Manche Mac-Fans kaufen dafür Plattenlaufwerke – siehe Kapitel 19. Andere senden die zu sichernden Dateien als Anhang mit E-Mails an sich selbst (siehe Kapitel 8). Aber einer der preiswertesten und praktischsten Wege, um Ihre Daten zu sichern, ist der Service im Internet, wie er zum Beispiel unter `Freeback.com` oder `MyDocsOnline.com` angeboten wird. Diese speziellen Webseiten sind leicht zu nutzen und kosten keinen Pfennig.

Und so arbeitet dieser kostenlose Service. Öffnen Sie Ihren Webbrowser (siehe nächstes Kapitel) und gehen Sie auf die entsprechende Webseite (`http://www.freeback.com` oder `www.mydocsonline.com`. Wenn Sie auf den Button REGISTER klicken, müssen Sie einen Namen, ein Passwort und Ihre E-Mail-Adresse eingeben. (Freeback will außerdem noch eine Menge anderer Informationen von Ihnen und bietet Ihnen 10 Mbyte freien Speicherplatz. Das einfacher zu nutzende MyDocsOnline bietet Ihnen doppelt so viel Speicherplatz für weniger persönliche Informationen.) Wenn Sie jetzt Ihre Daten sichern wollen, brauchen Sie nur noch den Button Upload File auf der jeweiligen Webseite anzuklicken. Klicken Sie dann den Button Browse und Sie sehen den Inhalt Ihrer Festplatte als Liste. Jetzt müssen Sie nur noch auf die Dateien doppelklicken, die Sie speichern wollen. Das System meldet Ihnen, wenn eine Datei vollständig übertragen wurde und Sie können dann die nächste Datei übertragen – solange bis Sie alle wichtigen Dateien auf Ihrer eigenen privaten Internet Backup-Seite gespeichert haben. Eine Liste zeigt Ihnen Ihre gesammelten Backups, die Sie dann mit verschiedenen Befehlen wieder zurückholen oder verschwinden lassen können.

Die 20 Mbyte freier Speicherplatz, die Ihnen MyDocsOnline anbieten, sind sehr viel, wenn Sie hauptsächlich nur schreiben, Tabellenkalkulationen erstellen oder vorwiegend mit AppleWorks arbeiten. Wenn Sie jedoch Fotos einscannen, sind 20 Mbyte nicht mehr so sonderlich viel. In diesem Falle können Sie gegen Bezahlung zusätzlichen Speicherplatz mieten, zum Beispiel auf einer Webseite wie `BackJack.com` oder `MacBackup.com`. Diese digitalen Lagerhäuser im Internet sind nicht besonders preiswert, bieten Ihnen jedoch zwei Vorteile: Erstens können Sie die Programme so einstellen, dass sie von bestimmten Ordnern auf Ihrer Festplatte zu festgelegten Zeiten automatisch Backups erstellen. Und zweitens gibt es keine Begrenzungen – Sie zahlen nicht mehr, wenn Sie mehr speichern.

Ob Sie nun ein kostenloses Internet Backup-System nutzen oder für den Service bezahlen, eins ist mal sicher: Sie können nachts ruhiger schlafen, weil Sie Ihre wichtigen Daten sicher aufgehoben wissen. Auch wenn Ihr Büro abbrennt, einer Sturmflut zum Opfer fällt oder von Einbrechern ausgeräumt wird – Ihre gesicherten Daten kann Ihnen nichts und niemand nehmen.

Im Internet funktioniert das auf ähnliche Weise. Ihr Mac baut den Anruf auf. Aber weiter tut Ihr Mac nichts, so lange Sie nicht eines der beiden oben erwähnten Programme öffnen – entweder das E-Mail-Programm oder den Webbrowser. Jedes dieser Internetprogramme ist eines Ihrer Familienmitglieder, das dann mit Onkel Paul für einige Minuten spricht.

 Der Punkt ist folgender: Wenn Sie Ihr E-Mail-Programm oder Ihren Webbrowser beenden, bleibt die Telefonverbindung weiter erhalten. Gerade so, als wenn der kleine Robert, nachdem er doch Hallo zu Onkel Robert gesagt hat, den Hörer auf die Couch, den Esstisch oder sonstwo hin, nur nicht zurück auf den Apparat legt, und dann nach draußen spielen geht.

✔ Wählen Sie daher zum Trennen der Verbindung das Kontrollfeld REMOTE ACCESS aus dem -Menü und dann TRENNEN.

✔ Oder wählen Sie VERBINDUNG TRENNEN über das Remote Access Symbol in Ihrer Kontrolleiste.

✔ Sie können auch einfach abwarten. Wenn Sie 15 Minuten lang nichts tun – oder welche Zeitspanne Sie auch immer im Remote Access Kontrollfeld eingegeben haben – trennt der Mac die Verbindung automatisch.

Downloads, die sich nicht öffnen lassen

Ob von AOL oder aus dem Internet – es ist ganz einfach, Software herunterzuladen (download). Sie können etwas von einer Webseite herunterladen (sehen Sie dazu auch das nächste Kapitel). Oder es sendet Ihnen jemand ein neues Familienbild als Anhang zu einer E-Mail. Unglücklicherweise ist jedoch die erste Reaktion von jedem, der seinen ersten Download durchgeführt hat und nun die neue Datei auf seinem Computer sieht: »Was …?«

Hinzu kommt, dass die meisten das gar nicht mehr finden, was sie gerade heruntergeladen haben. Hinweis: Downloads werden in einem speziellen Ordner gespeichert, von dem Sie wissen müssen, wo er sich befinden. Sie finden diesen Ordner so:

✔ **America Online:** Öffnen Sie den Internet Ordner auf der Festplatte, dann den Ordner America Online und dann den Ordner Downloads. Hier befinden sich die heruntergeladenen Dateien.

✔ **Attachements zu E-Mails:** Doppelklicken Sie in dieser Reihenfolge auf das Symbol Ihrer Festplatte, den Ordner Internet, den Ordner Internet Anwendungen, Outlook Express und schließlich den Ordner Temp. Hier sind die heruntergeladenen Dateien. (In Kapitel 8 finden Sie mehr Informationen über Outlook Express, E-Mail und Attachements.)

 Weiterer Hinweis: Wenn Sie etwas aus dem Web herunterladen, können Sie sich all diesen Umstand sparen, wenn Sie im Dialogfenster SPEICHERN zunächst auf den den Button Schreibtisch klicken, bevor Sie die Datei auf Ihrer Festplatte speichern. Dann wartet die frisch heruntergeladene Datei auf Ihrem Schreibtisch auf Sie, wenn Sie wieder offline sind.

Hinzu kommt, dass das erste, was die meisten lesen, wenn Sie eine heruntergeladene Datei öffnen wollen, die Bemerkung »Die Datei kann nicht geöffnet werden« ist.

Das hat seinen Grund darin, dass die Dateien komprimiert versendet werden: Während Sie darauf warten, dass die Abbildung des Eifelturmes auf Ihrem Mac eintrifft, blockieren Sie Ihre Telefonleitung. Deshalb kommen alle Dateien aus dem Internet und von AOL in komprimierter Form, um die Übertragungszeit zu reduzieren.

Die Sache hat nur einen Nachteil: In komprimierter Form nutzen Ihnen die Dateien nichts. Wie können Sie diese Dateien also wieder in ihren ursprünglichen Zustand versetzen?

 Jede Datei mit dem Suffix (Endung) *.sit* wurde mit einem Programm names *StuffIt* komprimiert. Die AOL Software dekomprimiert diese Dateien automatisch für Sie.

Aber was ist, wenn Sie (a) die Dateien direkt aus dem Internet und nicht über AOL holen oder (b) oder die Endungsbuchstaben nicht .sit sind?

StuffIt Expander: Kostenlos und ganz einfach

Die Lösung all dieser Probleme ist die die Antwort der Download-Spezialisten: StuffIt Expander. Dieses Programm ist bereits auf Ihrem Mac installiert. (Öffnen Sie nacheinander diese Symbole: FESTPLATTE|INTERNET|HILFSPROGRAMME|ALADDIN|STUFFIT. Und da ist der StuffIt Expander. Wenn Sie den StuffIt Expander an einen etwas leichter zugänglichen Ort legen wollen, ziehen Sie das Symbol einfach auf Ihren Schreibtisch.)

Dieses kleine Programm entpackt für Sie jede gepackte Internet-Datei von .sit bis .cpt und .hqx und natürlich auch .gz, .z, .ARC, .ZIP sowie .uu Dateien.

Wenn Sie das Programm auf Ihren Schreibtisch gelegt haben, können Sie die gepackten Dateien, die Sie aus dem Cyberspace »ge-downloaded« haben, ganz einfach entpacken.

6 ➤ So finden Sie Ihren Weg ins Internet

1. Ziehen Sie das Symbol Ihres Download einfach auf das Symbol von StuffIt Expander.

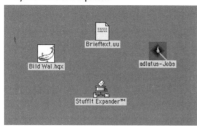

2. Ihr hilfreicher Geist bringt das Ganze dann in eine lesbare Form.

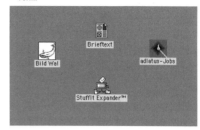

Downloads, die sich nicht öffnen lassen

Bill Gates – vielleicht haben Sie schon von ihm gehört – ist der reichste Mann aller Zeiten. Er hat diesen Erfolg mit der Windows-Software erzielt, die heute auf nahezu allen Bürocomputern der Welt installiert ist.

Glücklicherweise haben Sie etwas, das besser funktioniert: den Mac. Unglücklicherweise werden Sie aber irgendwann feststellen, dass es im Internet Dateien ausschließlich für Windows-Nutzer gibt – und Dateien, die sowohl von Macintosh als auch von Windows genutzt werden können. In beiden Fälle könnten Sie etwas verwirrt sein.

Das Erkennungsmerkmal ist Anhängsel (Suffix) von drei Buchstaben nach dem Punkt am Ende des Dateinamens. Wie bereits oben kurz erwähnt, zeigen die Suffix .sit, .hqx, zip, .uu und einige andere an, dass diese Datei gepackt ist und mit StuffIt Expander entpackt werden kann. Manchmal jedoch haben die Dateien auch nach dem Entpacken noch ein Suffix, von denen wir die gängigsten in der nachfolgenden Tabelle aufgeführt haben:

Suffix	Wie Sie es öffnen können
.exe	Eine Ausführungs-Datei – mit anderen Worten, ein Windows-Programm. Ihr Mac kann nicht mit Windows-Programmen arbeiten, ebenso wenig wie Windows-Computer mit Macintosh-Programmen. Aber es ist nicht alles verloren: Wenn Sie ein Programm wie SoftWindows oder VirtualPC kaufen und installieren, kann Ihr Mac auch mit Windows-Programmen arbeiten.
.jpg/.gif	Damit haben Sie ein Bild geladen! Wenn Sie auf das Symbol doppelklicken, zeigt Ihnen der Mac dieses Fenster:

	Jetzt müssen Sie dem Mac sagen, mit welchem Programm dieses Bild geöffnet werden soll. Um ein Bild anzusehen, sollten Sie PageViewer aus der Liste wählen. Falls Sie das Bild aber noch bearbeiten wollen, benötigen Sie ein Bildbearbeitungsprogramm, wie zum Beispiel PhotoShop oder PhotoDeluxe. Sollte eines dieser Programme in der Liste aufgeführt sein, also auf Ihrem Mac installiert sein, klicken Sie darauf.
.pdf	Bei diesem Download handelt es sich meistens um ein Handbuch oder eine Broschüre, die Sie im so genannten PDF-Format (Portable Document Format) erhalten, auch bekannt als Adobe Acrobat Datei. Um die Datei zu öffnen, benötigen Sie den Acrobat Reader, den Sie kostenlos downloaden können. Das Installationsprogramm für den Acrobat Reader liegt bereits auf Ihrem Mac, Sie finden es ganz einfach mit Sherlock (Ihrem persönlichen Detektiv), indem Sie das Suchwort Acrobat eingeben. Sollte Sherlock wider Erwarten mit leeren Händen von der Suche zurückkommen, gehen Sie einfach zur Internet-Adresse http://www.adobe.com und downloaden eine neue Kopie des Acrobat Reader Installationsprogrammes. (Sie merken schon, die Arbeit mit einem Computer ist wirklich ein Full-Time-Job.) Wenn Sie den Acrobat Reader einmal installiert haben, reicht ein Doppelklick auf die PDF-Dateien und sie öffnen sich automatisch.
.html	Alle Dateien mit dem Suffix .html oder .htm sind so genannte Webseiten, die Seiten, die Ihnen im Internet gezeigt werden. Es kann vorkommen, dass Sie sich eine oder mehrere davon auf Ihren Mac geladen haben. Um Sie in Ruhe zu betrachten, öffnen sie einfach Ihren Internet-Browser (Internet Explorer oder Netscape Navigator) und wählen aus dem Menü DATEI den Befehl ÖFFNEN, bestimmen die .html- oder .htm-Datei und öffnen sie.

Zehn gute und schlechte Aspekte des Internet

Keine Frage: Das Internet hat bereits einiges verändert und es wird noch mehr verändern. Sollten Sie jetzt noch nicht online sein, so wird sich das bestimmt über kurz oder lang ändern. Hier sind einige gute Gründe dafür:

1. Gut: Jeder ist anonym, damit sind alle gleich. Es ist völlig egal, wie Sie aussehen, riechen oder schmecken, Sie werden nur nach Ihren Worten beurteilt.

2. Schlecht: Jeder ist anonym, damit sind alle gleich. Sie können damit mehr vorgeben, als Sie tatsächlich sind oder sich als jemand anderes ausgeben – mit dem Ziel, andere Internetnutzer zu täuschen.

3. Gut: Geringe Kosten, wenn man es so sieht.

4. Schlecht: Auch geringe Kosten sind für manch einen/eine viel.

5. Gut: Das Internet verbindet Sie mit jedermann. Sie kommen Ihren Mitmenschen mit einer E-Mail bzw. Ihrer Homepage näher.

6. Schlecht: Das Internet trennt Sie von jedermann. Mit der Zeit werden Sie zum Eremiten in Ihrer Höhle, der alle Zelte hinter sich abgebrochen hat.

7. Gut: Das Internet entführt die Menschen dem Fernsehen. Statistiken zeigen auf, dass der Platz vor dem Idiotenkino verwaist, wenn die Menschen das Internet entdecken.

8. Schlecht: Das Internet entführt die Menschen dem Fernsehen. Und die Fernsehanstalten beißen sich die Nägel kurz.

9. Gut: Das Internet gewährt jedem die Freiheit seiner Meinung. Keine Regierung schaut Ihnen über die Schulter, das Internet ist vollkommen unkontrolliert (obwohl sich hier in Zukunft noch so manches ändern wird).

10. Schlecht: Das Internet gewährt jedem die Freiheit seiner Meinung. Leider auch Anbietern von Pornographie, Neo-Nazis und anderen Gruppen, in deren Nähe Sie Ihre zehn Jahre alte Tochter gar nicht gerne sehen.

Web ohne Grenzen – zum Kennenlernen

In diesem Kapitel

▸ Alles über das World Wide Web

▸ Die Geheimnisse der World Wide Web Software

▸ Netscape Navigaor und Microsoft Internet Explorer

Der populärste Teil des Internet ist das World Wide Web – Sie können sich nicht dagegen wehren, es immer und immer wieder zu hören. Schon in der Schule werden heute die Mädchen von Ihren Verehrern zu einem »Besuch meiner Webseite/Homepage« aufgefordert. Internet-Adressen sind praktisch überall präsent – auf Visitenkarten, in Zeitungen und Zeitschriften, im Fernsehen. (Werbespots enden neuerdings mit dem Hinweis auf die Internet-Adresse – Besuchen Sie uns unter www.geldsack.de und so weiter.) Alles, was mit www. anfängt, ist eine Internet-Adresse.

Das Web wurde deshalb so populär, weil es für jeden leichter zugänglich ist als das übrige Internet. Es präsentiert sich den Menschen freundlich. Wenn Sie online gehen, müssen Sie sich nicht erst durch endlose Computerbefehle quälen. Informationen jeder Art lassen sich überzeugend und attraktiv in ansprechender Gestaltung und sogar interaktiv darstellen.

Surfen im Internet ist kinderleicht – mit einem Klick

Um im Internet zu surfen, braucht es nicht mehr Aufwand, als bestimmte Knöpfe (Buttons) oder farbige unterstrichene Texte anzuklicken. Einiges davon zeigen wir Ihnen auf den folgenden Seiten.

Wenn Sie zum Beispiel auf einen farbigen und unterstrichenen Text (genannt Link) klicken, landen Sie automatisch auf einer anderen Seite, ohne dass Sie aufwendige Codes oder Ähnliches eingeben müssten. Wurde auf der ersten Seite zum Beispiel ein Loblied auf die Werbung gesungen, können Sie bereits auf der nächsten Seite eine Kritik über die hohen Staatsschulden finden oder die Seite eines neunjährigen Schülers aus Niederbayern mit dem Speisezettel seiner Lieblingskuh.

Allerdings beansprucht diese Fülle an Bild- und Textinformationen Ihr Modem bis zum Anschlag. Sogar über das schnelle 56 K Modem des Mac braucht es manchmal mehrere Sekunden, bis eine Webseite auf Ihrem Bildschirm komplett aufgebaut ist.

Mit AOL

Von Ihrem Internet-Provider erhalten Sie einen Web-Browser mit einer Befehlsleiste ähnlich der unten abgebildeten. Sie brauchen dann weiter nichts zu tun, als den entsprechenden Button (Knopf) anzuklicken und schon sind Sie im Web.

Wenn Sie jedoch direkt zu einer bestimmten Internet-Adresse gelangen wollen, die Sie irgendwo gelesen haben, wie zum Beispiel www.hamsterkauf.de, können Sie diese auch direkt eingeben. Der Browser öffnet dann die angegebene Adresse für Sie.

Ins Web per ISP

Auch wenn Sie sich für einen direkten Internet-Zugang entschieden haben (siehe auch Kapitel 6), benutzen Sie einen Web-Browser. Die meistbenutzten Web-Browser sind Netscape Navigator und Microsoft Internet Explorer, die beide bereits auf Ihrem Mac installiert sind (im Ordner Internet).

Und welchen Internet-Browser sollten Sie benutzen? Es gibt da einige kleine Unterschiede. Netscape Navigator ist etwas schneller, zeigt jedoch nicht immer alle Eigenschaften der Internetseiten. Internet Explorer – wie sollte es anders sein – ist etwas langsamer, zeigt dafür aber Eigenschaften, wie zum Beispiel farbige Schriften, mehr bewegte Bilder (Animationen), verschiedene Spielereien mit Schriften und ähnliches, was allerdings manchmal auch ganz schön nerven kann.

Um online zu gehen, öffnen Sie einfach Ihren Web-Browser. Einmal vorausgesetzt, Sie haben die Gebühren pünktlich bezahlt (siehe Kapitel 6), wählt der Mac automatisch die Verbindung und zeigt Ihnen schließlich eine Webseite.

Wohin im Web gehen – und was dort tun?

Wenn Sie einmal auf der ersten Seite angekommen sind, ist alles Weitere eigentlich sehr einfach. (Die folgende Abbildung zeigt das Beispielfenster des Netscape Navigator, Funktionen und Aufbau sind jedoch beim Internet Explorer vergleichbar.) Schauen Sie sich doch einfach mal im Web um und entdecken Sie die phantastischen Möglichkeiten!

A. ZURÜCK-Button: Klicken Sie hier, wenn Sie auf die zuvor gesehene Seite zurückgehen wollen.

B. Hier können Sie eine neue Web-Adresse eingeben. Bestätigen Sie die Eingabe mit der ⏎-Taste oder klicken Sie auf GO (Internet-Explorer). Übrigens: Die Internet-Spezialisten nennen die Internet-Adresse oder Web-Adresse auch kurz URL.

Nebenbei bemerkt: Web-Adressen bekommen Sie zum Beispiel von einem Freund, oder aus der Zeitung, oder aus dem Fernsehen oder von wem auch immer. Wenn Sie irgendetwas lesen, was mit http://www beginnt, dann ist das eine Web-Adresse.

C. Freuen Sie sich immer wieder an dem kleinen animierten Bild in der rechten oberen Ecke des Browsers (Netscape Navigator: Kometenschauer; Internet Explorer: Drehende Weltkugel). Das Bild sagt Ihnen: »Bitte warten, ich bin gerade dabei, ein neues Bild zu zeichnen, zu malen oder was auch immer. Und so lange ich arbeite, haben Sie zu warten.«

D. Wenn Sie in dieser Menüleiste etwas anklicken, kommen Sie in der Regel zu einer anderen Seite.

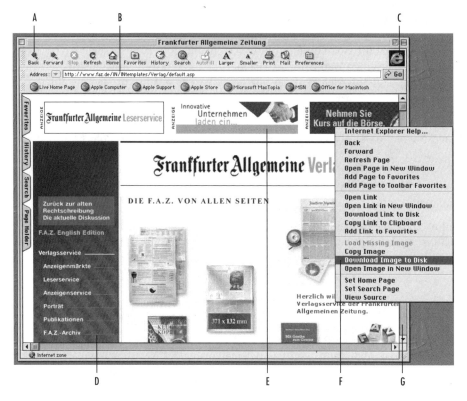

E. Wenn Sie eine farbige und unterstrichene Textpassage (Link) anklicken, kommen Sie ebenfalls zu einer anderen Webseite. Diese Links dienen meistens dazu, Begriffe im Text weiter zu erläutern. Ein Hinweis dazu: Sie werden bemerken, dass sich die Farbe ändert, wenn Sie den Link einmal angeklickt haben. Das ist bewusst gemacht und soll Ihnen signalisieren, dass Sie diesen Link bereits einmal genutzt haben. Nicht, dass das mehr Geld kostet, wenn Sie es öfter tun, es ist nur, um Ihnen ein Angebot von vielen vielen Links übersichtlicher zu gestalten.

F. Wenn Sie auf einer Webseite ein Bild sehen, das Ihnen gefällt und das Sie sich gerne auf Ihrem Computer für eigene Zwecke archivieren wollen, zeigen Sie einfach mit dem Mauscursor darauf und wählen Sie dann die entsprechende Option aus dem PopUp-Menü – oder ziehen Sie einfach das markierte Bild mit gedrückter Maustaste auf Ihren Schreibtisch.

G. Mit dem Scrollbalken können Sie die Ansicht der Webseite nach oben oder unten verschieben.

Mehr zu einem speziellen Thema finden

Nehmen Sie einmal an, Sie befinden sich auf der Webseite www.haarfestiger.de und wollen kurz einmal nachschauen, wie das Wetter in Hamburg zum geplanten verlängerten Wochenende wird, damit Sie die richtige Wahl treffen können. Da Sie ja alle Informationen irgendwo im Web finden, könnten Sie sich nun von Seite zu Seite zum Beispiel über Menüs oder die unterstrichenen Textpassagen klicken – irgendwann würden Sie die gesuchte Seite mit dem Wetter von Hamburg wahrscheinlich sogar finden.

Bei ca. 200 Millionen Webseiten ist das nur eine Frage der Zeit. Es kann dann natürlich passieren, dass Ihre Verabredung in Hamburg die paar Jahre nicht warten wollte, und Sie das Wochenende alleine – und nach so langer Zeit vermutlich sogar ohne Ihr Haarproblem – verbringen müssen. Das will keiner. Es muss also eine Lösung geben, wie Sie schnell die passende Internet-Adresse zu Ihrer drängenden Frage finden.

Zu diesem Zweck haben bereits die Urväter des Web ganz spezielle Webseiten gestaltet, die nichts anderes tun, als alle anderen Webseiten zu durchsuchen. Wenn Sie sich im Web bewegen und Sie wissen nicht, wie Sie zum Beispiel eine bestimmte Information, sagen wir mal über Schweizer Hüttenkäse, bekommen, finden Sie auf den folgenden Seiten Unterstützung (Hier sind nur drei der so genannten Suchmaschinen aufgeführt. Uns wären noch eine ganze Reihe mehr eingefallen, aber mit der Zeit finden Sie bestimmt Ihre eigene Auswahl, es sind genügend da!):

- ✔ www.yahoo.de
- ✔ www.altavista.de
- ✔ www.web.de

Alle diese Suchmaschinen arbeiten ähnlich. Am Beispiel Yahoo wollen wir Ihnen einmal zeigen, was Sie tun müssen, um endlich Ihre Information über Schweizer Hüttenkäse zu bekommen.

Nach der Bestätigung Ihrer Eingabe über den Suchen-Button zeigt Ihnen die Suchmaschine – in diesem Beispiel YAHOO! – eine neue Webseite mit den Adressen zu Ihren Suchbegriffen.

In der ersten Zeile sehen Sie, wie hilfreich eine Suchmaschine ist. Über 100.000 Adressen, die zu Ihren Suchbegriffen passen, wurden gefunden und nachstehend aufgelistet. Sie sind fast am Ziel!

 Hier können Sie aber auch das Problem mit dem Web sehr deutlich sehen: Es gibt so wahnsinnig viele Informationen auf so unendlich vielen Seiten, dass Sie sehr viel Zeit aufwenden müssen, um exakt das zu finden, was Sie suchen. Wenn Sie also eine so große Übersicht erhalten, empfehlen wir zum Beispiel den HILFE-Button auf der YAHOO! Homepage (der Startseite). Hier finden Sie viele Informationen, Tipps und Hinweise zum Surfen im Internet und dazu, wie Sie die von Ihnen gesuchten Informationen schneller finden.

 Internet und seine Fachwörter

Hier ist es unserer Meinung nach an der Zeit, Ihnen einige Fachbegriffe aus dem Internet etwas näher zu erklären:

Adresse	Eine Adresse ist eine eindeutige Kennzeichnung, die entweder für den Zugriff auf eine Internetseite oder zum Senden einer E-Mail benötigt wird.
Bandbreite	Die Bandbreite ist das Maß für die Datenmenge, die pro Zeiteinheit über eine Leitung übertragen werden kann.
Browser	Die allgemeine Bezeichnung für die Software, die es Ihnen ermöglicht, Webseiten anzusehen.
Cookie	Cookies sind kleine Informationsstückchen (Kekse), die ein Webserver an den Browser sendet. Diese Informationen werden auf Ihrem Computer gespeichert und können später durch den Server wieder abgerufen werden.

7 ➤ Web ohne Grenzen – zum Kennenlernen

Domäne (Domain)	Ähnlich wie Dateierweiterungen bei PC's auf die Art der Datei schließen lassen, lässt auch der letzte Teil des Domainnamens einer Web-Site Rückschlüsse auf die Art der Sites zu. In den USA zum Beispiel zeigt die Endung .edu an, dass es sich dabei um die Site einer Bildungseinrichtung handelt. Außerhalb der USA gelten andere Regeln, so steht beispielsweise .de für Deutschland.
Download	Darunter versteht man das Herunterladen von Dateien aus dem Internet auf den eigenen Computer. Der Browser oder ein FTP-Server (File-Transfer Protocol) dient zum Auffinden und Übertragen der Software.
	Wenn Sie in umgekehrter Richtung arbeiten, d. h. Software von Ihrem Computer zu einem anderen Computer senden, heißt dieser Vorgang Upload.
E-Mail	E-Mail ist elektronische Post. Es handelt sich dabei um ein digitales Verfahren zur Übermittlung von Nachrichten über Telefonleitungen zu Computern von anderen Personen. Die Verbindung erfolgt über einen Online-Dienst oder einen Internet-Service-Provider.
GIF	Das ist ein Dateityp, in dem viele Graphiken im Internet dargestellt werden und der von den meisten Graphikprogrammen gelesen werden kann – der Dateiname enthält die Endung (Suffix) .gif (Graphics Interchange Format).
HTML	Die Sprache, mit der sich Hypertext darstellen lässt. Jede Seite im Web basiert auf HTML. HTML besteht aus einer Reihe von Befehlen im ASCII-Textformat, mit denen Ihr Browser Anweisungen erhält, wie er die einzelnen Seiten darzustellen hat, d. h. welche Schriftgrade oder -stile zu verwenden sind, wie Graphiken angezeigt werden sollen und wie Links erzeugt werden. Wenn Sie sich ansehen möchten, wie der HTML-Code einer Webseite aussieht, wählen Sie in Ihrem Browser-Menü Ansicht den Befehl Seitenquelltext. (HTML steht für Hypertext Markup Language.)
Hypertext	Webseiten erscheinen Ihnen zwar als Einheit, bestehen jedoch aus einer Vielzahl einzelner Elemente. Als Hypertext werden die Verbindungen bezeichnet, die diese einzelnen Bausteine zusammenfügen.
Internet	Die weltweite Verbindung einzelner Computer, mit denen diese untereinander Informationen austauschen können.
IP-Adresse	Die Adresse eines beliebigen Servers. Sie besteht in der Regel nur aus Ziffern und Punkten. Da wir uns alle aber lange Zahlenkolonnen so schlecht merken können, wird jede IP-Adresse zusätzlich zur numerischen Form auch noch in einer Textform angegeben.
Java	Java ist eine Programmiersprache, die auf jedem Computer (Macintosh, PC, Unix etc,) laufen kann. Bei Webdesignern ist diese Sprache deshalb sehr beliebt. Im Web finden sich heute meist so genannte Java-Applets, worunter ein kleines Java-Programm verstanden wird.
JPEG	Neben dem .gif-Format finden Sie auf den Webseiten zunehmend auch Bilder im .jpg-Format (Joint Photographic Experts Group). Der Vorteil des .jpg-Formates besteht darin, dass durch eine spezielle Kompression die Bilder und Graphiken sehr klein werden – allerdings zu Lasten der Bildqualität.
Lesezeichen	In Ihrem Internet-Browser können Sie mit einem Lesezeichen eine spezielle Webseite markieren, wenn Sie diese später wieder einmal besuchen möchten.

Link	Die Verbindungselemente zwischen Webseiten. Immer, wenn Sie auf einen farbigen und unterstrichenen Text klicken, um zu einer anderen Webseite zu gelangen, folgen Sie einem Link.
Modem	Ein Modem ist Teil der Computer-Hardware – manchmal ein kleiner Kasten mit blinkenden Diodenanzeigen, manchmal – wie beim Mac – im Inneren des Computers versteckt. Das Modem wird an die Telefonleitung angeschlossen und übernimmt die Verbindung mit anderen Computern.
Netzwerk	Als Netzwerk wird jede Verbindung zwischen mindestens zwei Computern bezeichnet, die auf eine gemeinsame Nutzung von Ressourcen abzielt.
Online	Online zu sein bedeutet, mit einem anderen Computer verbunden zu sein.
PlugIn	Mit den so genannten PlugIns (vom englischen plugging in = Einstöpseln) wird die Funktionalität Ihres Browsers erweitert, damit Sie zum Beispiel andere Dateiformate sehen oder hören können.
Server	Ein Server ist ein an ein Netzwerk angeschlossener Computer oder auch eine Software, die einen Computer bei bestimmten Aufgaben unterstützt. Server senden Dateien über das Netzwerk zum Client (Kunden), der diese Dateien liest und verarbeitet. Im Internet sind Server in der Regel ununterbrochen im Netz, d.h. immer zu Ihren Diensten.
Service Provider	Internet Service Provider (ISP) sind Unternehmen, die eine Verbindung zwischen Ihnen und dem Internet herstellen. Wenn Sie z.B. T-Online als Startrampe für das Internet benutzen, ist dieser Onlinedienst Ihr Internet Service Provider.
Smileys	Smileys sind kleine Gesichter, die in vielen E-Mails und Forenbeiträgen zu finden sind.
TCP/IP	Egal, in welcher Sprache sich eine Webseite präsentiert, die Computer verständigen sich immer nur in einer Sprache – und das ist TCP/IP. Ein gemeinsames Regelwerk, auf dem die gesamte Kommunikation im Internet basiert. Wenn Ihr Computer am Internet angeschlossen werden soll, muss er auch TCP/IP beherrschen. TCP/IP steht für Transmission Control Protocol/Internet Protocol.
URL	Jede Datei und jede Seite im Web hat eine eindeutige URL – die Adresse der Webseite. Die Adresse der jeweiligen Webseite wird im weißen Textfeld in der Titelleiste des Browser angezeigt. Der erste Teil der URL (http) teilt dem Browser mit, dass er nach einer Webseite suchen soll, danach folgt der Name des Computers, auf dem sich die Seite befindet (www.geldsack.de). URL ist die Abkürzung für Uniform Resource Locator, HTTP steht für Hypertext Transfer Protocol.
Virus	Computerviren sind eine besonders große und unschöne Plage. Ein Virus ist ein Programm, das sich überall dort verstecken kann, wo im Computer Informationen gespeichert werden: auf einer Diskette, einer Steckkarte, einer Festplatte, im Netzwerk oder anderen Bereichen des Speichers. Viren können über alle möglichen Übertragungswege andere Computer infizieren und dort mehr oder weniger großen Schaden anrichten.
World Wide Web	Andere Bezeichnungen sind WWW, W3 oder einfach Web. Darunter wird die Gesamtheit der Hypertext-Server verstanden, mit denen mittels HTML virtuelle Seiten dargestellt werden können.

Suchen von verschiedenen Ausgangspunkten

Eines steht fest: Keine der Internet-Suchmaschinen bietet Ihnen einen kompletten Überblick über das gesamte Web. Gehen Sie einmal davon aus, dass eine der größten Suchmaschinen, YAHOO!, Ihnen nur einen Überblick über ca. 10 Prozent bietet. Es ist einfach nicht möglich, alles zu erfassen, besonders, wenn Sie berücksichtigen, dass täglich Hunderttausende von Seiten neu dazukommen bzw. gelöscht werden.

Wenn Sie also bei Ihrer ersten Suche einmal kein Glück gehabt haben sollten, versuchen Sie es doch einmal mit einer anderen Suchmaschine – im deutschsprachigen Raum tummeln sich etwa 45 davon. Einige davon verweisen Sie auch wieder auf andere Suchmaschinen. Oder beauftragen Sie Ihren persönlichen Detektiv Sherlock mit der Suche.

Suchen mit Sherlock

Die meisten der Internetsurfer nutzen eine der großen Suchmaschinen, um bestimmte Informationen im World Wide Web zu finden. Als Mac-Besitzer sind Sie da um einiges besser dran. Sie können das Web genauso einfach und effizient durchsuchen wie den Inhalt Ihrer Festplatte: mit Ihrer eigenen eingebauten Suchmaschine Sherlock.

Sherlock arbeitet genau so, wie Sie es von einem Macintosh-Programm erwarten können: Wählen Sie SHERLOCK aus dem -Menü, klicken Sie auf SUCHEN IM INTERNET und geben Sie einfach den von Ihnen gesuchten Begriff ein:

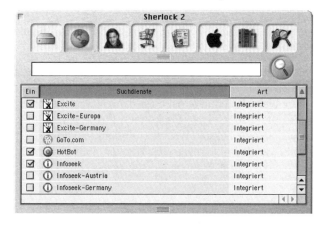

In der Liste sehen Sie eine Reihe von Suchmaschinen. Markieren Sie davon einfach diejenigen, in denen Sherlock sich umsehen soll. Sherlock macht sich dann in allen markierten Suchmaschinen auf die Suche nach dem von Ihnen eingegeben Begriff und zeigt Ihnen die Ergebnisse der Suche als Liste von Web-Adressen an:

Wie Sie bereits bemerkt haben, erscheint zusätzlich zu den Suchergebnissen auch eine Anzeige im Fenster. Einerseits mag Sie das vielleicht stören, andererseits ist das der Preis dafür, dass Sie die Dienste von Sherlock kostenlos nutzen können.

Jetzt können Sie auf verschiedenen Wegen zu Ihrem Ziel kommen:

- ✔ Wenn Sie eines der Suchergebnisse anklicken, erhalten Sie im unteren Teil des Fensters eine kurze Inhaltsübersicht der jeweiligen Webseite, aus der Sie in der Regel schon ersehen können, ob Sie dort die von Ihnen gesuchten Informationen auch wirklich finden.

- ✔ Mit einem Doppelklick auf eines der Suchergebnisse öffnen Sie die die Webseite über Ihren Internet-Browser (Netscape Navigator oder Internet Explorer).

- ✔ Sie können eine oder mehrere Suchergebnisse auch einfach auf Ihren Schreibtisch ziehen, um später zu entscheiden, was Sie damit tun wollen. Der Mac erstellt automatisch ein Symbol für diese Webseiten und öffnet diese dann jederzeit nach einem Doppelklick in Ihrem Browser. Ein praktischer Tipp: Sie können Ihre Auswahl auch in einem eigenen Ordner (zum Beispiel »Meine liebsten Webseiten«) sammeln und haben dann immer einen schnellen Zugriff auf die Sie interessierenden Themen. Den Ordner können Sie auf Ihrem Schreibtisch belassen oder im -Menü ablegen (wie das geht, erfahren Sie in Kapitel 13).

Ein noch einsatzfreudigerer Sherlock

Jahr für Jahr verbessert Apple die Macintosh Betriebssoftware (die Software im Hintergrund, die es Ihnen ermöglicht, Symbole oder Dateien zu bewegen, Menüs zu öffnen, Fenster zu benutzen und so weiter). Die Original Macs wurden noch mit der Version Mac OS 8.1 ausgeliefert, kurze Zeit später kam dann Mac OS 8.5 und heute sind wir bereits bei der Version Mac OS 9. Wir wissen jetzt nicht, mit welcher Version Ihr Mac ausgeliefert wurde, aber Sie können Ihre derzeitige Version natürlich jederzeit aktualisieren. (Sehen Sie dazu auch die Hinweise im Kapitel 18.)

Wenn Sie eine der früheren Versionen benutzen, werden Sie in Mac OS9 einige dramatische Veränderungen finden. Eine davon ist, dass Sie Ihren Computer mit mehreren Personen teilen können, wobei dann jeder Benutzer immer nur diejenigen Dateien bzw. Dokumente bearbeiten bzw. sehen kann, die er auch selbst erstellt hat. Weitere Einzelheiten zu dieser Multinutzer-Funktion finden Sie in Kapitel 13.

Die andere hauptsächliche Neuerung in Mac OS9 ist Sherlock 2, eine Überarbeitung der bereits beschriebenen Suchfunktionalität für das Internet. Sherlock 2 arbeitet grundsätzlich so wie bereits beschrieben. Mit zwei Ausnahmen. Erstens: Sherlock 2 hat ein anderes Outfit erhalten und kommt Ihnen etwas eleganter entgegen:

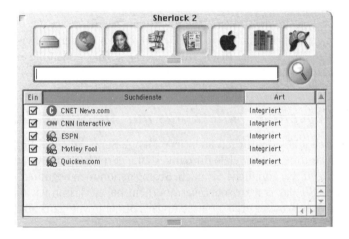

Zweitens: Mit den einzelnen Buttons in der Titelleiste können Sie gezielt nach bestimmten Themen im Internet suchen. (Apple nennt diese Buttons jetzt Rubriken; wir werden diese Symbole weiterhin als Buttons bezeichnen.) Wenn Sie also zum Beispiel den Kopf der jungen Dame anklicken, können Sie den Namen einer Person als Suchbegriff eingeben – Sherlock sucht dann im Internet nach der E-Mail-Adresse oder Telefonnummer dieser Person. (In der Theorie hört sich das gut an, in der Praxis kommt Sherlock allerdings öfter mit leeren Händen zurück.)

Ein anderes Beispiel: Ein Klick auf das Symbol des Einkaufswagens veranlasst Sherlock zur Suche nach Shopseiten im Web. Beachten Sie auch, dass die Suchergebnisse je nach Themenbereich variieren. Wenn Sie Sherlock nach Internet-Shops suchen lassen, wird Ihnen zum Beispiel auch eine Preisspalte angezeigt.

Sherlock 2 bietet so der ganzen Familie viele Stunden glücklicher Entspannung. Und hier zeigen wir Ihnen die verschiedenen Themen, die den Buttons zugeordnet wurden:

Wenn Sie auf den Button rechts außen klicken (eigenes Thema), erhalten Sie eine leere Liste, in die Sie ein eigenes Suchmuster zusammenstellen, indem Sie Symbole aus den anderen Themenbereichen einfach in Ihren eigenen Themenbereich ziehen.

 Sie sind natürlich nicht auf die Suchmöglichkeiten beschränkt, die Ihnen Sherlock standardmäßig bietet. Wenn Sie mit Ihrem Web-Browser die Internetseite www.apple.com/sherlock/plugins.html öffnen, finden Sie vieles mehr für die ganz persönliche Einrichtung Ihres Sherlock. Hier finden Sie auch alle Hinweise für die Installation der neuen Eigenschaften (PlugIns).

Nützliche Webseiten – allerdings nur die Spitze des Eisbergs

Im World Wide Web gibt es natürlich auch jede Menge Seiten, die viel Spaß und nicht nur Arbeit bedeuten (was Ihnen sicher viele Büroangestellte gerne bestätigen). Nachfolgend geben wir Ihnen eine Liste für vergnügliche Stunden. Streng genommen beginnen all diese Adressen mit http://, aber da Sie das ja inzwischen verinnerlicht haben, lassen wir das bei der Angabe einfach weg – Ihr Web-Browser ergänzt diese Angabe ohnehin von ganz alleine.

(Noch ein Hinweis: Webseiten kommen und gehen wie Ebbe und Flut. Wir können daher nicht garantieren, dass die hier angegeben Adressen alle noch aktuell sind, wenn Sie dieses Buch lesen.)

- ✔ mistral.culture.fr/louvre – Die Homepage des Louvre in Paris. Hier finden Sie in Bild und Text alle Informationen über alle ausgestellten Bilder.

- ✔ www.amazon.de – Ein riesiger Buchladen im Internet. Über 3 Millionen Bücher, CD's und mehr stehen zur Auswahl.

- ✔ www.apple.de – Die deutschsprachige HomePage von Apple Deutschland

- ✔ www.macnews.de – Die neuesten Information rund um die Macintosh Hardware und Software Welt

- ✔ www.Versiontracker.com – Liste der neuesten und aktuellen Macintosh Software, inkl. Links zum Downloaden

- ✔ www.hr3.de – Die Homepage vom Hessischen Radiosender mit vielen Informationen zum täglichen Verkehrsstau auf unseren Autobahnen, nette Chats usw.
- ✔ www.de – Füllen Sie einfach die Leerzeile mit den Namen ihrer Lieblings, -TV-Sender, Radiosender, Zeitungen, Magazine, Fussball-Vereine usw. Versuchen Sie es – Sie werden es mögen, weil es sehr oft funktioniert.

Navigator gegen Explorer – wer ist besser?

Netscape und Microsoft, die Hersteller der beiden konkurrierenden Internetbrowser Navigator und Explorer, führen seit vielen Jahren einen harten Kampf um die Vorherrschaft auf diesem Gebiet. Für welchen Sie sich entscheiden, hängt ganz davon ab, wie Sie den Browser nutzen. Wir geben Ihnen einige Hinweise für Ihre Entscheidung.

Wählen Sie Ihre Waffe

Haben Sie sich eigentlich noch nicht über den Hinweis »Internetverbindung« auf Ihrem Schreibtisch gewundert? Dieses Symbol liegt dort, seit Sie den Mac eingeschaltet haben.

Wenn Sie auf dieses Symbol doppelklicken, öffnet der Mac den von Ihnen ausgewählten Web-Browser. Die Frage ist nur, welchen? Ist es Navigator oder doch Explorer? So können Sie dem Mac mitteilen, welchen davon Sie bevorzugen.

 Wählen Sie Kontrollfelder aus dem -Menü, dann INTERNET und aktivieren Sie den von Ihnen bevorzugten Browser aus dem PopUp-Menü. Schließen Sie das Fenster, sichern Sie Ihre Eingaben und danken Sie uns später.

Einfach den Namen eingeben

Sie haben bereits gelesen, dass Web-Adressen in der Regel wie folgt geschrieben werden: http://www.geldsack.de. Aber keine Angst, Sie müssen Web-Adressen nicht in dieser Form angeben, es reicht aus, wenn Sie im Adressfeld den Firmen- oder Produktnamen eintippen – zum Beispiel Apple, Macintosh und so weiter. Der Web-Browser ergänzt dann die Standardelemente automatisch.

So bekommen Sie PlugIns

Web-Browser zeigen Ihnen Texte und Bilder. Aber es gibt viele Seiten, die Sie auch mit Videos, animierten Graphiken oder Sound verwöhnen wollen. Navigator und Explorer können diese Elemente eigentlich nicht abspielen – aber beide kennen jemand, der es kann!

Wir reden über so genannte PlugIns, kleine Programme, mit denen Sie nach der Installation im PlugIn-Ordner auf Ihrer Festplatte Navigator und Explorer Videos oder Sounds abspielen können – wenn Sie Videos oder Sounds mögen. Diese PlugIns erhalten Sie kostenlos, Sie müssen nur wissen, wo Sie sie im Web finden. Und da haben Sie jetzt aber Glück: Wir erzählen es Ihnen.

Gehen Sie einfach zur Web-Adresse www.plugins.com oder http://home.netscape.com/plugins/index.html, wenn Sie unbedingt viel schreiben wollen. Hier finden Sie all die lieben kleinen PlugIns, die Sie dann auf Ihrem Mac installieren können.

Wir wollen jetzt nicht sagen, dass Sie nicht auch ein langes, erfülltes und glückliches Leben ohne diese kleinen Helfer erleben können. Das ist nur für den Fall, dass Sie eine Webseite öffnen und dann nichts anderes erhalten als Fehlermeldungen, in denen Ihnen mitgeteilt wird »Um diese Seite in Ihrer vollen Schönheit zu sehen, müssen Sie erst einmal ein paar Stunden lang diese und diese PlugIns installieren.«

Und wo sind Sie zu Hause?

Sicher ist es Ihnen schon aufgefallen – wenn nicht, dann kommt das noch –, dass Ihr Web-Browser jedesmal mit ein und derselben Seite startet. Und unglücklicherweise noch mit einer sehr komplizierten Seite, die sehr lange für den Aufbau braucht und mit der Sie eigentlich gar nichts anfangen können, sondern sie eigentlich so schnell wie möglich wieder verlassen. Wäre es nicht toll, wenn Sie gleich mit einer Seite starten würden, die Ihnen mehr Freude macht?

Das geht! Wählen Sie einfach EINSTELLUNGEN aus dem Menü BEARBEITEN und klicken Sie links auf den Punkt Netscape Communicator (oder HOME/SUCHEN beim Internet Explorer).

Als Startadresse können Sie jetzt eine Webadresse Ihrer Wahl angeben.

Schneller – bitte, das muss doch schneller gehen!

Wenn Sie wieder einmal die halbe Nacht darauf gewartet haben, bis sich eine von Ihnen angewählte Web-Adresse endlich aufgebaut hat, gibt es eine Lösung, mit der Sie den Aufbau beschleunigen können – verzichten Sie einfach auf die Bilder!

7 ➤ Web ohne Grenzen – zum Kennenlernen

Natürlich wissen wir, dass erst die Bilder eine Webseite zu dem machen, was wir davon erwarten. Aber gerade die Bilder sind es, die den Aufbau einer Webseite so verlangsamen (durchschnittlich beträgt der Anteil der Bilder an einer Webseite etwa 90 Prozent). Sie können es ja einfach einmal ausprobieren und die Abbildungen ausschalten. Sie erhalten dann die komplette Webseite mit allen Texten und Überschriften. An Stelle der Abbildungen werden jedoch nur leere Rahmen angezeigt mit dem Informationstext, dass dort eigentlich ein Bild sein sollte. Das unten abgebildete Beispiel zeigt, wie das dann etwa aussehen wird.

Wenn Sie diese Darstellung mögen, können Sie es so einstellen:

- ✔ **Netscape Navigator:** Wählen Sie EINSTELLUNGEN aus dem Menü BEARBEITEN und deaktivieren Sie im Fenster ADVANCED die Funktion BILDER AUTOMATISCH LADEN.

- ✔ **Internet Explorer:** Wählen Sie EINSTELLUNGEN aus dem Menü BEARBEITEN und deaktivieren Sie im Fenster INHALT die Funktion BILDER ZEIGEN.

Der Geschwindigkeitszuwachs ist ganz enorm. Und wenn Ihnen dann doch die eine oder andere Seite ohne die Bilder etwas kahl und uninformativ erscheinen sollte, könnten Sie sich die Bilder auch nachträglich immer noch zeigen lassen. Dazu wählen Sie einfach den Befehl BILDER ZEIGEN aus dem Menü ANSICHT.

Lesezeichen setzen

Es gibt sicherlich im Laufe der Zeit einige Webseiten, die Sie sich öfter ansehen wollen. Ganz ideal wäre es nun, wenn das ginge, ohne dass Sie immer wieder lange nach der Adresse suchen müssen. Einmal abgesehen davon, dass rund um Ihren Bildschirm gar nicht so viel Platz für die nötigen Notizzettel wäre. Notieren Sie diese Seiten deshalb ganz einfach im Menü LESEZEICHEN (Netscape Navigator) bzw. FAVORITEN (Internet Explorer).

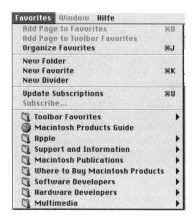

Vielleicht sind Sie erstaunt darüber, dass die dort aufgeführten Texte sogar inhaltlich einen Sinn ergeben. Und das nächste Mal, wenn Sie eine bestimmte Seite besuchen wollen, klicken Sie einfach nur auf den entsprechenden Namen oder Hinweis in Ihren Lesezeichen. Wenn Sie etwas aus dieser Liste löschen wollen, einfach anklicken und mit der ⬅-Taste entfernen. Sie können die Lesezeichen auch nach Ihren eigenen Vorstellungen in Ordnern organisieren oder umorganisieren (durch Ziehen) oder umbenennen (durch Klicken).

Wenn das ständige Geblinke nervt

Alle Teilnehmer im Internet haben sich inzwischen mehr oder weniger zähneknirschend an die vielen Werbebanner gewöhnt, die immer öfter die Titel vieler Webseiten verzieren. Klar, diese Werbebanner sorgen dafür, dass wir kostenlos Fernsehen können, unsere kostenlose Tageszeitung erhalten, kostenlosen Internet-Zugang haben und vieles mehr ...

Aber da besteht ein riesiger Unterschied zwischen einem stehenden Banner und einem wie verrückt blinkenden, hin- und herzuckenden, sich drehenden und immer wieder die Farbe wechselnden Irrwisch! Manchmal sind die animierten Werbebanner so aufdringlich, dass man sich praktisch nicht mehr auf den eigentlichen Inhalt der Webseite konzentrieren kann – jeder so, wie er es mag!

Falls solche aufdringlichen Werbebanner Sie in Ihrer Konzentration stören, ist eigentlich der Internet Explorer der richtige Web-Browser für Sie. Denn hier können Sie animierte GIFs (darum handelt es sich bei den blinkenden Dingern nämlich) ganz oder teilweise lahmlegen.

Wählen Sie EINSTELLUNGEN aus dem Menü BEARBEITEN, klicken Sie auf das Symbol Inhalt und Sie sehen rechts die Optionen für animierte GIFs, wo Sie nun einstellen können, wie oft die Animation gezeigt werden soll bzw. ob überhaupt animierte GIFs gezeigt werden sollen.

Den Zugang ins Internet teilweise für Kinder verschlossen halten

Wenn Sie glauben, dass einige Inhalte des Internet nicht unbedingt für alle Menschen, die Ihren Mac benutzen, geeignet sind, bleiben Sie ganz gelassen. Durch die Großzügigkeit von Apple ist Ihr Mac mit einem EdView Internet Safety Kit – Familienausführung – ausgestattet. Es handelt sich dabei um eine kleine Software, die Ihren Mac von verschiedenen voreingestellten Seiten fernhält. Auch E-Mails mit bestimmten Inhalten werden gar nicht erst angenommen. (Sie selbst können diese Blockaden natürlich umgehen, wann immer Sie wollen.) Die Beschreibung dazu finden Sie in Kapitel 9.

(Anmerkung: Ironischerweise kollidieren einige Versionen des Internet Safety Kit mit Sherlock, Ihrer persönlichen Internet-Suchmaschine, die wir bereits beschrieben haben. Wenn also auf Ihrem Monitor eine Bombe gezeigt wird, wenn Sie Sherlock benutzen, sollten Sie das Safety Kit nur bei Bedarf einschalten.)

Mac OS ROM – Was auch immer Sie tun, rühren Sie nie dieses Dokument an. Wenn Sie sie einmal löschen, haben Sie einen der teuersten Türstopper überhaupt. (Allerdings kann eine Neuinstallationen wie in Kapitel 16 beschrieben auch einen derart stillgelegten Mac wieder zum Leben erwecken.)

E-Mail für Sie und Ihn

In diesem Kapitel

▷ Wie Sie E-Mails bekommen, lesen und schreiben

▷ Wie Sie mehr Freude daran haben, E-Mails zu bekommen, zu lesen und zu schreiben

▷ Alles über das Handbuch gegen Müll-Mails

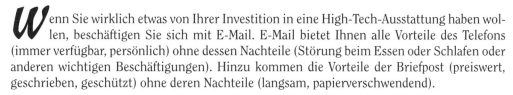

Wenn Sie wirklich etwas von Ihrer Investition in eine High-Tech-Ausstattung haben wollen, beschäftigen Sie sich mit E-Mail. E-Mail bietet Ihnen alle Vorteile des Telefons (immer verfügbar, persönlich) ohne dessen Nachteile (Störung beim Essen oder Schlafen oder anderen wichtigen Beschäftigungen). Hinzu kommen die Vorteile der Briefpost (preiswert, geschrieben, geschützt) ohne deren Nachteile (langsam, papierverschwendend).

In Kapitel 6 haben wir Ihnen bereits die schöne Welt der Online-Dienste vorgestellt.

Ihr Zugang zu E-Mail

Um die elektronische Post zu lesen und zu schreiben, benötigen Sie ein E-Mail Programm. Ihr Mac bringt mit Microsoft Outlook Express ein solches Programm gleich mit (Sie finden es im Ordner INTERNET auf Ihrer Festplatte). Zwar bieten auch die Web-Browser (z.B. Netscape) Mailprogramme (siehe Kapitel 7), aber Outlook Express ist wirklich besonders komfortabel. Es liegt bereits auf Ihrem Schreibtisch, wenn Sie den Mac das erste Mal einschalten – Sie brauchen es nur mit einem Doppelklick zu starten.

Der scheußlichste Teil beim E-Mailen ist ohne Zweifel die Einrichtung des Zuganges. Glücklicherweise erledigt der Internet Setup Assistent (siehe Kapitel 6) diese notwendige Arbeit für Sie und es ist alles für Sie bereit. (Wenn Sie den Setup Assistenten nicht nutzen, bevor Sie Outlook Express starten, verlangt das Programm von Ihnen eine schier unübersehbare Fülle von Antworten in kleinen weißen Kästchen. Sagen Sie nicht, wir hätten Sie nicht gewarnt. Rufen Sie jetzt einfach Ihren Internet Provider an und bitten Sie um entsprechende Unterstützung beim Ausfüllen – oder starten Sie den Internet Setup Assistenten.)

Eine E-Mail verschicken

Wenn Sie eine E-Mail schreiben wollen, wählen Sie aus dem Menü DATEI den Befehl NEUE NACH-RICHT. Schon erscheint ein leeres Nachrichtenfenster wie das unten abgebildete, in das Sie nur noch Ihre Nachricht eingeben müssen – dabei sind nur die Felder »An«, »Betreff« und »Nachricht« obligatorisch. Und so könnte Ihre erste E-Mail aussehen:

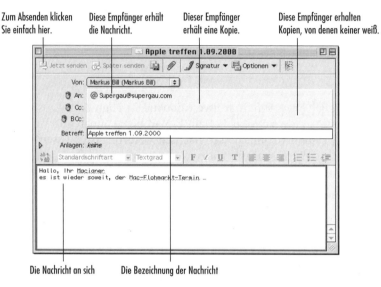

Wie Sie bereits entdeckt haben, enthalten E-Mail-Adressen keine Leerzeichen (Wortzwischenräume) und es taucht immer das @-Zeichen darin auf. Vor allem aber müssen die E-Mail-Adressen immer vollkommen exakt geschrieben werden, sogar, wenn sie etwa so aussehen: `cc293fgg.person@univ_amx.intermp.de` – Großschreibung wird einfach ignoriert.

Wenn Sie Ihre Nachricht geschrieben haben, klicken Sie einfach auf einen der folgenden Buttons in der Kopfleiste:

✔ **Jetzt senden:** Klicken Sie hier, um die Nachricht sofort zu versenden. Wenn alles richtig läuft, wird Ihr Modem wählen, die Verbindung zum Internet herstellen und die E-Mail-Nachricht versenden.

✔ **Später senden:** Klicken Sie hier, wenn Sie noch weitere Nachrichten verfassen und dann alle zusammen versenden wollen. Das Programm legt die gerade geschriebene Nachricht dann in die Ausgangspost. Wenn Sie dann wirklich die Nachrichten senden wollen, brauchen Sie nur den Button SENDEN & EMPFANGEN in der Titelleiste von Outlook Express anzuklicken. (Wenn Sie das SENDEN & EMPFANGEN Symbol nicht sehen, öffnen Sie zunächst einmal Outlook Express.)

Drei Tipps, mit denen Sie online gerne gesehen sind

Wie zum Beispiel in einem fremden Land haben sich auch im Internet inzwischen einige Verhaltensregeln gebildet (E-Mail-Etikette), an die man sich einfach halten sollte, wenn Sie »online gehen«.

- ✔ Schreiben Sie nicht alles in Versalien (Groß-Buchstaben). Das ist nicht besonders gut lesbar.
- ✔ Fragen Sie nicht (hier sollten jetzt einige bei uns gebräuchliche Kürzel kommen, ich weiß leider im Moment keine).
- ✔ Bestätigen Sie, worauf Sie antworten. Wenn Ihnen jemand eine E-Mail mit einer Frage schickt, antworten Sie nicht einfach: »Nein, das sehe ich ganz anders.» Gehen Sie davon aus, dass der Fragesteller seine Frage vergessen hat. Beginnen Sie Ihre Antwort einfach mit der gestellten Frage (diese stellen Sie einfach in diese <Anführungszeichen>). Und dann beginnen Sie mit Ihrer Antwort.

Oh – und noch etwas: Vielleicht sehen Sie überall diesen kleinen Kerl :-)

Drehen Sie Ihren Kopf einfach um 90 Grad nach links und Sie erkennen ein kleines lächelndes Gesicht. Das soll Ihnen den Gemütszustand des Verfassers signalisieren – weil Sie ihn ja nicht sehen können. Es gibt Tausende von Varianten dieser kleinen »Punkt-Punkt-Komma-Strich«-Gesichter – und bestimmt genau so viele Menschen, die sie absolut nicht ausstehen können. Alles Geschmackssache!

Eine E-Mail erhalten

Wenn die erste E-Mail, die Sie nun einem Freund, einer Freundin oder sonstwem geschickt haben, recht freundlich war, kann es passieren, dass dieser Freund, diese Freundin ... Ihnen antwortet.

Das bedeutet, dass Sie hin und wieder prüfen müssen, ob eine E-Mail bei Ihnen eingegangen ist (einfach den SENDEN & EMPFANGEN-Button in Outlook Express klicken). Sie können ihn nicht finden? Dann müssen Sie das Fenster neu aufbauen. (Wählen Sie Outlook Express aus dem Menü Fenster und die Standardeinstellung wird wieder hergestellt.) Wenn Sie geklickt haben, wählt Ihr Modem, checkt Ihren Posteingang und zeigt Ihnen alle eingegangenen Mails in einer Liste, die so aussieht wie hier gezeigt:

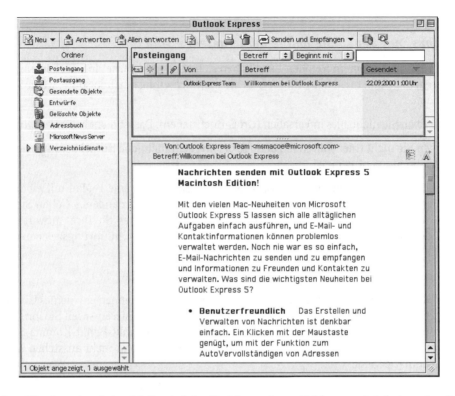

Klicken Sie einmal auf eine Mail, wird der Text im unteren Feld angezeigt, bei zweimaligem Klicken in einem eigenen größeren Fenster.

Eine erhaltene E-Mail gelesen – was nun?

Wenn Sie eine E-Mail gelesen haben, haben Sie fünf Möglichkeiten:

- ✓ **Sie beantworten.** Dafür klicken Sie einfach auf den ANTWORTEN-Button in der Kopfleiste und sind sofort im »Ich-schreibe-eine-E-Mail-Nachricht«-Modus, den wir bereits beschrieben haben. Das E-Mail-Programm trägt Ihnen dabei übrigens dankenswerterweise gleich die Empfängeradresse der Person, der Sie antworten wollen, ein – mit dem Datum, der Zeit und dem Betreff der Nachricht.

 Sie können auch ganz einfach Textelemente der empfangenen Nachricht in das Antwortfeld kopieren, indem Sie mit der Maus die entsprechende Textpassage markieren, bevor Sie auf den ANTWORTEN-Button klicken.

Diese Internettechnik gibt dem Empfänger/der Empfängerin einen Hinweis darauf, zu welchem Thema bzw. zu welcher Nachricht Sie ihm/ihr nun antworten. Sie können so zum Beispiel auch Ihre Antworten auf verschiedene Fragen bei der Antwort besser zuordnen usw.

✔ **Weiterleiten.** Wenn Sie denken, dass die gerade erhaltene Nachricht auch für Ihre Bekannten interessant sein könnte, klicken Sie einfach den WEITERLEITEN-Button. In dem neuen Fenster, das die gesamte Nachricht enthält, geben Sie einfach nur die Adresse ein, an die diese Nachricht weitergeleitet werden soll. Sie haben auch die Möglichkeit, über der eigentlichen Nachricht noch eigene Bemerkungen hinzuzufügen, bevor Sie dann auf den SENDEN- oder SPÄTER SENDEN-Button klicken.

✔ **Wegwerfen.** Klicken Sie einfach auf den LÖSCHEN-Button und die Nachricht verschwindet in der großen Ablage.

✔ **Drucken.** Wählen Sie aus dem Menü DATEI den Befehl DRUCKEN oder klicken Sie auf den DRUCKEN-Button.

✔ **Speichern für spätere Bearbeitungen.** Schließen Sie das Nachrichtenfenster und ziehen Sie die Nachricht, die Sie speichern wollen, in einen der Ordner auf der linken Seite. Übrigens: Sie können hier eigene Ordner anlegen, indem Sie im Menü DATEI einfach den Befehl NEUER ORDNER wählen.

Dateien an eine E-Mail anhängen

Per E-Mail können Sie nicht nur Nachrichten hin- und hersenden, sondern auch Dateien von Ihrer Festplatte als so genannte Attachements verschicken.

Viele Unternehmen nutzen diese Möglichkeit, um zum Beispiel Entwürfe für Anzeigen oder Prospekte mit den Graphikern auszutauschen, Autoren senden auf diese Weise ihre neuen Buchkapitel an ihren Verleger. Und Familien tauschen auf diesem Wege die neuesten Fotos ihres Nachwuchses aus.

Eine Datei senden

Beginnen Sie einfach mit einer ganz normalen E-Mail-Nachricht. Vielleicht mit dem Zusatz « ... und übrigens, angefügt ist eine AppleWorks-Datei mit einer neuen Zeichnung unserer Katze Maja zur Qualität ihres neuen Futters. »Oder so ähnlich«.

Jetzt suchen Sie das Symbol der Datei, die Sie als Attachement versenden wollen (das kann bedeuten, dass Sie einige Ordner öffnen und anschließend Ihren Bildschirm aufräumen müssen). Ordnen Sie den Ordner (ha, Wortspiel) mit der zu sendenden Datei so an, dass Sie ihn gleichzeitig mit dem Nachrichtenfenster sehen. So etwa wie hier:

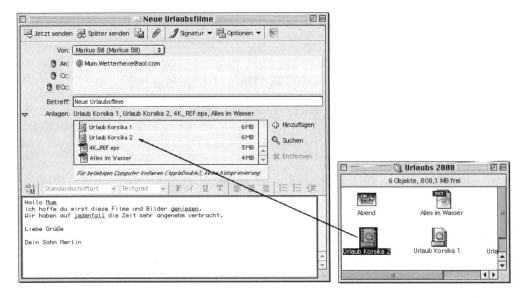

Ziehen Sie jetzt das Symbol der Datei einfach in das Nachrichtenfenster der E-Mail. Erscheint das Symbol wie in der Abbildung am Fuß Ihrer Nachricht, waren Sie erfolgreich. Und das war's! Wenn Sie nun Ihre Nachricht senden, wird die Datei mit übertragen.

Eine Datei an jemanden senden, der einen Windows-Rechner hat

Wenn ein Aspekt des E-Mailens hilfloses Zähneknirschen verursacht, dann ist es das Versenden von Attachements an Windows-Computer.

Warnung: Es kann sein, dass Sie von irgend jemand gehört haben, dass Windows-Computer technisch ausgereifter sind als Macintosh-Computer. Nur deshalb geben wir Ihnen jetzt einen wirklich technischen Einblick. Aber keine Bange, diese Seite zerstört sich nach dem Lesen von selbst.

Wenn Sie eine Datei an einen Windows PC senden, müssen Sie drei Dinge beachten:

✔ *Sie müssen eine Datei senden, die Windows öffnen kann.* So wie ein Betamax Videorecorder keine VHS-Bänder abspielen kann, können Windows-Programme nicht alle Dateien Ihres Mac öffnen. Hier einige Arten von Dateien, die Windows öffnen kann: Dokumente aus Microsoft Word, Exel und PowerPoint; Graphiken in JPEG- oder GIF-Format; von Ihnen gestaltete oder heruntergeladene Webseiten; mit FileMaker oder PhotoShop erstellte Dateien und andere Dateien, die mit Programmen erstellt wurden, die es sowohl für Macintosh als auch für Windows gibt.

Windows PCs können jedoch keine AppleWorks-Dateien öffnen. Wenn Sie so ein Dokument versenden wollen, müssen Sie es in das Microsoft Word-Format konvertieren, indem Sie im Menü DATEI den Befehl SICHERN ALS und dann MICROSOFT WINWORD auswählen. So einfach ist das mit einem Mac!

Auch wenn Sie zum Beispiel ein Bild – ein eingescanntes Foto – an einen Windows-Nutzer senden wollen, müssen Sie das Bild in einem Format abspeichern, das Windows versteht (JPEG oder GIF).

✔ *Sie müssen ein Suffix (Endung) aus drei Buchstaben an den Dateinamen anhängen.* Jede Datei auf jedem Windows-Computer hat ein Suffix, das dem Computer mitteilt, um welche Art Datei es sich handelt. Ohne diesen Code kann Ihr armer Windows-Freund nicht öffnen, was Sie ihm senden. Die nachstehende Tabelle zeigt Ihnen eine Aufstellung der gebräuchlichsten Endungen:

Dateiart	Code	Beispiel
Microsoft Word	.doc	Thesen.doc
Microsoft Exel	.xls	Vierteljahresbericht.xls
FileMaker Pro	.fp3	Datenbank.fp3
ein JPEG Foto	.jpg	Kinderbild.jpg
ein GIF Foto	.gif	Fahnen.gif
eine Webseite	.htm	Urlaub.htm

✔ *Sie müssen ein Dateiformat senden, das das Windows-E-Mail-Programm versteht.* Denn im Internet wird statt der Dateien immer nur reiner Text übertragen. Ohne dass Sie es merken, wird alles, was Sie senden, auch Bilder und Graphiken oder AppleWorks-Dokumente, zunächst in eine endlose Kette von Textzeichen verwandelt, die dann beim Empfänger wieder rekonstruiert werden. Jedes E-Mail-Programm – Mac oder Windows – nutzt dabei verschiedene Codes, mit denen die Daten vor der Übertragung konvertiert werden. Unglücklicherweise nutzt Macintosh – und damit natürlich auch Ihr Mac – das Format StuffIt oder BinHex und Windows andere Formate wie AppleDouble, MIME oder Base64. (Wir verstehen, wenn Ihnen bei diesen technischen Einzelheiten der Kopf schwirrt – es geht uns genauso. Aber es ist für einen guten Zweck , also machen Sie gefälligst eine gute Miene zum …

Wo Sie diese ganzen Einstellungen vornehmen hängt von dem E-Mail-Programm ab, das Sie nutzen. So nutzt Outlook Express automatisch das richtige Format. (Das können Sie nachprüfen, indem Sie im Menü BEARBEITEN die Einstellungen und dort die Option Message Composition wählen. Wenn im PopUp-Menü im unteren Bereich des rechten Informationsfensters AppleDouble angegeben ist, können Sie Ihre Dateien sowohl an Mac's als auch an Windows PCs senden.

Eine Datei empfangen

Natürlich können Sie auch Dateien als Attachements empfangen. Dass eine E-Mail-Nachricht ein Attachement enthält, erkennen Sie an der kleinen Büroklammer neben der Nachricht im Posteingangsfeld.

Sie können die Nachricht mit einem Doppelklick in einem eigenen Fenster öffnen. Am Fuß des Fensters sehen Sie dann das Attachement wie in der Abbildung

Manchmal lässt sich das Attachement mit einem Doppelklick öffnen. Sie können es aber auch aus dem Fenster einfach auf Ihren Schreibtisch ziehen. Sollte es sich nicht öffnen lassen, finden Sie eine Anweisung in Kapitel 7 im Abschnitt »Wenn Sie heruntergeladene Goodies nicht öffnen können«.

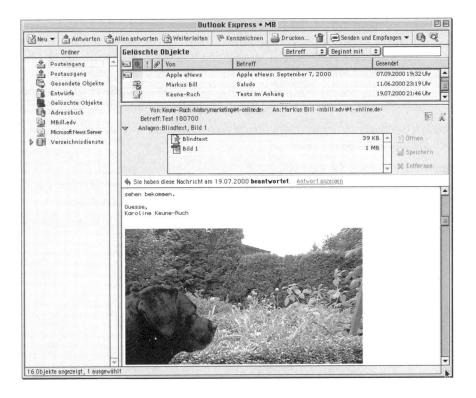

Das Anti-Müll-Mail-Handbuch

Es besteht kein Zweifel darüber: Unverlangt zugesendete E-Mails, Müll-Mails oder englisch Spam, sind der Wermutstropfen im E-Mail-Paradies. Sie werden Sie sehr schnell erkennen, wenn Sie die ersten erhalten. Welle auf Welle schwappen Sie tagtäglich über Sie nieder: »Verdienen Sie sich etwas zusätzlich durch einen Klick!« oder »Sexxxy Tellerwäscher wartet auf Ihren Anruf!«

Unglücklicherweise können wir gegen die Absender dieser Millionen täglicher Müll-Mails nichts tun. Die Müll-Mails enthalten in der Regel keine Telefonnummer oder Adresse, Sie werden aufgefordert, eine Webseite zu besuchen oder per E-Mail zu antworten. Und Sie haben Schwierigkeiten, unter all dem Müll die Nachrichten zu finden, die für Sie wirklich wichtig sind.

 Wichtig ist, dass Sie nie auf eine solche E-Mail antworten – auch wenn in der Nachricht eine Mitteilung enthalten ist, dass Sie dadurch Ihre Adresse von der E-Mail-Liste streichen können! Denn ironischerweise erreichen Sie dadurch genau das Gegenteil, Sie geben Ihre Anschrift preis und damit weiteren Gruppen von Müll-Mailern die Gelegenheit, Sie mit neuen unverlangten Nachrichten zu bombardieren.

Sie wundern sich vielleicht, wie Sie überhaupt auf eine solche Liste gekommen sind. Die Antwort: Die E-Mail-Adresse haben die Absender von Ihnen. Jedesmal, wenn Sie eine Nachricht an ein Online-Pinboard senden, in einem Chatroom chatten oder auch nur Ihre E-Mail in Ihre Webseite aufnehmen, machen Sie Ihre E-Mail-Adresse den Suchrobotern der Müll-Mailer zugänglich. Diese kleinen Programme durchstöbern ständig das ganze Web und sammeln E-Mail-Adressen.

»Aber wenn ich keine Nachrichten mehr online versenden kann,« werden Sie sich jetzt fragen, »habe ich ja nur den halben Spaß.«

Nicht unbedingt. Lassen Sie sich von Ihrem Internet Provider einfach eine zweite E-Mail-Adresse geben. (Wie das in Ihrem Falle und bei Ihrem Internet Provider geht, kann man Ihnen dort genau sagen.) Dann nutzen Sie eine E-Mail-Adresse im öffentlichen Bereich, zum Beispiel zum chatten, und die zweite nur für Ihre private Post, die dann von den Müll-Mailern verschont bleibt, weil sie einfach nicht bekannt ist.

Teil III

Software-Kompetenz

»Nun ja, mein erster Eindruck von der Zugriffszeit ist nicht gerade überwältigend.«

In diesem Teil...

Die nächsten vier Kapitel machen Sie mit der Software vertraut, die mit Ihrem Mac mitgeliefert wurde (oder die hinzugefügt werden kann). Nicht nur AppleWorks, Palm Desktop, iMovie und dieser Kram, sondern auch die Systemsoftware, das Herz Ihres Systemordners.

Denn ohne die Software ist Ihr Mac kaum mehr als ein Kunstobjekt - wunderbar aussehend und lichtdurchlässig, um ehrlich zu sein, jedoch weniger eine Hilfe, wenn es ums Briefeschreiben geht.

Word, Palm Desktop und iMovie

In diesem Kapitel

▸ Die vorgetäuschte Vormachtstellung von Microsoft Word

▸ Tun Sie so, also ob Sie wissen, wie man Filme mit Hilfe von iMovie macht

▸ Geheuchelte Weisheit mit Palm Desktop

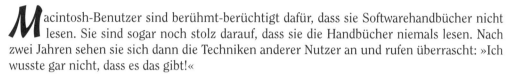

Macintosh-Benutzer sind berühmt-berüchtigt dafür, dass sie Softwarehandbücher nicht lesen. Sie sind sogar noch stolz darauf, dass sie die Handbücher niemals lesen. Nach zwei Jahren sehen sie sich dann die Techniken anderer Nutzer an und rufen überrascht: »Ich wusste gar nicht, dass es das gibt!«

Sie sind herzlich dazu eingeladen, dem Kult der unmittelbaren Genugtuung beizuwohnen. Mit diesem Kapitel als Ihrem Führer. In diesem umfangreichen Kapitel werden sie Crashkurse für drei der wohl gebräuchlichsten Macprogramme finden: Microsoft Word 2001 (ein Textverarbeiter), Palm Desktop (ein Kalender-/Adressbuchprogramm) und iMovie (eine Software zum Schneiden von Videofilmen). Ausgerüstet mit diesen Programmen, diesem Kapitel und einer einsamen Insel haben Sie in den nächsten paar Monaten genug zu tun.

Microsoft Word 2001

Frage: Wohin setzt sich ein 400-kg Gorilla?

Antwort: Wohin er will.

Greifen Sie auf diese alte Weisheit zurück, wenn Sie das nächste Mal jemand fragt, warum Microsoft Word, ein Programm mit diversen Programmfehlern und Unannehmlichkeiten, eines der bestverkauften Macintoshprogramme aller Zeiten ist.

Natürlich ist Microsoft Word kein schlechtes Programm. Tatsächlich besitzt es einige wirklich wundervolle Features, eins davon ist die Tatsache, dass es jeder verwendet. Das bedeutet: Sie brauchen sich keine Sorgen zu machen, wenn Sie eine Datei an Freunde schicken, ob diese die nötige Software haben, um die Datei lesen zu können.

Ein Microsoft-Witz, der eine Menge aussagt

Wie viele Microsoft-Softwareprogrammierer werden benötigt, um eine Glühbirne zu wechseln?

Keiner. Sie erklären die Dunkelheit einfach zum Standard.

Egal, Sie haben auf jeden Fall schon die meisten Grundlagen der Textverarbeitung kennen gelernt (in Kapitel 4). Word besitzt einige interessante Features, die es wert sind, gelernt zu werden, und löst einige grundlegende Probleme auf interessante Art und Weise. Dieser Abschnitt umfasst die Version 2001, wenn Sie jedoch eine der vorhergehenden Versionen benutzen (Word 98), sollten Sie sich hier trotzdem wie zu Hause fühlen. Beide Programme arbeiten wirklich ziemlich ähnlich.

Ansichten

Um ein neues Dokument zu erstellen, doppelklicken Sie auf das Microsoft-Word- Icon. (Hinweis: Bewegen Sie niemals den Microsoft-Word-Icon von seinem Microsoft-Office-Ordner. Wenn Sie das tun, wird er es freundlicherweise ablehnen zu reagieren. Sollten Sie das Word-Icon wirklich irgendwo anders auf Ihrer Festplatte hinhaben wollen, erstellen Sie davon ein Alias, wie es in Kapitel 13 beschrieben ist, und bewegen Sie es dann.)

Das erste Mal, wenn Sie Word 2001 benutzen, bekommen Sie ein Fenster namens Project Gallery, das Vorlagen aller Arten von Dokumenten anbietet, die Sie möglicherweise niemals brauchen werden: Newsletters, Speisekarten usw. Wenn Sie einen Textverarbeiter bevorzugen, der weder versucht, Pasta zu machen noch den Rasen für Sie zu mähen, aktivieren Sie den Befehl BEIM STARTEN NICHT ANZEIGEN und klicken Sie dann OK.

Es erscheint nun ein leerer Bildschirm. Legen Sie also los und schreiben Sie Ihr oskarverdächtiges Drehbuch. Verwenden Sie die gewöhnlichen Textverarbeitungstechniken (Löschen Sie mit der Löschtaste. Ziehen Sie mit der Maus über den Text, um ihn zu markieren, drücken Sie nicht Return am Ende einer Zeile usw.), um es auf Vordermann zu bringen.

Wenn Sie das Ansichtsmenü öffnen, stellen Sie fest, dass Ihr Geschriebenes eine elektronische Seite nach der anderen füllt. Der Absatz zwischen den einzelnen Blättern wird deutlich als grauer Balken dargestellt. Sie werden sehen, dass Sie sich im Seitenlayoutmenü befinden, wo sie nicht nur sehen, wo die Seite endet, sondern auch solche Sachen wie Seitenzahlen und Spalten sehen.

Die beliebteste Alternative ist die Ansicht NORMAL (die wirklich als Ansicht ABNORM bezeichnet werden sollte, weil die normale Ansicht in Word 2001 nicht die Ansicht NORMAL ist). Versuchen Sie, die Ansicht NORMAL aus dem Menü auszuwählen. Jetzt füllt Ihr Geschriebenes eine einzelne, unendlich lange Seite Papier, als ob es auf einer niemals endenden Rolle Küchenpapier angezeigt würde. Das Ende einer Seite wird nun durch eine dünne, gestrichelte Linie dargestellt, auf die Sie allerdings achten sollten. In diesem Ansichtsmodus werden Sie nichts sehen, was sich auf die Seiten bezieht, wie zum Beispiel die Seitenzahlen. Die bleiben solange verborgen, bis Sie einen anderen Ansichtsmodus wählen: Seitenumbruch

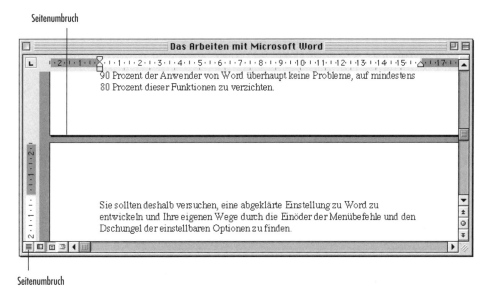

Das Ansichtsmenü beinhaltet außerdem Befehle für die Ansicht ONLINE LAYOUT, was die Seite lediglich dichter gestaltet, so dass der Text mehr wie ein Artikel in einem Magazin aussieht; die seltsame OUTLINE-Ansicht, mit der Sie Ihre Überschriften neu ordnen können, indem Sie sie in die Länge ziehen; und das MASTER-Dokument, das nur eine einzige Person in Amerika versteht, und die ist bis zum 25. nicht im Lande.

Die Seitenränder verändern

Ein Weg, die Ränder anzupassen, ist die Seitenansicht. Sehen Sie die Lineale in der oberen linken Ecke der Seite? Positionieren Sie Ihren Cursor vorsichtig an der Stelle, an der sich der graue und der weiße Teil des Lineals treffen. Warten Sie, bis sich der pfeilförmige Cursor zu einem doppelten Pfeil verändert, so wie es hier gezeigt ist – und ziehen Sie dann, um die Ränder zu verändern. (Vergessen Sie nicht, die Ränder aller Seiten zu verändern, wenn Sie das tun.)

Sie können die Ränder auch verändern, indem Sie FORMAT/DOKUMENT auswählen. Es erscheint eine Dialogbox, in die Sie dann die genauen Angaben für den oberen, unteren, rechten und linken Rand eingeben können. (Der Eigenschaftsbrowser, der später in diesem Abschnitt beschrieben wird, bietet genau dieselben Einstellungen.)

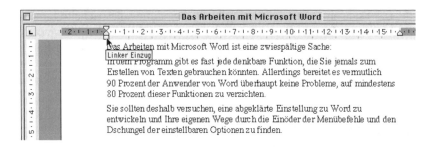

Die Invasion der Werkzeugleiste

Werkzeugleisten sind Streifen, auf denen sich Icons befinden, die genau dasselbe tun wie je einer der Menübefehle. Wenn Sie Word zum ersten Mal installieren, wird eine solche Werkzeugleiste angezeigt (sie wird als Standardleiste bezeichnet). Hier nun die Befehle einiger der gebräuchlichsten Buttons:

Speichern / Drucken / Rückgängig / Wörterbuch öffnen / Formatierungspalette / Zoom

Die Standard-Werkzeugleiste kontrolliert größtenteils das Programm (Öffnen, Speichern und Drucken). Um die Formatierung zu kontrollieren – die Schriftgröße, die Form (fett oder kursiv), den Zeichensatz usw. – benutzen Sie die Formatierungswerkzeugleiste oder den Eigenschaftsbrowser, der im nächsten Abschnitt beschrieben wird. Auf jeden Fall erhalten Sie eine kleine Beschreibung der Funktion eines jeden Buttons, wenn Sie mit dem Cursor auf ihn zeigen (ohne ihn anzuklicken), so wie es oben zu sehen ist. Es erscheint dann ein kleines gelbes Schildchen, das Ihnen den Namen des Buttons verrät.

Sie können Werkzeugleisten aufrufen, die zu jeder erdenklichen Aufgabe in der Textverarbeitung gehören. Unglücklicherweise hat das einen Haken, wenn Sie zu viele davon aufrufen: Es bleibt Ihnen nämlich nur noch wenig Platz zum Schreiben.

Zum Glück brauchen Sie auf Ihrem Bildschirm aber kein Chaos zu verursachen. Das heißt, Sie können sie nach Lust und Laune erscheinen und wieder verschwinden lassen. Es ist auch ganz einfach: Vom Ansichtsmenü, aus dem Untermenü der Werkzeugleiste, wählen Sie den Namen der Leiste aus, die Sie verschwinden (wenn er ein Häkchen hat) oder erscheinen lassen möchten (wenn er kein Häkchen hat).

Ihr Selbstvertrauen nimmt keinen Schaden, wenn Sie sich dazu entschließen, alle Werkzeugleisten auszuschalten. Tausende von Leuten machen das so. Ohne diese Streifen benutzen Sie Word so, als würden Sie auf einer Schreibmaschine schreiben, und das ist hundertprozentig in Ordnung.

Eine Palette für jeden Geschmack

F: Wann ist eine Werkzeugleiste keine Werkzeugleiste?

A: Wenn sie eine Palette ist.

Schauen Sie sich eine der Abbildungen von Werkzeugleisten in diesem Kapitel an. Sehen Sie die winzige, diagonale, gestreifte Linie in der unteren rechten Ecke einer jeden Leiste? Gehen Sie mit Ihrem Cursor darauf und ziehen Sie nach oben und nach links. Vor Ihren Augen verwandelt sich dieser waagerechte Iconstreifen in ein Rechteck. Sie haben ganz einfach die Werkzeugleiste in eine Palette verwandelt. Alle Buttons arbeiten weiterhin so, wie sie es immer getan haben - doch jetzt können Sie sie an einen geeigneteren Platz bewegen, indem Sie die gestreifte Linie in der linken Ecke der Palette ziehen.

Ihre Werkzeugleiste in eine Palette zu verwandeln, hat auch einen bestimmten Sinn. Ihr Bildschirm ist breiter als hoch, es sei denn, Sie sind so eine Art Technologiefreak. Deshalb ist der Gebrauch waagerechter Werkzeugleisten eher schlecht für Ihren zusätzlichen Bildschirmplatz. So nehmen sie sich nämlich den Platz, den sonst Ihr Dokument einnehmen könnte. Unterdessen gibt es einen freien, leeren Raum auf Ihrem Bildschirm, der sich direkt rechts neben den Dokument befindet und Däumchen dreht bzw. sich selbst was vorsummt.

Sie können mehr Platz in der Höhe verwenden und das aktuelle Fenster vergrößern, indem Sie Ihre Icons auf die rechte Seite neben Ihr Fenster schieben.

Die Formatierungspalette

Microsoft bringt wirklich gute Software heraus, aber die Abteilung für Namensfindung muss offenbar noch eingestellt werden. Unter der englischen Bezeichnung »Property-Browser« stellt man sich eher eine Immobilien-Webseite vor. (Lassen Sie uns jetzt nicht in Produktnamen wie *Microsoft Bob* und *Windows ME* gehen.)

Egal, der Eigenschaftenbrowser ist ein schwebendes Fenster, das viele Formatierungsbefehle dupliziert, die die Menüs und Werkzeugpaletten von Word 2001 besiedeln. Ganz oben sind zum Beispiel Kontrollfelder, die die Formatierung des Textes beeinflussen, an dem Sie gerade schreiben oder den Sie als ersten hervorgehoben haben.

Text formatieren

Wenn Sie mich fragen, sind die gebräuchlichsten Einstellungen die F-, K- und U-Buttons (für **fett**, *kursiv* und unterstrichen). Sie können sie anschauen und wissen sofort, welche Formatierung die nächsten Buchstaben, die Sie schreiben werden, haben. Die Kontrollfelder für Zeichensatz und -größe (PopUp-Menüs ganz oben) sind auch nützlich, nachdem Sie herausgefunden haben, dass Sie auf den nach unten zeigenden Pfeil klicken müssen, um die Einstellung zu verändern.

Es gibt ein PopUp-Menü für die Zeichenfarbe, mit dem Sie blaue, rote oder was auch immer für Schrift erzeugen können, Knöpfe, die dafür sorgen, dass nicht alle Buchstaben zu Großbuchstaben werden, ohne dass Sie alles noch einmal tippen müssen; Knöpfe, die automatisch nummerierte oder nicht nummerierte Listen entstehen lassen, obwohl Sie ganz normale Absätze schreiben, usw.

Formatierte Absätze

Wenn Sie auf die winzigen blauen Dreiecke unterhalb dieser Einstellungen klicken, können Sie den Eigenschaftenbrowser erweitern, so dass er zusätzliche Felder anzeigt. Zum Beispiel verändern die Eigenschaften AUSRICHTUNG und ABSTAND dann jeweils einen ganzen Absatz – und erinnern Sie sich, ein Absatz ist alles das, was Sie geschrieben haben und mit einem Return endet. Diese Einstellungen geben Ihnen die Möglichkeit, den Platz zwischen den einzelnen Zeilen genau zu definieren (einfacher oder doppelter Platz), zwischen Absätzen, zu Beginn eines jeden Absatzes usw.

Auch die Einstellungen für Rahmen und Schattierungen beeinflussen jeweils einen Absatz. Benutzen Sie diese faszinierenden Nettigkeiten, um ein Kästchen um den Absatz zu erstellen, den Sie hervorgehoben haben, oder um einige von ihnen auf einem grauen, karierten oder bunten Hintergrund zu überlagern. So wie das Kästchen mit dem Witz am Anfang dieses Kapitels.

Bevor Sie jedoch diese Einrichtungen nutzen können, müssen Sie zunächst einmal die Absätze auswählen, die Sie verändern möchten! Neun von zehn befragten Anfängern empfanden dieses Konzept als zu schwierig, um damit umgehen zu können. Wollen Sie einen Absatz mittig gestalten, klicken Sie einfach irgendwo dort hinein, so dass die Einfügungsmarke mittendrin blinkt, und klicken Sie dann das Icon ZENTRIEREN in der Mitte der waagerechten Einstellungen. Wenn Sie verschiedene Absätze bearbeiten wollen und nicht den ganzen Text, ziehen Sie mit dem Cursor vorher durch ihn durch, bevor Sie die Formatierungspalette betätigen.

Der Trick ist, sich an die Macintosh-Mentalität zu erinnern: Auswählen, dann anwenden. Auswählen, dann anwenden. Auswählen, dann anwenden ...

Das Dokument formatieren

Die letzte Hürde im Eigenschaftenbrowser heißt »Dokument« und stellt die Ränder für das gesamte Dokument ein. Die Optionen hier überschneiden sich deutlich mit denen, die erscheinen, wenn Sie FORMAT/DOKUMENT auswählen.

Seien Sie vorsichtig auf dem Streifen

Die für Neulinge mit Abstand furchterregendste Funktion von Word ist wohl der Markierungsbalken. Das ist ein sehr, sehr dünner, unsichtbarer Streifen auf der linken Seite des Fensters. Wenn Sie ihn entdeckt haben, erkennen Sie es daran, dass der Mauszeiger auf einmal nicht mehr nach links, sonder nach rechts zeigt.

Sie finden das jetzt möglicherweise unglaubwürdig, doch Words linker Randstreifen wurde nicht aus überschäumender Bosheit gegenüber neuen Mac-Benutzern erstellt. Er ist lediglich dazu da, dass Sie Ihren Text einfacher bearbeiten können, indem er Ihnen ein paar Abkürzungen zur Textauswahl zur Verfügung stellt. Hier sind ein paar Favoriten.

Abkürzung 1: Wählen Sie eine Textzeile aus, indem Sie in den Auswahlstreifen klicken.

Abkürzung 2: Um gleich einen ganzen Absatz auszuwählen, klicken Sie doppelt in den Auswahlstreifen. (Oder klicken Sie innerhalb des Absatzes dreifach.)

Abkürzung 3: Um das gesamte Dokument auszuwählen, klicken Sie dreifach in den Auswahlstreifen. (Tun Sie dies, wenn Sie zum Beispiel den Zeichensatz des ganzen Texts ändern wollen.)

Text durch Ziehen bewegen

Eins der coolsten Features in Word ist die Manipulation eines Textes durch »Drag-&-Drop«. Sie können Text markieren und ihn einfach in eine neue Position ziehen, ohne die alberne Variante mit AUSSCHNEIDEN und EINFÜGEN benutzen zu müssen. (Wenn das alles sehr vertraut klingt, liegt es wohl daran, dass Sie darüber schon einmal etwas in Kapitel 4 gelesen haben.) Wie in AppleWorks und den meisten anderen gesetzestreuen Programmen lässt sich Text auch in Word vollständig aus dem Fenster heraus auf den Desktop ziehen. Dort bekommt es dann einen Icon namens *Dateiausschnitt*, um es gegebenenfalls wieder in das Drag-&-Drop-kompatible Programm zu ziehen.

Und wenn diese Ziehen-und-Ablegen-Funktion von Word bei Ihnen nicht funktioniert, hat vielleicht irgendein Vandale dieses Feature abgeschaltet. Wählen Sie VOREINSTELLUNGEN aus dem Menü BEARBEITEN und schalten Sie es wieder ein.

Rechtschreibung, Grammatik und Wortwahl überprüfen

Word hat die lustige Eigenschaft, ständig Ihre Rechtschreibung und Grammatik zu überprüfen. Sobald Sie so etwas wie boo-boo schreiben, lässt Word Sie es mit Hilfe einer farbigen, wellenförmigen Unterstreichung wissen.

Sie können natürlich auf Ihre Schulzeit vertrauen, auf Ihr Gefühl und die ruhige »Ich kann es«-Einstellung, dass Sie solche Fehler selbst korrigieren können. Oder Sie benutzen den einfachen Weg: Klicken Sie (und halten Sie den Mausbutton gedrückt), während Sie die Controltaste drücken, auf das wellenförmig unterstrichene Wort. Es erscheint ein spezielles PopUp-Menü, das direkt aus Ihrem Cursor hervorspringt und Ihnen Vorschläge für die Korrektur des falsch geschriebenen Wortes unterbreitet! (Sie können Ihr Dokument natürlich auch auf Rechtschreibung überprüfen, indem Sie den Befehl aus dem Werkzeugmenü auswählen.)

Ist die wellenförmige Linie grün, ist Word der Meinung, dass Ihre Grammatik eine Verbesserung nötig hätte. Seine Vorschläge (wenn Sie den Satz mit gedrückter Controltaste anklicken) sind nicht immer unheimlich tolle Verbesserungen gegenüber Ihrem Original, doch sie sind es manchmal Wert, in Betracht gezogen zu werden.

Wo wir gerade vom Control-Klicken sprechen: Derselbe Trick funktioniert auch bei Wörtern, die nicht unterstrichen sind. Das erscheinende PopUp-Menü zeigt den Befehl BESTIMMEN, der die Wörterbuchdefinition des geklickten Wortes anbietet. Außerdem zeigt es noch den Befehl SYNONYM, der dann sofort Synonyme für das ausgewählte Wort auflistet – perfekt für Leute, die Probleme mit der Wortwahl haben.

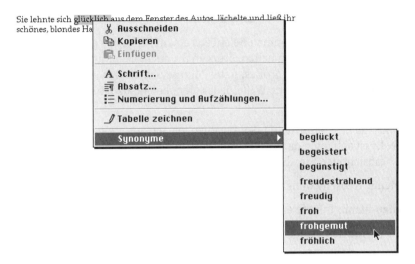

Die Auto-Formatierung abschalten

Bei den weltweiten Treffen der Microsoft-Word-Selbsthilfegruppen ist man sich nie einig, welches Feature jetzt wohl das ärgerlichste ist: ist es die Art und Weise, wie Word Internetadressen zum Leben erweckt, unterstreicht und bunt verlinkt (schwer zu bearbeiten, denn wenn man sie einmal anklickt, versucht Ihr Browser, das Internet anzuwählen!)? Oder vielleicht die Art und Weise, wie Word einen Doppelpunkt und eine Klammer, wie das hier :) in einen Smily verwandelt? Oder wie es *Wörter in Sternchen* einfach ohne zu fragen ins **fettgedruckte** umwandelt?

All dieses enthusiastische und hilfreiche Verhalten kann natürlich abgestellt werden. Um dies zu tun, klicken Sie das Werkzeugmenü EXTRAS, dann AUTOKORREKTUR, dann AUTOFORMAT WÄHREND DER EINGABE. Dort werden Sie Auswahlfenster für alle Verhaltensweisen finden. Hier können Sie das automatische Ersetzen abschalten.

Seitennummerierung

Um Seitenzahlen in Ihr Dokument einzufügen, wählen Sie SEITENZAHLEN aus den Menü EINFÜGEN. Es erscheint ein kleines Dialogfenster, wo Sie eingeben können, wo die Seitenzahl erscheinen soll: oben, unten, links oder rechts – und ob Sie auf der ersten Seite auch die Ziffer 1 stehen haben wollen.

Wie Sie überflüssige Menübefehle abschalten

Die Chancen stehen ganz gut, dass Sie keine Register, automatische Bindestriche und andere absurde Optionen von Word benötigen, es sei denn, Sie versuchen gerade, den nächsten *Otto-Katalog* oder so etwas auf Ihrem Mac zu erstellen.

Es ist unwahrscheinlich einfach, einen Befehl aus einem Menü zu entfernen. Während Sie die ⌥- und ⌘-Taste gleichzeitig halten, drücken Sie auch die Minus- (Bindestrich-)Taste. Ihr Cursor verwandelt sich dann in großes, fettes Minuszeichen! Behandeln Sie Ihre Maus jetzt mit Vorsicht – sie ist eine geladene Waffe. Jeder Menübefehl, den Sie berühren, wird aus dem Menü verschwinden.

Hier ist ein Auszug aus der Liste mit den Befehlen, die ich aus meinem Word-Menü hinausgeworfen habe. Es ist abhängig davon, wie weit Word von Ihnen Besitz ergreifen darf, aber möglicherweise beabsichtigen Sie, diese Liste noch zu vergrößern:

- **Datei-Menü:** Webseite öffnen, Als Webseite speichern, Version, Webseitenvorschau
- **Bearbeiten-Menü:** Inhalte einfügen, Gehe zu, Verknüpfungen, Objekt
- **Ansichts-Menü:** Zentraldokument, Onlinelayout, Word 5.1 Menü
- **Einfügen-Menü:** Textfeld, Feld, Beschriftung, Querverweis, Index und Verzeichnisse, Textmarke, Film, Objekt, Hyperlink
- **Format-Menü:** Initiale, Textrichtung, Hintergrund, Objekt
- **Extras-Menü:** Sprache, Dokument zusammenführen, Dokumente schützen, zur Nachverfolgung kennzeichnen, AutoZusammenfassen, Änderungen nachverfolgen, Makro, Vorlagen und Add-Ins
- **Tabellen-Menü:** nahezu alles

Und, um es noch mal deutlich zu machen, Sie lassen die Befehle nicht aus dem Programm verschwinden, sondern lediglich von den Menülisten. Wenn Sie irgendwann einmal Word-Menüs an Ihren ursprünglichen Platz zurückbringen wollen, wählen Sie einfach aus dem Menü EXTRAS den Befehl ANPASSEN. Klicken Sie in dem Dialogfeld, das dann erscheint, die Menüleiste und dann EINSETZEN. (Und wenn Word Sie dann noch fragt, ob Sie sicher sind, klicken Sie OK.)

Hilfe bekommen – und schräge Animationen

Dieser Word-Crashkurs wurde Ihnen von »Leuten mit sehr wenig Freizeit« erstellt. Wenn Sie jedoch vorhaben, in die anspruchsvolleren Features von Word einzusteigen – Sie wissen schon, Kästen um Absätze zu basteln, Register, Umrisse und Tabellen gestalten – kommen Sie nicht umhin, das Handbuch zu Word zu lesen. Es ist elektronisch in das Programm eingebaut. Ja, Sie sparen Papier und retten den Regenwald, Sie können es jedoch nicht in der Badewanne lesen.

Egal, wählen Sie aus dem Menü HILFE die MICROSOFT WORD HILFE aus. Wenn er nicht sowieso schon auf Ihrem Bildschirm ist, erscheint der kleine, tanzende Mac (bekannt als Max) in seinem kleinen Filmfenster, so wie hier:

In das kleine Suchfeld schreiben Sie das hinein, wozu Sie Hilfe benötigen (so wie »Ränder« oder »grüner Text«) oder ganz einfach eine konkrete Frage (zu Beispiel »Wie mache ich einen Umriss?«). Klicken Sie dann einfach auf SUCHEN. Nach einem Moment wird Ihnen eine Liste mit Überschriften aufgezeigt, die Ihnen helfen können. Klicken Sie auf einen Eintrag, und Sie können alles darüber lesen. Word ist nicht gerade dafür bekannt, Fragen zu vermeiden – aber es wird Sie immer wieder überraschen.

Wo wir gerade von Max sprechen: Die öffentliche Meinung über diesen kleinen Kerl ist gespalten. Die eine Hälfte findet ihn niedlich, die andere, möchte am liebsten jedesmal zum Hammer greifen und auf den Bildschirm eindreschen.

 Wenn er Sie nervt, können Sie ihn entfernen. Wählen Sie aus dem Menü HILFE den Befehl ASSISTENTEN AUSSCHALTEN. Wenn Sie ihn mögen, halten Sie die Controltaste gedrückt, klicken sein Fenster und wählen, aus dem erscheinenden PopUp-Menü den Befehl ANIMIEREN! Jedesmal wenn Sie das tun, wird Max immer einen anderen kleinen Stunt für Sie aufführen, zum Beispiel sich selbst auseinander nehmen, eine Brille aufsetzen, zu Bett gehen usw.

Wer sagt, dass uns Computer nicht produktiver machen?

Palm Desktop

Seien Sie nicht traurig, wenn Ihre Freunde vielleicht so etwas zu Ihnen sagen: »Oh mein Gott, warum benutzt du Palm Desktop? Das ist doch nur was für Leute mit Palm Pilots!«

Solche Kommentare entstehen, weil Palm Desktop auch in den Palm Pilot eingebunden ist. Sehr beliebte, 300 bis 600 DM teure, handliche Computer von der Größe einer Audiokassette. (In Kapitel 20 sehen Sie ein Foto.) Wenn Sie einen Palm Pilot an Ihren Mac anschließen, saugen sich alle Ihre Namen, Adressen, Kalender, Notizen und To-do-Listen automatisch in den handlichen Computer. Sie können dann den Palm Pilot in Ihre Brusttasche, Socken oder Unterwäsche stecken und sicher sein, dass Ihr kleines, elektronisches, schwarzes Buch immer bei Ihnen ist.

Diese bequeme Zusammenarbeit bedeutet allerdings nicht, dass Sie unbedingt einen Palm Pilot besitzen müssen, um das beste aus dem Palm Desktop herauszuholen. Weit gefehlt! Palm Desktop ist ein richtig gutes Kalender/Telefonbuchprogramm, auch wenn Sie niemals in Ihrem ganzen Leben einen Palm Pilot benutzen werden. Es kann automatisch eine Telefonnummer wählen, Erinnerungsnotizen erstellen, die dann zu bestimmten Zeiten auf Ihrem Macbildschirm erscheinen, Briefumschläge und tragbare Telefonbücher drucken und Ihnen sehr viel Zeit ersparen, wenn Sie in Ihr Rolodex schreiben wollen.

Den Palm Desktop installieren

Apple ist davon ausgegangen, dass nicht jeder ein Kalender/Telefonbuch- Programm benötigt. Deshalb ist Palm Desktop auf Ihrem Mac nicht schon vorinstalliert. Wenn Sie Ihren Mac nach 1998 gekauft haben, befindet sich der Palm Desktop auf der Software-Installations-CD-ROM im Ordner APPLICATIONS. (Wenn Sie es nicht finden können, haben Sie auch die Möglichkeit, Palm Desktop herunterzuladen, bei *www.palm.com*.)

Um es zu installieren, doppelklicken Sie das Icon INSTALL PALM DESKTOP. Klicken Sie auf jeden WEITER-, INSTALLIEREN-, ZUSTIMMEN- oder OK-Button, den Sie sehen. (Wenn Sie gefragt werden, ob Sie den Palm Desktop zusammen mit einem Palm Organizer installieren wollen, klicken Sie auf SPÄTER.) Zum Schluss startet der Mac neu, und Sie sind drin.

Der Kalender

Wenn Sie den Palm Desktop das erste Mal starten, werden Sie aufgefordert, die Software zu registrieren. Wenn Sie sich über unnötige Mails freuen, klicken Sie WEITER, wenn nicht, klicken Sie ABBRECHEN und als nächsten NIE REGISTRIEREN.

Nun haben Sie einen leeren Tageskalender vor sich. Es ist sicher nicht notwendig, das Leben im Tagesrhythmus zu leben, es sei denn, Sie sind Leiter eines Standesamtes. Glücklicherweise lassen die Etiketten auf der rechten Seite Sie einen Tag, eine Woche oder einen Monat Ihrer Wahl sehen.

Eintragungen in der Wochen- oder Tagesansicht vornehmen

Sie notieren sich Einträge in einer Wochen- oder Tagesansicht folgendermaßen:

1. **Gehen Sie zu dem Tag und der Zeit Ihres Eintrags.**

   Um einen anderen Tag oder eine andere Woche zu sehen, klicken Sie auf die Pfeilbuttons in der unteren rechten Ecke des Fensters. Um den Kalender früher oder später an einem Tag zu sehen, nutzen Sie die Scrollleiste auf der rechten Seite.

2. **Ziehen Sie die Maus senkrecht durch die Zeitleiste, um Ihre Eintragungen zu sehen.**

   Um zum Beispiel einen Termin von 13-15 Uhr einzutragen, klicken Sie vorsichtig auf 13 Uhr, und ziehen dann, ohne sie loszulassen, die Maus runter bis 15 Uhr.

   Sie haben gerade eine leere Klammer erzeugt.

3. **Tippen Sie eine Beschreibung für Ihren Termin ein – z.B. »Treffen mit Janet wegen bevorstehenden Konkurses« – und drücken Sie dann die Returntaste.**

Das ist alles: Sie haben soeben einen Termin in Ihren Kalender eingetragen. Sollte der sich später noch einmal ändern – das passiert bekanntlich – können Sie die Eintragung auf einem der folgenden Wege bearbeiten:

✓ Löschen Sie eine Eintragung, indem Sie einmal in das Feld hineinklicken und dann die Entfernentaste auf Ihrer Tastatur drücken.

✓ Um eine Eintragung von einer zu einer anderen Zeit am selben Tag zu verschieben, ziehen Sie den Block einfach nur nach oben oder unten. In der Wochenansicht können Sie eine Eintragung genau so auf einen anderen Tag verschieben, indem Sie sie einfach seitlich ziehen.

Eine Eintragung verändern, verlängern oder verkürzen, können Sie, indem Sie den Block einmal anklicken, so dass die lustig gepunkteten Griffe, oben und unten erscheinen. Ziehen Sie diese dann hoch oder 'runter, um das Eintragungsfeld zu verändern.

✓ Eine Eintragung auf eine völlig andere Zeit zu verschieben – zum Beispiel in einen ganz anderen Monat – doppelklicken Sie dieses Feld. Es erscheint eine Dialogbox, cleverer Weise als Eintragungs-Dialogbox bezeichnet:

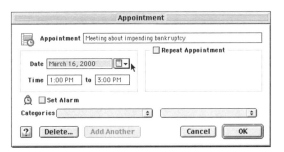

Sie werden dieses Fenster ziemlich häufig sehen, machen Sie sich deshalb rechtzeitig damit vertraut. Klicken Sie auf das winzige Icon rechts vom Datum (angedeutet durch den Cursor im oberen Bild), um einen Miniaturkalender aufzurufen, den Sie dann nutzen können, um ein neues Datum für Ihre Eintragung festzulegen. (In dieses Feld können Sie auch eine andere Zeit eingeben.) Klicken Sie OK, um das Fenster zu schließen.

✔ Die Beschreibung für einen Termin können Sie bearbeiten, indem Sie einmal in das Feld hineinklicken oder einen Doppelklick tätigen, um die Dialogbox erneut zu öffnen.

✔ Wenn Sie ein Eintragung wiederholt planen (zum Beispiel jede Woche oder jeden Monat), benutzen Sie das Eintragungs-Wiederholungs-Fenster. Bringen Sie Ihren Mac dazu, Sie an diese Termine zu erinnern, indem Sie den Alarm aktivieren. Anweisungen für diese beiden Techniken bekommen Sie in »Nette Tricks für Ihre Eintragungen«, später in diesem Abschnitt.

Eintragungen in der Monatsansicht

Sind Sie den Umgang mit Papierkalendern gewohnt, werden Sie sich möglicherweise in der Monatsansicht im Palm Desktop am wohlsten fühlen. (Klicken Sie das Monatsetikett auf der rechten Seite des Bildschirms, um sie zu sehen.)

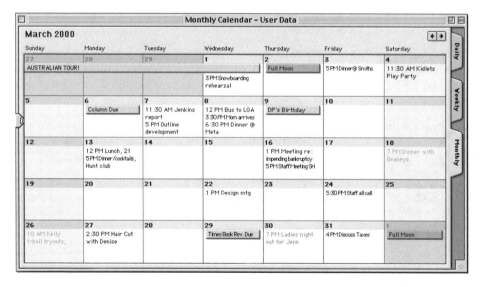

Die Felder im Monatskalender sind zu klein, um neue Eintragungen darin vorzunehmen, wie Sie es in der Monats- oder Tagesansicht getan haben. Nehmen Sie deshalb eine neue Eintragung vor, indem Sie doppelt auf das Kalenderfeld klicken. Es erscheint eine kleiner, lustiger Fragekasten, so wie hier:

Was der Mac Sie fragt ist: »Was möchten Sie in das Feld, auf das Sie soeben doppelt geklickt haben, eintragen?« Sie können in dem nächsten Abschnitt etwas über Aufgaben und Banner lesen. Um eine Eintragung vorzunehmen (wie »13:30: Lufthansa-Flug nach Frankfurt«), klikken Sie den TERMIN-Button.

Die Dialogbox TERMIN erscheint. Schreiben Sie den Namen Ihrer Eintragung und drücken Sie dann RETURN (oder den OK-Button), um das Fenster zu schließen. Und wie von Zauberhand erscheint nun Ihre neue Eintragung in dem dazugehörigen Kalenderfeld.

Sie können solche monatlichen Eintragungen auf herkömmliche Art und Weise austauschen:

- ✔ Entfernen Sie eine Eintragung, indem Sie einmal darauf klicken und anschließend die Taste ENTFERNEN auf Ihrer Tastatur drücken.
- ✔ Wollen Sie einen Termin auf ein anderes Datum verlegen, ziehen Sie es einfach in das entsprechende Kalenderfeld.
- ✔ Um die Zeit der Eintragung zu ändern, klicken Sie sie doppelt an. Es erscheint dann die Dialogbox, in der Sie Ihre Eintragungen verändern können. Geben Sie eine andere Zeit in das Feld BEGINN oder ENDE ein.

(Wenn Sie versuchen, mit Ihrem Mac auf dem Schoß in einem schaukelnden Taxi die Uhrzeit einzustellen, probieren Sie es erst gar nicht, Zahlen einzutippen. Drücken Sie einfach die Plus- und Minus-Tasten, um die Stunde, und zusammen mit der ⇧-Taste, die Minuten einzustellen.) Sie können auch diese Eintragung auf ein weit entferntes Datum schieben oder in einen anderen Monat, wenn Sie den winzigen Kalenderbutton klicken.

- ✔ Die Beschreibung für einen Eintrag können Sie bearbeiten, indem Sie doppelt auf das entsprechende Feld klicken, um erneut das Dialogfenster zu öffnen. Tauschen Sie den Text im oberen Feld einfach aus.

Bevor Sie die Monatsansicht verlassen, noch ein Tipp dazu. Wenn Sie auf das Datum in der Ecke eines Kalenderfeldes doppelt klicken, öffnen Sie die Tagesansicht für den entsprechenden Tag. Mit anderen Worten, Sie können die Monatsübersicht benutzen, um einen allgemeinen Überblick über Ihre Termine zu bekommen, und dann in einen bestimmten Tag hineinspringen, um dort eine Eintragung vorzunehmen (indem Sie senkrecht durch über die Zeitleiste fahren).

Banner

Eintragungen – im Sinne des Palm Desktops – sind alle schön und gut. Doch zu welcher Zeit würden Sie Schwiegermamas Geburtstag oder das Stadtfest eintragen? Natürlich fühlen Sie sich veralbert, für solche Events eine Anfangs- und Endzeit festzulegen. Glücklicherweise bietet Ihnen Palm Desktop für solche Sachen eine spezielle Art der Notiz an. Eine, die weder Start- noch Endzeit benötigt: ein Banner. Ein Banner erscheint in einem oder über mehrere Kalenderfelder als ein farbiger, waagerechter Streifen.

In der Monatsübersicht erstellen Sie einen Banner, indem Sie das Kalenderfeld doppelt klicken und dann aus der »Was wollen Sie erstellen?«-Dialogbox einen Banner auswählen. In der Wochen- oder Tagesübersicht klicken Sie dafür den Datumskopf (so, wie hier links gezeigt).

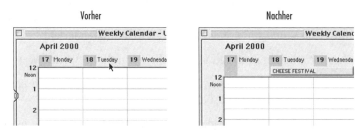

Egal, in welcher Ansicht Sie sich befinden, die Dialogbox für die Banner, in die Sie nun Ihre Beschreibung für diesen speziellen Tag schreiben können, erscheint jetzt. Beachten Sie außerdem das Feld »Für _ Tage«, in das Sie eine Zahl eingeben können, so dass sich das Banner über mehr als einen Tag zieht. Sie können Banner benutzen, um einen bestimmten Zeitraum zu markieren, an dem Sie nicht da sein werden. Sie können zum Beispiel einen Banner für sieben Tage erstellen, der Ihnen sagt, »Nach Leipzig, zur Fachmesse für Bücher« oder so etwas.

Klicken Sie OK, dann erscheint das Banner als ein Streifen über die festgelegten Tage (wie oben rechts zu sehen ist).

Banner können Sie auf genau dieselbe Art und Weise bearbeiten, wie Sie auch andere Einträge bearbeiten. Sie können ein Banner entfernen, indem Sie es anklicken und die Entfernentaste drücken, es hin und her ziehen, um einen anderen Zeitraum festzulegen, oder den Namen bzw. das Datum verändern, indem Sie es doppelt anklicken.

Ausgefallene Tricks für Ihre Eintragungen

Ihr exklusiver Hochleistungscomputer würde nicht den Eid des Compukrates erfüllen, wenn er nicht Ihren elektronischen Kalender zum Beispiel dafür benutzen würde, Sie daran zu erinnern, welche Termine demnächst anstehen. Glücklicherweise sind Erinnerungsfenster nur eine der Möglichkeiten, wie der Palm Desktop die Leistung Ihres Computers nutzen kann.

Um die drei ausgefallenen Optionen von Palm Desktop für Ihre Eintragungen zu aktivieren, klicken Sie doppelt auf eine Eintragung in Ihrem Kalender. Die Termin-Dialogbox öffnet sich und bietet Ihnen die folgenden drei Möglichkeiten:

✔ **Eintragung wiederholen.** Wenn Sie dieses Kästchen aktivieren, erscheint wie von Zauberhand ein neues PopUp-Menü, was Befehle wie JEDEN TAG und JEDEN FREITAG auflistet. Benutzen Sie dieses Menü, bringen Sie die bestimmte Eintragung dazu, sich von selbst immer und immer wieder in den Kalender einzuschreiben – die perfekte Einstellung für Verabredungen wie das monatliche Treffen der Mac-Freunde oder der jährliche Gang in die Wäscherei. (Klicken Sie den winzigen Kalender direkt neben dem Feld BIS, um ein Enddatum für diese sich wiederholenden Termine einzugeben.)

✔ **Alarm aktivieren.** Wählen Sie dieses Kästchen an, so erscheint ein neues PopUp-Menü. Wenn Sie dieses Menü und das leere Feld daneben nutzen, können Sie eingeben, wie lange vor einem Termin Sie darauf aufmerksam gemacht werden wollen – 5 Minuten vorher (perfekt für Erinnerungen, wenn Sie eine bestimmte Fernsehshow sehen wollen), 2 Stunden vorher (gut geeignet, wenn Sie zu einen bestimmten Flug zum Flughafen müssen) oder 3 Tage vorher (gut, um für jemanden noch ein Geburtstagsgeschenk zu kaufen). Sind die bestimmten Momente erreicht, wird Ihr Mac ein Piepen von sich geben, und es erscheint eine Nachricht auf dem Bildschirm, die Sie an die bevorstehenden Verabredungen erinnert. (Das Nachrichtenfeld enthält außerdem einen »Nickerchen«-Button, für Ihren Wunsch nach einer Verzögerung.)

Wenn Sie dieses Erinnerungsfeature verwenden, können Sie Ihren Mac als Wecker auf Ihren Reisen benutzen. Sie wären nicht der oder die Erste. (Der Mac wird piepen und die Erinnerungsnachricht anzeigen, auch wenn er sich im Ruhezustand befindet – nicht wenn er abgeschaltet ist. Wie auch.)

✔ **Kategorien.** Sie können Ihre verschiedenen Kalendereintragungen in bestimmte Kategorien einteilen – persönlich, geschäftlich oder »Nicht mein Aufgabenbereich« – wenn Sie dieses PopUp-Menü verwenden. (Um eine neue Kategorie zu dieser Liste hinzuzufügen, wählen Sie KATEGORIEN BEARBEITEN aus dem PopUp-Menü KATEGORIEN.) Später, wenn Sie zu einem großen, erfahrenen Technologiefreak gereift sind, können Sie bestimmte Kategorien Ihrer Eintragungen versteckt halten, so dass nicht jeder herumschnüffelnde Mitarbeiter Ihre Pläne sehen kann.

Die Kontaktliste (Adressbuch)

Wenn Ihr Bekanntheitsgrad und der Kreis Ihrer Freunde wächst, werden Sie es als sehr einfach empfinden, deren Namen und Adressen in den Palm Desktop einzutragen. Das Programm benutzt verschiedene Tricks, um solche Dateneintragungen wenig zeitaufwendig zu gestalten. So wie die selbständige Eintragung der Postleitzahl und die automatische Formatierung der Telefonnummern. (Besuchen Sie den Befehl VOREINSTELLUNGEN in dem Menü BEARBEITEN und klicken Sie das Kontakticon, um diese Optionen zu sehen.)

Ihren Kalender drucken

Das Programm Palm Desktop ist extrem flexibel, wenn es darum geht, Ihren Kalender auszudrucken. Sie können festlegen, wieviele Miniseiten Sie auf jedes Blatt Papier haben wollen; ob Sie einfache oder doppelseitige Seiten möchten; spezielle Formate; ob Sie einen täglichen, wöchentlichen oder monatliche Kalender mögen; die Schriftart und -größe, die Sie bevorzugen und vieles andere mehr. Glücklicherweise ist die Anleitung dafür im Palm Desktop enthalten. Um sie zu sehen, wählen Sie aus dem Menü HILFE den Befehl INDEXSUCHE NACH aus und suchen Sie dann DRUCKEN. Die weiteren Befehle erscheinen dann auf Ihrem Bildschirm, vollständig mit Illustrationen.

Und sollten Sie bereits Ihr Telefonbuch in einem anderen Computerprogramm haben, starten Sie um Gottes Willen keine Neueintragung! Palm Desktop kann die gesamte Liste mit einem Schlag importieren. Öffnen Sie das Menü HILFE, um weitere Anweisungen zu erhalten. Wählen Sie INDEXSUCHE NACH, und suchen Sie nach der Überschrift IMPORTIEREN.

Namen und Adressen eingeben

Um eine neue Indexkarte für Ihr computerisiertes Telefonbuch zu erstellen, klicken Sie das allererste Icon in der Werkzeugliste am oberen Rand des Bildschirms. (Alternativ können Sie auch den Befehl NEUER KONTAKT aus dem Ansichtsmenü wählen.) Das Kontakt-Dialogfenster, mit dem Sie sich für eine ganz Weile gut stellen müssen, erscheint nun:

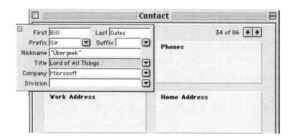

Sie sind bereit, Namen und Adressen einzugeben. Behalten Sie diese Punkte im Gedächtnis, während Sie das tun.

Drücken Sie mit einem der linken Finger die ⌨-Taste, um von Feld zu Feld zu hüpfen (zum Beispiel vom Vor- zum Nachnamen). Sie können zu den vorhergehenden Feldern zurückspringen, indem Sie ⇧-⌨ drücken. Das ist wesentlich effizienter, als die Maus zu benutzen.

✔ Haben Sie ein Informationsfeld ausgefüllt, so wie den Abschnitt Telefon, drücken Sie die ⏎-Taste zweimal. Ihr Cursor springt dann sofort hinunter zum nächsten Block (beispielsweise das Feld für die Hauptadresse). Wenn Sie jetzt zum Beispiel nur den Namen und die Telefonnummer einer Person aufnehmen wollen – nicht deren Titel, die Firma und diesen ganzen Kram – tippen Sie den Vornamen und betätigen dann die Tab-Taste; dann schreiben Sie den Nachnamen und drücken zweimal die Returntaste. Sie landen dann in dem Feld für die Telefonnummer des Arbeitsplatzes, dazu bereit, die Nummer einzugeben.

✔ Wenn Sie die Informationen einer Person aufgenommen haben, klicken Sie erneut das erste Icon in der Werkzeugleiste. Ihnen wird nun eine neue, leere Telefonbuchkarte präsentiert, die nur auf den nächsten Namen wartet. Wenn Sie die Eintragungen der Namen und Adressen beendet haben, klicken Sie auf das Feld SCHLIESSEN im Kontaktfenster, um es verschwinden zu lassen.

Nach einer Telefonnummer suchen

Palm Desktop zeigt Ihnen Ihre Welt der Namen und Telefonnummern in einer ordentlichen Liste. Um diese zu sehen, wählen Sie aus dem Ansichtsmenü den Befehl KONTAKTLISTE oder klicken Sie das zweite Icon in der Werkzeugleiste am oberen Rand des Bildschirms.

Sie können sehr schnell jemanden in diesem Telefonbuch finden: tippen Sie einfach die ersten Buchstaben des Nachnamens der Person ein. Palm Desktop springt dann augenblicklich zu dem gesuchten Punkt in der Liste und hebt den gesuchten Namen sogar noch hervor, so wie hier:

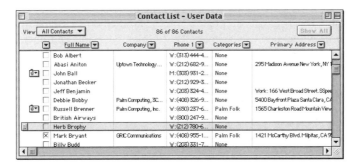

Um die Informationen über diese Person zu bearbeiten, klicken Sie deren Zeile in der Liste doppelt. Das freundliche Kontaktfenster öffnet sich, um Ihre Änderungen entgegen zu nehmen.

Sie können in der Kontaktliste noch wesentlich mehr tun, als nur nach jemandem zu suchen. Das eingebaute Hilfsprogramm (aus dem Menü HILFE, wählen Sie SUCHINDEX NACH) kann Ihnen sagen, wie Sie die Einträge nach Namen ordnen, nach Städten, Firmen oder einem anderen Kriterium; um die Spalten neu zu ordnen, die Spaltenbreite zu bearbeiten usw.

Die Task-Liste

Palm Desktop kann ohne Aufpreis ein Auge auf Ihre To-do-Listen werfen. Um eine solche Liste zu öffnen, klicken Sie auf das vierte Icon in der Werkzeugleiste am oberen Bildschirmrand oder wählen Sie TASKLISTE aus dem Ansichtsmenü. Auf diesem Weg erscheint eine Liste, so wie hier:

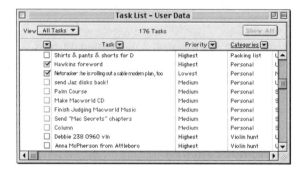

Haben Sie eine Angelegenheit beendet, klicken Sie auf die Checkbox – oder entfernen Sie einfach den ganzen Eintrag, indem Sie einmal darauf klicken und dann die Entfernentaste Ihrer Tastatur betätigen. Sie können die To-do-Liste auch manipulieren – sortieren, die Anordnung der Spalten verändern usw. – genauso, wie es in dem vorhergehenden Abschnitt »Nach einer Telefonnummer suchen« beschrieben ist.

Sie können einen neuen To-do-Eintrag auf verschiedene Art und Weise erstellen:

✔ Wählen Sie aus dem Ansichtsmenü NEUE AUFGABE (oder klicken Sie das dritte Icon in der Werkzeugleiste). Das Dialogfenster erscheint. Sie können dort einen Namen, eine Kategorie, Erinnerung, einen sich wiederholenden Zeitplan oder andere Informationen für Ihre Aufgabe eingeben:

✔ Sie können außerdem To-do-Miteilungen erstellen, wenn Sie einen Blick in Ihren Kalender werfen, der sich oft in einem handliche Format befindet. In Monatsübersichten, klicken Sie einfach doppelt auf das Kalenderfeld, das den Zeitpunkt Ihres To-do-Eintrages zeigt. In dem »Was wollen Sie erstellen?«-Dialogfeld klicken Sie AUFGABE und schreiben dann eine Beschreibung dafür.

In Wochen- oder Tagesübersichten doppelklicken Sie einen leeren Punkt im unteren Teil des Fensters (dort, wo die anderen To-do-Eintragungen erscheinen), um die Aufgaben-Dialogbox zu öffnen.

Die Notizliste

Dank seiner Notizfunktion kann Palm Desktop außerdem Fahrtbeschreibungen, Einkaufslisten, Songtexte und Shakespeare-Verunglimpfungen, die aus dem Web geladen wurden, und andere verrückte zufällige Ideen beherbergen.

Sie erstellen eine neue, leere Notiz, indem Sie auf das siebte Icon in der Werkzeugleiste klicken oder aus dem Ansichtsmenü NEUE NOTIZ auswählen. Geben Sie ihr einen Titel, wenn Sie mögen, und betätigen Sie dann die ⇥-Taste solange, bis Sie sich in dem großen, leeren Teil des Fensters befinden.

Nachdem Sie Ihre Notiz eingefügt oder eingetippt haben, klicken Sie den SCHLIESSEN-Button in der unteren linken Ecke des Fensters. Jetzt sind Sie bereit, die große Notiz zu öffnen: klicken sie auf das sechste Icon in der Werkzeugleiste (oder wählen Sie NOTIZLISTE aus dem Ansichtsmenü). Wie es mit Palm-Desktop-Listen so üblich ist, können Sie die Notizen sortieren, indem Sie die Spaltenüberschriften anklicken. Sie können die Spaltenbreite anpassen oder nach einer Notiz suchen, indem Sie ein paar Buchstaben ihres Namens eintippen, usw.

Die Magie des Instant Palm Desktop

Instant Palm Desktop ist der Name eines winzigen grünen Icons in der oberen rechten Ecke Ihres Bildschirms. Erschrecken Sie nicht: ich habe festgestellt, dass Ihr Icon nicht dort ist. Sie müssen es sich anzeigen lassen.

Um das zu tun, starten Sie Palm Desktop. Aus dem Menü BEARBEITEN wählen Sie die VOREINSTELLUNGEN aus. Klicken Sie das GENERAL-Icon und aktivieren Sie INSTANT PALM DESKTOP MENÜ ZEIGEN. Wenn Sie den Mac das nächste Mal starten, erscheint das kleine, grüne Menü.

 Dieses winzige, grüne Ding ist ein Schnellzugangsmenü, das es Ihnen ermöglicht, Telefonnummern nachzuschauen und Ihren Zeitplan zu kontrollieren, ohne das Palm Desktop-Programm zu starten.

Ihren Zeitplan checken

Nachdem Sie nun einige Zeit damit verbracht haben, Einträge in Ihrem Kalender und Ihrer To-do-Liste vorzunehmen, beenden Sie Palm Desktop und klicken Sie auf dann das winzige, grüne Icon. Dort, in einer passenden Liste, befindet sich Ihr gesamter Stundenplan für den Tag, so wie hier:

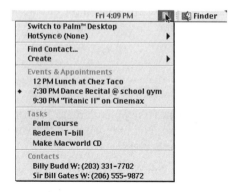

Unterhalb der Trennungslinie befindet sich Ihre To-do-Liste. Diese Liste ist immer verfügbar, egal welches Programm Sie gerade benutzen, egal was Sie sonst gerade mit dem Mac tun.

Eine Nummer finden und wählen

Nachdem Sie einige Telefonnummern in den Palm Desktop eingegeben haben, ist erfreulicherweise noch ein weiteres Feature verfügbar: der Befehl KONTAKT FINDEN. Wenn Sie diesen Befehl auswählen, schreiben Sie die ersten paar Buchstaben irgendeines Namens und betätigen Sie dann die Returntaste. Ihnen wird augenblicklich eine Liste mit Namen gezeigt, die zum dem passen, was Sie eingegeben haben, so wie hier:

Und nun, das pièce de résistance (französisch für »ein Stückchen Widerstand«): Ihr Mac kann nun tatsächlich die Nummer wählen, die Sie gefunden haben. Klicken Sie einfach doppelt auf den Namen Ihrer Wahl. Im nächsten Fenster klicken Sie das winzige Telefon-Icon neben der Nummer an. Nachdem Sie bestätigt haben, dass Sie wirklich wählen wollen, gibt der Palm Desktop die Wähltöne durch die Mac Lautsprecher wieder. Halten Sie einfach Ihren Telefonhörer an den Lautsprecher, und schon sind Sie verbunden.

Mit dem Modem wählen

Eine technische Notiz: Die automatische Wähleinstellung von Palm Desktop arbeitet wesentlich schneller und effizienter, wenn Sie den Mac mit seinem Modem wählen lassen und nicht mit seinen Lautsprechern. Diese nette Einrichtung benötigt jedoch zwei vorbereitende Schritte.

Als erstes müssen Sie Ihren lokalen Elektroladen überfallen und einen Telefonadapter suchen, eine billige Kunststoffbox, die es Ihnen ermöglicht, Ihren Mac und Ihr Telefon gleichzeitig in den selben Telefonanschluss in der Wand zu stöpseln. (Dieses Vorhaben funktioniert nicht, wenn sich Modem und Telefon nicht dieselbe Strippe teilen.)

Zweitens, starten Sie Palm Desktop. Wählen Sie VOREINSTELLUNGEN aus dem Bearbeitenmenü und klicken Sie auf das WÄHLEN-Icon auf der linken Seite des Bildschirms. Letztendlich, wählen Sie aus dem PopUp-Menü DURCHWAHL, den MODEMANSCHLUSS. Klicken Sie OK.

Wenn Sie jetzt eine Nummer anwählen wollen, nehmen Sie einfach den Telefonhörer ab, sobald Sie hören, dass Ihr Modem den Wählvorgang beendet hat. Sie werden mit der Nummer verbunden sein, die der Computer gewählt hat, als hätten Sie es selbst getan – ganz davon abgesehen, dass Ihr Wählfinger die ganz Zeit frei war, um die Katze zu streicheln.

iMovie 2

Sie haben vielleicht davon gehört, das 1986 die Firma Apple Computer die Welt durch das »Desktop Publishing« verändert hat, die einfache Möglichkeit, professionell aussehende Veröffentlichungen mit einem Mac und einem Laserdrucker herauszubringen. Und nun beabsichtigt Apple, eine andere teure und seltene Möglichkeit populär zu machen: Videobearbeitung. Und Sie, fortschrittlicher Leser, sind leibhaftig beim Beginn dieser Ära dabei.

Digitalfilme mit Hilfe eines Computers zu machen ist nichts Neues. Verschiedene Firmen verkaufen schon seit Jahren Hard- und Software für mehrere zehntausend Mark, die dazu in der Lage ist. Aber die fertigen Filme lassen sich meistens nur in einem Fenster abspielen, das die Größe einer Briefmarke hat. Und diese sind sehr wackelig. Wenn Sie wirklich gute, bildschirmfüllende Filme machen wollen, die nicht ruckeln, müssen Sie schon mehrere hunderttausend Mark für das entsprechende Equipment ausgeben. Das können sich natürlich nur wenige leisten.

Es stellt sich heraus, dass die meisten aktuellen Macmodelle (die, die mit einem FireWire-Anschluss ausgestattet sind) dieses teure Equipment schon eingebaut haben. Mit einem FireWire-Mac, der iMovie-Software und einem digitalen Camcorder können Sie Ihr eigenes Rohmaterial so oft bearbeiten, wie Sie wollen. Wenn Sie es zwischen dem Mac und dem

Camcorder hin und her transportieren, behält der Film seine hundertprozentige Qualität, immer bildschirmfüllend abspielbar, ruhig, strahlend und lebhaft.

(Dieser Abschnitt beschäftigt sich mit iMovie 2, das mit allen laufenden Macmodellen mitgeliefert wird. Das orginale iMovie-Programm ist zu dem Zeitpunkt, als dieses Buch geschrieben wurde, immer noch frei herunterladbar unter *www.apple.com/imovie*. Sie können es für rund 100 DM auf iMovie 2 aufrüsten, wenn Sie diese Webseite besuchen.)

Alles dabei?

Für diese Art des Filmemachens benötigt man nicht mehr die Berge an Technik, die man früher brauchte. Was man aber auf jeden Fall braucht, ist ein digitaler Camcorder.

 Camcorder, die nur VHS-, VHS-C-, 8mm- oder Hi-8-Kassetten akzeptieren, sind nicht digital. Wenn Sie Ihren Camcorder vor 1997 gekauft haben, ist er ebenso nicht digital. Wirklich digitale Camcorder, die bei einem Startpreis von rund 1200 DM liegen, sind sehr kompakt. Sony und Canon stellen die besten her, doch nahezu jede Firma hat eine DV-Linie. Diese Kameras funktionieren mit Ein-Stunden-Kassetten, die als Mini-DV-Kassetten bezeichnet werden und Ton in CD- bzw. Videos in atemberaubender Qualität aufnehmen. Die Kassetten sehen ungefähr so aus:

(Sony Digital8-Camcorder funktionieren auch großartig, sie akzeptieren jedoch keine Mini-DV-Kassetten. Statt dessen können Sie Digitalaufnahmen mit Hilfe der wenig teureren 8mm- oder Hi-8-Kassetten machen. Sie akzeptieren auch - und können sie vor allem in Ihren Mac überspielen – all Ihre alten 8mm- und Hi-8-Kassetten.)

 Wenn Sie sich dazu entschließen, solch einen Camcorder zu kaufen, schauen Sie im Internet nach. Auf Seiten wie *www.amazon.de* und *www.dealtime.com* finden Sie lange Listen mit digitalen Camcordern.

Sie benötigen außerdem ein FireWire-Kabel, ein Hochgeschwindigkeitskabel, das in einen der beiden FireWire-Anschlüsse an Ihren Mac passt. (Wenn bei Ihrem Mac kein solches Kabel dabei war, können Sie es in jedem Computerladen oder, wahrscheinlich sogar noch billiger, bei einem Online-Versand, beispielsweise unter *www.pccables.com* oder *www.cwol.com/firewire/ 1394_cables.htm* kaufen.) Stecken Sie das kleine Ende des Kabels in Ihren Camcorder und den anderen Stecker in Ihren Mac.

Ihr Leben filmen

Nicht viele Leute machen mit Ihren digitalen Camcordern auch wirklich Filme – schreiben ein Skript, suchen sich Schauspieler zusammen und all den Kram. Die meisten Leute beschließen, lediglich das Rohmaterial ihrer Homevideos zu bearbeiten, und das ist eine sehr gute Sache. Wenn Sie jemals Zeit damit verbracht haben, im Haus eines Freundes sechs Stunden lang sich anzusehen, wie der kleine Sohn sein Essen wieder ausspuckt, wissen Sie, dass nur ein bearbeitetes Homevideo ein gutes Homevideo ist.

 Der erste Schritt, auf Ihrem Mac ein Film zu erstellen, ist das Einfangen von Leben mit Ihrem Camcorder. Es gibt dabei nicht viel zu tun: drücken Sie einfach den roten Knopf, um mit dem Filmen zu beginnen, und drücken Sie ihn erneut, um anzuhalten. Ach ja, und nehmen Sie den Linsendeckel ab.

Die Qualität Ihrer Ausrüstung ist so gut und die Ergebnisse so aufregend, dass es wirklich die Zeit wert ist, ein paar Tricks zu lernen, damit Ihre Sachen professioneller aussehen:

✔ **Seien Sie vorsichtig mit dem Zoomen.** Ja, ich weiß, dass Ihr Camcorder einen Zoomknopf hat und es Spaß macht, ihn zu benutzen. Aber es ist auch nervtötend, das mit anzusehen. Beschränken Sie sich auf eine einzige Zoomfahrt pro Szene oder gar keine.

✔ **Versuchen Sie es mit einem Stativ.** Diese Dinger sind billig und die daraus resultierende Stabilität schlägt sich enorm in der Qualität des fertigen Films nieder.

✔ **Benutzen Sie ein Ansteckmikrophon für Dialoge.** Ein Kennzeichen von Amateurvideos ist die Tonqualität. Das im Camcorder eingebaute Mikrofon nimmt nicht nur die Geräusche des Camcorders mit auf, sondern klingt auch noch schlecht, wenn man mehr als zwei Meter vom Sprecher entfernt ist. Ein Krawattenmikrophon kostet im Elektroladen vielleicht 50 DM. Kaufen Sie noch ein paar Verlängerungsleitungen dazu, stecken Sie sie in die Mikrofonbuchse des Camcorders und Sie werden sehen, wieviel Tonqualität Sie hinzugewinnen.

Schritt 1: Das Rohmaterial in ein iMovie verwandeln

Sie haben nun gefilmt und einige gute Szenen eingefangen. Sie sind bereit für den Spaß, bereit zu beginnen. Verbinden Sie Ihren Camcorder mit dem Mac. Bringen Sie den Camcorder in den VTR-Modus (auch bekannt als VCR- oder Playback-Modus). Starten Sie iMovie, das sich in Ihrem Ordner PROGRAMME befindet. Sie werden sich selbst in dieser wunderbaren Welt wiederfinden, über deren Knöpfe und Befehle Sie etwas auf den nächsten Seiten lesen werden:

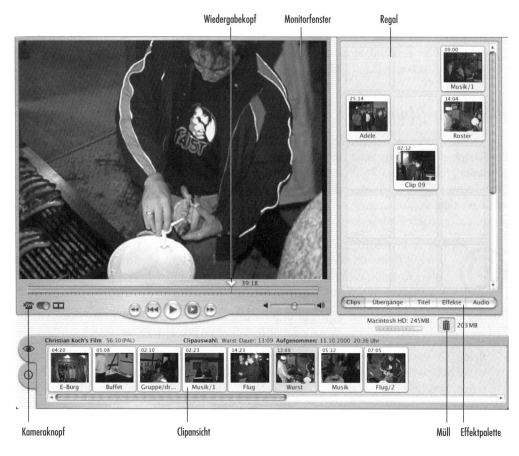

Ziehen Sie den kleinen blauen Schalter KAMERA/BEARBEITEN zur Einstellung DV-KAMERA. Wenn Sie alles richtig gemacht haben, sehen Sie einen großen, blauen Bildschirm, mit den auffällig aufgezeigten Worten »Kamera verbunden« in der oberen linken Ecke. Sie sind bereit, sich ausgewählte Szenen vom Camcorder aufzunehmen, um sie im Mac zu speichern.

Sie können, die Funktionen Play, Stop, Zurück- und Vorwärtsspulen des Camcorders kontrollieren, indem Sie die Knöpfe auf Ihrem Macbildschirm benutzen – ein aufregendes und prickelndes Feature. Es sei denn, Sie haben so einen komischen No-Name-Camcorder (oder einen JVC, der nicht gut mit Macs arbeitet). Klicken Sie dafür die Knöpfe unterhalb des großen Monitorbildschirms, so wie hier:

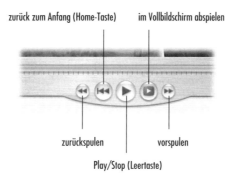

Clips in den Rechner überspielen

Während Sie sich das Band anschauen, sollten Sie jedesmal, wenn Sie ein Stück Rohmaterial sehen, das es Wert ist, in den Film eingebaut zu werden, es überspielen! Klicken Sie dafür den IMPORTIEREN-Button, einmal, um zu beginnen, und noch einmal, um das Überspielen anzuhalten, während Ihr Camcorder weiterspielt. Oder drücken Sie die Leertaste, die oftmals einfacher und exakter ist: drücken Sie einmal zum Starten und einmal zum Stoppen.

Jedesmal, wenn Sie eine Szene von Ihrer Kassette grabben, erscheint diese in der Medienablage (schauen Sie in das Bild zu Beginn von Schritt 1), wo sie durch eine Art Dia dargestellt wird. Gratulation: Sie haben soeben einen Clip erstellt.

Die Medienablage ist eine Art Warteraum. Ein Platz, um Clips zeitweise abzulegen, bevor Sie sie in die Filmspur im unteren Teil des Bildschirms einbauen. Wenn Sie dann einmal genug Clips überspielt haben und beginnen können, Ihren Film zusammenzusetzen, ziehen Sie sie runter in die Filmspur. Auf diese Weise machen Sie im Regal Platz für weitere Clips.

Wieviel Rohmaterial hält Ihr Mac aus?

Digitale Videos, die einmal von Ihrem Camcorder in den Mac überspielt worden sind, nehmen eine riesige Menge Ihres Festplattenplatzes ein: 210 MB Ihrer Festplatte pro Minute Video! Rechnen Sie einmal nach und finden Sie heraus, dass, sagen wir mal, eine Spezialauflage iMac DV lediglich rund 55 Minuten Video auf einmal aushält.

Das ist keine so große Sache, dennoch geht es bei der ganzen Sache um die Bearbeitung des Materials auf Ihrem Mac und das Zurücküberspielen auf Ihre Videokassetten, die Sie dann Freunden, der Familie und Geldgebern vorspielen können. Stellen Sie sich Ihren Mac als zeitweiligen Arbeitsplatz vor, wo Sie zu einer bestimmten Zeit an einem kleinen Teil des Patienten arbeiten. Sie können unzählige Male Videos zwischen Ihrem Camcorder und Ihrem Mac hin und her spielen. Das Rohmaterial wird niemals an Qualität verlieren, wie es zum Beispiel bei einer Audiokassette der Fall wäre.

Geschwindigkeit vs. Qualität

Trotz der Ehrfurcht erregenden Leistung und Schnelligkeit eines modernen Macs ist er nicht schnell genug, um Videos mit voller Geschwindigkeit und Qualität abzuspielen, während Sie an ihm arbeiten. Wenn Sie ihn das erste Mal benutzen, werden Sie vielleicht auf die lästigen Sprünge in der Videowiedergabe im Monitorfenster stoßen, wo Sie sich Ihre Clips anschauen.

Besonders, wenn Sie Clips von Ihrem Camcorder überspielen, haben Sie möglicherweise bessere Resultate, wenn Sie dem Programm sagen, dass es sich nicht weiter um die Bildqualität kümmern, sondern seine Aufmerksamkeit lieber der gleichmäßigen Wiedergabe widmen soll. Um dies zu tun, wählen Sie aus dem Menü BEARBEITEN die VOREINSTELLUNGEN. Klicken Sie GLEICHMÄSSIGERE WIEDERGABE und dann OK.

Nun werden Sie, während Sie den Film zusammenbasteln, Flecken in den Bildern sehen. Auf der anderen Seite werden Sie keine Sprünge sehen. Diese Einstellung macht es Ihnen wesentlich leichter, genau die Menge an Rohmaterial von Ihrem Camcorder zu überspielen, die Sie möchten.

Das allerbeste ist, dass dieser Kompromiss nur auf dem Macbildschirm auftritt! Wenn Sie Ihren fertigen Film wieder auf eine Videokassette überspielen, oder ihn als fertige QuickTime-Film-Datei speichern, bekommen Sie beides: gestochene Bildqualität und völlige Eleganz in der Wiedergabe.

Während Sie in iMovie arbeiten, beobachten Sie die Anzeige für den freien Platz oberhalb der Zeitleiste. Die Darstellung ist blau, wenn Sie noch genügend freien Platz haben, gelb, wenn die Sache knapp wird, und rot, wenn Ihre Festplatte nahezu voll ist. An diesem Punkt ist es Zeit, Ihren Film wieder auf eine Videokassette zu spielen (schauen Sie an das Ende dieses Kapitels) und die übrigen Clips von der Festplatte zu entfernen. (Jede Datei, die Sie in iMovie speichern, erscheint in einem eigenen Ordner, der einen MEDIA-Ordner enthält. Um Videodateien zu löschen, bei denen Sie sich sicher sind, dass Sie sie nie wieder brauchen, werfen Sie diesen Ordner weg.)

Benennen, Abspielen und Zurechtschneiden von Clips

Sind ihre Clips einmal in der Medienablage, können Sie drei Dinge mit ihnen machen: sie umbenennen, sie abspielen und sie zurechtschneiden.

Clips benennen

 Während ihre Clips in der Medienablage zu sehen sind, tragen sie solch aufregende Namen wie Clip 01, Clip 02 usw. Aus ihnen einen Film zu machen, ist mit anderen Namen – klein Erna lacht, klein Erna fällt hin usw. – wesentlich leichter. Klicken Sie dafür nur einmal auf den Namen eines Clips, tippen Sie einen neuen ein und drücken Sie die ⏎-Taste.

Clips abspielen

Um einen Clip abzuspielen, der sich in der Medienablage befindet, klicken Sie ihn einmal an. Sie werden den ersten Rahmen im Monitor angezeigt bekommen. An diesem Punkt können Sie irgendeinen der VCR-Buttons benutzen, um den Clip abzuspielen, genau so, wie Sie sie benutzt haben, um Ihren Camcorder zu einem früheren Zeitpunkt dieser Lektion zu kontrollieren. Sie können auch das winzige Feld WIEDERGABEKOPF – der gerade zwei Bilder zuvor gezeigt wurde – ziehen, um frühere oder spätere Stellen des Clips zu sehen.

Clips zurechtschneiden

Wie professionelle Videobearbeiter, werden auch Sie ganz schnell feststellen, dass es immer das sicherste ist, mehr Rohmaterial von Ihrem Camcorder zu überspielen, als sie eigentlich benötigen – einige Sekunden vor und nach der Haupthandlung zum Beispiel. Später ist es dann einfach, die Reste wegzuschneiden.

Um einen Clip zurechtzuschneiden, klicken Sie dessen Bild in der Medienablage (oder in der Clipansicht oder der Zeitleiste, wenn Sie ihn dorthin getan haben). Im Monitorfenster ziehen Sie einfach unterhalb der Monitor-Scrollleiste, so wie hier gezeigt:

Während Sie ziehen, erscheinen zwei Dreiecke. Das Schema ist einfach: Alles dazwischen (in der Scrollleiste durch gelb-grün angezeigt) verbleibt im eigentlichen Clip; alles außerhalb wird für immer verloren gehen. Wenn Sie die Maus für diese Feinarbeit zu klobig finden, klicken Sie darauf und benutzen die Pfeiltasten Ihrer Tastatur, um sich jeweils ein Bild weiter zu bewegen. (Fügen Sie die ⇧-Taste hinzu, um eines dieser Dreiecke in Zehnerschritten vorzubewegen.)

 Schließlich, wenn Sie nur den guten Teil isoliert haben, wählen Sie BEARBEITEN/ SCHNEIDEN. Alles außerhalb der Dreiecke wird herausgeschnitten. (Sehen Sie das kleine Papierkorb-Icon auf dem Bildschirm? Der Megabyte-Zähler erhöht sich, um Ihnen zu zeigen, wieviel Sie bereits herausgeschnitten haben. Sie können auf den

Papierkorb doppelklicken, um versehentlich herausgeschnittene Filmstückchen wieder herauszuholen, genau so, wie es auch mit dem Papierkorb auf Ihrem Schreibtisch funktioniert. Wenn Sie den Befehl RÜCKGÄNGIG aus dem Menü BEARBEITEN benutzen, können Sie die letzten zehn Arbeitsschritte rückgängig machen, inklusive des Abschneidens und Löschens von Clips.

Schritt 2: Den Film zusammenbauen

Um Ihre einzelnen Clips zu einem Film zusammenzubauen, ziehen Sie sie aus der Medienablage in die Clipansicht (das Zeitleistending) im unteren Teil des Bildschirms. Einmal da, ist jeder Clip ein eigener Teil, den Sie nach links oder rechts ziehen können, um ihn vor oder nach anderen Clips spielen zu lassen.

Ist in der Filmspur kein Clip gekennzeichnet, können Sie den Wiedergabekopf unter das Monitorfenster ziehen, um im ganzen Film umherzuspringen. Während Sie dieses tun (und während Sie einen Clip abspielen), sehen Sie den winzigen Cursor über die Bilder der Clips in der Zeitleiste krabbeln. Wieder einmal können Sie die Pfeiltasten benutzen, um den Wiedergabekopf genauer in Position zu bringen.

Die Clipansicht zeigt trotzdem nur ein Bild für jeden Clip – und sie sind alle in derselben Größe. Um einen Überblick über Ihren Film zu erhalten, komplett mit Streifen, die die Länge der Clips anzeigen, klicken Sie auf das Uhr-Icon, wie hier gezeigt.

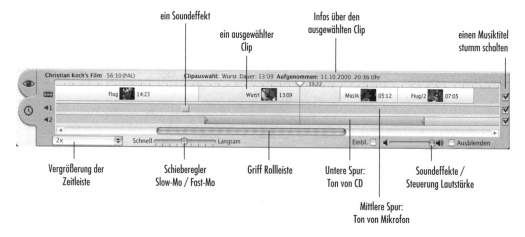

Jetzt werfen Sie einen Blick auf die Zeitleiste, wo Sie außerdem Streifen sehen, die Musikstücke darstellen.

Übergänge hinzufügen

Diese nahtlosen Überblendungen zwischen den Szenen, wie man sie jeden Abend in den Fernsehnachrichten und in Filmen sieht, werden als Übergänge bezeichnet. iMovie bietet Ihnen verschieden Typen an; klicken Sie den Button ÜBERGÄNGE auf der Effektpalette an, um die Liste erscheinen zu lassen.

Klicken Sie auf den Namen des Übergangs, den Sie haben möchten. Nutzen Sie Geschwindigkeitsregler, um festzulegen, wie viele Sekunden Ihr Übergang dauern soll. (Eine Sekunde ist so ziemlich die Norm.) Haben Sie das einmal getan, ziehen Sie den Namen (oder den Miniatur-Vorschaurahmen) des Überganges hinunter in die Clipansicht oder die Zeitleiste zwischen die beiden Clips, die Sie auf diese Art verbinden wollen. Die Clips werden auseinander laufen, um Platz für das erscheinende Übergangsicon zu schaffen.

In dem Moment, in dem Sie das tun, beginnt ein winziger roter Fortschrittsbalken quer über das Übergangsicon zu krabbeln. Ihr Mac verarbeitet nun den Übergang – rendert ihn, wie die Profis sagen würden – indem er das Ende eines Clips und den Anfang des nächsten verschmilzt. Wenn das beendet ist, klicken Sie in Ihrer Zeitleiste kurz davor, drücken Sie die Leertaste um abzuspielen und wundern Sie sich über Ihre neue Fähigkeit, Homevideos wie ein Profi zu erstellen.

Um einen Übergang zu entfernen, klicken Sie auf dessen Icon in der Zeitleiste oder der Clipansicht und drücken Sie ENTFERNEN. Um seine Länge zu verändern, klicken Sie ihn einmal an, kehren dann zu der Übergangspalette zurück, passen den Geschwindigkeitsanzeiger an und klicken auf AKTUALISIEREN.

Und bitte – benutzen Sie Übergänge und Spezialeffekte in Maßen.

Spezialeffekte

Neu an iMovie 2 ist: Spezialeffekte können tatsächlich das Aussehen Ihres Rohmaterials verändern. Wählen Sie einen Clip aus und klicken Sie auf EFFEKTE. Die Liste mit den Effekten erscheint. Sie beinhaltet Einstellungen wie HELLIGKEIT/KONTRAST, FARBE ANPASSEN, SEPIATON (großartig, um langweilige Schnappschüsse aus dem Leben nostalgisch aussehen zu lassen) oder WEICHZEICHNEN (gut für selbstbewusste Menschen mit Falten). Die EFFEKT EINBLENDEN- und EFFEKT AUSBLENDEN-Regler lassen sich so einstellen, dass der Effekt nicht unbedingt am Anfang des Clips beginnen muss. Vielmehr kann er anfangen und enden, wo immer Sie es wünschen.

Nachdem Sie ein bisschen mit den verschiedenen Reglern der einzelnen Effekte herumgespielt haben, drücken Sie den Button VORSCHAU (Sie sehen dann ein ungefähres Bild wie der Clip später auf dem Bildschirm aussieht). Drücken Sie ANWENDEN (um den Effekt auf den Clip anzuwenden); WIEDERHERSTELLEN (falls Sie Ihre Meinung geändert haben und den ursprünglichen Clip wieder herstellen wollen); oder BEIBEHALTEN (was Ihre Festplatte wieder ein bisschen von der Datenlast befreit, aber auch bedeutet, dass Sie den Effekt niemals wieder aus dem Clip entfernen können).

Titel hinzufügen

iMovie ermöglicht es Ihnen, Ihrem Heimvideo Lauftitel und Vorspänne hinzuzufügen. Es ist nicht gut genug, um »Es war einmal vor langer langer Zeit in einer fernen Galaxie«-Vorspänne zu basteln, aber es ist allemal besser als Blockbuchstaben auf Pappe zu kleben.

Beginnen Sie, indem Sie den Button TITEL anklicken. Eine Liste mit möglichen Titelanimationen erscheint. In dem Textfeld unterhalb der Liste tippen Sie den Text ein, den sie für die Titel vorgesehen haben. Denken Sie daran, dass einige Effekte, so wie »Vor-/Abspann«, es Ihnen ermöglichen, Textstücke paarweise einzugeben, wie unten rechts gezeigt. Nachdem Sie einige Paare eingetippt haben, klicken Sie auf den Plus-Button, um weitere Paare hinzuzufügen. Das Programm fügt automatisch die Punkte hinzu und ordnet alles schön an, wie auf der linken Seite zu sehen ist.

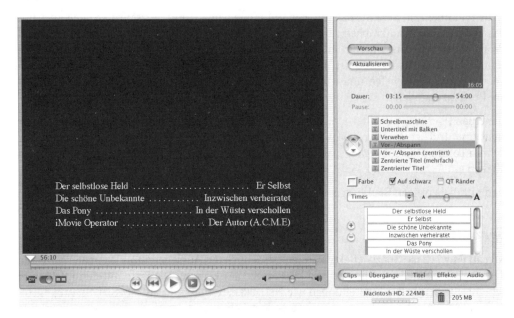

Klicken Sie auf den VORSCHAU-Button, um zu sehen, wie dieser Effekt aussieht. Passen Sie den Geschwindigkeitsregler über der Liste an, um festzulegen, wie lange der Text auf dem Bildschirm verbleibt. Wählen Sie einen Zeichensatz, eine Farbe und Textgröße aus den Einstellungen und Reglern, und ziehen Sie dann den Namen der Überschrift in die Clipansicht oder die Zeitleiste.

 Wollen Sie diese Überschrift vor einem Clip einfügen, so dass der Text auf einem schwarzen Hintergrund erscheint, aktivieren Sie die Checkbox AUF SCHWARZ. Wenn Sie Ihren Text lieber über Ihrem Film sehen wollen, lassen Sie sie einfach ausgeschaltet. Sie werden schnell feststellen, dass das Einstanzen von Text in einen Clip diesen in zwei Hälften teilt - der Teil mit der Schrift ist der eine Clip und der unbehandelte Teil der andere.

Überschriften zu bearbeiten funktioniert genau so, wie bei den Übergängen: um eine zu entfernen, klicken Sie deren Icon in der Zeitleiste an und drücken Entfernen; um eine zu bearbeiten, klicken Sie deren Icon an und kehren zur Überschriftenpalette zurück. Dort können Sie die Schrift korrigieren, den Zeichensatz ändern usw. Klicken Sie auf AKTUALISIEREN, um Ihre Veränderungen fest in den Clip einzufügen.

Musik von einer CD grabben

Wenn Ihnen ein Film mit Übergängen und Beschriftungen noch nicht professionell genug aussieht, können Sie außerdem noch Musiktitel hinzufügen. Wenn Sie ein technisch versierter Musiker sind (Sie wissen, wer Sie sind), großartig; speichern Sie Ihre Arbeit als eine AIFF-Datei (Sie wissen, was das ist) und importieren Sie sie in iMovie (Sie wissen, wie das geht).

Sind Sie irgend jemand anderes, können Sie auf die Güte Ihrer existierenden CD-Kollektion vertrauen, solange Sie keiner von den Plattenfirmen erwischt. Legen Sie eine Musik-CD in Ihren Mac ein. Klicken Sie in iMovie auf den Button AUDIO auf der Effektpalette. Eine Liste der CD-Titel erscheint. Klicken sie einen beliebigen an und finden Sie einen geeigneten Ausschnitt mit Hilfe der Playtaste unterhalb der Titelleiste.

Sprache und Toneffekte

Wenn Sie auf den Button AUDIO auf der Effektpalette klicken, werden Sie sehen, dass in iMovie bereits einige vorgefertigte Soundeffekte integriert sind. Ziehen Sie einfach einen beliebigen auf eine Audiospur, um ihn in den Film einzubauen.

Sie können Ihre Filme außerdem auch vertonen, während sie abgespielt werden, vorrausgesetzt, an Ihrem Mac ist ein Mikrofon angeschlossen (siehe Kapitel 21). Befolgen Sie diese Schritte:

1. **Verlassen Sie iMovie. Wählen Sie aus Ihrem -Menü KONTROLLFELDER/TON.**

    Wenn Sie einen älteren Mac besitzen, schauen Sie statt dessen nach MONITORE UND TON. Klicken Sie auf TON, wenn sich das Fenster öffnet.

2. **Klicken Sie auf EINGANG und wählen Sie das passende Mikrofon aus.**

    Bei einem iMac oder einem PowerBook können Sie auch das eingebaute oder interne Mikrofon benutzen. Bei einem Power Macintosh oder Cube mit einem extern angeschlossenem Mikrofon, wählen Sie dieses aus.

3. **Schließen Sie das Fenster. Öffnen Sie iMovie. Klicken Sie auf der Zeitleiste das Uhr-Icon an. Klicken Sie in das Lineal über den Spuren an die Stelle, an der Ihr Kommentar beginnen soll. Klicken Sie AUDIO auf der Effektpalette an.**

4. **Klicken Sie SPRACHAUFNAHME, beugen Sie sich zum Mikrofon und sagen Sie, was Sie zu sagen haben. Klicken Sie die Aufnahmetaste, um zu stoppen.**

Ihr neu aufgenommener Ton erscheint in der Tonleiste.

Den Ton in der Zeitleiste bearbeiten

Haben Sie einmal Ton in Zeitleiste gelegt, können Sie den farbigen Streifen nach rechts oder links verschieben, um ihn besser an das Videobild anzupassen. Ziehen Sie am Endgriff eines Tonstückchens, um es früher enden zu lassen; klicken Sie auf eine Tonaufnahme und ziehen Sie am Lautstärkeregler, um die Wiedergabelautstärke einzustellen; klicken Sie eines der Kästchen für Ein- oder Ausblenden an, um eine professionell klingende Blende am Anfang oder Ende des Audiomaterials zu erzeugen. Sie können Ihre Tonaufnahme natürlich auch komplett löschen, indem Sie sie anklicken und die Entfernentaste drücken.

Schritt 3: Ein Publikum finden

Nachdem Sie mit Ihrem Film zufrieden sind, darauf gewartet haben, dass die kleinen, roten Rendering-Linien ihr Ziel erreichen, testen Sie ihn. Betätigen Sie die Home-Taste (um zum Anfang zurückzuspulen) und dann die Leertaste (um ihn ein letztes Mal abzuspielen).

Wenn alles gut aussieht, sind Sie bereit, Ihren filmlosen Film anderen Leuten zu zeigen. Dazu haben Sie zwei Möglichkeiten: Entweder spielen Sie ihn zurück auf die Videokassette spielen, oder machen einen QuickTime-Film daraus, den andere Computer abspielen können.

Ihren Film an den Camcorder zurückschicken

Es spricht eine Menge dafür, Ihren fertigen Film zurück auf die Kassette des Camcorders zu bringen. Sie können Ihr Meisterstück jedem vorspielen, wenn Sie Ihren Camcorder an einen Fernseher anschließen. Und indem Sie den Camcorder an einen gebräuchlichen Videorekorder anschließen, können Sie VHS-Kopien davon machen und an jeden verteilen, der interessiert ist.

Beginnen Sie, indem Sie eine Kassette in den Camcorder einlegen. Überspielen Sie jedoch niemals etwas Wichtiges!

Wählen Sie aus dem Dateimenü nun EXPORTIEREN. Das EXPORTIEREN-Dialogfenster erscheint. Aus dem PopUp-Menü wählen Sie KAMERA und klicken dann EXPORTIEREN.

Wenn Ihr Camcorder ordnungsgemäß mit dem FireWire-Anschluss des Macs verbunden, angeschaltet und in den VCR-Modus geschaltet ist, kann er Ihren Film aufnehmen. Wenn die Aufnahme abgeschlossen ist, sollten Sie noch überprüfen, ob die Überspielung auch wirklich funktioniert hat. Klicken Sie den DV-Kamera-Knopf in iMovie, und benutzen Sie die Wiedergabe- und Rückspulknöpfe, um den Camcorder zu steuern, so dass dieser Ihnen Ihr Werk ein letztes Mal in seiner Endversion zeigt.

Ihren Film als QuickTime-Datei speichern

Der einizige große Nachteil des Filmemachens mit Ihrem Mac ist, dass Filme einen großen Teil Ihres Festplattenplatzes belegen. Eine normale CD-ROM kann zum Beispiel nur weniger als zwei Minuten Video in voller Auflösung aufnehmen. Es ist klar, dass diese Art der Speicherung weniger dafür geeignet ist, einen Film als E-Mail an irgendjemanden zu verschicken oder ihn ins Web zu stellen. Das Herunterladen würde mit einem normalen Modem 56 Stunden dauern.

Der Hauptnutzen eines QuickTime-Films besteht darin, die Größe der Datei zu verringern. Ein QuickTime-Film ist eine einzelne Datei auf Ihrer Festplatte, auf die Sie doppelklicken können, um sie abzuspielen, sie per E-Mail an andere Leute zu verschicken, sie ins World Wide Web zu stellen, sie auf einer anderen Festplatte zu speichern usw.

Sie können die Größe der Datei folgendermaßen verkleinern:

- ✓ **Verkleinern Sie den Bildschirm.** Statt auf dem ganzen Bildschirm werden die meisten QuickTime-Filme in einem kleinen, vielleicht 10 mal 10 Zentimeter großen Fenster abgespielt.

- ✓ **Vermindern Sie die Farbqualität.** Mit einer speziellen Konvertierung, die auch als Komprimierungn bezeichnet wird, kann Ihr Mac die Farbe jedes einzelnen Bildpunktes mit weniger Informationen beschreiben. Dadurch wird der Film kleiner (aber auch körniger).

- ✓ **Verringern Sie die Bildwiederholrate.** Ein QuickTime-Film simuliert die Bewegung genau wie im richtigen Kino dadurch, dass er viele Einzelbilder in einer schnellen Abfolge hintereinander anzeigt. Je mehr dieser Einzelbilder pro Sekunde angezeigt werden, desto ruhiger läuft der Film – und desto größer wird auch die QuickTime-Datei. Wenn Sie Ihrem Mac sagen, dass er den QuickTime-Film beispielsweise nur mit 12 Bildern pro Sekunde speichern soll, statt der beim richtigen Film gebräuchlichen 24, wird Ihre Datei auch nur halb so groß. (Die Wiedergabe ist dann dafür aber auch nicht mehr so rugleichmäßighig.)

Nachdem Sie mit Ihrem iMovie-Film fertig sind, ist hier der Weg, wie Sie ihn speichern können. Wählen Sie aus dem Ablage-Menü FILM EXPORTIEREN aus. Wenn die Dialogbox auf dem Bildschirm erscheint, wählen Sie QUICKTIME aus dem Menü EXPORTIEREN.

Nun müssen Sie sich entscheiden, wie Sie die Filmdatei komprimieren wollen. Die Dialogbox bietet ihnen verschiedene Voreinstellungen:

- ✓ **E-Mail, klein:** Schrumpft Ihren Film auf Briefmarkengröße mit 10 Bildern pro Sekunde, klein genug, um als E-Mail verschickt zu werden.

- ✓ **Webfilm, klein:** Schrumpft Ihren Film auf zehn mal zehn Zentimeter Bildschirmgröße mit 12 Bildern pro Sekunde.

✔ **CD-ROM-Film, mittel:** Diese Option erzeugt einen Film, der fast ein Viertel der Bildschirmfläche einnimmt und mit ruhigen 15 Bildern pro Sekunde abgespielt wird – mit Ton in CD-Qualität. Versuchen Sie nicht, dieses Baby per E-Mail zu verschicken; es ist zu groß. Spielen Sie den Film von der Festplatte ab oder (wenn Sie einen CD-Brenner besitzen, diese sind in Kapitel 20 beschrieben) brennen Sie ihn auf eine CD.

✔ **Höchste Qualität, groß:** Erzeugt einen QuickTime-Film, der nahezu Fernsehqualität hat. Er wird in einem großen Fenster abgespielt, das fast den ganzen Bildschirm füllt. Es werden 25 Bilder pro Sekunde angezeigt (Fernsehqualität) und der Ton ist in CD-Qualität. Diese Art von Film verbraucht gigantische Mengen an Festplattenplatz und wird auch nicht ruckelfrei abgespielt, es sei denn, Sie haben einen der schnellsten Power Macs.

✔ **Andere Einstellungen:** Dieser Befehl bringt ein Dialogfenster auf den Bildschirm, in dem Sie genau einstellen können, wie Ihr Film komprimiert werden soll: wie viele Bilder pro Sekunde angezeigt werden sollen, welche Größe das Wiedergabefenster haben soll, wie stark die Farbdarstellung komprimiert werden soll usw. *Tipp*: In den meisten Fällen erzielen Sie die beste Qualität mit dem Sorenson (für QuickTime 4.0 Maschinen, wie Ihre) oder dem Cinepak Codec. Diese Komprimierungsverfahren erzeugen Filme, die wesentlich weniger Festplattenplatz benötigen, ohne dass die Farbwiedergabe zu körnig wird.

Wenn Sie die Checkbox QUICKTIME 3.0 KOMPATIBEL anklicken, kann der Film auch mit dieser älteren Version von Quicktime betrachtet werden. iMovie beginnt nun mit der schwerwiegenden Aufgabe, Ihren Film in die komprimierte Version zu konvertieren. Diese Konvertierung braucht sehr viel Zeit – zum Beispiel eine Stunde, um zwei Minuten Film bearbeiten.

Bleiben Sie nicht sitzen und sehen zu, wie das passiert; lassen Sie es unbeachtet weiterlaufen. Tun Sie etwas Nützliches – sehen Sie sich einen Film an.

Ein großes Kapitel über AppleWorks

In diesem Kapitel

▶ In der universellsten Software weltweit herumstöbern

▶ Text, Grafiken und Datenbankinformationen verbinden

▶ Gehen Sie über Ihr eigenes Ziel hinaus: Slide Shows, Pressemitteilungen

AppleWorks-Software gleicht einem Schweizer Messer. Schauen Sie einfach mal auf das, was Sie vor sich haben, auch wenn Sie nicht wissen, was das alles ist: ein Textverarbeiter, eine Datenbank und eine Tabellenkalkulation. Nun, wieviel würden Sie dafür bezahlen? Aber halt: Sie bekommen außerdem ein Grafikprogramm, das auch als einfaches Seitenlayout-System dienen kann. Und wenn Sie jetzt bestellen, bekommen Sie zusätzlich ein kleines Diashow-Programm – absolut kostenlos!

All diese Bauelemente sind ordentlich zu einem einzelnen Programm gebündelt. Sie können einen Brief schreiben und eine Grafik einbauen, oder Sie kreieren einen Flyer mit einem kleinen Spreadsheet usw. Es wird sich auch lohnen, dieses Kapitel zu lesen, wenn Sie nicht die dazugehörige Software besitzen, denn AppleWorks arbeitet fast genau so, wie die meisten anderen Macprogramme auch; lernen Sie es, und sie fühlen sich in Dutzenden anderer Programme wie zu Hause.

Um AppleWorks zu starten, klicken Sie doppelt auf das dazugehörige Icon. (Sie finden es in dem Ordner AppleWorks 6, der sich entweder in Ihrem Festplattenfenster oder im Ordner APPLICATIONS befindet.)

Nachdem das Logo verschwunden ist, fragt Sie das Ausgangspunkt-Fenster, was Sie ausführen möchten. Weil Sie dieser Entscheidung jedes Mal, wenn Sie dieses Programm benutzen, gegenüberstehen, wird eine Zusammenfassung an dieser Stelle in Ordnung sein. Machen Sie sich keinen Stress, wenn diese kurze Zusammenfassung Ihnen nicht alles erklären kann: Sie werden in diesem Kapitel mit jedem Modul vertraut gemacht.

Textverarbeitung: Sie wissen, was ein Textverarbeitungsdokument ist: etwas, was Sie schreiben, eine Notiz, eine Geschichte, eine Randnotiz.

Zeichnung: Das ist ein Zeichenprogramm. In dieser Art von Dokument, spielen Sie mit Linien, Formen und Farben, um solche wichtigen Dinge wie Logos, Karten und Diagramme zu erstellen.

Malumgebung: Das ist ein Malfenster. Das Malen ist ein anderer Weg, Grafiken herzustellen. Jedoch anders als im Zeichenmodus, wo Sie lediglich Kreise, Linien und Quadrate erstellen können. Mit den Malwerkzeugen können Sie Schatten erzeugen, Spritzer und noch viel mehr strukturierte Kunstwerke. Sollten Sie einen Scanner oder eine Digitalkamera besitzen, können Sie dieses Programm benutzen, um die Fotos aufzufrischen.

Tabellenkalkulation: Ein computerisiertes Arbeitsblatt, das Ihnen bei Berechnungen helfen soll: Sie können es benutzen, um Ihren Kontostand zu kalkulieren, welcher Anteil der Telefonrechnung auf Ihre Tochter entfällt und solche Sachen.

Datenbank: Eine elektronische Index-Karten-Datei. Sie schreiben einfach Ihre Listen hinein – Haushaltsausgaben; Plattensammlungen –, und das Programm sortiert diese, druckt sie, findet bestimmte Informationen sofort usw.

Präsentation: Ihre einfache Diashow – außer, dass sich alles auf dem Computerbildschirm befindet. Nun können Sie also auch Ihren Standpunkt in gemeinschaftlichen Sitzungen vertreten, indem Sie eine Reihe langweiliger Diagramme und Grafiken zeigen.

Um AppleWorks ein wenig vorzuführen, zeige ich Ihnen, wie Sie einen Dankesbrief schreiben. Aber nicht irgendeinen Dankesbrief – es wird der weltweit schönste und persönlichste Brief. Sie werden eine Adressenliste mit einem Teil des Briefes verschmelzen; das erstellen, was erscheint, um individuell zusammengesetzte Briefe darzustellen. Der technische Ausdruck für das, was Sie dort tun werden, ist *Serienbriefe erstellen*.

Auch wenn Serienbriefe nicht der einzige Grund sind, aus dem Sie einen Computer gekauft haben, gehen Sie der Sache weiter nach. Dieses Kapitel wird Sie durch das Meiste von AppleWorks durchbringen, und Sie werden einige Features, die nützlich werden, in Ihr Gedächtnis zurückrufen.

Ihre erste Datenbank

Stellen Sie sich vor, Sie haben gerade geheiratet. Sie wurden mit liebenswerten Geschenken überhäuft. Nun ist es Ihre Aufgabe, ein nettes Dankeschön an alle zu schicken, die Geschenke verteilt haben. Sie werden zunächst damit anfangen, eine Liste der betreffenden Personen zu erstellen. Die ideale Software, um diese Art von Information zu organisieren, ist eine Datenbank. Doppelklicken Sie deshalb das Wort DATENBANK, wie es in der folgenden Illustration gezeigt wird.

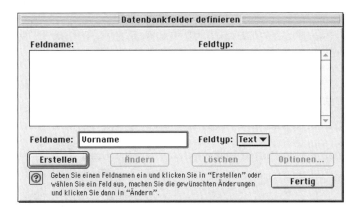

Erschrecken Sie sich nicht, der Bildschirm, der jetzt erscheint, wird vielleicht kompliziert aussehen, aber es ist ehrlich gesagt gar nicht so schlimm – das Programm will lediglich wissen, welche Felder Sie zu Verfügung haben möchten, die Sie dann für jede Person ausfüllen (Name, Adresse, Geschenk usw.)

Sie müssen nun Namen für diese Felder vergeben.

So geht's:

1. **Schreiben Sie »Vornamen« und drücken Sie ⏎.**

    ⏎ zu drücken ist dasselbe wie den Erstellen-Button zu klicken.

2. **Schreiben Sie »Nachnamen« und drücken Sie ⏎.**

3. **Schreiben Sie »Adresse« und drücken Sie ⏎.**

    Sehen Sie, wie man eine Liste erstellt?

4. **Schreiben Sie »Geschenk« und drücken Sie ⏎.**

5. **Schreiben Sie »Eigenschaft« und drücken Sie ⏎.**

    In diese Kästchen können Sie eventuell ein Wort schreiben, das das tolle Geschenk, das von der entsprechenden Person ist, beschreibt.

6. **Zu guter Letzt schreiben Sie »Teil des Hauses« (Sie werden gleich sehen warum) und drücken ⏎.**

   Ihr Meisterstück sollte jetzt ungefähr so aussehen:

   ```
   ═══════════ Datenbankfelder definieren ═══════════
   Feldname:              Feldtyp:
   Vorname                Text
   Nachname               Text
   Adresse                Text
   Geschenk               Text
   Eigenschaft            Text
   Teil des Hauses        Text

   Feldname: [Teil des Hauses]    Feldtyp: [Text ▼]
   [ Erstellen ]  [ Ändern ]  [ Löschen ]  [ Optionen... ]
   (?) Um Attribute zu ändern, wählen Sie ein Feld und klicken Sie in
       "Optionen" oder ändern Sie Name oder Feldtyp und klicken Sie dann    [ Fertig ]
       in "Ändern".
   ```

7. **Klicken Sie den FERTIG-Button in der unteren rechten Ecke.**

   Die Dialogbox verschwindet.

Wenn sie nun das sehen, was sie erstellt haben, machen die einzelnen Dinge vielleicht ein klein wenig mehr Sinn. Sie haben nun Leerkästen (oh, alles klar, Felder) erstellt, die Sie nun für jede Person ausfüllen können.

```
Vorname     [_____]
Nachname    [_____]
Adresse     [_____]
Geschenk    [_____]
Eigenschaft [_____]
Teil des
Hauses      [_____]
```

Es ist Zeit für die Dateneingabe

Das ist wichtig: Um die Felder einer Datenbank auszufüllen (so wie diese), schreiben Sie ganz normal. Um von einem Feld zum nächsten zu gelangen (beispielsweise vom Vor- zum Nachnamen), betätigen Sie einfach die ⇥-Taste. Drücken Sie nicht ⏎, so wie Sie es dem Gefühl nach tun würden. Sie werden gleich feststellen warum. (Sie können auch von Feld zu Feld gelangen, indem Sie in das entsprechende Feld hineinklicken, ⇥ ist jedoch schneller.)

So funktioniert es:

1. **Vergewissern Sie sich, dass Sie eine gepunktetes Rechteck für jedes Feld sehen, so wie in der vorhergehenden Abbildung. Ist das nicht der Fall, drücken Sie** [⇆].

   Der kleine, blickende Cursor sollte sich in dem Feld für den Vornamen befinden. (Ist er nicht da, klicken Sie dort.)

2. **Schreiben Sie »Christian« und betätigen Sie dann** [⇆]**, um in das Feld für den Nachnamen zu springen.**

Vorname	Christian
Nachname	
Adresse	
Geschenk	

3. **Schreiben Sie »Müller« und drücken erneut** [⇆]**.**

   Jetzt befinden Sie sich in dem Adressenfeld.

4. **Schreiben Sie »Erfurter Straße 206«.**

   Sind Sie nun bereit herauszufinden, was [↵] macht? Gehen Sie weiter und betätigen Sie diese Taste. Stellen Sie fest, dass Sie nicht in das nächste Feld springen? Statt dessen macht das Programm das Kästchen größer, so dass Sie eine weitere Zeile Platz für die Adresse haben.

Vorname	Christian
Nachname	Müller
Adresse	Erfurter Straße 206
Geschenk	98693 Ilmenau
Eigenschaft	
Teil des Hauses	

   Wenn Sie aus Versehen [↵] gedrückt haben, eigentlich aber in das nächste Feld wollten (und nun nur das Feld vergrößert haben), drücken Sie [←].

5. **Gehen Sie weiter und schreiben Sie »98693 Ilmenau« und drücken dann** [⇆]**.**

   Und seien Sie nicht traurig darüber, dass die zweite Adresszeile sofort wieder verschwindet. Die Information ist weiterhin da.

6. **Schreiben Sie »grüner Bettüberwurf« (und drücken dann** [⇆]**); »praktisch« (und** [⇆] **drücken) und »Wohnzimmer« (und Stop).**

Sie haben nun die Informationen für die erste Person eingetragen. Damit das nicht den ganzen Tag dauert, lassen Sie uns einmal davon ausgehen, dass es sich um eine »familiäre« Hochzeit handelt und Sie nur von drei Personen Geschenke bekommen haben.

Himmel der Akzente

Ah, mais oui, mon ami. C'est vrai, c'est la vie, c'est le résumé.

Ich weiß, was Sie jetzt denken: Was für ein geschliffener, intelligenter Mann, der so französisch sprechen kann! Danke.

Sie denken jedoch auch: Wie hat er bloß diese tollen Akzente gesetzt? Ganz einfach – und Sie können das auch. Sie waren ja auch clever genug, sich einen Mac zuzulegen und nicht einen seiner 38 Konkurrenten.

Der Mac besitzt eine Menge dieser Eingenschaften. Schauen Sie auf Ihre Tastatur – ich schwöre, dass Sie kein »©«, oder »™«, oder »•«, oder »¢« oder irgendein anderes nützliches Symbol, das Macbenutzer ständig verwenden, sehen. Das liegt daran, dass sie versteckt sind. Das Geheimnis, das sie hervorholt, ist... die Optionstaste ⌥.

Sie arbeitet wie die Shifttaste: Während Sie die ⌥-Taste gedrückt halten, drücken Sie eine andere Taste. Hier sind die gebräuchlichsten:

Um das zu erhalten...	drücken Sie *Option* und das...
©	g
™	e
ç	c
¢	4
¡	1
¶	3
•	ü
®	r
†	t

Es ist gut zu wissen ist, dass Ihnen der Mac ein komplett eingebautes Hilfsblatt zur Verfügung stellt, das Ihnen die Lage der Symbole auf der Tastatur verrät. Es ist das Tastatur-Programm, das Sie in Ihrem -Menü finden.

Öffnen Sie es und schauen Sie mal nach. Versuchen Sie nun ⌥ zu drücken.

So, dort leben also all diese kleinen Monster!

Egal, zu all dem gibt es noch einen weiteren kleinen Stolperstein. Einige Symbole können auch über einige Buchstaben platziert werden. Das schließt auch die Zeichen über diesem é und è usw. mit ein. Weil der Mac nicht im Voraus weiß, welchen Buchstaben Sie schreiben wollen, ist es ein zweistufiger Prozess:

1. **Drücken Sie die entsprechende Taste auf Ihrer Tastatur, also `^` oder `´` oder `` ` `` oder `~`.**

    Wenn Sie das tun, wird nichts passieren. Mit anderen Worten, es erscheint nichts auf dem Bildschirm, bis Sie Schritt 2 tun.

2. **Schreiben Sie den Buchstaben, der unter dem Zeichen stehen soll.**

Erst jetzt erscheint das Ganze – Buchstabe und Markierung – auf dem Bildschirm. Wenn Sie also darüber nachdenken, das Sechs-Buchstaben-Wort résumé zu schreiben, bedeutet dies, acht Tastenschläge zu machen. C'est formidable, ça!

Ich würde Sie mit diesen Sachen nicht belästigen, wenn es nicht in den nächsten Anweisungen auftauchen würde:

1. **Wählen Sie Bearbeiten/Neuer Datensatz.**

    Ein neuer Datensatz (»ein Satz Felder«) erscheint, und Sie sind bereit, die Informationen der zweiten Person hineinzuschreiben.

2. **Tippen Sie, was Sie wollen, oder übernehmen Sie das untere Beispiel. Denken Sie jedoch dran, nach jeder einzelnen Information, die `⇥`-Taste zu betätigen.**

    (Oh, und wenn Sie eine zweite Adresszeile benötigen, drücken Sie `↵`. Schreiben Sie eine Stadt und ein Land, Sie sind eine kreative Seele.)

Vorname	Franz
Nachname	Seifensieder
Adresse	Hinterwaldstraße 28
Geschenk	Digitaler Nachttopf
Eigenschaft	High-Tech
Teil des Hauses	Schlafzimmer

3. **Wählen Sie erneut Bearbeiten/Neuer Datensatz, und tippen Sie einen dritten Satz von Informationen ein. Vielleicht schreiben Sie »Mingvase« als Name des Geschenks.**

    Fabelhaft! Sie sind jetzt wirklich im Geschäft.

4. **Als letzten klugen Schritt wählen Sie Datei/Speichern und schreiben »Geschenkliste« als Namen Ihrer Datenbank in das Textfeld Speichern als.**

5. **Klicken Sie den Desktop-Button und dann** SPEICHERN**, um Ihre Datenbank auf der Festplatte festzuhalten.**

In AppleWorks Datenbanken suchen und diese sortieren

Nachdem Sie einige Daten in die AppleWorks-Datenbank eingegeben haben, können Sie sie in jeglicher Hinsicht verändern. Wählen Sie aus LAYOUT/FINDEN, um leere Aufnahmefelder zu bekommen. Schreiben Sie die entsprechenden Dinge in die dafür vorgesehenen Felder. Wenn Sie zum Beispiel alle Leute finden wollen, die im Postleitzahlenbereich 98693 leben, füllen Sie die Finden-Dialogbox so aus, wie es im unteren Bild gezeigt ist.

Klicken Sie dann den FINDEN-Button. Nach ungefähr einer Sekunde, gelangen Sie wieder in die Normalansicht, wo Sie die Ergebnisse Ihrer Suche sehen können. Das ist wichtig – AppleWorks versteckt den Datensatz, der nicht Ihren Suchkriterien entsprochen hat. Sie haben sie aber nicht verloren; sie sind nur aus Ihrem Sichtbereich verschwunden, bis Sie ALLE DATEN-

SÄTZE ANZEIGEN aus dem ORGANIZE-Menü wählen. Sie können dies überprüfen, indem Sie das kleine Buch auf der linken Seite des Bildschirms befragen. Es sagt: »Datensätze: 22 (194)«. Das heißt, dass AppleWorks immer noch die 194 Adressen in Ihrem Adressbuch kennt. Aber nur 22 haben die Postleitzahl 98693 (alles Ilmenauer Studenten).

Aber sehen Sie – wir benötigen ein paar neue Felder, oder? Denken Sie mal nach, würde das Leben nicht wesentlich besser sein, wenn es einen Computerausdruck für »Satz von Feldern« gäbe? Aber bei Gott, das gibt es schon! Ein Satz von Feldern wird als Datensatz bezeichnet.

Sie haben soeben Ihre erste Datenbank erstellt. Die Tortur, alle Informationen so einzugeben, wie Ihr Mac es sich vorstellt, hat sich gelohnt. Sie können jetzt nämlich ein paar Dinge tun, die Ihren Großeltern die Kinnlade herunterklappen lassen würde. Sie können dem Mac sagen, dass er nur die Adressen Ihrer Freunde anzeigt, deren Nachname mit Z beginnt. Oder nur die, die in Niedersachsen leben. Oder nur diejenigen, deren Geschenke Sie als »wahnsinnig nützlich« eingestuft haben. Schauen Sie für die Einzelheiten noch mal im Kasten »In AppleWorks Datenbanken Suchen und diese Sortieren« nach.

Den Serienbrief erstellen

Als Nächstes werden Sie die Danksagungen schreiben. An jeder Stelle, an der Sie den Namen einer Person verwenden wollen (oder andere geschenkbezogene Informationen), bitten Sie AppleWorks, die entsprechende Information einzufügen.

1. **Schließen Sie das Datenbankfenster.**

   Das Ausgangspunktfenster erscheint erneut, um Sie zu fragen, was für eine Art von Dokument Sie erstellen wollen.

2. **Klicken Sie auf TEXTVERARBEITUNG.**

   Sie bekommen ein nagelneues Blatt elektronisches Schreibmaschinenpapier. Der Brief fängt natürlich mit der Adresse an. Die Adresse wird allerdings auf jedem Brief anders sein! Hierfür sind Serienbriefe nützlich.

3. **Wählen Sie ABLAGE/SERIENBRIEF.**

   Wenn das kleine Fenster erscheint, sehen Sie sofort den Namen Ihrer Datenbank, der Geschenke und Listen

4. **Doppelklicken Sie auf »Geschenkliste«, um AppleWorks zu sagen, dass Sie mit dieser Datenbank arbeiten wollen.**

   Jetzt erscheint ein merkwürdig aussehendes Fenster:

   In der Scrollliste sehen Sie die Feldnamen Ihrer Datenbank. Und so funktioniert es nun:

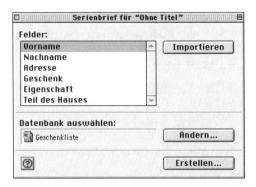

5. **Gehen Sie zu »Vorname« und doppelklicken Sie.**

   Sehen Sie, was passiert ist? Das Programm hat einen Platzhalter für den Vornamen direkt in Ihren Brief eingefügt. Wenn Sie den Brief ausdrucken, wird anstelle von »Vorname« *Josephine* dastehen.

6. **Geben Sie in das Serienbrieffenster ein Leerzeichen ein; gehen Sie zum »Nachnamen« und doppelklicken Sie ihn; drücken Sie dann ⏎, um eine neue Adresszeile zu beginnen; wechseln Sie erneut in das Serienbrieffenster und doppelklicken Sie auf »Adresse«.**

Bevor Sie weiterschreiben, wollen Sie möglicherweise das Serienbrieffenster in Ihrem Bildschirm so gut es geht nach rechts verschieben. (Um das Fenster zu bewegen, ziehen Sie an der Titelleiste.) Sie werden dann beides gleichzeitig sehen, das Fenster und Ihr Geschriebenes.

7. **Drücken Sie mehrmals ⏎ und schreiben Sie dann »Hallo« gefolgt von einem Leerzeichen.**

8. **Zeigen Sie mit der Maus im Serienbrieffenster auf »Vorname«, wie Sie es eben schon einmal getan haben; doppelklicken Sie dort; tippen Sie nun ein Komma ein.**

Ihr Brief sollte jetzt ungefähr so aussehen:

Dort ist es in Ordnung.

9. **Drücken Sie mehrmals** ⏎ **und schreiben Sie: »Ich habe fast geweint, als ich das unglaublich tolle ausgepackt habe,«** schreiben Sie zwischen »tolle« und »ausgepackt« zwei Leerzeichen.
10. **Doppelklicken Sie auf das Wort »Geschenk« im Serienbrieffenster.**
11. **Schreiben Sie dann weiter Folgendes: »Was Du mir zur Hochzeit geschenkt hast. Es ist das schönste (und jetzt doppelklicken Sie auf »Adjektiv« im Serienbrieffenster) Geschenk, das ich je bekommen habe.«**

Sehen Sie, wie es funktioniert? An jeder Stelle, an der Sie möchten, dass AppleWorks etwas aus der Geschenkdatenbank einsetzt, fügen Sie einfach einen »Platzhalter« in Ihr Dokument ein.

Um den letzten Feldnamen zu sehen – Teil des Hauses – müssen Sie wahrscheinlich die Scrollleiste des Fensters benutzen. Beenden Sie den Brief dann wie folgt.

12. **Tippen Sie »Es wird in (doppelklicken Sie auf »Teil des Hauses« im Serienbrieffenster) unseres neuen Hauses sensationell aussehen.**
13. **Drücken Sie zweimal** ⏎ **und enden Sie ungefähr so: »Ich musste unbedingt diese persönliche Notiz an Dich schicken, damit Du weißt, wie sehr ich Dein Geschenk im Gegensatz zu all den anderen schätze. Liebe Grüße, Martha.«**

Der alte Knigge würde sich die Haare raufen, wenn er erführe, dass Sie Ihren Brief mit »Lieber Vorname« anfangen wollten. Aber durch die Magie des Computers wird es möglich, dass niemand mehr feststellen kann, dass Sie nicht alle Buchstaben einzeln von Hand eingetippt haben.

> «Vorname» «Nachname»
> «Adresse»
>
> Hallo «Vorname»,
>
> Ich habe fast geweint, als ich das unglaublich tolle «Geschenk» ausgepackt habe, das Du mir zur Hochzeit geschenkt hast. Es ist das schönste «Eigenschaft» Geschenk, das ich je bekommen habe.
>
> Es wird im «Teil des Hauses» unseres neuen Hauses sensationell aussehen.
>
> Ich mußte unbedingt diese persönliche Notiz an Dich schicken, damit Du weißt, wie sehr ich Dein Geschenk gegenüber den anderen schätze.
>
> Liebe Grüße,
>
> Martha

Wählen Sie ABLAGE/SPEICHERN. Geben Sie »Dankesbrief« in das Feld SPEICHERN UNTER ein, wählen Sie aus dem PopUp-Menü SCHREIBTISCH und drücken Sie SPEICHERN.

Ihre Lieblingsschriftart einstellen

Wann immer »Das Intergalaktische Komitee für häufig gestellte Fragen« seine neue Liste herausgibt, wird diese Frage immer ganz oben stehen: »Jedesmal, wenn ich ein neues AppleWorks Textverarbeitungsdokument öffne, muss ich die Schriftart und -größe neu einstellen. Wie kann ich einmal und für alle Ewigkeit Schluss damit machen?«

Die Antwort ist einfach, auch wenn Sie es niemals selbst herausfinden würden. Wählen Sie BEARBEITEN/VOREINSTELLUNGEN. Wählen Sie nun GENERELL aus dem Untermenü. In der Voreinstellungen-Dialogbox wählen Sie TEXT aus dem PopUp-Menü. Jetzt können Sie für Standard-Schriftart und Standardgröße Ihre Einstellungen vornehmen. Klicken Sie anschließend auf OK.

Von jetzt an wird immer, wenn Sie ein neues Dokument öffnen, Ihre Lieblingsschriftart eingestellt sein, noch bevor Sie Ihr erstes Wort geschrieben haben.

Das Element »Zeichnung«

Um Ihnen zu zeigen, wie AppleWorks alles zusammenbringt, lassen Sie uns einen schnellen Briefkopf im Zeichnen-Element erstellen.

Schließen Sie Ihr Textverarbeitungsdokument. Klicken Sie auf das Zeichnungs-Icon im Ausgangspunktfenster.

AppleWorks zeigt Ihnen sein Zeichnungsfenster. Das gepunktete Gitterliniennetz gibt den Dingen ein nettes, architektonisches Aussehen. Im fertigen Ausdruck wird es nicht zu sehen sein.

Sehen Sie die Werkzeugicons auf der linken Seite des Bildschirms? Die sind unglaublich ordinär, sie erscheinen sogar in allen nichtkünstlerischen Programmen. Sie benutzen zum Beispiel dieselben Elemente, um Grafiken in Ihre Webseite einzubauen (in der Webseiten-Software), um Filmtitel in Adobe Premiere zu erstellen, um Postadressen im FileMaker zu kreieren, um »Im Urlaub«-Banner quer über die Kalenderfelder »Up-to-date« einzufügen, um in Excel mit Tabellen und Diagrammen herumzuspielen usw.

Im Zeichnungsmodus von AppleWorks – und all diesen anderen Programmen – erstellen Sie objektorientierte Grafiken. Wenn Sie einen Kreis zeichnen, speichert das der Mac nicht als eine Ansammlung schwarzer Punkte. Er erinnert sich daran, dass Sie einen Kreis von einer bestimmten Größe und Farbe gezeichnet haben. Das bedeutet, dass Sie niemals einen Teil davon wegradieren oder entfernen können.

Doch der Vorteil von Zeichenprogrammen liegt darin, dass Sie später zu diesem Kreis zurückkehren und ihn durch Ziehen bewegen können. Oder Sie überlagern ihn mit einem anderen Objekt - und ändern später Ihre Meinung. Oder Sie können die Farbe oder das Aussehen des Kreises verändern, lange nachdem Sie ihn gezeichnet haben. Oder Sie können ihn, wie hier gezeigt, an einem der Griffe anfassen und breiter ziehen.

Zeichenprogramme drucken auch mit ziemlich guter Qualität, egal, was für einen Drucker Sie haben.

Zeichenkonzepte

Die Werkzeugpalette von AppleWorks 6 bietet ein Anzahl verschiedener Grundumrisse: Kreis, Rechteck, Linie usw. Normalerweise zeichnen Sie, indem Sie das Werkzeug anklicken (und den Knopf wieder loslassen), sich zum leeren Teil des Bildschirms bewegen, den Mausbutton gedrückt halten und ziehen. (Wenn Sie auf eins der Icons in der Werkzeugpalette zeigen, ohne zu klicken, erscheint ein Ballon, der Ihnen sagt, wie Sie es benutzen. So wie hier gezeigt.)

Nachdem Sie etwas gezeichnet haben und die Maus loslassen, sehen Sie die neue Linie oder den Umriss von kleinen, schwarzen, quadratischen Griffen umgeben. Indem Sie das Pfeilwerkzeug benutzen, können Sie diese Griffe ziehen, um das soeben gezeichnete Objekt auseinander zu ziehen oder zusammenzudrücken. Oder klicken Sie einfach in seine Mitte, um es an eine neue Stelle zu ziehen.

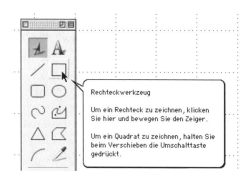

Oder klicken Sie ein Objekt an, um diese Griffe sichtbar zu machen. Nachdem sie erschienen sind – sie lassen Sie auch wissen, dass das Objekt ausgewählt ist – können Sie die Menüs benutzen, um das Aussehen des Objekts zu verändern. Nehmen wir zum Beispiel einmal an, dass Sie eine dünne Linie zeichnen (nächstes Bild, links). Während es ausgewählt ist, können Sie die Palette AKZENTE öffnen (indem Sie FENSTER/AKZENTE ZEIGEN auswählen), mit der Sie Farbe, Muster und Linienart einstellen können. Wenn Sie den Linienbreite-Knopf am unteren Rand des Fensters drücken, können Sie die Linienbreite einstellen. Das Ergebnis: dieselbe Linie hat nun eine andere Breite (unten rechts).

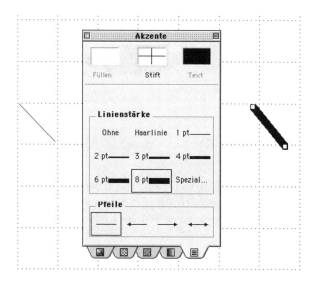

Sie können diese Palette nutzen, um auf dieselbe Art und Weise die Farbe, die das Innere der Umrisse ausfüllt, zu wechseln: auswählen und anwenden.

Übrigens werden Sie generell zwei verschiedene PopUp-Einstellungen für Farben und Muster finden, eine für die Fläche außerhalb der Umrisse (auf der Akzentpalette als Füller bezeichnet) und eine für innerhalb (Füllen genannt).

Einen Briefkopf erstellen

Genug gelesen – es ist Zeit, zu dem schon angefangenen Serienbrief zurückzukehren. Mit den Zeichenwerkzeugen ist es ein Leichtes, einen ansprechenden Briefkopf für Ihr Briefpapier zu erstellen:

1. **Klicken sie das Textwerkzeug – es sieht wie der Buchstabe »A« aus – und lassen Sie den Mausbutton los; bewegen Sie dann Ihren Cursor in das Zeichengebiet und ziehen quer über den Bildschirm, so wie hier gezeigt.**

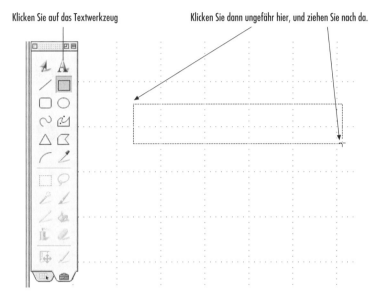

Klicken Sie auf das Textwerkzeug   Klicken Sie dann ungefähr hier, und ziehen Sie nach da.

2. **Benutzen Sie den Befehl ZEICHENSATZ im Format-Menü und wählen Sie »Times«; nutzen Sie den Befehl GRÖSSE im selben Menü und wählen Sie 24 Punkt.**

— Eine sehr persönliche Mitteilung —

3. **Tippen Sie drei Leerzeichen und dann einen Gedankenstrich (um so einen zu erzeugen, halten Sie die ⇧- und ⌥-Tasten gedrückt und tippen Sie einen Bindestrich), tippen Sie »Eine sehr persönliche Mitteilung«, einen weiteren langen Bindestrich und drei weitere Leerzeichen.**

4. **Drücken Sie ↵, so dass um Ihren Text Griffe erscheinen. Klicken Sie das Format-Menü, das Untermenü AUSRICHTUNG, dann MITTIG.**

Letztendlich haben Sie das elegante »Weiße-Buchstaben-auf-schwarzem-Grund-Aussehen« erreicht, dass so viele Firmenberichte verschönert. Für diesen Trick benötigen Sie die Akzentepalette, die in der nächsten Abbildung gezeigt ist. Falls Sie noch nicht auf dem Bildschirm zu sehen ist, wählen Sie FENSTER/AKZENTE ZEIGEN.

5. **Klicken Sie das Wort FÜLLEN oben in der Akzente-Palette und klicken Sie dann das winzige schwarze Quadrat in der unteren linken Ecke der Palette.**

   Sie haben soeben die Palette FÜLLEN verwendet, um den gesamten Textblock schwarz zu färben. Das ist großartig, leider ist der Text jetzt aber ein einziges schwarzes Rechteck! Um das Problem zu beheben, müssen Sie ihn weiß färben.

6. **Klicken Sie im oberen Palettenteil den Button TEXT. Und jetzt klicken Sie die weiße Farbe an.**

Abb. S. 208

Natürlich könnten Sie im Zeichenmodus auch richtige Grafiken erstellen... Sie könnten jedes beliebige Werkzeug benutzen, um Ihr Logo zu verschönern. Sie könnten einen Kasten um Ihren Briefkopf herum zeichnen. Sie könnten die ganze Sache um 90° drehen. Sie könnten irgendwelche diagonalen Streifen darüber zeichnen. Sie könnten CLIPPINGS aus dem Ablage-Menü wählen und irgendeine der Bibliotheken mit fertigen Grafiken (Flaggen, Sterne, Blumen usw.) in Ihre Zeichnung einfügen. Die Elemente unterstützen Ihre künstlerische Begabung.

Behalten Sie diese kreativen Möglichkeiten im Hinterkopf, wenn Sie Ihren wirklichen Briefkopf erstellen wollen.

Nur für Einstellungs-Freaks: Die Ansichtsbuttons

Bevor Sie das Zeichnungsfenster verlassen, werfen Sie einen Blick auf die untere rechte Ecke des Bildschirms. Dort werden Sie diese merkwürdig aussehende Anordnung von Einstellungen finden.

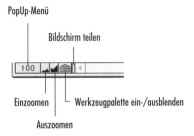

Sie können nun behaupten, dass AppleWorks Ihnen die Arbeit sehr einfach macht. Ein schneller Klick auf einen der Hügelbuttons macht das Kunstwerk größer oder kleiner. Oder springen Sie direkt zu einer angenehmeren Vergrößerungsstufe, indem Sie das Prozent-PopUp-Menü (dort wo links im Bild die 100 steht) benutzen. Sie ändern hierdurch nicht die Größe, mit der es zum Schluß ausgedruckt wird. Nur wie es auf dem Bildschirm dargestellt wird.

Die Wiederkehr von Kopieren und Einfügen

Alles, was Sie jetzt noch machen müssen, ist, den Briefkopf in Ihren Serienbrief einzufügen:

1. **Benutzen Sie das Pfeilwerkzeug, klicken Sie auf Ihren Briefkopf; aus dem Menü BEARBEITEN wählen Sie KOPIEREN.**

   Jetzt müssen Sie zu Ihrem Textverarbeitungsprogramm zurückkehren. Hier ist ein schneller Weg, um es wieder in den Vordergrund zu holen.

2. **Klicken Sie das Datei-Menü, wählen Sie LETZTE VERSION, dann DANKESBRIEF im Desktop-Ordner auf der Festplatte.**

   Mit anderen Worten, AppleWorks zeigt nicht nur die Namen der zehn zuletzt gebrauchten Dokumente – es zeigt Ihnen auch, wo Sie sie gespeichert haben.

   Ihr Brief springt in den Vordergrund.

3. **Wählen Sie KOPF EINFÜGEN aus dem Format-Menü.**

   (Der Kopf ist der obere Teil einer jeden Seite, über all dem Text, den Sie geschrieben haben. In diesem Fall sieht es aus wie ein leeres Textfeld.)

4. **Wählen Sie EINFÜGEN aus dem Bearbeiten-Menü.**

   Et voilà... Ihr grafisch gestalteter Briefkopf erscheint direkt im Kopf.

Sie haben es tatsächlich getan: eine Datenbank, eine Textverarbeitung und ein Zeichenprogramm in einem einzigen Projekt vereint! Für den richtigen Kick klicken Sie auf den Button FUSION (unten links) in dem kleinen, schwebenden Serienfenster, das sich immer noch auf dem Bildschirm befinden sollte. AppleWorks bietet Ihnen an, wirkliche Namen für die Platzhalter auf dem Bildschirm einzugeben. Entweder, indem Sie jeden Brief ausdrucken – so eine riesige Datei erstellen, die all diese Briefe, einem nach dem anderen enthält – oder indem Sie eine neue, individuelle AppleWorks-Datei für jeden fertigen Brief erstellen, so dass Sie ihn Korrektur lesen, als E-Mail verschicken oder jeden einzeln ausdrucken können (unten rechts).

 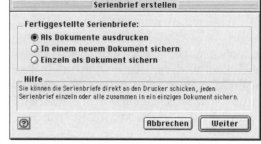

AppleWorks: Die etwas andere Tabellenkalkulation

Wenn die meisten Leute über Tabellenkalkulationsprogramme reden, meinen Sie meistens Microsoft Excel, das 600 DM-Programm, das im Allgemeinen von Buchhaltern angebetet wird (speziell von denen, die bei Microsoft arbeiten). Glücklicherweise hat AppleWorks ein handliches Tabellenkalkulationsprogramm, das das Meiste von dem kann, was Excel macht, eines geringeren Lernprozesses bedarf und Bill Gates keinen Dollar reicher macht.

Ein Tabellenkalkulationsprogramm ist dazu da, Mathematik zu betreiben, Finanzen zu regeln, herauszufinden, welche der beiden Hypotheken auf lange Sicht besser ist, das Wachstum Ihres illegalen Glücksspielsalons im Keller zu veranschaulichen und anderen zahlenknackenden Kram.

Die nicht so tolle Gesamtsumme

Nehmen wir zum Beispiel einmal an, dass Sie sich immer noch von der Hochzeit erholen, für die Sie gerade erst großzügige Danksagungen verschickt haben. Nachdem Sie Ihre bezaubernden Flitterwochen im sonnigen Süden verbracht haben, kommen Sie wieder nach Hause und finden einen Stapel Rechnungen, der sechsmal zum Mond und zurück reicht: vom Partyservice, von der Tanzkapelle, vom Hochzeitsfotografen usw. Es wird nicht lange dauern, bis die Frage, die Ihre Aufmerksamkeit jetzt für zehn Monate beansprucht hat – »Ist das die Person, mit der ich den Rest meines Lebens verbringen will?« – von einer neuen verdrängt wird: »Ist die Ewigkeit lang genug, um all diese Rechnungen zu bezahlen?«

Wie es im Leben so oft der Fall ist, kann Software Ihnen Antworten geben. Beginnen Sie mit dem Start von AppleWorks, wie Sie es zu Beginn dieses Kapitels getan haben. Wenn Sie das Wort »AppleWorks« in der oberen rechten Ecke Ihres Bildschirms sehen, arbeiten Sie bereits mit AppleWorks. In diesem Fall, schließen Sie all die anderen offenen Fenster.

Das Ausgangspunktfenster befindet sich nun im Mittelpunkt Ihres Bildschirms. Diesmal klicken Sie auf TABELLENKALKULATION.

Auf Ihrem Bildschirm erscheint nun eine leere Tabellenkalkulation. Es ist ein Haufen aus Zeilen und Spalten, wie in einem Finanzbuch. Die Spalten sind mit Buchstaben gekennzeichnet, die Zeilen sind durchnummeriert. Jede rechteckige Zelle wird (nun gut) als Zelle bezeichnet. Diese bezieht sich auf ihren Buchstaben und die Nummer: zum Beispiel A1, wie beim Schiffeversenken. Hier sehen Sie zum Beispiel, wie flüssig Sie noch sind, wenn Sie all diese Rechnungen bezahlt haben:

1. **Klicken Sie in Zelle A3. Tippen Sie »Ausgaben« und drücken Sie ⏎.**

   Stellen Sie fest, dass in der Zelle keine Buchstaben erschienen sind, als Sie geschrieben haben. Statt dessen spielt sich alles in dem Streifen über der ersten Zeile ab. Nur wenn Sie ⏎ drücken, springt Ihr Geschriebenes an eine Stelle in der Tabellenkalkulation selbst.

   Sie sollten nun sehen, dass die nächste Zelle darunter, A4, eine schwach farbige Umrandung zeigt, die anzeigt, dass Ihr nächstes Geschriebenes dort erscheint.

2. **Schreiben Sie jede der Ausgaben, die in der unteren Abbildung gezeigt sind (Partyservice, Fotograf usw.); nachdem Sie jede einzelne eingetippt haben, drücken Sie ⏎, um in die nächste Zelle zu springen. In der letzten Zelle tippen Sie »Summe:« und drücken Sie dann ⏎.**

   Wenn Sie jeden, dem Sie Geld geliehen haben, aufgeschrieben haben, sollten Sie sich auf jeden Fall besser fühlen.

	A	B	C	D	E
1					
2					
3	AUSGABEN				
4	Partyservice				
5	Fotograf				
6	Brautkleid				
7	Blumen				
8	Limousine				
9	Kapelle				
10	Saalmiete				
11	GESAMT:				
12					

3. **Klicken Sie in Zelle B4, rechts neben den Lieferanten. Schreiben Sie den DM-Preis für jeden »Hochzeitsgeld-Empfänger« hinein, wie in der nächsten Abbildung gezeigt, und drücken Sie erneut nach jedem Eintrag ⏎.**

   AppleWorks kann weit mehr als nur Zahlen anzeigen – es kann sie außerdem zusammenzählen.

4. **Ziehen Sie Ihren Cursor vorsichtig in der Zahlenspalte nach unten. Beginnen Sie in Zelle B4 (wo die erste Zahl erscheint) und stoppen Sie in der leeren Zelle unten in der Spalte (rechts vom Wort »Summe:«).**

	A	B	C	D	E
1					
2					
3	AUSGABEN				
4	Partyservice	4583			
5	Fotograf	450,62			
6	Brautkleid	1225			
7	Blumen	375,43			
8	Limousine	200			
9	Kapelle	450			
10	Saalmiete	879			
11	GESAMT:				
12					
13					

Sie haben AppleWorks gerade mitgeteilt, welche Zahlen Sie addieren wollen. Wenn Sie am Ende Ihres Zuges eine leere Zelle mit einschließen, sagen Sie AppleWorks außerdem, wo die Summe erscheinen soll.

5. **Klicken Sie den Σ-Button in der Werkzeugleiste im oberen Teil des Bildschirms, wie hier gezeigt:**

Wenn Sie die Werkzeugleiste nicht sehen, wählen Sie FENSTER/BUTTONLEISTE ANZEIGEN.

Wenn Sie nun den Σ-Button klicken, passiert etwas Erstaunliches: AppleWorks addiert die richtige Summe der gekennzeichneten Zahlen in der leeren Zelle im unteren Teil der Spalte.

	A	B	C	D
1				
2				
3	AUSGABEN			
4	Partyservice	4583		
5	Fotograf	450,62		
6	Brautkleid	1225		
7	Blumen	375,43		
8	Limousine	200		
9	Kapelle	450		
10	Saalmiete	879		
11	GESAMT:	8163,05		

B11 =SUMME(B4..B10)

Noch erstaunlicher ist, dass die Zahl lebt – das heißt, sie kontrolliert die eigene Summe tausende Male in der Sekunde. Wenn Sie eine der Zahlen in der Spalte verändern, erneuert sich die Summe auch sofort. Probieren Sie es selbst aus:

6. **Klicken Sie die Zelle, die die Kosten für den Fotografen anzeigt. Tippen Sie eine andere Zahl ein und drücken Sie ⏎.**

Sofort verändert sich die Zelle »Summe« und zeigt die neue Summe.

Die guten Nachrichten

Sie haben nun einige tausend DM Schulden. Doch das Leben muss noch nicht zu Ende sein. Sicherlich haben Sie einige wenige Ersparnisse, die Sie ausgeben können, um die Kosten Ihrer Hochzeitsfestivitäten zu decken. Lassen Sie uns nachsehen, ob Sie aus dem Schlamassel herauskommen, indem Sie zum Beispiel Ihre Hochzeitsgeschenke verkaufen.

Der mutige Buchhalter

Ihre Tabellenkalkulationen sind nicht auf die nette und winzige Anzeige begrenzt, die Sie gerade sehen. Sie sind herzlich dazu eingeladen, Ihre Zahlen dadurch aufzupeppen, indem Sie sie formatieren – also fett, kursiv, in unterschiedlicher Größe, Farbe usw. schreiben.

In dem Hochzeitskosten-Beispiel in diesem Kapitel entschließen Sie sich vielleicht dazu, die fällige Gesamtsumme fett und rot zu schreiben. Um das zu tun, klicken Sie in die Zelle, in der die Gesamtsumme erscheint. Benutzen Sie nun die Befehle im Format-Menü, wie STIL (für fettgedruckt) oder TEXTFARBE (für Rot). Sie können außerdem AppleWorks dazu bringen, die DM-Zeichen automatisch in die gekennzeichneten Zellen hinzuzufügen: Wählen Sie aus dem Format-Menü ZAHL und aus dem erscheinenden PopUp-Menü WÄHRUNG. (Sie können diese Formatoptionen auch durch das Klicken der Icons in der großen Werkzeugleiste hinzufügen.)

Die ganze automatische Summenbildung funktioniert immer noch, aber jetzt erscheint die Zahl, die in dieser Zelle steht, immer rot und fettgedruckt. Eine nette Erinnerung daran, wie hoffnungslos Ihre ganze Situation ist.

1. **Klicken Sie in Spalte C3. Tippen Sie »Aktivposten« und drücken Sie ⏎.**

   Sie beginnen nun eine neue Spalte mit Informationen anzulegen.

2. **Tippen Sie »Acryl-Sofaschoner« und drücken Sie ⏎; »Harley« und wieder ⏎; »Mingvase« und ⏎. Zum Schluss schreiben Sie »Summe:« und drücken ein letztes Mal ⏎.**

    Sie haben möglicherweise festgestellt, dass »Acryl-Sofaschoner« zu lang ist, um in eine Spalte zu passen, ohne in die nächste überzugehen. Kein Problem – machen Sie die Spalte einfach breiter, indem Sie Ihren Cursor vorsichtig an der Trennlinie zwischen den Spaltenköpfen »D« und »E« positionieren und nach rechts ziehen.

   Nun müssen Sie den ungefähren Wert jedes Geschenkes eingeben.

3. **Klicken Sie in die Zelle rechts neben »Acryl-Sofaschoner«. Geben Sie für jeden Eintrag einen DM-Preis ein und drücken Sie nach jeder Eingabe ⏎. Das Ergebnis sollte in etwa so aussehen:**

	A	B	C	D	E	F
1						
2						
3	AUSGABEN			EINNAHMEN		
4	Partyservice	4583		Acryl-Sofaschoner	17,85	
5	Fotograf	450,62		Harley	12000	
6	Brautkleid	1225		Mingvase	25000,47	
7	Blumen	375,43		GESAMT:		

4. **Ziehen Sie durch die Spalte der Zahlen, die Sie gerade eingegeben haben. Achten Sie darauf, dass Sie eine leere Zelle im unteren Teil der Spalte mit einbeziehen. Klicken Sie den Σ-Button in der Werkzeugleiste.**

   Wie Sie vielleicht erahnt haben, zählt AppleWorks die neu eingegebenen Zahlen zusammen und zeigt das Gesamtguthaben in diesem Moment. Noch einmal, diese Gesamtsumme lebt und erneuert sich weiterhin. Wenn Sie eine der oberen Zahlen verändern, verändert sich auch die Gesamtsumme.

Die endgültige Analyse

Das automatische Zusammenzählen, das Sie eingerichtet haben, ist toll, wenn Sie auf einer einsamen Insel ohne Taschenrechner gestrandet sind. Aber wirkliche Tabellenkalkulationsfans geben sich nicht mit einfachen Summen zufrieden. In der richtigen Welt benutzt man Tabellen, um Gesamtsummen von Summen zu bilden, wie hier:

1. **In einer leeren Zelle, unterhalb all der anderen Zahlen – Zelle C15 zum Beispiel – tippen Sie »Endergebnis« ein und drücken die ⇥-Taste.**

   Die ⇥-Taste arbeitet wie die ⏎-Taste außer, dass sie zu der nächsten Zelle nach rechts springt und nicht in die nächste Zelle nach unten.

Die Idee ist, AppleWorks dazu zu bringen, die beiden Zwischensummen zu kombinieren, und zwar so, dass die Summe der offenen Rechnungen von der Summe der erhaltenen Geschenke abgezogen wird, so dass Sie sehen können, ob Sie bei der Hochzeit eher gut oder eher schlecht weggekommen sind. Um diese komplizierte Berechnung durchführen zu können, werden Sie eine Formel verwenden, die im wesentlichen eine Gleichung ist, so wie Sie es einmal in der Schule gelernt haben. Formeln auf einem Rechenblatt haben immer mit einem Gleichheitszeichen angefangen.

2. **Tippen Sie ein Gleichheitszeichen (=). Klicken Sie die Zelle, die Ihr Gesamtguthaben anzeigt (Zelle E7 in der vorangegangenen Abbildung).**

   In der Formelleiste schreibt AppleWorks automatisch im Namen der Zelle, die Sie angeklickt haben.

3. **Tippen Sie ein Minuszeichen oder einen Bindestrich (-) und klicken Sie dann die fällige Gesamtsumme (Zelle B11 in der vorangegangenen Abbildung). Zum Schluss drücken Sie** ⏎ .

	A	B	C	D	E	F
1						
2						
3	AUSGABEN			EINNAHMEN		
4	Partyservice	4583		Acryl-Sofaschoner	17,85	
5	Fotograf	450,62		Harley	12000	
6	Brautkleid	1225		Mingvase	25000,47	
7	Blumen	375,43		GESAMT:	37018,32	
8	Limousine	200				
9	Kapelle	450				
10	Saalmiete	879				
11	GESAMT:	8163,05				
12						
13						
14						
15				Endergebnis:		

AppleWorks subtrahiert die zweite Zelle von der ersten und zeigt das Endergebnis an. Dieses Mal haben Sie noch Glück gehabt: wenn Sie alle Ihre Geschenke verkaufen, bekommen Sie gerade soviel Geld zusammen, dass Sie die angefallenen Kosten tragen können – es ist sogar noch etwas Geld für eine Tube Sonnencreme übrig.

Interessanterweise ist die Gesamtsumme auch noch interaktiv mit allen anderen Zahlen in Ihrer Tabelle verknüpft. Wenn Sie zum Beispiel den Preis der Mingvase ändern, ändern sich automatisch auch die Summe des Guthabens und die Gesamtsumme.

Wenn Sie sich dieses Beispiel angesehen haben, stellen Sie fest, dass der beste Weg, in einer Tabellenkalkulation Formeln einzubauen, der ist, laut vor sich herzusagen, was Sie gerade machen. »Die Zahl in dieser Zelle...« (Sie klicken in die Zelle, in der die Gesamtsumme stehen soll) "ist gleich" (geben Sie ein =-Symbol ein) »dieser Zahl« (klicken Sie die Summe der Aktivposten an) »minus« (geben Sie das Minuszeichen ein) »dieser Zahl« (klicken Sie die Gesamtsumme der Rechnungen an). Wenn Sie die Zahlen vor sich hinmurmeln, zeigt das zwar vielleicht nicht gerade, dass sie ein Finanzgenie sind, aber Sie werden die Formeln korrekt hinbekommen.

Weitere coole Funktionen von AppleWorks

Das kleine nachhochzeitliche Beispiel war lediglich ein Beispiel der Stärke von AppleWorks. Es lässt trotzdem eine Menge Features unerforscht. Zum Beispiel...

Ein kleines Gemälde

Wenn Sie alles verfolgt haben, haben Sie bisher noch nicht das Malfenster ausprobiert. Ich nehme diesmal an, dass Sie wissen, wie Sie dahin kommen: Schließen Sie alle Fenster und klicken Sie das Icon MALUMGEBUNG im Ausgangspunktfenster an (oder DATEI/NEU/MALEN).

So sehr Malen auch wie Zeichnen klingt, wie es im vorangegangenen Teil beschrieben ist, ist es doch etwas Anderes. Malprogramme (inklusive dem berühmten Adobe Photoshop) erzeugen Bilder, die Bitmap-Grafiken genannt werden. Wenn Sie etwas Farbe auf das Blatt geben, wird das als Ansammlung von kleinen Punkten gespeichert. Sie können die Punkte löschen, aber Sie können nicht die Form verändern, die Sie ursprünglich gemalt haben, zum Beispiel einen Kreis oder einen Buchstaben des Alphabets, weil der Mac sie nicht mehr als einen Kreis oder Buchstaben behandelt. Er behandelt sie eben wie eine Ansammlung kleiner Punkte. Der Vorteil dabei: Sie haben die volle Kontrolle über jeden einzelnen Punkt und Sie haben Werkzeuge, um die Punkte zu verändern, wie beispielsweise die Spraydose. Sehen Sie sich im nächsten Bild den gesprühten Effekt an (1) und die Tatsache, dass Sie einfach einen Kreis dieser Punkte aus der ursprünglichen Ansammlung der Punkte herausziehen können (2):

Der Nachteil: Sie können in einem Gemälde nichts mehr verändern oder bewegen, wenn Sie den Pinsel abgelegt haben (was Sie im Malfenster tun können). Und die Ausdrucke von Bitmap-Programmen tendieren dazu, ein bisschen ausgefranst auszusehen, weil der Mac im Wesentlichen den Inhalt seines Bildschirms ausdruckt.

Wie Sie bald herausfinden werden, ist diese Ecke von AppleWorks nicht unbedingt so gut, um Gemälde zu erstellen (Photoshop-Veteranen wissen, wovon ich spreche). Es ist trotzdem eine großartige Möglichkeit, um Fotos, die Sie eingescannt oder mit der Digitalkamera geschossen haben, zu benutzen.

Die Malwerkzeuge

Es gibt nicht viel mysteriöses, verstecktes Wissen, das Sie in Malprogrammen ausgraben müssten. Sie klicken ein Werkzeug an (und lassen es los), bewegen den Cursor auf die Seite und ziehen dann quer über Ihren weißen Bildschirm, genau wie schon im Zeichenprogramm vorhin beschrieben. Noch einmal: Sie können etwas über das Werkzeug und dessen Benutzung herausfinden, indem Sie mit dem Cursor darauf zeigen, so wie hier:

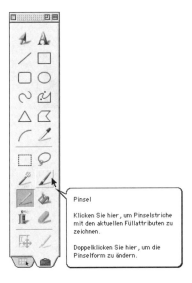

Mit dieser Anleitung – und dem immer wichtigen Befehl RÜCKGÄNGIG im Bearbeiten-Menü – sind Sie auf dem besten Weg in die weltbesten Kunstgalerien.

Das Auswahlrechteck und das Lasso

Diese Werkzeuge erzeugen keine Markierungen in Ihr Kunstwerk. Es sind statt dessen Auswahlwerkzeuge. Sie ziehen eine gepunktete, schimmernde Linie, so wie Sie die Maus ziehen; Sie erstellen eine Begrenzung. Alles was sich darin befindet – die ausgewählte Fläche – wird von Ihrem nächsten Handeln beeinflusst. Sie können zum Beispiel in diese Auswahl hineinklicken, um das Ganze in eine neues Position zu bringen. Oder Sie drücken die ⬅-Taste, um es zu beseitigen. Sie können außerdem Spezialeffekte anwenden, so wie UMKEHREN (was aus weißen Teilen schwarze macht und umgekehrt) und in einigen Programmen VERWISCHEN oder SCHÄRFEN.

Das Auswahlrechteck und das Lasso unterscheiden sich in zwei verschiedenen Punkten. Das Auswahlrechteck erstellt immer rechteckige Auswahlgebiete, die alles Mögliche enthalten und weiß sind. In der folgenden Abbildung können Sie sehen, dass, wenn Sie eine rechteckige Auswahl über ein dunkles Objekt ziehen (links) der weiße Teil des ausgewählten Objekts vorhanden bleibt (rechts):

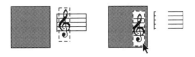

Auf der anderen Seite versetzt das Lasso Sie in die Lage, einen Kreis um das gesamte Bild zu ziehen, das Sie auswählen. Wenn Sie die Maus loslassen, schnappt die gepunktete Linie nach innen wie ein Maßband, das nur die schwarzen Regionen Ihres Kunstwerks einschließt (unten links). Deshalb scheint der Buchstabe durch das andere durch, wenn der ausgewählte Teil auf ein dunkles Objekt gezogen wird (unten rechts):

Eine kleine Diashow

Eines der verrücktesten und wohl interessantesten Dinge, die Sie mit Ihrem Mac anstellen können, ist es, Diapräsentationen zu kreieren. Diese können sich entweder selbst abspielen (ein neue Folie alle vier Sekunden) oder von Ihnen kontrolliert werden (ein neue Folie, jedesmal, wenn Sie auf den Mausbutton klicken).

Das Master-Dia-Konzept

Wenn Sie jemals in einer dieser totlangweiligen Sitzungen mit Präsentation gesessen haben, wissen Sie, dass eine einzige bunte Vorlage unter jeder Folie der Präsentation liegt. Es könnte Ihr Firmenlogo, eine kleine Grafik in der Ecke usw. enthalten.

In AppleWorks 6 können Sie solche Folienvorlagen selbst erstellen. Aber Sie sparen bestimmt 25 Minuten, wenn Sie eine der Vorlagen benutzen, die bei AppleWorks mit dabei sind. Tun Sie nun das Folgende:

1. **Aus dem Datei-Menü wählen Sie Ausgangspunkte.**

    Das Ausgangspunktfenster erscheint.

2. **Klicken Sie die Karte Vorlagen.**

    AppleWorks zeigt Ihnen nun Icons, die Dutzende verschiedener konservierter AppleWorks-Dokumente darstellen. Benutzen Sie die Scrollleiste, um durch sie durch zu rollen. Achten Sie auf Vorlagen, die das Wort »Präsentation« in ihrem Namen haben.

3. **Klicken Sie auf das Icon für die Vorlage einer Präsentation, die Ihnen am meisten zusagt.**

    Das angeforderte Design füllt nun Ihren Bildschirm. Weil AppleWorks bis dato noch nicht weiß, welche Art von Gespräch Sie vorbereiten, fügt es solch komischen Text wie »Meine Präsentation« und »Titel« in die Start-Folie ein.

Mittlerweile ist, sobald Sie Ihr Präsentationsdokument geöffnet haben, eine spezielle Palette mit dem Namen »Eigenschaften« auf Ihrem Bildschirm erschienen. Sie werden feststellen, dass sie vier Knöpfe an der Unterseite besitzt: einen mit einem Stern, einen mit einem Bildschirm, einen mit einem Ordner und einen mit einem Pfeil.

Wenn Sie einige der Elemente im Design des Anfangsdias ändern wollen, so wie die Hintergrundfarbe, klicken Sie den ersten Knopf (den Stern). Die Elemente sind auf jeder Folie zu sehen; mit anderen Worten: der Stern verschafft Ihnen Zugang zu dem, was von AppleWorks als »Masterfolie« bezeichnet wird. Einige der Vorlagen enthalten zwei oder drei verschiedene Masterfolien – eine möglicherweise für Text, eine andere für Tabellen und eine für Diagramme usw.

Die Diavorlagen bearbeiten

Sie würden Ihre Präsentation nicht beeindruckend vortragen, wenn Ihre Folien »Titel« und »Meine Präsentation« hießen. Glücklicherweise können Sie das Design beibehalten und weiterhin die Wörter auf dem Bildschirm verändern.

1. **Klicken Sie den zweiten Button. Doppelklicken Sie auf jeden Textblock. Schreiben Sie den Text hinein, der dann auf Ihrer Folie erscheinen soll.**

   Sie können außerdem die Standard-AppleWorks-Zeichenwerkzeuge benutzen, um diese Folie mit Pfeilen, Boxen mehr Text usw. aufzufrischen.

2. **Um die nächste Folie zu erstellen, klicken Sie den ⊕-Button in der Kontrollpalette.**

   Sie bekommen eine weitere Kopie Ihrer originalen Masterfolie, die Sie noch einmal bearbeiten können, um sie noch überzeugender zu gestalten. (Wenn Sie die neue Folie in einer anderen Masterfolie unterbringen wollen, klicken Sie den Stern und die Masterfolie, bevor Sie den ⊕-Button klicken.)

3. Wiederholen Sie die Schritte 1 und 2, um neue Folien zu erstellen und aufzupeppen.

Sie können sie umorganisieren, indem Sie ihre Icons in der Kontrollpalette nach oben oder unten ziehen, eine entfernen, indem Sie das Icon und dann auf den Minus-Button klicken, oder einer Folie einen anderen Namen geben, indem Sie den Namen anklicken und einen neuen eingeben.

Um die Folienpräsentation zu zeigen, versammeln Sie das Publikum um den Bildschirm. Klicken Sie dann den vierten Knopf der Kontrollpalette – den mit dem kleinen, nach rechts zeigenden Dreieck – und klicken Sie den ganz großen Play-Button, um die Präsentation zu starten. Jedes Mal wenn Sie mit der Maus klicken, erscheint die nächste Folie. Um die Präsentation zu stoppen, drücken Sie den Buchstaben $\boxed{Q}$, die $\boxed{Esc}$- oder die $\boxed{\mathcal{H}}$-Taste.

Pixeltricks: Graphik leicht gemacht

In diesem Kapitel

▸ Scanner und Digitalkameras

▸ Dateiformate und Auflösung

▸ Schreibtischhintergründe und Startbildschirme

Sie haben sicher auch schon viele Neider gehört, die Ihren Mac niedermachen wollten: Die haben ja nur 14 Prozent Marktanteil; das benutzen wir nicht für unsere Arbeit – blah, blah, blah. Wenn diese Menschen auch noch so große Töne spucken, wenn es um Graphiken und Bilder geht, sind sie plötzlich alle fein still. Der Macintosh bringt nämlich Graphiken und Bilder fein heraus. Der Monitor Ihres Mac ist brillant und hochauflösend und die Programme, mit denen Sie Bilder erstellen und bearbeiten können, sind unvergleichlich gut.

In diesem Kapitel sagen wir Ihnen mehr über die verschiedenen Fomate, wie sie erstellt, gescannt, bearbeitet und letztlich genutzt werden.

Woher die Bilder kommen

Wenn Sie ein Maler sind, können Sie mit AppleWorks herrlichste Bilder herstellen. Aber handgemalte Kunst ist nicht dasselbe wie Fotos. Fotos können Sie überall herbekommen – aus dem Internet, per Digitalkamera und über einen Scanner.

Das Internet

Wenn Sie zum Beispiel ein Bild im Internet sehen, das Sie sich gerne für immer aufbewahren wollen, versuchen Sie es einmal so: Zeigen Sie auf das Bild und drücken Sie die Maustaste. Es erscheint ein PopUp-Menü wie hier:

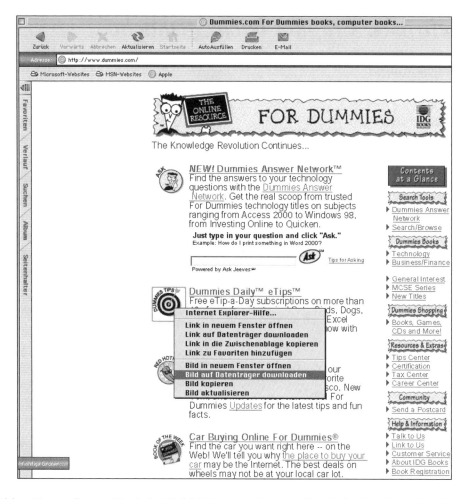

Wählen Sie aus diesem Menü den Befehl DOWNLOAD IMAGE TO DISK (oder SAVE IMAGE AS – je nach Webbrowser). In dem SPEICHERN-ALS-Dialogfenster klicken Sie auf Schreibtisch, geben einen schöneren Namen ein, um den Eigennamen des Bildes zu überschreiben, der fast regelmäßig »cgi-big.xref.83-22a.gif« oder so lautet, und bestätigen Sie mit SICHERN.

Wenn Sie Ihren Webbrowser schließen, finden Sie auf Ihrem Schreibtisch ein neues Symbol, das den von Ihnen gerade eingegebenen Namen trägt. Wenn Sie auf das Symbol doppelklicken, hängt es von Ihrem Webbrowser ab, was passiert. Wenn Sie Internet Explorer benutzen, wird das Bild in Picture Viewer geöffnet, einem Hilfsprogramm, das Ihr Mac von zu Hause mitgebracht hat.

Wenn Sie dagegen den Netscape Navigator benutzen, erhalten Sie das folgende Dialogfenster:

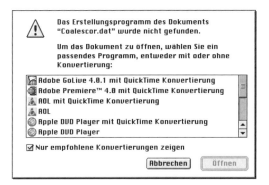

Die Kernfrage, die Ihnen hier gestellt wird, lautet: »Ich habe nicht das Programm, mit dem dieses Bild erstellt wurde. Mit welchem der folgenden Programme soll ich es denn öffnen?«

Dies scheint keine so schwerwiegende Frage für Sie zu sein. Wenn der Mac wirklich so gut ist, dann soll er sich doch selbst eines aussuchen. Aber seien Sie fair – er gibt Ihnen immerhin eine Chance und das ist weit mehr, als einfach nur zu sagen »Ich kann dieses Bild nicht öffnen«, wie das andere Computer tun.

 In jedem Fall ist hier die schnelle und kluge Antwort Picture Viewer (wenn Sie sich das Bild ansehen wollen). Wenn Sie Veränderungen in dem Bild vornehmen wollen, sollten Sie AppleWorks wählen. Das Bild wird dann im AppleWorks Malbereich geöffnet und Sie können sofort mit der Bearbeitung beginnen, die Größe verändern oder etwas Senf darüberstreichen ...

Scanner

Ein Scanner hat viel von einem Fotokopierer. Sie legen ein Blatt Papier auf ein Glas, drücken auf einen Knopf, stellen die Helligkeit und die Vergrößerung ein und sehen dann eine Kopie des Originals auf Ihrem Bildschirm. Scanner sind heute sehr preiswert, für Fotos und Dias von zahlreichen Herstellern erhältlich und unbesiegbar, wenn es darum geht, Fotos in Graphikdateien umzuwandeln.Scanner werden mit einem speziellen Scanprogramm, zum Beispiel PhotoDeluxe, ausgeliefert. Nachdem Sie das und die ebenfalls mitgelieferte Geräte-Software auf Ihrem Mac zunächst installiert haben, können Sie anfangen. Verbinden Sie den Scanner mit einem der USB-Eingänge, schalten Sie ihn ein und gehen Sie dann wie folgt vor:

 1. **Legen Sie zuerst das Foto auf die Glasscheibe des Scanners. Öffnen Sie das Scanprogramm, zum Beispiel PhotoDeluxe, und wählen Sie aus dem Menü ABLAGE den Befehl VERBINDEN und dann den Markennamen Ihres Scanners.**

In diesem Beispiel handelt es sich um einen Umax Astra 1220.

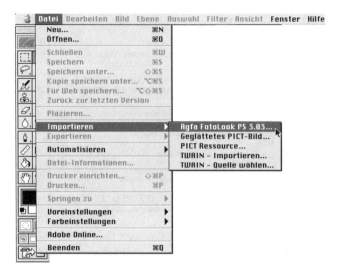

2. **Klicken Sie auf VORSCHAU.**

   Der Scanner tastet die gesamte Bildfläche ab und zeigt Ihnen, was sich auf dem Glas zur Zeit befindet:

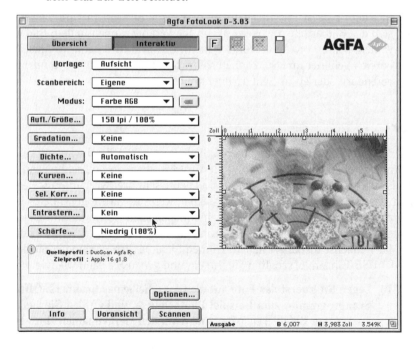

3. Ziehen Sie einen Auswahlrahmen um das ganze Bild oder den Bildausschnitt, den Sie einscannen wollen, und geben Sie ein, ob es sich um ein farbiges Foto oder eine Schwarz/Weiß-Abbildung handelt. Bestätigen Sie mit OK oder Einscannen, oder was auch immer Ihr Scanprogramm von Ihnen fordert.

Einige Programme haben auch noch eine Einstellung für Strichzeichnungen bzw. andere Einstellmöglichkeiten, auf die wir hier jedoch nicht näher eingehen können.

In der Regel ist das schon alles, was Sie tun müssen. Das Bild wird auf Ihrem Bildschirm gezeigt und Sie können mindestens eine Million Veränderungen vornehmen: Sie können es heller oder dunkler einstellen, größer oder kleiner machen und so weiter. Einige Scanner verfügen sogar über ein Schrifterkennungsprogramm, mit dem Sie Texte aus Büchern oder Zeitschriften einscannen und später den Text in AppleWorks umschreiben oder verändern können.

Bevor Sie ein eingescanntes Bild per E-Mail versenden, stellen Sie sicher, dass Sie es auf eine erträgliche Größe reduziert haben. Wie das geht, zeigen wir Ihnen unter »Ein Bild per E-Mail versenden« etwas später in diesem Kapitel.

Digitalkameras

Eine Digitalkamera wie sie in Kapitel 19 beschrieben wird, ist eine andere sehr gute (aber sehr viel teurere) Methode, um Bilder in Ihren Mac zu laden. Sie brauchen auf jeden Fall ein Modell mit einem USB-Anschluss (oder – falls Sie einen Mac DV haben – mit einem FireWire-Kabel).

Digitalkameras gibt es in so vielen Varianten und von so vielen Herstellern, dass es unmöglich ist, hier auch nur eine kleine Auswahl aufzuführen. Generell funktionieren sie jedoch ähnlich wie ein Scanner. Sie öffnen ein Graphikprogramm, wählen IMPORTIEREN oder DOWNLOAD aus dem Menü Datei und warten ab, bis die Kamera die Daten an Ihren Computer geschickt hat.

Kodak PhotoCDs

Wenn Sie nur hin und wieder Ihre Photos in eine elektronische Form bringen wollen oder müssen, könnte die Kodak PhotoCD ein guter Weg für Sie sein. Wenn Sie Ihren normalen Film zum Entwickeln bringen, lassen Sie nicht wie bisher Papierabzüge davon machen, sondern die Bilddaten einfach auf eine CD-ROM speichern. Sie erhalten die Aufnahmen auf der CD-ROM sogar gleich in verschiedenen Größen für die unterschiedlichsten Anwendungen. Und bei dem Preis lohnt sich nicht mal ein eigener Scanner.

Was Sie mit Bildern machen können

So, jetzt haben Sie verschiedene Bilder in elektronischer bzw. digitaler Form und können damit die verschiedensten Dinge anfangen.

Sie können sie anderen per E-Mail schicken

Wie bereits in Kapitel 8 erwähnt, ist es sehr einfach, ein Foto als Anlage einer E-Mail beizufügen, um es jemandem zu schicken. Aber senden Sie auf keinen Fall zu große Abbildungen – nichts bringt Freundschaften so schnell auseinander wie E-Mails, bei denen man stundenlang warten muss, bis sie übertragen sind. Ein unbearbeitetes eingescanntes Foto ist meist enorm groß und sollte vor dem Senden noch bearbeitet werden

Sie sollten es mit AppleWorks, PhotoDeluxe oder dem anderen Bildbearbeitungsprogramm, das Sie nutzen, auf eine erträgliche Größe reduzieren. Wenn Sie mit AppleWorks arbeiten, öffnen Sie das Menü FORMAT, wählen Auflösung und Tiefe und reduzieren sie auf 72 dpi (Punkte per Inch).

In PhotoDeluxe (dem Programm, das den meisten Scannern beiliegt), ist es etwas einfacher, ein Bild für die Nutzung per E-Mail auf die richtige Größe zu konvertieren:

1. **Nachdem das Bild eingescannt wurde, klicken Sie einfach auf den AKTIVITÄTEN ASSISTENTEN, dann BILD EINSTELLEN und schließlich auf WEBSEITE ODER E-MAIL.**

   Sehen Sie die nummerierten Tabs am oberen Rand des Bildschirms? Damit können Sie die Schritte zur Einstellung des Photos nacheinander vollziehen. Wenn Sie bereits das Foto, das Sie gerade eingescannt haben, sehen, starten Sie mit Punkt 3.

2. **Klicken Sie auf SCHRITT 3. Um das Foto zu beschneiden (einen Ausschnitt festzulegen), fahren Sie mit der Maus diagonal über das Bild. Wenn der gestrichelte Rahmen (Auswahlrahmen) die von Ihnen gewünschte Auswahl zeigt, klicken Sie einfach innerhalb des Rahmens.**

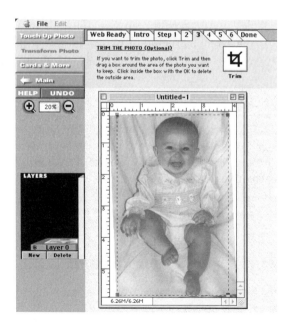

PhotoDeluxe beschneidet das Photo automatisch auf den von Ihnen festgelegten Ausschnitt.

3. **Klicken Sie auf S**CHRITT **4 und dann den Button G**RÖSSE**. Im Dialogfenster geben Sie dann die gewünschte Größe ein und klicken OK.**

   Damit haben Sie Ihrem Foto eine neue Größe gegeben, es kleiner oder größer gemacht. Und jetzt kommt der wichtigste Teil: Sie wollen Ihr Bild kleiner machen – und zwar nicht das Format, sondern die Dateigröße, die Anzahl der Megabytes, die Sie Ihrem Freund per E-Mail zusenden wollen.

4. **Klicken Sie auf S**CHRITT **5 und dann auf A**UFLÖSUNG**. Dann klicken Sie S**CHRITT **6 und JPEG-F**ORMAT**.**

   Jetzt werden Sie aufgefordert, dem Bild einen Namen zu geben und es zu speichern. Klicken Sie auf Schreibtisch, geben Sie einen Namen ein und bestätigen Sie mit SICHERN. (Sie sollten der kleinen Ausgabe Ihres Originals einen abweichenden Namen verpassen, falls Sie das Original noch einmal für andere Zwecke nutzen wollen.

Auf Ihrem Schreibtisch finden Sie jetzt eine kompakte kleine Bilddatei, die Sie mit gutem Gefühl per E-Mail versenden oder in Ihre Webseite stellen können.

Ein Bild auf die Webseite stellen

In Kapitel 9 haben Sie gelesen, wie viel Freude es macht, seine eigene virtuelle Welt – eine Webseite – mit PageMill zu gestalten und im Internet zu präsentieren. Hier zeigen wir Ihnen nun, wie Sie Bilder in die Webseite integrieren können.

Aufnahmen mit der Digitalkamera, per PhotoCD oder über den Scanner eingescannt, sind dafür ideal geeignet. Wenn Sie mit einem Scanner arbeiten, sollten Sie sicherstellen, dass Sie die Größe und die Auflösung der gescannten Fotos reduzieren wie im vorigen Abschnitt beschrieben. Mit großen, Bildschirm füllenden Fotos rauben Sie den Besuchern Ihrer Webseite die Nerven.

Bilder ausdrucken

Wenn Sie ein Foto eingescannt haben und über einen Farbdrucker wie in Kapitel 5 beschrieben, verfügen, drucken Sie einfach drauflos. Hier müssen Sie die Auflösung nicht verringern, denn beim Druck – und nur beim Druck – wollen Sie Ihre Fotos groß sehen. Für den Druck benötigen Sie eine hohe Auflösung – je höher die Auflösung, desto besser ist das Druckergebnis.

Bepflastern Sie den Schreibtisch Ihres Mac

Und hier ist der absolute Nr. 1 Hit für die Verwendung von Fotos auf dem Mac: Benutzen Sie Ihre Fotos einfach als Hintergrundmotive! Mehr dazu erfahren Sie in Kapitel 13 unter

»Gestalten Sie sich Ihren eigenen Hintergrund«, in dem Schritt für Schritt erklärt wird, wie Sie den Standard-Hintergrund gegen eines Ihrer eigenen Fotos austauschen können.

Was Sie in diesem Kapitel nicht erfahren ist, wie Sie ein Schreibtischbild erstellen können, das jedesmal wechselt, wenn Sie Ihren Mac einschalten. Deshalb sagen wir es Ihnen hier: Ziehen Sie einen Ordner mit Bildern in das Kontrollfenster Erscheinungsbild. Dann bekommen Sie jeden Tag ein neues Bild gezeigt – ist das Leben nicht einfach schön?

Der Systemordner – das Nähkästchen des Mac

In diesem Kapitel

- Wofür der Systemordner gut ist
- Was Sie im Apple-Menü finden
- Was Sie im Ordner Kontrollfelder finden
- Was Sie alles aus Ihrem Systemordner entfernen können

Er sieht eigentlich aus wie jeder andere Ordner auf Ihrer Festplatte und doch hat er es in sich. Der Systemordner enthält alles, was der Mac so braucht. Jeder Macintosh hat einen Systemordner (zumindest jeder funktionierende). Und der Systemordner ist leicht zu erkennen, erstens, weil Systemordner dransteht, und zweitens, weil er auch noch mit einem hübschen kleinen Symbol markiert ist:

Folgen Sie uns jetzt bitte ganz genau: Doppelklicken Sie auf den Systemordner, um ihn zu öffnen. (Ihr Systemordner liegt im Fenster Ihrer Festplatte.) Klicken Sie jetzt auf das Erweiterungsfeld, das kleine Kästchen in der rechten oberen Ecke des Fensters, damit Sie den gesamten Inhalt sehen können. Am besten öffnen Sie jedoch das Menü DARSTELLUNG und wählen den Befehl ALS LISTE, dann wird Ihnen der gesamte Inhalt als übersichtliche Liste angezeigt.

Sehen Sie sich das doch nur einmal an – wer braucht das alles?

Irgend jemand hat einmal gesagt: »Die Hälfte der Dinge im Systemordner braucht man nicht.« Viele dieser Dinge sind ausschließlich für PowerUser, für Mitarbeiter in großen Netzwerken, für Wissenschaftler und Technikverrückte. Allen übrigen Nutzern stehlen die vielen Dinge nur den Speicherplatz.

Der Systemordner Schritt für Schritt erklärt

Allein diese Erklärung des gesamten Inhaltes Ihres Systemordners ist unserer Meinung nach schon den Preis für das Buch wert. Außerdem erfahren Sie, welche Elemente Sie problemlos entfernen oder ausschalten können.

Und haben Sie keine Scheu davor, etwas zu entfernen. Je weniger Symbole Sie in den Kontrollfeldern und im Ordner Erweiterungen haben, desto schneller startet Ihr Mac und umso weniger anfällig ist er für einen Absturz. Und es ist ja nicht so, als würden Sie alles für immer löschen. Sie können immer wieder alles zurückholen, wenn Sie es doch einmal benötigen sollten. Alles befindet sich auf der Software *Installations CD-ROM*, die Sie mit Ihrem Mac erhalten haben.

Zusätzlich zeigen wir Ihnen einige kleine Eigenschaften, von denen Sie bestimmt nicht wussten, dass Ihr Mac sie besitzt. (Sie werden sehen, das ist ungefähr so, als würden Sie Ihren Dachboden entrümpeln.)

Erscheinungsbild / Application Support

Der Ordner Erscheinungsbild enthält u.a. Bilder, mit denen Sie Ihren Schreibtisch schöner gestalten können. Application Support ist ausschließlich für die Nutzung durch Ihre Software-Programme gedacht. Hier legen Ihre wichtigsten Programme eigene Steuerdateien etc. ab. Am besten ignorieren Sie diese beiden Ordner.

Der Apple-Menü Ordner

Sie erinnern sich vielleicht daran, dass der Inhalt dieses Ordners im -Menü auf der linken Seite Ihres Bildschirms erscheint.

(Wenn Sie Mac OS 9 installiert haben, sind viele der hier beschriebenen Punkte nicht im -Menü. Sie liegen stattdessen in einem von zwei Ordnern auf Ihrer Festplatte: dem Ordner Programme bzw. dem Ordner Apple Extras. Wenn Sie sie jetzt in Ihrem -Menü vermissen, können Sie sie dort selbst ablegen – lesen Sie dazu die Anleitungen in Kapitel 13.

Die meisten der Apple-Menü-Punkte sind Schreibtischzubehör – ähnlich denen, die Sie bereits in Kapitel 3 benutzt haben. Jetzt erfahren Sie, was sich genau hinter diesen Punkten in Ihrem -Menü verbirgt ... selbstverständlich mit einer tiefgreifenden Erläuterung der Wichtigkeit und des Wertes ... und dann werfen Sie sie einfach weg.

Apple DVD Player – Dieser Befehl öffnet das Programm, mit dem Sie DVD Filme, die Sie in der Videothek ausgeliehen haben, ansehen können. Lesen Sie dazu auch Kapitel 10.

Apple System Profiler – ein nettes kleines Programm, das Ihnen alle technischen Einzelheiten über Ihren Mac zeigt. Sie werden es wahrscheinlich nie benutzen. Aber eines Tages, wenn Sie zum Beispiel bei Apple anrufen, um sich Rat zu einem Problem mit Ihrem Mac zu holen, werden Sie bestimmt aufgefordert, in den System Profiler zu gehen, damit Sie bestimmte Fragen beantworten können.

AppleCD Audio Player – mit Play, Stop und Vorwärts-/Rückwärts-Reglern, damit Sie normale Musik-CD in Ihrem CD-Laufwerk abspielen können. Mehr darüber finden Sie in Kapitel 19. (Bei Mac OS 9 liegt dieses Programm im Ordner Programme auf Ihrer Festplatte.)

Nützliche Scripte – Nützliche Scripte ist nicht nur ein Ordner. Es ist vielmehr ein Alias, das Apple in Ihrem -Menü für mehr Bequemlichkeit abgelegt hat. Es enthält verschiedene nützliche AppleScripts – Mini-Programme mit arbeitserleichternden Hilfen. Hinzufügen Alias zum Apple-Menü legt zum Beispiel eine *Aliasdatei* des ausgewählten Symbols in Ihr -Menü. Viele andere, wie zum Beispiel Share a Folder und Start File Sharing betreffen das Netzwerk. (Wenn Sie Mac OS 9 installiert haben, finden Sie das Programm *AppleScript* im Ordner AppleScript in Apple Extras auf Ihrer Festplatte.)

Rechner und Notizblock – Sie kennen diese beiden Hilfsmittel bereits (siehe Kapitel 3). Das soll jetzt ausreichen. (Die Mac OS 9 Version des Notizblocks befindet sich im Ordner Apple Extras auf Ihrer Festplatte.)

Auswahl – benötigen Sie für Ihren Drucker, wie Sie bereits in Kapitel 5 gelesen haben.

Kontrollfelder – dabei handelt es sich nur um ein Alias, mit dem Sie schnell Ihren Ordner Kontrollfelder öffnen können. Mehr über die Kontrollfelder erfahren Sie etwas später in diesem Kapitel.

Favoriten – mit diesem Befehl haben Sie sehr schnellen Zugriff auf oft benutzte Dateien oder Ordner. Lesen Sie dazu auch den Abschnitt »Mehr über spezielle Ordner« etwas weiter hinten.

FaxStatus – ein kleines Programm, das Ihnen den Bearbeitungsstatus von Telefax-Nachrichten anzeigt, die Sie erhalten oder senden, ausführlicher beschrieben in Kapitel 19.

Alegbra Graph – erzeugt 3D-Graphiken auf Ihrem Bildschirm, mit denen Sie Ihren Freunden und Bekannten dann stolz beweisen können, wie brillant Sie inzwischen geworden sind. Und wenn Sie mathematisch begabt sind, können Sie damit auch so schwierige Gleichungen wie $y = x - 1$ darstellen. (In Mac OS 9 finden Sie dieses Programm im Ordner Programme.)

Internet Hilfsprogramme – einige Hilfsmittel für Ihre Internetverbindung mit:

- ✔ **www Browser** – dieser Befehl öffnet Ihren Webbrowser, wie zum Beispiel Internet Explorer oder Netscape Navigator mit der von Ihnen eingestellten Startseite. (Die Einstellungen können Sie im Internet Kontrollfenster vornehmen. Wie, das zeigen wir Ihnen später in diesem Kapitel.)

- ✔ **Verbinden mit** – mit diesem kleinen Programm können Sie eine Internet- bzw. Webadresse eingeben, mit der Sie verbunden werden möchten. Ihr Mac öffnet den Webbrowser bzw. das E-Mail-Programm automatisch. (In Kapitel 6 finden Sie mehr über Internet-Zugänge. Dieses Programm ist nur für Inhaber eines direkten Internetzuganges erreichbar– nicht über T-Online oder AOL.)

- ✔ **Internet Assistent** – am besten gehen Sie diese verschiedenen Einstellungen bei der ersten Einstellung mit dem technischen Berater Ihres Internet-Providers durch. Sie ersparen sich damit eine Menge Zeit und Frust. (Details finden Sie in Kapitel 6.)

✔ **Mail** – Dieser Befehl öffnet Ihr E-Mail Programm. (Nur geeignet für Inhaber eines direkten Internet-Zuganges – nicht T-Online oder AOL.)

Tastatur – ein weiteres nützliches Schreibtischzubehör, mit dem Sie die Tastenkombinationen herausfinden können, um zum Beispiel Sonderzeichen wie © ™Ω etc. zu schreiben.

Netzwerk Browser – für Menschen, die mit verschiedenen miteinander vernetzten Macs arbeiten (siehe Kapitel 14). Wenn Sie dazu gehören, können Sie sehen, welche Netzwerkteilnehmer angeschlossen bzw. verfügbar sind. Wenn Sie nicht dazu gehören, können Sie diese Datei entfernen.

Quicken.com – ein Zusatz zu der Quicken Webseite (Scheckbuch Software). Können Sie entfernen.

Dokumente, Programme, Server – ein nützlicher Kurzbefehl! In diesem Untermenü werden alle Dokumente, Dateien, Programme und evtl. andere Netzteilnehmer (wenn Sie in einem Netzwerk arbeiten) aufgelistet, die Sie bereits geöffnet hatten. Sie haben so schnell wieder darauf Zugriff.

Wenn Sie nicht in einem Netzwerk arbeiten, brauchen Sie das nicht. Öffnen Sie das Apple Menü KONTROLLFELD und setzen Sie eine Null hinter Servers. Der Punkt Servers wird dann aus Ihrem -Menü entfernt.

Remote Access Status – dieses nützliche Mini-Programm bietet Ihnen die Einstellungen Verbindung und Trennen der Internetverbindung (nur wenn Sie einen direkten Internetzugang wie in Kapitel 6 beschrieben haben). Und es zeigt Ihnen an, wie lange Ihre Verbindung bereits dauert.

Album – dieses Schreibtischzubehör ist es wert, aufgehoben zu werden. Mit Kopieren und Einfügen können Sie hier Bilder, Töne, VideoClips oder Text und mehr für spätere Verwendung aufbewahren. Wenn Sie zum Beispiel drei Wochenenden investiert haben, um ein besonders tolles Schriftzeichen für Ihren Briefbogen zu zeichnen, legen Sie das fertige Produkt einfach in Ihrem Album ab. Wann immer Sie das Zeichen dann irgendwo einsetzen wollen, öffnen Sie einfach das Album, kopieren das Zeichen und setzen es in das betreffende Dokument ein.

Sherlock oder **Sherlock 2** – der Super-Dateien-Finder, der sein Gewicht durchaus in einem Edelmetall Ihrer Wahl wert ist. Geben Sie einfach einen Suchbegriff ein und der Mac findet ihn für Sie … schnell. (Lesen Sie dazu mehr in den Kapiteln 4 und 7.)

SimpleSound – ein Mini-Programm, mit dem Sie Ton aufnehmen können (zum Beispiel über das eingebaute Mikrophon des Mac). In Kapitel 19 finden Sie dazu mehr Informationen. (Mac OS 9: Im Ordner Programme, nicht im -Menü.)

Notizzettel – wie haben wir eigentlich vor der Erfindung der kleinen gelben Zettel, die überall kleben, gelebt? Unvorstellbar! Der Mac bietet Ihnen diese nützliche Erfindung in elektronischer Form. Wählen Sie einfach NEUES MEMO aus dem Menü ABLAGE, schreiben Sie Ihre Bemerkung hinein und geben Sie der Notiz eine Farbe aus dem Menü FARBE.

Wenn Sie die Notizzettel schließen wollen (BEENDEN aus dem Menü ABLAGE), werden Sie freundlicherweise gefragt, ob der oder die Notizzettel jedesmal wieder erscheinen sollen, wenn Sie den Mac starten. Sagen Sie einfach ja und Sie werden nie wieder etwas vergessen oder einen Termin verpassen oder was auch immer Ihnen wichtig genug erscheint.

Der Kontext-Menü Ordner

Am Ende des zweiten Kapitel finden Sie eine Beschreibung dieser nützlichen Funktion. Hier nur noch einmal so viel: Wenn Sie einen Ordner oder ein Fenster anklicken und dabei gleichzeitig die Control-Taste `ctrl` drücken, wird ein PopUp-Menü geöffnet.

Es ist möglich, diesen PopUp-Menüs mehr Befehle zuzuordnen, was zum Beispiel viele ständige Websurfer auch tun. Wenn Sie einmal zu diesen Spezialisten gehören, können Sie in diesen Ordner zusätzliche Befehle in Form von speziellen Symbolen eingeben.

Der Ordner Kontrollleistenmodule

Mehr über die Kontrollleiste finden Sie im folgenden Abschnitt »Der Ordner Kontrollfenster«. Hier sollen Sie nur erfahren, dass Sie mit den Modulen auf der stets präsenten Kontrollleiste, einem so genannten »floating window« schnell verschiedene Mac Einstellungen verändern können (zum Beispiel die Lautstärke regeln etc.). In diesem Ordner werden die Module aufbewahrt.

Der Ordner Kontrollfelder

Auch der Ordner Kontrollfelder befindet sich in Ihrem Systemordner. Wie Sie bereits in Kapitel 3 gelesen haben, ist ein Kontrollfeld ein Mini-Programm, das für bestimmte Verhaltensweisen des Mac verantwortlich ist.

Erscheinungsbild – Mit diesem Kontrollfenster können Sie das Aussehen und das Verhalten Ihres Mac Bildschirmes drastisch verändern. Zum Beispiel:

✔ **Visuell** – hier können Sie die Farben für aktive Elemente auf Ihrem Monitor (z.B. für Laufleisten und andere Darstellungen) nach Ihren eigenen Vorstellungen verändern.

✔ **Zeichensätze** – wenn Sie auf den Tab Zeichensätze klicken, erhalten Sie drei PopUp-Menüs, mit denen Sie die benutzten Zeichensätze für Menüs und Überschriften, Beschreibungen und Etiketten sowie für Listen und Symbole auswählen können.

Beachten Sie bitte die Funktion ZEICHENSÄTZE GLÄTTEN. Wenn Sie diese Funktion aktivieren, werden die Schriften weicher dargestellt (antialiasing, wie die Spezialisten sagen). In der Top 10 Liste am Ende des Kapitels 5 finden Sie dazu einen Vergleich.

✔ **Schreibtisch** – hier können Sie die Einstellung des Bildschirm-Hintergrundes verändern (lesen Sie dazu auch »Bepflastern Sie Ihren Bildschirm mit eigenen Bildern« in Kapitel 13).

- ✔ **Ton** – wenn Sie auf den Tab Ton klicken und Platinum Klänge aus dem PopUp-Menü wählen, wird jede Ihrer Tätigkeiten auf dem Mac von einem Klang begleitet, ob Sie nun mit Scroll-Leisten arbeiten, Menüs oder Symbole, CD-ROMs, Fenster oder den Papierkorb öffnen – einfach alles, was eine Aktion mit der Maus erfordert. (Der Gesundheitsminister warnt: Stellen Sie die Platinum-Klänge nicht an, wenn Sie den Mac in einer öffentlichen Bibliothek oder während eines Internationalen Schachturniers nutzen!)
- ✔ **Optionen** – diese Einstellmöglichkeit bietet eine neue faszinierende Funktion namens PROPORTIONALE ROLLBOX. Beide Rollpfeile werden in der unteren rechten Ecke der Rollbalken angeordnet wie hier gezeigt:

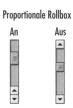

Außerdem wird die Größe der Rollbox proportional zum sichtbaren Inhalt des jeweiligen Fensters angepasst. Das bedeutet, wenn der Schieberegler der Rollbox sich etwa im ersten Drittel der Rollbox befindet, sehen Sie auch tatsächlich das erste Drittel des Dokumentes auf Ihrem Bildschirm. Das funktioniert sowohl vertikal als auch horizontal.

Von Hause aus ist diese Funktion bei Ihrem Mac eingestellt. Jetzt verstehen Sie sicher auch, warum manche Dinge eben so sind, wie sie sind. Wenn Sie diese Funktion ausschalten, bleibt die Rollbox immer gleich und die Rollpfeile sind oben und unten angeordnet.

- ✔ **Themen** – nachdem Sie jetzt alle anderen Einstellmöglichkeiten durchprobiert haben (Visuell, Zeichensätze, Schreibtisch, Ton, Optionen), mit dem Sie das Erscheinungsbild Ihres Mac Ihren Vorstellungen anpassen können, können Sie die verschiedenen Einstellungen als Thema abspeichern.

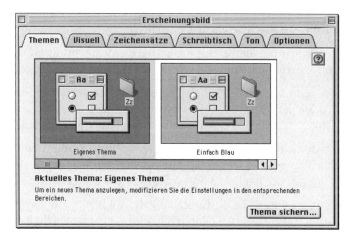

Klicken Sie dazu auf das Register THEMEN und Sie sehen einen neuen Einstellbereich. Klicken Sie auf THEMA SICHERN, geben Sie einen Namen ein, etwa Montag oder Samstag oder so. Von jetzt an können Sie jederzeit zu einem anderen Erscheinungsbild wechseln, wenn Sie glauben, einmal etwas Abwechslung nötig zu haben.

Apple-Menü Optionen – Diese kleine Hilfe ist für die Untermenüs in Ihrem -Menü zuständig. Und es legt Ihnen auf Wunsch ebenfalls im -Menü einen Ordner an, in dem es sich die letzten von Ihnen benutzten Dokumente, Programme oder Server merkt. Das ist wirklich nützlich.

AppleTalk – Ein wirklich wichtiger Baustein, wenn Sie in einem Netzwerk arbeiten. Sie können damit einstellen, durch welche Verbindung Ihr Mac mit den anderen Macs (oder Druckern, Belichtern etc.) des Netzwerkes verbunden ist; mit Ethernet- oder LocalTalk-Kabel, Infrarot-Übertragung und so weiter. In Kapitel 14 finden Sie mehr darüber, wie Sie den Mac mit anderen Macs verbinden können.

ATM – Adobe Type Manager – ein Kontrollfeld, das für das bessere Aussehen von Schriften auf dem Bildschirm und beim Ausdruck verantwortlich ist.

ColorSync – Eine Software, die dafür sorgt, das Farben möglichst einheitlich zwischen Scannern, Bildschirmen und auf Farbdrucker dargestellt werden. Wenn Sie keinen Farbdrucker und keinen Scanner einsetzen, können Sie diese Funktion ausschalten (sehen Sie dazu auch den Kasten »Funktionen ausschalten, die Sie nicht benötigen«).

Kontrollleiste – Hier können Sie nur festlegen, ob die Kontrollleiste eingeblendet ist oder nicht. Eine wirklich nützliche und zeitsparende Funktion, die wir etwas genauer vorstellen wollen.

Die Kontrollleiste zeigt sich manchmal nur als kleines Symbol in der linken unteren Ecke Ihres Monitors:

Durch Klick auf den kleinen Tab erscheint sie in ihrer vollen Länge wie eine Python, die sich in der Sonne streckt. Und diese Einstellungen finden Sie normalerweise darin (allerdings kann der Inhalt bei Ihnen ein völlig anderer sein):

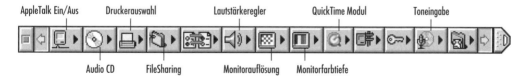

Funktionen ausschalten, die Sie nicht benötigen

In diesem Kapitel mit den Erläuterungen der Inhalte Ihrer Kontrollfenster und Erweiterungen sind auch einige Funktionen, die auf Ihrem Mac keine Vorteile bringen. Aber Sie benötigen Speicherplatz, können einen Systemabsturz fördern und tragen dazu bei, dass Ihr Computer langsamer hochfährt. Manche Nutzer entfernen diese nutzlosen Funktionen, indem sie sie einfach in den Papierkorb ziehen.

Es ist sicherer, sie einfach auszuschalten. Das erweist sich besonders dann als sehr nützlich, wenn Sie zum Beispiel in drei oder vier Monaten irgendein neues Programm installieren, das exakt die Erweiterung bzw. das Kontrollfenster benötigt, das Sie gerade eliminiert haben. Aus dem Papierkorb bekommen Sie die Funktion nicht mehr zurück, auf dem anderen Weg brauchen Sie sie nur wieder einzuschalten.

Der Schlüssel, wie Sie Funktionen im Systemordner ausschalten können, ist das Kontrollfenster Erweiterungen Ein/Aus. Sie können es wie folgt öffnen: Klicken Sie auf das -Menü, KONTROLLFENSTER und dann ERWEITERUNGEN EIN/AUS. Wie Sie bereits gelesen haben ist das nichts weiter als eine Liste aller auf Ihrem Mac installierten Systemerweiterungen und Kontrollfelder.

Um etwas auszuschalten, klicken Sie einfach in den Kasten neben dem Namen, so dass das X verschwindet, und dann auf NEUSTART.

Jetzt startet Ihr Mac neu ohne die speicherplatzfressenden Funktionen die Sie gerade ausgeschaltet haben. Das mag Ihnen etwas überwältigend vorkommen, aber es nützt der Gesundheit und dem Wohlbefinden Ihres Mac – er wird schneller und Sie sind wieder etwas schlauer geworden.

Jeder Pfeil – wie Sie es zum Beispiel in Druckerauswahl sehen – steht für ein kleines PopUp-Menü; klicken Sie einfach darauf und Sie bekommen den Inhalt angezeigt. Sie können sich natürlich auch durch das Leben bewegen, ohne jemals die Kontrollleiste zu benutzen – die meisten der Einstellungen finden Sie auch im Ordner Kontrollfelder. Aber mit der Kontrollleiste können Sie diese Einstellungen viel eleganter und schneller vornehmen.

Wenn Sie auf das Ende klicken, verschwindet die Kontrollleiste wieder bis auf den kleinen Rest in der linken unteren Ecke des Bildschirms. Wieder klicken lässt sie aufs Neue erscheinen. Sie können sie auch auf eine beliebige Länge zusammendrücken, indem Sie das Ende verschieben.

 Und wenn Sie die Options-Taste gedrückt halten, können Sie die Kontrollleiste auch entlang dem linken bzw. rechten Bildschirmrand nach oben bzw. unten verschieben und neu positionieren. (Sie können die Leiste nicht in die Mitte des Bildschirmes verschieben.) Die ⌥-Taste hat auch noch eine weitere nützliche Funktion: Bei gedrückter ⌥-Taste können Sie die Rechtecke mit den Symbolen innerhalb der Kontrollleiste an eine neue Position verschieben.

Und wenn Sie finden, dass Sie eine dieser Funktion nun wirklich nicht mehr dort benötigen, drücken Sie die ⌥-Taste und ziehen das Rechteck einfach in den Papierkorb.

Datum & Uhrzeit – Zeigt Ihnen die Mac Uhr. Sie können auch einstellen, ob die Zeit in der Menüleiste angezeigt wird, und wenn Sie einen Internetzugang haben, können Sie die Uhr Ihres Mac auch mit einer hochgenauen HighTech-Uhr automatisch synchronisieren lassen. Das ist wirklicher Fortschritt.

Dial-Assist – Unterstützt Sie bei der Speicherung und der Anwahl komplizierter Telefonnummern über Ihr Modem. Wenn Sie nicht in einem Unternehmen arbeiten, wo etwas anderes gilt, schalten Sie diese Funktion aus.

Energie sparen – Diese Einstellung ist gerade bei einem Computer wie dem Ihren hochinteressant. Sie können damit einstellen, wann sich der Mac selbst ausschaltet oder sich nach einer bestimmten Zeitspanne nach der letzten Nutzung schlafen legt. So sparen Sie nicht nur Strom, auch Ihr Monitor hält um einiges länger. Wirklich sehr nützlich.

Erweiterungen Ein/Aus – Sie können dieses Kontrollfenster über den Befehl im -Menü öffnen. Oder indem Sie beim Einschalten Ihres Mac die Leertaste gedrückt halten. In jedem Fall erhalten Sie eine Liste aller Erweiterungen und Kontrollfelder, die wir hier beschreiben. Klicken Sie einfach auf die Namen, um zu entscheiden, mit welchen davon Sie weiterarbeiten wollen. Und schalten Sie diejenigen aus, von denen Sie glauben, dass Sie sie nicht benötigen, anstatt sie in den Papierkorb zu befördern. Das kann sich bei der Lösung von Problemen als hilfreich erweisen (siehe Kapitel 16).

File Exchange – Dank dieses Kontrollfeldes werden DOS-Disketten und DOS-Wechselplatten auf dem Schreibtisch Ihres Mac so dargestellt, als wären sie nichts Besonderes. Sie können wie jeder andere Mac-Speicher behandelt werden und lassen sich sogar im DOS-Format formatieren. Machen Sie das mal mit einem Windows-Computer! (Ob Sie allerdings die auf dem jeweiligen Medium gespeicherten Dateien auch öffnen können, steht auf einem anderen Blatt – jedoch können Sie wenigstens die entsprechenden Symbole sehen.)

Allerdings gibt es da auch etwas, das Mac-Neulinge und alte Hasen gleichermaßen frustriert: Die Meldung »Programm nicht gefunden« nach einem Doppelklick auf ein Symbol. Dank File Exchange erhalten Sie jedoch nicht diese Meldung, sondern ein Dialogfenster mit Ihren Programmen, die in der Lage sind, die mysteriöse Datei zu öffnen.

File Sharing – In diesem Kontrollfeld bekommt Ihr Mac einen Namen, damit er im Netzwerk durch andere Mitarbeiter Ihres Unternehmens zweifelsfrei gefunden werden kann. Wenn Sie nicht in einem Netzwerk arbeiten, können Sie diese Funktion ausschalten.

Dateien Abgleichen – Ein Backup-Programm, das automatisch den Inhalt eines Ordners auf einem Speichermedium (Wechselplatte oder ein anderer Computer im Netzwerk) mit dem Inhalt eines entsprechenden Ordner auf Ihrer Festplatte aktualisiert. Die meisten Anwender nutzen dieses Programm für die Datensicherung zum Beispiel auf einer Zip-Diskette (siehe Kapitel 18). Für die Erläuterung der Eigenschaften öffnen Sie das Programm und wählen Sie die Hilfe.

Allgemeine Einstellungen – Ein wirklich nützliches Kontrollfeld, mit dem Sie den Systemordner schützen, die Blinkfrequenz in den Menüs einstellen und Ordner für Dokumente festlegen können.

Noch eines: Wenn Sie den Mac nach einem Systemabsturz, den Sie hoffentlich nicht so bald erleben, wieder neu starten, erscheint eine Meldung, dass der Computer beim letzten Mal nicht ordnungsgemäß ausgeschaltet wurde (als wären Sie dafür verantwortlich?). Diese Meldung könnten Sie im Kontrollfeld ausschalten, wenn Sie den stillen Vorwurf Ihres Mac nicht mehr länger ertragen wollen. Sie sollten es aber besser nicht tun, denn Sie haben vielleicht auch bemerkt, dass der Mac automatisch damit beginnt, alle Fehler zu reparieren, die auf der Festplatte durch den Systemabsturz entstanden sind. Wenn Sie die Warnmeldung ausschalten, schalten Sie gleichzeitig auch diesen automatischen Reparaturlauf aus.

Das Kontrollfeld ALLGEMEINE EINSTELLUNGEN bietet noch einige andere Einstellmöglichkeiten – lesen Sie dazu mehr in dem folgenden Kasten auf einer der nächsten Seiten.

Internet – Schon kurz nachdem Sie sich mit dem Internet verbunden haben (siehe Kapitel 6), werden Sie wissen, warum so wenige Menschen online sind: Da müssen einfach zu viele komplizierte Eingaben gemacht werden. In jedem Ihrer Internet-Programme, wie Webbrowser, E-Mail-Programm und so weiter, müssen Sie Ihren Namen, Adresse, E-Mail-Adresse, SMTP Codes und noch mehr eingeben.

Mit dem Internet Assistenten können Sie Ihren Internetzugang mit wenigen Schritten konfigurieren und jedes Ihrer Internet-Programme greift dann auf diese einmal erfassten Daten zu (anstatt dass Sie diese jedesmal neu eingeben müssen).

Im Internet Kontrollfenster geben Sie auch an, welchen Webbrowser und welches E-Mail-Programm Sie nutzen wollen. Sie finden diese Auswahl am Fuß des E-Mail bzw. Webbrowser, Bildschirms. Nachdem Sie diese Einstellung vorgenommen haben, werden die entsprechenden Programme durch einen Doppelklick auf das E-Mail- oder das Internet-Symbol geöffnet.

Tastatur – Damit stellen Sie ein, wie sich eine Taste verhält, wenn Sie sie gedrückt halten. Soll das soooooooooo aussehen? Und wie schnell soll das gehen?

Für die meisten noch unerfahrenen Mac-Nutzer ist es vorteilhafter, die Wiederholfunktion zunächst abzuschalten. Es ist schon etwas unerfreulich, wenn zum Beispiel ein Buch auf der Leertaste liegt und während Sie 20 Minuten telefonieren 580 Seiten voll mit Leerzeichen produziert.

Mit diesem Kontrollfeld können Sie auch verschiedene Sprachversionen einstellen, zum Beispiel Holländisch, Schwedisch, Französisch etc.

Schließlich und endlich ist das Tastatur-Kontrollfeld auch der Ort, an dem Sie Ihre Funktionstasten selbst programmieren können (FKEYs oder function keys) – lesen Sie dazu auch den Abschnitt »Mehr Spaß mit Funktionstasten« in Kapitel 13.

Schlüsselbund – Neu in Mac OS 9, eine gute Idee, jedoch etwas komplex. Wenn Ihr Mac in einem großen und weit verzweigten Netzwerk eingebunden ist, werden Sie es mit der Zeit vielleicht müde, immer wieder Ihr Passwort einzugeben, wenn Sie mit einem anderen Teilnehmer kommunizieren wollen. Diese Funktion ermöglicht Ihnen die Speicherung des Passwortes.

Wenn Ihnen dieses Zentrallager der Passwörter für Netzwerk-Macs begegnet, nutzen Sie einfach die Mac-Hilfe und suchen Sie nach dem Begriff »Schüsselbund« oder fragen Sie einfach den Mitarbeiter, der das Netzwerk eingerichtet hat, danach.

KickStarter – Der Klickstarter zeigt Ihnen ein nützliches Fenster mit großen Symbolen der Programme und Dateien, die Sie am meisten benutzen. Mehr Informationen darüber finden Sie im Abschnitt »Alles über die großen Klickstarter-Tasten« in Kapitel 4.

Apple Umgegbungsassistent – Wenn Sie dieses Kontrollfeld nutzen wollen, können Sie sehr viele Eingaben verändern – die Zeitzone, die Internet-Zugangs-Telefonnummer, die Lautstärke, die Druckerauswahl und so weiter – durch einen einfachen Mausklick. Wir könnten Sie jetzt Schritt für Schritt durch die 20-minütige Installation führen, jedoch bietet Apple einen wesentlich weniger aufwendigen Weg. Wählen Sie MAC HILFE aus dem Menü HILFE und suchen Sie nach LOCATION MANAGER. Sollten Sie diese Zusatzfunktion nicht unbedingt benötigen, schalten Sie sie einfach ab (sehen Sie dazu auch den Kasten »Funktionen ausschalten, die Sie nicht benötigen« etwas weiter vorne.

Weltkarte – Dieses Kontrollfeld ist vor allem für diejenigen unter Ihnen nützlich, die Geschäftsbeziehungen in verschiedenen geograhischen Regionen unterhalten. (Sowohl in Mac OS 8.6 als auch in Mac 0S 9 finden Sie dieses Kontrollfeld im Ordner Apple Extras, Ordner Kontrollfeld Weltkarte.) Sie geben einfach den Namen einer großen Stadt ein, klicken auf SETZEN und der Mac zeigt Ihnen, wo sich diese Stadt befindet (auf den Längen- und Breitengrad genau). Er sagt Ihnen auch, wie weit es bis dahin ist und welche Zeitdifferenz besteht. (Sie erkennen nicht den Humor, den Apple damit in die Arbeitswelt einbringt? Dann geben Sie einfach mal MID ein und drücken Sie die ⏎-Taste …)

Speicher – Wie die Franzosen sagen: »Ne trashez pas!« Sie brauchen dieses Kontrollfeld. Mehr Informationen über Speicher finden Sie in Kapitel 16.

Modem – In diesem einfachen kleinen Kontrollfeld geben Sie einfach den Namen und das Modell des in Ihrem Mac eingebauten Modems ein. (Hinweis: Wir denken, dass »Apple Internes 56 K Modem« eingestellt sein sollte.) Wenn Sie hier ein falsches Modem eingeben, dürften Ihre Möglichkeiten, das Internet zu erkunden, Fax-Nachrichten oder E-Mails zu versenden, arg beschränkt sein.

Monitore – Mit diesem Kontrollfeld können Sie zwischen verschiedenen Farbtiefen (256, 32768, 16,7 Mill.), Farbprofilen und Auflösungen (Darstellung auf Ihrem Bildschirm) wählen. Wenn Internet-Bilder gut aussehen sollen, wählen Sie Tausende bzw. Millionen Farben. Und wenn Sie keine ausgefransten Ecken sehen wollen, stellen Sie den Monitor auf eine Auflösung von 800 x 600 ein. (Weitere Einzelheiten zur Einstellung der Auflösung finden Sie im Abschnitt »Die Bildschirmgröße verändern« in Kapitel 13.)

Die Geheimnisse der Allgemeinen Einstellungen

Für manche Menschen liegen die Vorteile eines Mac vor allem darin, ihr turbulentes Leben und die damit oft verbundene Papiermenge in eine gewisse Ordnung zu bringen.

Dabei wissen Sie so wenig davon, was sie bei einem typischen Mac erwartet: Ihre wichtigen elektronischen Dokumente verschwinden ebenso sang- und klanglos wie ehedem die gedruckten Vorläufer. Sogar den ausgefuchsten Mac-Profis passiert es hin und wieder, dass sie ein gerade abgespeichertes Dokument einfach nicht wiederfinden können, weil es in irgendeinem versteckten Ordner abgelegt wurde.

Markieren Sie den Ordner Dokumente – eine der Möglichkeiten, die Sie in den ALLGEMEINEN EINSTELLUNGEN aktivieren können. Dieser spezielle Ordner erscheint im Fenster Ihrer Festplatte, wenn Sie zum ersten Mal eine Datei abspeichern. Danach zeigt Ihnen der Mac jedesmal den Inhalt dieses Ordners, wenn Sie in einem Programm den Befehl ÖFFNEN oder SPEICHERN anklicken.

Theoretisch können Sie so nie wieder etwas verlieren. Ihre gesamten Arbeiten werden immer in diesem Ordner abgelegt. (Das macht übrigens auch das Backup Ihrer Dateien sehr einfach, da Sie immer nur einen Ordner auf den Sicherheits-Datenträger kopieren müssen.)

Eine weitere schöne Eigenschaft, die sich über die ALLGEMEINEN EINSTELLUNGEN einstellen lässt, wollen wir hier noch etwas näher erläutern.

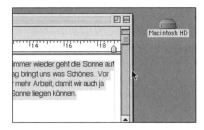

Nehmen Sie einmal an, Sie wollen wie hier gezeigt auf den Rollbalken klicken, vertun sich aber und klicken stattdessen auf den Schreibtisch. Sofort wird der Schreibtisch nach vorne geholt mit allen Ordnern und Fenstern und wenn Sie Pech haben, verschwindet das gerade geöffnete Fenster (vielleicht vom Textverarbeitungs-Programm) im Hintergrund und wird vollkommen verdeckt. Das passiert nicht nur Anfängern sondern hin und wieder auch Profis – und schon geht der Stress los – wo ist denn nun mein Dokument, ach Gott!

In den ALLGEMEINEN EINSTELLUNGEN können Sie die Funktion FINDER IM HINTERGRUND ANZEIGEN ausschalten. Wenn Sie jetzt ein Dokument öffnen, verschwinden die Finder-Anzeigen komplett vom Bildschirm. Und wenn Sie jetzt versehentlich neben Ihr Dokument klicken, passiert nichts, Sie sehen das Dokument weiterhin. Allerdings können Sie in diesem Falle nur in die Finder-Darstellung über das PROGRAMM-Menü in der rechten oberen Ecke Ihres Bildschirms zurückkehren.

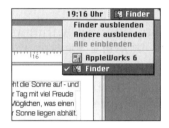

Monitore & Ton – In älteren Mac-Modellen sind diese beiden Funktionen, die hier getrennt beschrieben werden, in einem Kontrollfenster zusammengefasst.

Maus – Hier können Sie einstellen, wie schnell sich der Mauscursor über den Schreibtisch bewegt und wie kurz der Abstand zwischen zwei Klicks sein muss, damit das als Doppelklick zählt.

Mehrere Benutzer – Mac OS 9 schafft erstmals die Möglichkeit, dass an einem Mac von mehreren Benutzern gearbeitet werden kann. Näheres dazu finden Sie in Kapitel 13.

Zahlenformat – Hier können Sie einstellen, wie der Mac Dezimalstellen anzeigt.

QuickTime Einstellungen – Hier können Sie verschiedene Einstellungen zum Beispiel für das Abspielen von Musik-CDs und CD-ROMs vornehmen, die Sie alle bis auf eine Ausnahme nicht brauchen: Wenn Sie die Einstellung AutoPlay CD-ROM ausschalten, ist Ihr Mac gegen den AutoStart-Virus immun (sehen Sie dazu auch Kapitel 16).

Remote Access – In diesem Kontrollfeld geben Sie Ihren Namen, Ihr Kennwort und die Telefonnummer für Ihre Internet-Verbindung ein. Sie haben gar keinen Internet-Zugang? Dann schalten Sie das Kontrollfeld aus.

Software-Aktualisierung – Gut, Sie besitzen zwar einen Apple Computer. Aber dennoch dürfte Ihnen klar sein, dass auch hier irgendwo in den vielen Millionen Programmanweisungen der Mac OS Betriebssoftware sich hin und wieder ein kleiner Fehler einschleichen kann. Würden Sie sich als Hersteller nicht auch wünschen, bei allen 30 Millionen Nutzern des Systems diesen Fehler schnell und problemlos beheben zu können?

Diese Möglichkeit ist da. Wenn Sie die Option KONTROLLFELD|SOFTWARE AUTOMATISCH AKTUALISIEREN anklicken, wählt sich Ihr Mac nach dem von Ihnen vorgegebenen Zeitplan beim Hausrechner von Apple ein und sucht die Antwort auf die Frage : »Habt Ihr irgendein Update für mich?«

Wenn die Antwort ja ist, beginnt der Mac mit dem Herunterladen der neuen Software – allerdings nicht, ohne vorher Ihr Einverständnis eingeholt zu haben. Wenn die Aktualisierung abgeschlossen ist, ist Ihr Mac so gut wie neu – besser als neu!

(Das funktioniert nur für die Kontrollfelder und Systemerweiterungen, die in diesem Kapitel beschrieben sind, natürlich nicht für fremde Software, wie zum Beispiel Internet Explorer oder Netscape Navigator.)

Ton – Auf der linken Seite diese Kontrollfensters sehen Sie vier Begriffe. Die Warntöne signalisieren Ihnen, dass Sie im Begriff sind, einen Fehler zu begehen. Bei Eingang können Sie die Tonquelle einstellen, über die Sie mit dem Mac Sprache oder Musik aufnehmen wollen (internes oder externes Mikrophon, CD...). Eine schöne Eigenschaft, die in Kapitel 19 noch näher beschrieben wird.

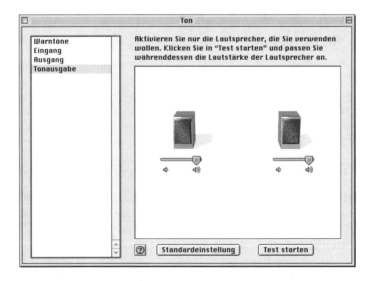

Bei AUSGANG können Sie die Lautstärke regeln. Und unter dem Punkt TONAUSGABE können Sie die Stereowirkung der eingebauten Lautsprecher einstellen. Starten Sie den Test und ziehen

Sie da einfach nur die kleinen Regler zwischen den Lautsprechern in die richtige Position. (Wenn Sie mit der Maus auf einen der Lautsprecher klicken, wird der Testton nur auf dem markierten Lautsprecher ausgegeben.)

Speech – Lassen Sie Ihren Mac laut vorlesen, was Sie gerade eingetippt haben. Wie das geht, finden Sie in Kapitel 19. Im Sprach-Kontrollfenster geben Sie nur ein, ob und wie Ihr Mac mit Ihnen sprechen soll und ob Sie zum Beispiel Fehlermeldungen lieber hören als auf dem Bildschirm lesen wollen. Und mit welcher Stimme er zu Ihnen spricht.

Sie haben nicht richtig gelebt, bis Sie gehört haben, wie Ihr Computer Sie mit seiner nasalen Roboterstimme mitten in einer Konferenz lauthals warnt: »Deine Batterie ist komplett leer. Ich werde jetzt schlafen gehen. Gute Nacht!«

Startvolume – Ihr Mac ist von Hause aus mit einer Festplatte ausgestattet. Manche Nutzer installieren noch eine weitere oder Wechselplatten-Laufwerke, wie zum Beispiel Zip, die über die USB-Schnittstelle (oder FireWire bei Mac DV Modellen) mit dem Mac verbunden werden. Mit dem Kontrollfenster STARTVOLUME können Sie angeben mit welchem Systemordner auf welcher Platte der Mac beim nächsten Einschalten starten soll. Wenn Sie nur eine Platte in Ihrem Mac haben (Standardausführung), öffnen Sie den Ordner Systemerweiterungen und schalten Sie diese Erweiterung aus.

TCP/IP – Wenn Sie einen Internet-Zugang (siehe Kapitel 6) haben, enthält dieses Kontrollfenster alle Angaben, die erforderlich sind, um die Verbindung mit dem entsprechenden Server aufzubauen.

Text – Hier können Sie das Textverhalten (System und Regeln) auswählen.

Benutzer & Gruppen – Lesen Sie in Kapitel 14 mehr über die Einrichtung von Netzwerken und was Sie mit diesem ansonsten nutzlosen Kontrollfeld anfangen.

Web Sharing – Dieses Kontrollfeld ist in erster Linie für Unternehmen mit einem Netzwerk interessant. Sie können damit einen Ordner auf Ihrer Festplatte anlegen, der für jeden verfügbar ist, der sich in Ihren Mac einwählt. Sollten Sie im Büro niemanden haben, der Ihnen erklären kann, was das soll, schalten Sie die Funktion einfach aus.

Der Ordner Systemerweiterung

Eine Systemerweiterung ist ein kleines Programm, das automatisch startet, wenn Sie den Mac einschalten. Einen guten Teil seiner überragenden Fähigkeiten bezieht der Mac aus diesen Systemerweiterungen, wie den Netzwerkzugriff, die Kontakaufnahme mit dem Internet, das Abspielen von CD-ROMs und vieles mehr.

Systemerweiterungen sind jedoch nicht nur die Dinge im Ordner Systemerweiterungen – weit gefehlt. Apple nennt alles, was beim Starten des Rechners in den Arbeitsspeicher geladen wird, so. Das ist nicht ganz logisch, aber es ist nun einmal so. Der Ordner Systemerweiterungen enthält auch so genannte shared libraries, kleine Computeranweisungen, die die einzelnen Programme für ihre Arbeit benötigen. (Jede Datei mit den Endbuchstaben Lib ist eine dieser shared libraries. Das wird übrigens zum Beispiel nicht Open Transport Libb, sondern »leib« ausgesprochen.) Jedenfalls sind shared libraries weniger kritisch für das Verhalten Ihres Mac als die Systemerweiterungen, die den Start Ihres Mac verlängern, Speicherplatz belegen und auch für Systemabstürze verantwortlich sind.

Apple-Hilfe – Erinnern Sie sich bitte an Kapitel 1, die elektronische Hilfe, die wir Menü Hilfe genannt haben? Diese Datei enthält die Hilfe Bildschirme.

ActiveX Controls – Teil des Internet Explorer Browsers. Können Sie ausschalten.

AOL – Wenn Sie kein AOL-Mitglied sind, können Sie sie ausschalten.

Apple CD/DVD-Treiber – Wid benötigt, um CD-ROMs auf Ihrem Mac abzuspielen.

Apple Color SX Pro CMM, …-SW, LaserWriter-… – SW steht für Apple StyleWriter. Sie finden eine Menge davon in Ihrem Ordner Systemerweiterungen und können alle bis auf diejenige, die den von Ihnen genutzten Drucker betrifft, wegwerfen.

Appel Enet – Brauchen Sie nur, wenn Sie mit anderen Computern über Ethernet verbunden sind, wie in Kapitel 14 beschrieben.

Apple Monitor PlugIns – Das sollten Sie behalten, es erweitert die Einstellmöglichkeiten des Monitors um einige schöne Eigenschaften.

Apple QD3D – Steht für QuickDraw 3D, eine Technologie, mit der 3D-Graphiken auf dem Bildschirm gezeigt werden. Wird von einigen Spielen, zum Beispiel Bugdom, das mit Ihrem Mac geliefert wird, benötigt.

AppleScript – Eine besonders nützliche Funktion, mit der Sie verschiedene Aufgaben automatisieren können. Verschiedene Scripte finden Sie unter anderem bereits im Menü unter NÜTZLICHE SCRIPTE. Selbst wenn Sie diese Erweiterung vorerst nicht nutzen wollen, sollten Sie sie belassen.

AppleShare, Netzwerk, File Sharing – Noch mehr Systemerweiterung für den Netzwerkbetrieb, die Sie ausschalten können, wenn Sie nicht in einem Netzwerk arbeiten.

Programmumschalter – Sie können einfach mit dem Tastaturkürzel [⌘]+[↹] von einem geöffneten Programm in ein anderes geöffnetes Programm umschalten. Probieren Sie es aus, Sie werden es mögen. (Mehr dazu auch in Kapitel 13.)

ATI … – Diese Software beschleunigt die Darstellung von Bildern auf Ihrem Bildschirm, besonders hilfreich bei Mac-Spielen.

CarbonLib – Sie brauchen diese Systemerweiterung vielleicht heute noch nicht, dafür aber morgen und für den Rest Ihres Lebens. Bevor Sie nämlich Ihr Computer-Hobby aufgeben, wird das Mac-Betriebssystem OS X (zehn) herauskommen – und diese Systemerweiterung macht es dann möglich, dass Sie viele Mac OS X-Programme auf Ihrem veralteten Mac OS 9 Mac benutzen können.

Farbauswahl – Sie erhalten ein Dialogfenster mit einem großen Farbkreis, aus dem Sie Farben auswählen können. Wenn Sie zum Beispiel im Menü ABLAGE den Befehl ETIKETTEN anklicken, können Sie die Farbe eines Symbols oder eines Ordners verändern. Mit der Erweiterung FARBAUSWAHL können Sie diesem Dialogfenster weitere Farbeffekte hinzufügen.

ColorSync – Sehen Sie dazu »ColorSync« in der Beschreibung der Kontrollfenster.

Kontextmenü-Erweiterung – Zeigt Ihnen die magischen PopUp-Menüs, wenn Sie die `ctrl`-Taste drücken und etwas anklicken. Details finden Sie in Kapitel 2.

Kontrollleisten-Erweiterung – Die Kontrollleiste – weiter vorne bereits beschrieben – kann damit ganz leicht verändert werden. Sie können einfach neue Symbole durch Ziehen hinzufügen bzw. Symbole entfernen, wenn Sie dabei die Options-Taste drücken. Das alles ermöglicht diese Systemerweiterung.

Kalibrierungs-Assistent – Diese Erweiterung justiert Ihren Monitor bei jedem Neustart. Sollten Sie nicht gerade in der Druckindustrie arbeiten, können Sie diese Erweiterung ausschalten.

Desktop Print ... – Nützlich für alle, deren Mac an verschiedene Drucker angeschlossen ist (in großen Büros etwa). Zeigt die Druckersymbole auf Ihrem Schreibtisch, so dass Sie ganz einfach auswählen, auf welchem Sie Ihr letztes Meisterwerk ausdrucken wollen (Einzelheiten finden Sie in Kapitel 5). Sollten Sie jedoch nur über ein Drucker verfügen, können Sie ohne diese Erweiterung sehr gut leben.

DNSPlugIn – Kein Witz: Apple beschreibt dies als eine Systemerweiterung, die es »Ihrem Computer erlaubt, Verzeichnisse von Netzwerk-Projekten der DNS-Forschung« zu empfangen. Werfen Sie diese Erweiterung weg.

DrawSprocketLib – Eine Systemerweiterung, die von verschiedenen Spielen benutzt wird.

DVD ... – Ermöglicht das Abspielen von DVD-Filmen auf Mac DVD Modellen.

EM-Erweiterung – Siehe »Erweiterungen Ein/Aus« in der Beschreibung der Kontrollfelder.

Epson Stylus – Die Software für einen Epson Stylus Tintenstrahldrucker. (Mehr über Drucker erfahren Sie in Kapitel 5.)

FaxMonitor, Fax ... – Das Programm, mit dem Ihr Mac Fax-Nachrichten sendet und empfängt (Kapitel 19).

FBC Indexing Scheduler, Finden, Find by Content – Diese Erweiterungen ermöglichen Ihnen die Suche mit Hilfe des Sherlock Detektiv-Programms. Mehr darüber lesen Sie in Kapitel 4.

FireWire ... – Erforderlich für die FireWire-Schnittstelle des Mac DV (Kapitel 10).

Ordneraktionen – Nur für Programmierer – wegwerfen.

FontSync-Erweiterung – Erstellt Profile der Eigenschaften der auf dem Computer verwendeten Schriften. Behalten.

HID Library, Input-Sprocket ... – Diese Erweiterung machen den Anschluss verschiedener USB-geeigneter Spielezusätze, wie Joysticks etc., möglich (siehe Anhang C). Wenn Sie den Cursor jedoch nur mit der Maus kontrollieren, können Sie diese Erweiterung ausschalten.

HTML RenderingLib – Wird vom Mac-Hilfebefehl benutzt.

ICeTEe – Dieses kleine Teil ermöglicht eine Interneteigenschaft, von der bisher niemand Notiz genommen hat. Stellen Sie sich vor, Sie verwenden in irgendeinem Dokument, zum Beispiel in AppleWorks oder in einer E-Mail, eine Webadresse (z.B. www.apple.de). Wenn Sie diese Adresse bei gedrückter -Taste anklicken, verbindet Sie Ihr Webbrowser automatisch.

Indeo Video – Wenn Sie den Microsoft Internet Explorer (siehe Kapitel 7) nutzen, gehört diese Systemerweiterung unbedingt in Ihren Systemordner. Sie können damit Videos im Windows-Format (AVi) aus dem Web ansehen.

Instant Palm Desktop – Diese Erweiterung platziert den niedlichen kleinen grünen Monitor in die obere rechte Ecke Ihres Bildschirms (wie bereits in Kapitel 9 beschrieben), unter dem Sie Ihren Tagesterminkalender finden.

Internes V.90-Modem, Internet Access – Die Software für das eingebaute Modem und für die Verbindung zum Internet.

Internet Config Extension – Diese Erweiterung steuert das Internet Kontrollfeld wie bereits beschrieben.

Iomega-Treiber – Sorgt dafür, dass Ihr Mac mit Zip-Laufwerken arbeiten kann. Falls Sie sich noch keins zugelegt haben, können Sie diese Systemerweiterung ausschalten.

LDAP ... – Mit diesen Systemerweiterungen geht Sherlock 2 auf die Suche nach Namen oder Telefonnummern wie in Kapitel 7 beschrieben.

Apple-Umgegebungsassistent ... – Sehen Sie dazu auch den Abschnitt »Apple Umgebungsassistent« in diesem Kapitel.

MacinTalk ... – Lässt Ihren Mac sprechen.

Macromedia ... – Wird von verschiedenen Webseiten für spezielle Animationseffekte benötigt. Können Sie ausschalten, wenn Sie nicht oft ins Internet gehen wollen.

Microsoft ..., Ms-... – Systemerweiterungen mit diesen Namen werden von Microsoft-Programmen benötigt.

Modem Scripts – Bevor Sie eine Online-Verbindung herstellen können (ob nun mit T-Online, AOL oder einem anderen Provider), müssen Sie Ihrem Mac mitteilen, was für ein Modem Sie besitzen. Dazu wählen Sie Ihr Modem aus der langen Liste im Modem Kontrollfenster. Diese Systemerweiterung enthält die verschiedenen Modembeschreibungen.

Nehmen Sie sich jetzt eine Minute Zeit und entfernen Sie alle Beschreibungen außer der für Ihr eigenes Modem: »Apple Internes 56K Modem (v.90)«. Sie sparen dadurch Arbeitsspeicher, Festplattenspeicher und Zeit, wenn Sie Ihr Modemprogramm öffnen.

MRJ Libraries – Dieser Ordner (die Abkürzung steht für Macintosh Runtime for Java) enthält die Software, damit Ihr Mac Java-Applets abspielen kann – das sind kleine animierte Figuren, Logos oder Spiele, die auf verschiedenen Webseiten integriert sind. Entscheiden Sie selbst, ob Sie das brauchen oder nicht.

Mehrere Benutzer-Erweiterung – Ermöglicht die Funktionen bei mehreren Benutzern wie weiter vorne beschrieben.

Multiprocessing – Dieser kleine Helfer wartet bereits auf den Tag, wenn die Macs mit mehr als einem Prozessor ausgeliefert werden. Da Sie nur einen Prozessor haben, können Sie ihn wegschicken.

NBP Plug-Ing, NSL UI Library – Wird benötigt, um andere vernetzte Computer über das Internet anzusprechen.

Open Transport, Open TPT … – Diese Supertechnologie versetzt Ihren Mac in die Lage, eine Verbindung zum Internet, zu einem Netzwerk bzw. zu Ihrem Service Provider aufzubauen.

Open GL … – Beschleunigt die Geschwindigkeit von Computerspielen. Wenn Sie nicht vorhaben, viel zu spielen – löschen.

PalmConnect … – Wird benötigt, wenn Sie aus Ihrem Kalender/Notizbuch-Programm (Palm Desktop, siehe Kapitel 9) Informationen in einen PalmPilot übernehmen wollen. Wenn Sie das tragbare Notizbuch nicht besitzen – wegwerfen.

Druckerbeschreibungen – Dieser Ordner enthält die Beschreibungen der verschiedenen Druckermodelle. Öffnen Sie ihn und entfernen Sie alle nicht benötigten Beschreibungen.

Printer Share – Können Sie ausschalten. Wurde benötigt, um mit StyleWriter (die nicht mehr hergestellt werden) Druckern über ein Netzwerk zu arbeiten.

Printing Lib – Erhöht die Druckgeschwindigkeit von Laserdruckern. Wenn Sie einen Tintenstrahldrucker verwenden, können Sie diese Erweiterung ausschalten.

PrintMonitor – Ermöglicht den Hintergrunddruck wie in Kapitel 5 beschrieben.

QuickDraw 3D ... – QD3D versetzt Ihren Mac in die Lage, 3D-Graphiken zu zeigen, zu erstellen und zu verändern. Diese Erweiterung wird von einigen Spielen, u. a. Nanosaur (siehe Kapitel 9) genutzt. Wenn Sie nicht spielen, können Sie diese Erweiterung ausschalten.

QuickTime ... – Sie benötigen diese Erweiterung, um Digitalvideos zu erstellen bzw. abzuspielen. Auch Spiele und CD-ROMs benötigen diese Erweiterung.

Security ... – Wird benötigt, wenn Sie sich Ihren Mac mit anderen Personen teilen und bestimmte Bereiche über Passwörter schützen wollen. Wenn Sie das nicht vorhaben, können Sie diese Erweiterungen löschen.

Seriell Modul – Gehört noch zu Open Transport – siehe dort.

Shared Library ... – Das benötigen Sie für die Verwaltung der Shared Libraries wie weiter vorne beschrieben.

ShareWay IP Personal Gbnd – Nur interessant für Menschen, die Netzwerke erstellen. Wenn Sie nicht in einem Netzwerk verbunden sind – wegwerfen.

SLPPlugIn – Exakt dasselbe wie das bereits beschriebene DNSPlugIn.

Software Aktualisierung ... – Ermöglicht die automatische Aktualisierung der Apple-Software, die wir bereits weiter vorne beschrieben haben.

SOMobjects for Mac OS – Diese Shared Library wird für die Kontext-Menüs benötigt.

Sound Manager – Wird benötigt, um Sound aufzunehmen und abzuspielen.

Speech Manager – Ermöglicht die Vorlesefunktion Ihres Mac (Kapitel 19). Wenn Sie nicht vorhaben, sich ständig mit Ihrem Mac zu unterhalten, können Sie diese Erweiterung entfernen.

STF ... – Noch etwas Notwendiges für Ihr eingebautes Modem.

StuffIt ... – Wird von StuffIt, dem bereits beschriebenen Komprimierungsprogramm benötigt (siehe Kapitel 6).

Text Encoding Converter – Alle Computer verstehen die Buchstaben A bis Z. Schwierig wird es jedoch bei den verschiedenen Sonderzeichen, die bei verschiedenen Computern meist unterschiedlichen Tasten zugeordnet sind. Sicher haben Sie schon einmal eine E-Mail gesehen, bei der statt der Anführungszeichen Ü's erschienen oder andere Zeichen vertauscht wurden.

Diese Systemerweiterung übersetzt die Zeichensprache anderer Computer in eine für den Mac verständliche und sinnvolle Form.

Uhrzeitsynchronisierung – Das DATUM & UHRZEIT-Kontrollfenster stellt die Uhr Ihres Mac automatisch über Internet auf die richtige Zeit ein – wenn Sie das wollen. Diese Erweiterung sorgt dann dafür.

UDF Volume – Damit kann Ihr Mac die verschiedenen CD-ROMs – auch DVD's (die ja nichts anderes sind als CD's nur mit 14 mal mehr Inhalt) – abspielen. Volume bedeutet in diesem Fall nicht Lautstärke, sondern Datenspeicher. Speziell für Macs mit DVD-Laufwerk.

URL Accress – Wird von Sherlock benötigt, um im Internet zu suchen (siehe Kapitel 7).

USB ... – Erforderlich für die USB-Schnittstellen Ihres Mac (siehe Kapitel 14).

Sprachidentifizierung – Wenn Sie Mac OS 9 installiert haben, ein Mikrophon für Ihren Mac gekauft haben und mit mehreren Benutzern an Ihrem Mac arbeiten (wie in Kapitel 13 beschrieben), dann akzeptiert der Mac mit dieser Systemerweiterung auch gesprochene Passwörter und prüft die entsprechenden Zugangsberechtigungen.

Web Sharing Erweiterung – Ein Zusatz zum ebenfalls überflüssigen Web Sharing-Kontrollfeld – entfernen.

Der Ordner Preferences

Der Ordner Preferences ist voll gestopft mit Informationen – aber keine davon ist für Sie.

Jede einzelne Datei in diesem Ordner wurde von irgendeiner Software abgelegt. Wenn Sie zum Beispiel eine Einstellung in Ihrem Textverarbeitungsprogramm ändern, etwa die Buchstabenzwischenräume oder die Zeilenabstände verändern, muss das Textverarbeitungsprogramm sich das irgendwo merken. Und das tut es mit einer Preferences- oder Einstellungs-Datei im Ordner Preferences.

Preferences-Dateien sind manchmal ein ganz schöner Frust für Mac-Neulinge. Da sie nur von den Programmen genutzt werden, erhalten Sie jedesmal eine schöne Fehlermeldung, wenn Sie versuchen, eine davon mit Doppelklick zu öffnen. Sie können die Preferences-Dateien nicht öffnen, das können nur Ihre Programme.

Sie können nur eines mit diesen Dateien tun – sie wegwerfen. Zum Beispiel jene, die von Programmen angelegt wurden, die nicht mehr auf Ihrem Computer installiert sind.

Noch weitere spezielle Ordner

✔ **Ordner Application Support** – Hier lagern verschiedene Hersteller von Mac Software unterschiedliche Informationen zu Ihren Programmen.

✔ **Ordner ColorSync Profile** – Wie Sie bereits gelesen haben, sorgt ColorSync für eine einheitliche Farbdarstellung auf dem Monitor, dem Scanner und dem Farbdrucker, damit zum Beispiel Rot auch überall rot dargestellt wird. Dieser Ordner enthält die für diesen Prozess notwendigen Farbbeschreibungen für Apple Scanner, Monitore und Drucker. Wenn die exakte Farbdarstellung für Sie sehr wichtig ist, können Sie mit dem ColorSync-Kontrollfenster die von Ihnen genutzte Hardware einstellen.

Ordner Systemerweiterungen (Aus) – Die Erklärung für diesen Ordner ist etwas kompliziert, aber wir tun unser Bestes. Erinnern Sie sich noch an die Erläuterung »Ausschalten, was Sie nicht brauchen« zum Punkt Systemerweiterungen Ein/Aus? Wenn Sie dort eine Systemerweiterung ausschalten, wird diese nicht gelöscht, sondern im Hintergrund in diesem Ordner abgelegt. Wenn Sie den Mac das nächste Mal starten, lädt er nur noch die im Ordner Systemerweiterungen vorhandenen Dateien.

Um eine ausgeschaltete Systemerweiterung wieder einzuschalten, können Sie entweder wieder SYSTEMERWEITERUNGEN EIN/AUS nutzen oder die entsprechende Erweiterung einfach in den Ordner Systemerweiterungen ziehen.

Und wenn Sie ein Kontrollfeld ausschalten? Richtig, dann wird dieses Kontrollfeld in den **Ordner Kontrollfelder (Aus)** gelegt.

✔ **Ordner Favoriten** – Favoriten steht für »Symbole, die ich ab jetzt einfach nur anklicken will«. Um einen neuen Favoriten zu erstellen, können Sie einfach das Originalsymbol anklicken und den Befehl ZU FAVORITEN HINZUFÜGEN im Menü ABLAGE wählen. Sofort erscheint der neue Favorit im PopUp-Menü Favoriten im -Menü, wie hier gezeigt:

1. Wählen Sie ZU FAVORITEN HINZUFÜGEN ...

2. ... und von jetzt an können Sie diesen Favorit schnell und direkt aus dem -Menü öffnen.

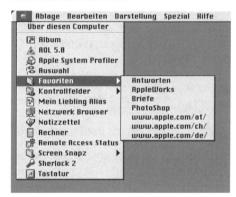

Im Hintergrund hat der Mac einfach ein Alias des Originals in den Ordner Favoriten gelegt. (Die Erklärung zu Alias finden Sie in Kapitel 13.) Mit anderen Worten: Wenn Sie etwas aus dem Ordner Favoriten entfernen wollen, ziehen Sie das Symbol einfach aus diesem Ordner in den Papierkorb.

✔ **Ordner Zeichensätze** – Dieser Ordner enthält alle Ihre Schriften – in Kapitel 5 haben wir Ihnen das näher beschrieben.

✔ **Ordner Hilfen** – Apple legt alle Hilfe-Dateien in diesem Ordner ab (das ist das, was Sie sehen, wenn Sie die Mac Hilfe öffnen). Auch andere Software-Hersteller folgen manchmal dieser Eingebung.

✔ **Ordner Internet Suchdienste** – Das Sherlock Detektiv-Programm kann das ganze Internet durchsuchen – nicht nur Ihre kleine Festplatte. Die Dateien in diesem Ordner geben dem Finden-Programm die Zugangsdaten für die verschiedenen World Wide Web-Suchmaschinen. (Mehr über die WWW-Suchmaschinen lesen Sie in Kapitel 7.)

Ordner Language & Region Support – Mit diese Dateien kann Ihr Mac andere Sprachen auf Ihrem Bildschirm anzeigen. Wenn Sie Ihren Mac nur in einem Land verwenden, können Sie eigentlich alle übrigen Sprachversionen entfernen.

✔ **KlickStarter-Objekte** – In diesem Ordner liegen die Symbole, die Ihnen als Tasten im Klickstarter-Fenster, dem »Mac-Ein-Klick-Programmöffner« gezeigt werden. Lesen Sie dazu auch »Alles über die großen Klickstarter-Tasten« in Kapitel 4.

✔ **Ordner Startobjekte / Ordner Ausschaltobjekte** – Es ist einfach faszinierend. Alles, was Sie in den Ordner Startobjekte legen, sei es nun ein Programm, ein Dokument, ein Sound oder ein Ordner, wird wie durch Zauberhand mit einem automatischen Doppelklick geöffnet, wenn Sie den Mac starten. Wenn Sie zum Beispiel nur mit dem Textverarbeitungsprogramm arbeiten, ziehen Sie einfach das Symbol dieses Programmes in den Ordner Startobjekte. Ab sofort wartet dann nach jedem Einschalten das arbeitsbereite Textverarbeitungsprogramm auf Ihre Geistesblitze.

Der Ordner Ausschaltobjekte hat eine ähnliche Funktion – alles, was Sie hier einfügen, wird automatisch gestartet, wenn Sie den Mac ausschalten, zum Beispiel Backup-Sicherungen. Oder ein Sound wie etwa »Endlich Feierabend!«

✔ **Ordner Scripting Additions / Ordner Scripts** – Hier können Programmierer ihre Arbeiten ablegen.

Andere Dokumente im Systemordner

Clipboard – Jedes Mal, wenn Sie KOPIEREN und EINFÜGEN in einem Programm benutzen, speichert der Mac die Auswahl in einer unsichtbaren Zwischenablage (Clipboard).

Sie können sich diesen Inhalt übrigens mit einem Doppelklick auf das Clipboard-Symbol auch zeigen lassen.

Finder – Das ist das wichtigste Programm auf Ihrem Mac. Ohne dieses Programm ist der Systemordner nur ein Ordner und Ihr Mac schaltet sich nicht einmal ein. Der Finder baut Ihren Schreibtisch mit dem Papierkorb, dem Festplatten-Symbol, den Fenstern und so weiter auf.

System – Und diese Datei ist genauso wichtig. Hier findet der Computer alle Information, damit er überhaupt arbeiten kann. Ohne diesen Koffer ist auch Ihr Mac nicht mehr als eine teure Blumenbank.

Albumdatei / Notizblockdatei – Wenn Sie etwas in das Album kopieren oder eine Notiz auf dem Notizblock machen, merkt sich der Mac diese Eintragungen in diesen Dateien.

Mac OS ROM – Was auch immer Sie tun, rühren Sie nie dieses Dokument an. Wenn Sie sie einmal löschen, haben Sie einen der teuersten Türstopper überhaupt. (Allerdings kann eine Neuinstallation, wie in Kapitel 16 beschrieben, auch einen derart stillgelegten Mac wieder zum Leben erwecken.)

Teil IV
Was Ihr Mac alles noch kann

In diesem Teil...

Jetzt haben Sie genug erfahren über das Einschalten des Computers, das Versenden von E-Mails rund um den Globus und das Schreiben Ihres ersten Bestsellers. Jetzt wird es Zeit, dass Sie das Innenleben Ihres Computers besser einrichten, für einige Optionstasten-Tricks und andere Kunststücke, die wir Ihnen unter der Überschrift »Die Ausstattung kennt keine Grenzen« näher beschreiben.

Und in Kapitel 13 erfahren Sie mehr darüber, wie sich Ihr Mac mit anderen Computern verbindet. Denn glücklicherweise hat dieser kleine Kerl noch mehr Schnittstellen als einfach nur I-95. Mit USB, Ethernet und dem drahtlosen AirPort stehen Ihnen neue Welten offen.

Die Ausstattung kennt keine Grenzen

In diesem Kapitel

▶ Die verbotenen Geheimnisse der Options-Taste

▶ Das Innenleben Ihres Mac

▶ Die verrücktesten Tasten auf Ihrer Tastatur

▶ Wie Sie Ihren Mac mit anderen Benutzern teilen können

▶ Kunststücke am Fenster

Dieses Kapitel enthält viele kleine Mac-Lehren. Sie erfahren etwas über Eigenschaften, die Sie selbst vielleicht nie entdecken würden, überirdische Tastaturkürzel und Kunststücke. Und wir zeigen Ihnen, wie Sie Ihren Mac ganz nach Ihren Wünschen einrichten können.

Kurz gesagt, die folgenden Informationen sind nützlich, überraschend und köstlich, aber mutwillig ausgewählt. Weil sie einfach nicht in ein anderes Kapitel passten. Aber Sie finden in diesem Durcheinander sicher viel Hilfreiches.

Die Options-Taste noch effektiver einsetzen

Natürlich wissen Sie inzwischen, dass Sie ein Fenster schließen können, indem Sie einfach in das Schließfeld klicken. Aber Sie haben doch nicht so viel Geld für dieses Buch ausgegeben, nur um zu lesen, was auf Seite 1 des Mac-Handbuches steht – oder?

Nein, die folgenden Tipps sollen Sie ein ganzes Stück weiterbringen. Indem Sie Ihnen die vorborgenen Möglichkeiten der 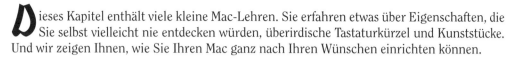-Taste, die meist übersehen wird, aufzeigen. Es hat schon seinen guten Grund, warum diese Taste Ihnen so nahe liegt.

Alle Fenster auf einmal schließen

Stellen Sie sich einmal vor, Sie haben während der Arbeit ein Fenster nach dem anderen über den ganzen Bildschirm verstreut geöffnet. Und jetzt meldet sich plötzlich Ihr Ordnungssinn und Sie wollen das doch alles ein wenig aufräumen.

Das können Sie, indem Sie nacheinander die Schließfelder jedes einzelnen Fensters anklicken. Aber es ist natürlich viel eleganter, wenn Sie beim ersten Fenster gleichzeitig 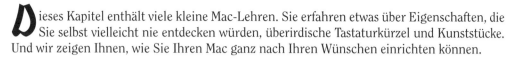 drücken – bam, bam, bam – alle geöffneten Fenster schließen sich automatisch, eines nach dem anderen.

Der stille Papierkorb

Stand der Dinge ist: Sie nehmen ein Symbol, ziehen es auf den Papierkorb, das Symbol verschwindet und der Papierkorb quillt über. Dann wählen Sie den Befehl PAPIERKORB ENTLEEREN aus dem Menü SPEZIAL und eine kleine Meldung erscheint auf Ihrem Bildschirm:

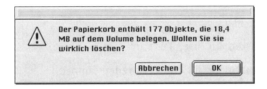

Das ist ja alles gut und schön. Aber stark beschäftigte Mitmenschen wollen sich nicht ständig in der Arbeit durch solche trivialen Meldungen und Fragen unterbrechen lassen. Wenn Sie den Papierkorb zukünftig entleeren wollen, ohne dass diese Meldung erscheint, drücken Sie einfach ⌥ während Sie den Befehl PAPIERKORB LEEREN wählen. (Das ist auch die Lösung, wenn Sie vom Papierkorb die Meldung erhalten, dass etwas nicht gelöscht werden kann, weil es geschützt ist.)

Sie können die Warnmeldung selbstverständlich auch gleich für immer ausschalten. Klicken Sie auf den Papierkorb, wählen Sie INFORMATION aus dem Menü ABLAGE und deaktivieren Sie die Option WARNUNG VOR DEM ENTLEEREN im Punkt ALLGEMEINE INFORMATION.

Multitasking-Methoden

Wie Sie sich vielleicht noch erinnern, können Sie mit dem Mac gleichzeitig in mehreren Programmen arbeiten. (Denken Sie nur an den Trick mit dem Notizblock und dem Rechner, die gleichzeitig auf dem Bildschirm geöffnet waren.) Sie können von einem Programm in das andere wechseln, indem Sie den Programmnamen aus dem Menü PROGRAMME rechts oben auf dem Bildschirm auswählen. Wir haben bis jetzt die Befehle ANDERE AUSBLENDEN und ALLE EINBLENDEN noch nicht besprochen. Diese Befehle helfen Ihnen dabei, Ihren Bildschirm übersichtlicher zu gestalten. Nehmen Sie doch einmal an, Sie wollen den Rechner benutzen, können ihn aber nicht gleich finden, weil so viele andere Programmfenster geöffnet sind.

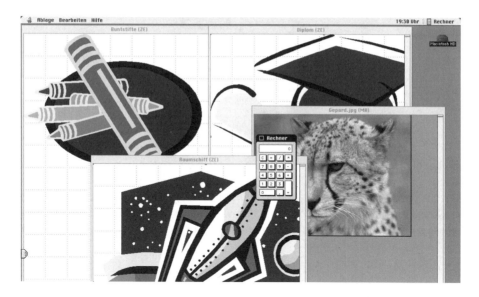

Wenn Sie nun den Befehl ANDERE AUSBLENDEN wählen, verschwinden alle anderen Fenster vom Bildschirm und nur das gerade aktive Rechnerfenster bleibt stehen.

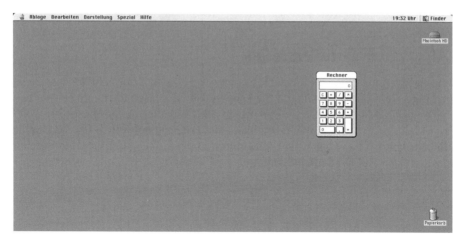

Selbstverständlich sind auch die anderen Programme noch weiterhin geöffnet. Aber die Fenster sind verschwunden. Im Menü PROGRAMME erscheinen die Namen und Symbole nach wie vor.

Und was hat die ⌥-Taste damit zu tun? Wenn Sie von einem Programm zum anderen wechseln, können Sie das so einstellen, dass das nicht aktive Programm von selbst verschwindet. Drücken Sie dazu einfach ⌥, wenn Sie den neuen Programmnamen aus dem Menü PROGRAMME wählen (oder auf dem Bildschirm in das entsprechende geöffnete Fenster klicken). Auf diese Weise können Sie alle Programmfenster, die Sie gerade nicht benötigen, unsichtbar machen.

Verborgene Eigenschaften

Mögen Sie diese Tricks mit der ⌥-Taste? Dann werden Sie sicher auch an den folgenden Techniken Gefallen finden.

Ein Alias einer Datei erstellen

Im Menü ABLAGE finden Sie einen Befehl ALIAS ERZEUGEN. Es ist nun nicht so, dass Sie es hier plötzlich mit einem Gaunersyndikat – Sie kennen das, da heißen die Leute beispielsweise 3-Finger-Joe oder Nasen-Otto oder so. Der Begriff Alias bedeutet in der Macintosh-Welt etwas anderes: Es handelt sich dabei um ein Duplikat eines Dateisymbols (nicht um das Duplikat der eigentlichen Datei). Erkennbar ist ein Alias sofort an der *kursiv* geschriebenen Bezeichnung und an einem kleinen Pfeil in dem Symbol.

Wenn Sie auf das *Alias-Symbol* der Datei doppelklicken, öffnet der Mac die Originaldatei.

Aber wer um Himmels willen braucht denn so etwas? Nun, da steckt mehr dahinter. Ein Alias benötigt im Gegensatz zu der Originaldatei (zum Beispiel einem Programm) nur einen minimalen Speicherplatz (wenige K) und ist schon deshalb nicht dasselbe, als wenn Sie eine Kopie der Originaldatei anlegen würden. (Und Sie können natürlich so viele Alias-Dateien einer Originaldatei anlegen, wie Sie wollen.) Mit einem Alias können Sie sich also sehr viel Zeit sparen, indem Sie es sich immer sichtbar zum Beispiel auf den Schreibtisch legen, während die Originaldatei irgendwo in den unergründlichen Tiefen der Ordnerstruktur auf Ihrer Festplatte liegt.

13 ➤ Die Ausstattung kennt keine Grenzen

Ein anderer üblicher Trick mit Alias-Dateien ist folgender: Legen Sie einfach Alias-Dateien Ihrer Programme oder auch Dokumente in Ihrem -Menü ab, dann müssen Sie nicht jedesmal den jeweiligen Programmordner suchen, um das Programm zu öffnen.

Hier der Weg dahin:

1. **Klicken Sie auf das Originalsymbol der Datei oder des Programms.**
2. **Wählen Sie Alias erzeugen aus dem Menü ABLAGE.**
3. **Öffnen Sie Ihren Systemordner.**
4. **Ziehen Sie die Alias-Datei in den Ordner *Apple-Menü* (im Systemordner).**

5. **Und jetzt schauen Sie einmal in Ihr -Menü.**

Da liegt Ihre Datei! Sie können das Original jetzt über die Alias-Datei in Ihrem -Menü öffnen.

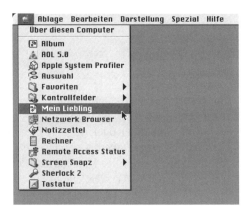

Jetzt kann es Ihnen schon fast egal sein, wo sich das Original auf Ihrer Festplatte befindet, Sie können es immer über die Auswahl des -Menüs öffnen – ganz schnell. Sie können übrigens auch das Original an einen anderen Platz legen oder sogar umbenennen – das Alias findet weiterhin den richtigen Weg und die richtige Datei!

Aufspringende Ordner

Wenn man noch vor wenigen Jahren ein Symbol in einem Ordner ablegen wollte, der in einem Ordner in einem anderen Ordner in einem anderen Ordner ... lag, dann musste man fein säuberlich einen Ordner nach dem anderen öffnen, bis man endlich am Ziel war. Abgesehen davon, dass die geöffneten Ordnerfenster das Ganze nicht gerade sehr übersichtlich gestalteten.

Mit dem Mac haben Sie es nun leichter. Wenn Sie ein Symbol mit *gedrückter Leertaste* auf einen Ordner ziehen (unten links), öffnet sich das Ordnerfenster automatisch (unten rechts).

Ziehen Sie dann das Symbol auf einen weiteren Ordner innerhalb dieses Fensters, öffnet sich auch dieser Ordner und so weiter und so weiter – bis Sie endlich am Ziel sind und die Datei ablegen können. Und rückwärts geht es genau so – Sie verschieben das Symbol einfach immer wieder in die nächsthöhere Ordnerebene und der darunter liegende Ordner wird automatisch geschlossen.

Papierkorb, Alias-Dateien und ein Wort zur Sicherheit

Wenn Sie ein Alias in den Papierkorb legen, löschen Sie nur diese Alias-Datei. Die Originaldatei befindet sich weiterhin auf Ihrer Festplatte. Wenn Sie die Originaldatei entfernen, bleibt die Alias-Datei erhalten – ein Schiff ohne Meer oder ein Matrose ohne Schiff oder was auch immer. Wenn Sie auf eine Alias-Datei *doppelklicken*, deren Original gelöscht ist, erhalten Sie eine Fehlermeldung. (Jetzt könnten Sie dieser Alias-Datei eine andere Originaldatei zuordnen – aber die richtige Originaldatei ist für immer verschwunden.)

Was ergibt sich daraus? Wenn Sie zum Beispiel eine Vortragsreise durch Norddeutschland planen und Ihren gesamten Vortrag für die Vorführung auf dem Computer vor Ort auf einer CD-ROM speichern, nutzt es Ihnen relativ wenig, wenn Sie, um Speicherplatz zu sparen, nur die kleinen niedlichen Alias-Dateien Ihrer Originaldateien einpacken. Spätestens am Vortragsabend werden Sie merken, dass diese nach den Originaldateien, die zu Hause in München noch im Mac liegen, fragen. Das wäre schon peinlich.

Der Mac Programm-Umschalter

Das Menü-Programm ist das Menü rechts oben in der Ecke des Bildschirms – dort können Sie sehen, welches Programm Sie im Moment benutzen. Der Programm-Umschalter ist eine geheime Funktion, die nur erscheint, wenn Sie das Menü-Programm aus der Titelleiste nach unten ziehen und dann loslassen (unten links).

 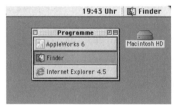

Das Menü verwandelt sich in eine Übersicht mit rechteckigen Tasten Ihrer zur Zeit geöffneten Programme (oben rechts); klicken Sie einfach auf ein Programm, um es einzuschalten.

Sollten Sie diese Darstellung zu groß für Ihren Geschmack finden, klicken Sie vorsichtig auf den rechten Rand wie im Bild gezeigt und verschieben Sie den Rand nach links. Damit haben Sie die Palette kleiner gemacht. Sollten Sie sich diese überaus feine Manipulation mit der Maus, für die man ein ruhiges Händchen braucht, nicht zutrauen, können Sie die Programmwahl auch über ein Tastaturkürzel verändern: Drücken Sie die ⌘-Taste und dann ⇆. Diese Kombination ⌘+⇆ bringt Sie automatisch von einem Programm zum anderen, auch wenn das Menü PROGRAMM nicht aktiv ist.

Ist Technik nicht etwas ganz und gar Wundervolles?

Die Bildschirmauflösung verändern

 Sie werden sicher nicht abstreiten, dass der Bildschirm des Mac einfach großartig ist. Er ist brillant, scharf und groß genug für die Darstellung einer Doppelseite. Die Grundeinstellung beträgt 800 x 600 Bildpunkte quer und hoch.

Aber Sie sind natürlich nicht an diese Grundeinstellung gebunden. Mit wenigen Klicks können Sie die Darstellung verändern und Ihre Arbeit für eine bessere Kontrolle größer einstellen. (Wenn etwas auf dem Bildschirm größer eingestellt wird, verlieren Sie natürlich etwas Überblick – das ist genau so wie bei einer Landkarte, je größer Sie den Maßstab wählen, desto kleiner ist der Ausschnitt.) Oder umgekehrt – wenn Sie die Ansicht verkleinern, sehen Sie mehr.

 Probieren Sie diese Einstellungsmöglichkeit doch einfach einmal selbst aus. Öffnen Sie die Kontrollleiste durch einen Klick auf das kleine Stück, das rechts unten am Bildschirmrand liegt, und dann auf BILDSCHIRMAUFLÖSUNG:

Ein kleines PopUp-Menü erscheint. Wenn Sie jetzt zum Beispiel die *Auflösung 640 x 480* wählen, wechselt die Darstellung und alles wird größer dargestellt. Wenn Sie die *Auflösung 1024 x 768* wählen, wird alles kleiner dargestellt, aber Sie haben mehr Platz auf dem Bildschirm.

Um die Grundeinstellung wieder herzustellen, wählen Sie einfach die *Auflösung 800 x 600*.

Ihr ganz individueller Computer

Das absolut Unverwechselbare an einem Mac ist ja, dass das kein Computer von der Stange ist, wie man sie sonst überall bekommt. Er ist einfach einzigartig – bzw. wird es sein, wenn wir mit diesem Abschnitt fertig sind. Hier finden Sie einige Tipps für eigene Einstellungen, mit denen Sie den Mac zu Ihrem ganz persönlichen Computer machen können.

Legen Sie sich eigene Symbole an

Sie sind nicht gezwungen, für immer und ewig mit den langweiligen Symbolen für Ordner, Dateien, Programme und all die anderen Dinge auf Ihrem Schreibtisch zu arbeiten. Aber Sie müssen es schon selbst ändern, das ist nun einmal so:

1. **Öffnen Sie AppleWorks (den Malbereich) und malen Sie ein lustiges kleines Bild.**

   Und wir meinen auch klein – denken Sie daran, Sie malen ein Bild für ein Symbol. Wie zum Beispiel diesen kleinen Burschen:

2. **Kopieren Sie Ihr Meisterwerk in die Zwischenablage.**

3. **Gehen Sie in den FINDER und klicken Sie auf die Datei, deren Symbol Sie ändern wollen (wie links dargestellt).**

13 ➤ Die Ausstattung kennt keine Grenzen

4. **Wählen Sie aus dem Menü ABLAGE den Befehl INFORMATION. Das Dialogfenster INFORMATION erscheint (oben rechts).**

(Hinweis: Wenn Sie im Simple Finder Modus sind, den wir später noch erklären, erscheint der Befehl Information nicht im Menü ABLAGE. Sie müssen diesen Modus daher ausschalten, bevor Sie diesen Schritt ausführen.)

5. **Sehen Sie die kleine Abbildung des Symbols links neben dem weißen Eingabefeld? Klicken Sie es an und wählen Sie aus dem Menü BEARBEITEN den Befehl EINFÜGEN.**

Von jetzt an wird die Datei oder der Ordner oder die Platte oder was auch immer mit dem von Ihnen gezeichneten Symbol angezeigt. Um das Originalsymbol wieder einzufügen, wiederholen Sie die Schritte 4 und 5, wählen jedoch nicht den Befehl EINFÜGEN, sondern löschen das Symbol mit der ⬅-Taste.

Den eigenen Bildschirm-Hintergrund erstellen

In den frühen Tagen des Computer-Zeitalters gab es nur wenige Möglichkeiten, das Aussehen eines Macintosh-Computers zu verändern. Sie konnten zum Beispiel den Schreibtisch mit kleinen Teddybären bekleben.

Das ist beim Mac anders. Mit dem Kontrollfeld ERSCHEINUNGSBILD können Sie sich den eigenen Hintergrund nicht nur mit immer wiederkehrenden Motiven gestalten, sondern sogar mit einem Bildschirm füllenden Foto!

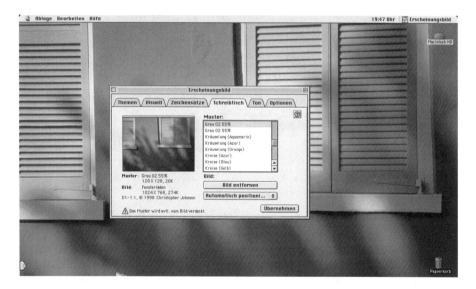

Wie das geht? Sie öffnen das Kontrollfeld ERSCHEINUNGSBILD (wählen Sie KONTROLLFELDER|ERSCHEINUNGSBILD aus dem -Menü), klicken Sie auf SCHREIBTISCH und dann auf BILD POSITIONIEREN... .

Jetzt werden Sie aufgefordert, ein Bild anzugeben, das Sie als Hintergrund verwenden wollen. Sie erhalten bereits eine ziemliche Auswahl an 3D-Graphiken und Fotos, von denen einige sehr abgefahren, andere eher langweilig sind – aber das ist alles Geschmackssache.

Sie können natürlich auch ein eigenes Bild als Hintergrund wählen. Wie Sie das bekommen, ist allerdings auch Ihre eigene Sache – entweder über das Internet oder Sie scannen ein Foto ein oder Sie zeichnen sich einen eigenen Hintergrund.

(Hinweis: Sie können dafür jedes Format verwenden, also JPEG, GIF, PICT oder PhotoShop. Und noch ein Hinweis: Sie können die von Ihnen gewünschte Abbildung oder Graphik auch direkt in den kleinen Bildschirm im Dialogfenster ERSCHEINUNGSBILD ziehen.)

Den Symbolen eigene Farben geben

Und hier ist noch eine nette kleine Eigenschaft, die Sie sicher ganz nützlich finden werden: Farb-Kodierung der Symbole. Alles, was Sie dafür tun müssen, ist, ein oder mehrere Symbole auszuwählen (unten links) und dann aus dem Menü ABLAGE|ETIKETT, eine Farbe auszuwählen (unten rechts).

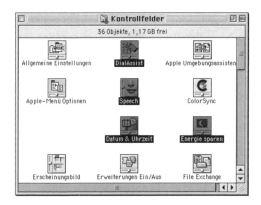
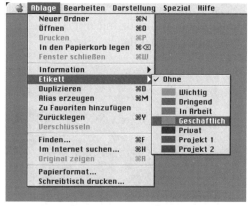

Zwei Fragen ergeben sich daraus: 1. Wie können Sie die Farben und Bezeichnungen verändern? und 2. Was ist der Sinn?

Sicher, die meisten Nutzer markieren Ihre Symbole nie in irgendwelchen Farben. Aber die optische Sortierung macht das Leben schon etwas bequemer, besonders, da Sie mit dem FINDEN-Befehl zum Beispiel alle Dateien oder Ordner mit einer bestimmten Markierung suchen lassen können. Wenn Sie zum Beispiel ein größeres Projekt mit vielen einzelnen Dateien haben, die alle die gleiche Markierung besitzen, werden diese dann alle gleichzeitig aktiviert und Sie können die Markierung entweder ändern oder alle löschen oder alle an einen anderen Speicherplatz bewegen ... anstatt die Dateien einzeln suchen zu müssen.

Wenn Sie diese Funktion nutzen wollen, wollen Sie vielleicht auch die von Apple als Standard vorgegebenen Markierungen verändern. Wählen Sie aus dem Menü BEARBEITEN die VOREINSTELLUNGEN und dann ETIKETTEN. Sie erhalten dann die nachstehend abgebildete Liste:

Um die Beschreibungen der Etiketten zu ändern, doppelklicken sie einfach auf das entsprechende Label und geben den neuen Namen ein. Um die Farbe zu ändern, klicken Sie auf das Farbfeld und wählen Sie eine neue Farbe aus dem folgenden Dialogfenster aus.

Window-Mania

Ihr Mac arbeitet nicht mit Windows, sondern mit dem Betriebssystem Mac OS. Die Ironie dabei ist, dass obwohl das Mac Betriebssystem nicht Windows heißt, der Mac hervorragend Windows (Fenster) gestalten kann.

Ansichten und Fenster-Voreinstellungen

Wenn Sie diese »Um-die-Ecke«-Einleitung nicht ganz verstanden haben sollten, macht nichts, hier kommen einige bessere Erklärungen. Der besondere Vorteil des Mac ist der hohe Grad, wie Sie sich die Darstellung nach Ihrem Geschmack maßschneidern können. Sie können dabei aus der Bandbreite von kinderfreundlich bis HighTech wählen.

Anfänger sollten vielleicht zunächst die Schriftarten ändern, in denen die Bezeichnungen unter den Symbolen dargestellt werden. Sie könnten zum Beispiel eine größere Schrift auswählen, wenn Sie irgendetwas einem größeren Kreis vorführen wollen – oder eine kleinere Schrift, wenn Sie Platz sparen wollen.

Um die Schriftart umzustellen, wählen Sie Kontrollfelder aus dem -Menü, ERSCHEINUNGSBILD|SCHRIFTEN bzw. ZEICHENSÄTZE. Geben Sie bei den drei PopUp-Menüs die von Ihnen jeweils gewünschte Schriftart und den Schriftgrad ein.

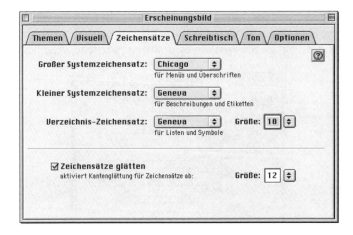

Probieren Sie einfach mal aus, was Ihnen dabei am besten gefällt.

Sie werden feststellen, dass die Darstellung rechts mit der dicken großen Schrift »idiotensicher« ist. Und wenn Sie jetzt die Originaldatei dieses Buches anklicken könnten, würden Sie sogar feststellen, dass diese sich mit nur einem Klick öffnen lässt, anstatt mit dem sonst üblichen Doppelklick.

Dieses Fenster hat nämlich eine weitere Einstellungsänderung erfahren – irgend jemand hat im Menü DARSTELLUNG auf die Option-Tasten umgestellt.

13 ➤ Die Ausstattung kennt keine Grenzen

Hallo, Ihr Fenster

Hier ist eine Abbildung eines typischen Mac-Fensters:

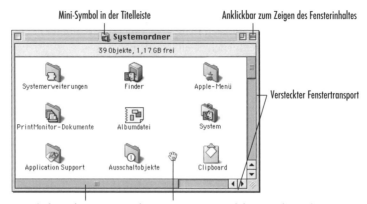

Die hier angegebenen Bezeichnungen stimmen nicht unbedingt mit den offiziellen Bezeichnungen (wenn Sie zum Beispiel in Hilfe die Erklärungen einschalten, werden diese gezeigt) überein, diese Bezeichnungen sollten mehr die Funktionen erläutern:

- ✔ **Versteckter Fenstertransport** – In den vergangenen Tagen konnte man ein Fenster nur dann bewegen, indem man es an der Titelleiste anfasste. Heute können Sie ein Fenster auch bewegen, indem Sie mit der Maus auf die dicken äußeren Rahmen zeigen und die Maustaste drücken.

- ✔ **Anklickbar zum Zeigen des Fensterinhaltes** – Wenn Sie in dieses Feld klicken, verschwindet der Fensterinhalt und es bleibt nur noch die schmale Titelleiste bestehen. Das ist ganz vorteilhaft, wenn sie viele offene Fenster auf Ihrem Bildschirm haben.

 (Wenn Sie ⌥ drücken, während Sie in dieses Feld klicken, werden alle offenen Fenster des gerade geöffneten Programms aufgerollt – eine sehr nützliche Technik, wenn Sie schnell verstecken wollen, woran Sie gerade arbeiten. ⌥ und ein weiterer Klick öffnet die Fenster wieder.)

- ✔ **Regler für eine bessere Fensteransicht** – In Kapitel 1 haben wir Ihnen diesen kleinen Regler, mit dem Sie den gezeigten Inhalt des Fensters verändern können, vorgestellt. (Wir hoffen, Sie erinnern sich noch daran – andernfalls haben Sie bisher Ihren Mac wahrscheinlich nur dazu benutzt, um Memos zu schreiben, die nicht mehr als 5 cm breit waren.)

  Wenn Sie diesen Regler langsam bewegen, wandert der Inhalt langsam an Ihnen vorbei und Sie können sich einen guten Überblick verschaffen.

- ✔ **Fensterinhalt mit ⌘+Ziehen ansehen** – Sie brauchen keine Rollbalken (Scrollbalken)! Sie können den gesamten Fensterinhalt einfach hin- und herschieben, wenn Sie einfach bei gedrückter ⌘-Taste in das Fenster klicken. Das geht seitwärts und nach oben oder unten – auf die Scrollbalken können Sie glatt verzichten!

- ✔ **Mini-Symbol in der Titelleiste** – Sehen Sie das niedliche kleine Symbol? Das ist aber mehr als nur ein Bild, es hat auch eine Funktion. Sie können das geöffnete Fenster mit diesem Minisymbol an einen anderen Platz verschieben – in einen anderen Ordner, in den Papierkorb oder auf einen externen Speicher als Backup.

- ✔ **Listenansicht verändern** – Wenn Sie sich den Inhalt eines Fensters als Liste anzeigen lassen, können Sie die verschiedenen Spalten schmaler oder breiter anzeigen lassen, indem Sie einfach die Spaltenlinien verschieben (A).

Und natürlich können Sie auch die Reihenfolge der Spalten nach Ihren Wünschen verändern – verschieben Sie einfach die Spalte Art vor die Spalte Größe, wenn Sie das wollen – indem Sie die Spaltenüberschrift verschieben (B).

Und um noch weiter auf diesem Punkt herumzureiten: Sie können die Sortierfolge verändern, indem Sie einfach auf die kleine Pyramide oben rechts (C) klicken – von A nach Z bzw. von Z nach A.

Und jetzt sollten wir uns alle ein wenig ausschlafen.

Zu- und aufgehende Fenster

Etwas Lustiges passiert mit einem geöffneten Fenster, wenn Sie es nach unten aus dem Bildschirm herausschieben – es verwandelt sich in einen kleinen Reiter.

Ziehen Sie das geöffnete Fenster nach unten an den Bildschirmrand ...

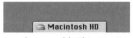

... und es verwandelt sich in einen Reiter.

Nun gut, Ihr Fenster hat sich in ein *PopUp-Fenster* verwandelt. Wenn Sie auf diesen Reiter klicken, springt es wieder auf wie eine Blüte beim ersten Sonnenstrahl; wenn Sie dann wieder auf den Reiter klicken, sehen Sie diesen wieder in der ursprünglichen Position am unteren Bildschirmrand. Der Vorteil dabei ist, dass Sie sich auf dieses Weise immer einige geöffnete Fenster auf dem Bildschirm behalten können, ohne dass diese stören, und sie nur bei Bedarf zeigen.

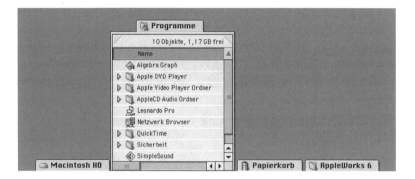

Und Sie können sehr schnell zwischen diesen Fenstern hin- und herschalten, indem Sie einfach auf die entsprechenden Reiter klicken. (Sie müssen übrigens das gerade geöffnete Fenster nicht selbst schließen, wenn Sie einen anderen Reiter anklicken – das macht der Mac automatisch für Sie.) Versuchen Sie es doch einmal selbst und legen Sie einige Ihrer Ordner als geöffnete Fenster in dieser Form an den unteren Bildschirmrand.

Und übrigens: Um das Fenster wieder in seiner ursprünglichen Form zu zeigen, ziehen Sie es einfach nach oben über die Bildschirmmitte hinaus – der Reiter verschwindet dann von alleine.

Die Mac-Tastatur: Etwas anders als Vaters Schreibmaschine

Wenn Sie das erste Mal vor einem Computer sitzen, erschrecken Sie vielleicht über die Vielzahl der Tasten. Eine normale Schreibmaschine hat etwa 50, ein Computer dagegen über 100.

Jedoch sind nur einige der bizarren Extratasten wirklich sinnvoll. Hier ist eine Liste der wichtigsten Tasten und was sie bewirken:

Home: Auf einer normalen Computer-Tastatur bedeuten »*Home*« und »*End*« einen Sprung an den Anfang bzw. das Ende eines Fensters. Wenn Sie sich in einem Textverarbeitungsprogramm befinden, können Sie mit diesen Tasten zum ersten bzw. letzten Wort springen. Wenn Sie sich in der Listenansicht z.B. des Finders befinden, wechseln Sie damit an den Anfang oder das Ende der Liste.

Allerdings hat die Mac-Tastatur keine »*End*«-Taste – nur eine »*Home*«-Taste. Wenn Sie das wirklich stört, besuchen Sie die Webseite www.northcoast.com/jvholder und downloaden und installieren Sie das kleine Kontrollfenster-Programm KeySwapper. Damit können Sie sich dann eine eigene Tastenkombination als »Ende«-Taste basteln. Viel Vergnügen!

✔ [Pg Up], [Pg Down]: Diese Tasten bedeuten einen Sprung um jeweils eine Bildschirmgröße. Die Idee dabei ist, dass Sie durch die Dokumente von Textverarbeitungsprogrammen springen können, ohne die Maus zu benutzen.

✔ [NumLock], [Löschen]: Löschen bedeutet »befreie mich von dem markierten Text aber lege keine Kopie in die unsichtbare Zwischenablage, wie es der Befehl AUSSCHNEIDEN tut«. In Microsoft Exel bewirkt die Taste [NumLock] etwas ähnlich Obskures, aber davor wollen wir Sie verschonen.

✔ [Esc]: Steht für Verlassen und meint »*Klick das Schließfeld*« – wie man es in den meisten Dialogfeldern findet.

Wollen Sie das einmal ausprobieren? Wählen Sie dazu aus dem Menü DARSTELLUNG die DARSTELLUNGSOPTIONEN und drücken Sie die [Esc]-Taste – und das Dialogfenster verschwindet.

✔ **Löschen**: Das ist die Rückschritt-Taste ([←]), wie in Kapitel 3 beschrieben.

Wenn Sie auf einen Mac umsteigen, nachdem Sie bereits mit einem Windows-PC gearbeitet haben, werden Sie sich wundern, wo denn die DEL-Taste geblieben ist. Der Mac hat keine. (Vielleicht, weil diese Taste so teuer ist.) Wenn Sie allerdings auf dieser Taste bestehen sollten, ist KeySwapper (weiter oben bereits erwähnt) die Lösung. Damit können Sie sich eine eigene Tastaturkombination dafür basteln.

✔ **Return** und **Enter** [↵] und [Enter]: Beide Tasten bringen Ihren Text auf die nächste Zeile. Jedoch Vorsicht: Manche Programme machen hier auch Unterschiede zwischen den beiden Tasten. So beginnt AppleWorks mit Return einen neuen Absatz, mit Enter jedoch eine neue Seite.

✔ **Befehlstaste** [⌘]: Diese Taste ist Teil von Tastatur-Kurzbefehlen wie in Kapitel 2 beschrieben. (Wird auch gerne Apfel-Taste genannt.)

✔ **Options-Taste** [⌥]: Diese Taste erzeugt zum Beispiel Kontext-Menüs wie in Kapitel 2 beschrieben; sie wird für die verschiedenen Sonderzeichen benötigt (siehe Kapitel 9) und vor allem für die in diesem Kapitel beschriebenen geheimen Funktionen. (Wird auch gerne *Wahl-Taste* oder auch *Alt-Taste* genannt.)

✔ **Hilfe**: Diese Taste öffnet die Mac-Hilfe. Die Hilfe funktioniert auch in AppleWorks, in Microsoft-Programmen und anderer üblicher Software. (Vielleicht nicht in weniger bekannten Programmen und natürlich nicht in Programmen, die keine Hilfefunktionen haben.)

Das »Sag einfach Nein«-Tastaturkürzel

Es gibt einen wundervollen Tastatur-Kurzbefehl mit der Bedeutung von Nein in der Mac-Sprache. Zum Beispiel für »Nein, ich habe meine Meinung zum Drucken (oder Kopieren oder Öffnen eines Programmes) geändert – stop das jetzt!« oder »Nein, ich finde dieses Dialogfenster jetzt überhaupt nicht wichtig, laß' es einfach verschwinden!« oder »Nein, ich will meinen persönlichen Terminkalender nicht per E-Mail durch die ganze Welt schicken!« oder »Hör' auf, nach dieser CD zu fragen, ich habe sie bereits herausgenommen!«

Und dieser magische Befehl ist ⌘+Punkt . (Punkt).

Nehmen Sie einmal an, Sie haben gerade damit begonnen, eine 8000-Seiten-Abhandlung über die wichtigsten Fehlentscheidungen der Bundesregierungen in den letzten 20 Jahren auszudrucken und Sie entdecken nach der zweiten gedruckten Seiten dass bei den Seitenzahlen nicht wie von Ihnen eigentlich gewollt »Seite« sondern »Pleite« steht – dann hilft Ihnen dieser Kurzbefehl und stoppt den Ausdruck der restlichen 7998 Seiten. Vielleicht nicht alle, da der Mac bereits einen Teil an den Drucker geschickt hat – aber den Ausdruck des größten Teils können Sie sicher verhindern.

Oder Sie haben versehentlich einen Doppelklick auf ein falsches Symbol ausgeführt. Wenn Sie jetzt ⌘+. eingeben, wird die Datei nicht geöffnet und Sie kehren in den Finder zurück. Und wenn der Mac immer wieder von Ihnen verlangt, dass Sie jetzt endlich die CD, die Zip-Disks oder was auch immer einlegen, können Sie ihn mit diesem Kurzbefehl zeigen, wer hier das Sagen hat und ihn zum Schweigen bringen.

Viel Spaß mit Funktionstasten

Die Tasten ganz oben auf der Mac Tastatur sind die so genannten Funktionstasten. Obwohl die meisten Tastaturen über diese Tastenreihe verfügen, sind die meisten davon nicht belegt. Damit Sie sinnvoll genutzt werden können, müssen die Funktionen auf einigen Computern nachträglich programmiert werden, was meist einen Marsch durch ein Tal voller Tränen bedeutet. Man könnte auch darüber sicherlich ein ganzes Buch füllen (Funktions-Tasten für Dummies oder so?)

Wir versuchen hier etwas davon zu erklären – vielleicht finden Sie ja an einem verregneten Sonntagnachmittag einmal die Muße, sich damit etwas eingehender zu beschäftigen und die einzelnen Funktionen selbst zu erkunden.

Ältere Macs

Die ersten vier Funktionstasten (F1 bis F4) sind mit den Befehlen RÜCKGÄNGIG, AUSSCHNEIDEN, KOPIEREN und EINFÜGEN belegt (wie im Menü BEARBEITEN). Die anderen Tasten sind frei. Wenn Sie wollen, können Sie eine zusätzliche Software, zum Beispiel QuicKeys, kaufen und die Tasten belegen, um zum Beispiel Ihre wichtigsten Programme zu öffnen, zu drucken oder wovon auch immer Sie träumen.

Neuere Macs (DVD-Laufwerk)

Hier ist die Sache natürlich schon viel eleganter gelöst. In weniger als zwei Minuten können Sie die Funktionstasten ganz nach Ihren Wünschen belegen. Zum Beispiel, dass F1 Apple-Works öffnet, F2 die Internetverbindung herstellt und so weiter und so weiter. Ehrlich gesagt, ein Programm, das Sie ständig nutzen, einfach über eine Funktionstaste zu öffnen, ist nicht nur cool, sondern auch zeitsparend.

Und so funktioniert das:

1. **Wählen Sie das Kontrollfeld TASTATUR aus dem -Menü und klicken Sie auf FUNKTIONSTASTEN. Es erscheint dieses Dialogfenster:**

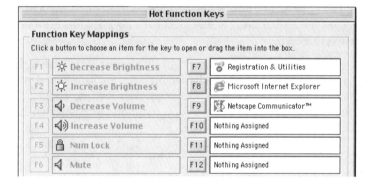

2. **Klicken Sie auf eine F-Taste (zum Beispiel F1).** Sie erhalten einer Übersicht aller Dateien auf Ihrer Festplatte.

3. **Suchen Sie das Programm, das Sie mit dieser Funktionstaste öffnen wollen und doppelklicken Sie darauf.** Sie können sich diesen Vorgang auch etwas einfacher machen, indem Sie einfach das Symbol der gewünschten Datei oder des gewünschten Programms in das weiße Feld ziehen, in dem jetzt nocht »Nichts zugewiesen« steht. In jedem Fall erscheint der Name der Datei oder des Programms dann in dem Eingabefeld.

4. **Klicken Sie OK.** Ihre neu belegten Funktionstasten funktionieren sofort! Wenn Sie sie drücken, werden die entsprechenden Programme oder Dateien geöffnet. Und wenn das Programm bereits geöffnet ist, können Sie es mit der Funktionstaste in den Vordergrund holen, wenn Sie mit mehreren Programmen gleichzeitig arbeiten.

 Wenn Sie die Belegung einer Funktionstaste rückgängig machen oder ändern wollen, öffnen Sie das Tastatur-Kontrollfenster, klicken auf Tastaturbelegung, markieren die entsprechende Belegung und klicken dann CLEAR. Wenn Sie alles erledigt haben, klicken Sie OK.

Mehrere Benutzer (Mac OS 9)

Sie erfahren alles über das Betriebssystem Mac OS 9 in Kapitel 17. Sollten Sie jetzt allerdings zu müde sein, um so weit zu blättern, hier zunächst das Wichtigste: Ein OS – oder Betriebssystem – ist die Software in Ihrem Systemordner, die Ihren Computer steuert. Mac OS 9 ist ein modernes Betriebssystem, das Ihrem Mac viele neue Eigenschaften verleiht. Die ersten Macs kamen 1998 mit dem Betriebssystem Mac OS 8.1, 8.5 oder 8.6. Für diese Macs erhalten Sie a) Upgrades wie in Kapitel 18 beschrieben oder Sie kaufen sich einfach einen neuen Mac ab Baumonat Oktober 1999. Diese Computer kommen gleich mit dem Betriebssystem Mac OS 9 zu Ihnen. Macs können Sie nie genug haben.

Mac OS 9 bietet zwei dramatische Neuerungen: Sherlock 2 (in Kapitel 7 beschrieben) und das Kontrollfeld MEHRERE BENUTZER. Wenn Sie alleine mit Ihrem Mac arbeiten, können sie während der folgenden Erklärungen ins Freibad gehen oder sich ein Bier holen. Die MEHRERE BENUTZER-Funktion ist nur für Anwender, die sich den Mac teilen, zum Beispiel in Schulklassen, Familien oder Klöstern.

Die großartige Idee

Die Funktion MEHRERE BENUTZER arbeitet wie folgt: Wenn Sie den Mac einschalten, erhalten Sie eine Liste aller Benutzer dieses Computers wie hier:

Klicken Sie mit der Maus auf Ihren Namen (wenn das System so eingestellt ist, dass ein Passwort erforderlich ist, müssen Sie dieses zuvor eingeben). Danach ist der Mac bereit – allerdings können Sie nur die von Ihnen genutzten Ordner, Programme und Dateien sehen. Die Arbeit der anderen Benutzer bleibt Ihnen verborgen.

Dabei ist ein Benutzer immer der Administrator des Mac, zum Beispiel der Lehrer, die Eltern oder der Abt. Der Administrator hat einen besonderen Status und sieht alle Dateien und Ordner. Der Administrator richtet den Computer auch für die anderen Benutzer ein. In den folgenden Ausführungen gehen wir davon aus, dass Sie der Administrator sind.

Die Einrichtung mehrerer Benutzer

Stellen Sie sich einmal vor, dass Sie Ihren Mac mit drei anderen Mönchen in Ihrem Kloster gemeinsam nutzen wollen: dem leicht überspannten Bruder Paul; dem sieben Jahre alten Meßdiener Georg und Ludwig, dem für die Gestaltung der Webseiten des Klosters verantwortlichen Bruder. Sie wollen natürlich den Mac so einrichten, dass jeder der Mitbenutzer optimal damit arbeiten kann. Das müssen Sie nun tun:

1. **Wählen Sie Kontrollfelder aus dem -Menü und öffnen Sie das** KONTROLLFENSTER/MEHRERE BENUTZER. Es erscheint ein Dialogfenster wie hier:

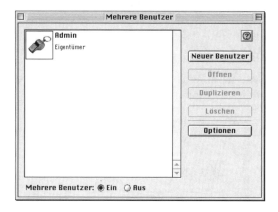

2. **Klicken Sie auf** NEUER BENUTZER **und dieses Dialogfenster erscheint:**

3. **Schreiben Sie** *Harald*. (Wenn Sie jetzt noch ein Passwort vergeben wollen, das Harald eintragen muss, bevor er mit dem Mac arbeiten kann, geben Sie dieses auch ein). Jetzt müssen Sie noch angeben, zu welchen Teilen der Mac-Welt Harald Zutritt haben soll, indem Sie auf NORMAL, EINGESCHRÄNKT bzw. KARTEN klicken.

Sie können nicht nur festlegen, welche Dateien und Programme Bruder Paul, Harald und Bruder Ludwig benutzen dürfen, Sie können ihnen innerhalb der Mac-Welt auch einen bestimmten Bewegungsspielraum geben. Bruder Ludwig, dem Experten, richten Sie den Modus NORMAL ein, in dem der Mac so aussieht, wie Sie ihn jeden Tag sehen, außer dass Bruder Ludwig die Einstellungen des MEHRERE BENUTZER-Kontrollfeldes nicht verändern kann, wie Sie es können. Für Bruder Paul reicht der Modus EINGESCHRÄNKT – auch er wird auf den ersten Blick keinen Unterschied bemerken, außer dass keine Kontrollfelder im - Menü gezeigt werden. Jedoch erhält er dafür zwei zusätzliche Ordner auf seinem Schreibtisch – einen für seine Dateien und den anderen für die Programme, mit denen er arbeiten darf. (Das legen Sie dann in Schritt 5 fest.) Diese Einstellung macht es ihm außerdem leicht, sich schnell zurechtzufinden. Für den sieben Jahre alten Messdiener Harald dagegen richten Sie den Modus KARTEN ein. Wenn Harald nun den Mac einschaltet, sieht er nur zwei große Fenster – eines enthält seine Dokumente, das andere seine Programme, wie hier gezeigt:

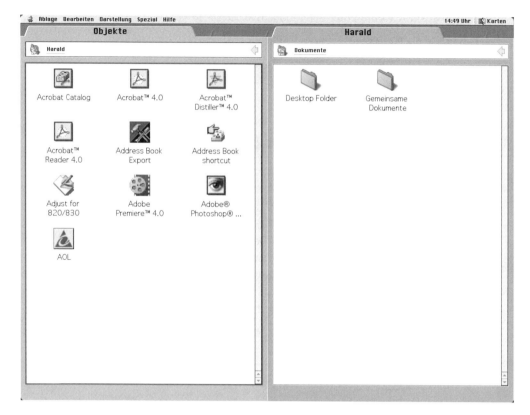

4. **Klicken Sie nun auf die Option EINSTELLUNGSDETAILS ZEIGEN.**

   Es erscheint eine wahre Armee weiterer Einstellmöglichkeiten. Wenn Sie zum Beispiel auf das Tab BENUTZERINFOS klicken, können Sie ein kleines Bild auswählen, das neben Haralds Namen auf dem Eingangs-Bildschirm erscheint. Für Unterstützung bei der Auswahl der anderen Optionen nehmen Sie bitte die Hilfefunktion in Anspruch (klicken Sie einfach in das FRAGEZEICHEN rechts oben in dem Dialogfenster).

Es wird nämlich Zeit, die Programme festzulegen, mit denen der kleine Harald arbeiten darf.

5. **Klicken Sie auf den Tab PROGRAMME und wählen Sie aus der Liste diejenigen aus, die Ihnen für den kleinen Kerl geeignet erscheinen.**

   Die Auswahl sollte hier so sein, dass sich Harald schnell zurechtfindet und sich auch nur in den Programmen bewegt, die er versteht und die er braucht.

6. **Schließen Sie das Fenster.**

   Sie sind wieder in der Benutzerübersicht. Um eine weitere Einstellung für Bruder Paul zu erstellen, klicken Sie auf NEUER BENUTZER und führen Sie die weiteren Schritte wie beschrieben aus (Sie wollten hier den Modus EINGESCHRÄNKT verwenden).

7. **Schalten Sie die MEHRERE BENUTZER-Funktion ein.**

   (Wenn Bruder Paul, Harald und Bruder Ludwig eines Tages das Kloster verlassen, können Sie diese Funktion einfach wieder abschalten. Sollten Sie dann wieder zurückkommen, können Sie die gespeicherten Funktionen auch wieder über diese Einstellung aktivieren.)

Die Mehrere Benutzer-Funktion benutzen

Wenn Sie jetzt den Mac neu starten oder aufwecken, sehen Sie zuerst immer die Liste der Benutzer. Doppelklicken Sie auf Ihren Namen, geben Sie Ihr Passwort ein, wenn Sie eines in Schritt 3 vergeben haben, und Sie sind in Ihrer eigenen abgeschotteten Welt.

Eventuell erhalten Sie von den Mitbenutzern hin und wieder Nachrichten, dass die Ihnen zugeteilten Rechte nicht ausreichend sind. Zum Beispiel von Bruder Paul, der sich darüber beschwert, dass er nur mit den Programmen arbeiten kann, die Sie in Schritt 5 festgelegt haben; oder von Georg, der nicht versteht, dass er seine Dokumente nur in dem von Ihnen für ihn reservierten Ordner ablegen kann. Aber jeder von ihnen sieht nur seinen eigenen Bereich – sogar die Mitbenutzer, denen Sie den Modus Normal vergeben haben. Nur Sie sehen alles – das ist wahre Macht!

Übrigens, wenn Sie jetzt fertig sind mit Ihrer Arbeit, schalten Sie den Mac nicht aus, sondern wählen Sie NEUSTART aus dem Menü SPEZIAL und das Spiel beginnt neu!

Vereinfachter Finder: Ein einfacher Weg, damit der Mac umgänglicher wird

Die ganze Einrichtung für mehrere Benutzer ist ein guter Weg, um den Mac individuell für die unterschiedlichen Bedürfnisse und den unterschiedlichen Wissenstand verschiedener Benutzer einzurichten, für Benutzer eben, die die volle Leistungsfähigkeit des Mac nicht wollen oder nicht benötigen.

Wenn Sie sich selbst auch zu dieser Personengruppe rechnen, hier ist ein einfacher Weg, den Mac noch einfacher zu machen. Diese Option bewirkt einen stromlinienförmigen einfachen Finder mit auf das Notwendigste beschränkten Menüs. (Natürlich fehlen auch einige Befehle, wie zum Beispiel Alias erzeugen, Fenster schließen, Etiketten, Ruhezustand, Information und so weiter – und natürlich auch die entsprechenden Tastatur-Kurzbefehle wie ⌘+W für Fenster schließen etc.)

Probieren Sie diese vereinfachte Darstellung doch einmal aus: Wählen Sie im Finder aus dem Menü BEARBEITUNGEN die Voreinstellungen und aktivieren Sie »vereinfachte Menüs« (auf demselben Weg können Sie diese Einstellung dann auch wieder rückgängig machen). Obwohl der Befehl RUHEZUSTAND jetzt nicht mehr im Menü SPEZIAL enthalten ist, können Sie Ihren Mac schlafen lassen – indem Sie ihn einfach ausschalten.

Wenn Sie sich im Modus mit den vereinfachten Menüs befinden, vergessen Sie nicht, dass Sie das selbst eingestellt haben. Viele der Befehle sind aus den Menüs verschwunden und Sie werden es schwer haben, den Erläuterungen in diesem Buch weiter zu folgen. Stellen Sie am besten wieder um – manchmal sind die einfachen Finder doch nicht so einfach.

USB, Ethernet, AirPort und andere imponierende Schnittstellen

14

In diesem Kapitel

▷ Wie Sie Ihren Mac mit einem anderen Computer über Ethernet verbinden

▷ Wie Sie zusätzliche USB-Geräte anschließen

▷ Wie Sie Ihren Mac mit anderen Macs über die drahtlose AirPort Karte verbinden

---

Der Mac hat kein eingebautes Floppy Disk-Laufwerk mehr. Das ist jedoch kein großer Verlust, wenn es darum geht, Daten von Ihrem Mac auf einen anderen Computer zu übertragen, denn der Mac bietet Ihnen für diese Übertragung verschiedene Möglichkeiten:

✔ Indem Sie die Datei einfach als Anlage mit einer E-Mail verschicken, siehe Kapitel 8.

✔ Indem Sie die Daten drahtlos mit AirPort übertragen.

✔ Indem Sie ein externes Laufwerk (z.B. Zip, SuperDisk, externe Platte) an die USB-Schnittstelle Ihres Mac anschließen.

✔ Indem Sie Ihren Mac und den anderen Computer mit einem Ethernet Kabel verbinden.

In diesem Kapitel zeigen wir Ihnen, wie Sie eine Verbindung mit den drei letztgenannten Möglichkeiten herstellen.

USB Nimble, USB Quick

Die 150 Macintosh Modelle vor 1998 hatten die verschiedensten Arten von Schnittstellen: einen Druckeranschluss, einen Modemanschluss, eine SCSI Verbindung, einen ADB-Anschluss und so weiter. Diese hatten alle unterschiedliche Stecker und benötigten unterschiedliche Kabel. Sie mussten genau wissen, wofür der Anschluss gedacht war, welches das richtige Kabel war und was an die einzelnen Anschlüsse angeschlossen werden konnte und wann die Geräte angeschlossen werden konnten (nämlich nur bei ausgeschaltetem Computer, um einen Schaden zu vermeiden). Das Leben war ungewöhnlich kompliziert.

Anstatt dieser unterschiedlichen Anschlüsse hat der Mac nur eine Version, den USB-Anschluss (= Universal Serial Bus – aber Sie müssen ja nicht für eine Prüfung lernen). Im Gegensatz zu den alten Anschlüssen bietet USB eine Million Vorteile:

✔ Sie können externe Geräte anschließen und auch wieder vom Mac trennen, ohne den Computer jedesmal ausschalten zu müssen. (Wenn Sie das bei einem normalen Mac SCSI-Anschluss oder einer normalen Mac Tastatur tun, kann aus Ihrem teuren HighTech-Gerät ganz schnell ein wertloses Plastikteil werden.)

✔ Sie müssen nicht mehr wissen, welches Kabel für welchen Anschluss und für welches externe Gerät gerade das richtige ist (Drucker, Floppy Disk-Laufwerke, Tastatur, Modem, Joystick, Scanner, Lautsprecher, Digitalkamera, Mikrophon etc.). Beim Mac passen Sie alle an die USB-Schnittstellen. (Natürlich nur immer eines zur Zeit – aber lesen Sie dazu mehr in »Mehr über USB-Anwendungen« im nächsten Abschnitt.)

✔ Viele USB-Geräte beziehen Ihren Strom direkt über den Mac, das erspart Ihnen den zusätzlichen Stress mit den Stromkabeln und den Steckdosen für alle Ihre zusätzlichen Geräte.

Wo sind die USB's?

Ihr Mac hat mehrere USB-Anschlüsse. Zwei an der Seite des Computers. (Ältere Mac-Modelle verbergen Sie hinter einen kleine Kunststofftür.) Und zwei weitere an der Tastatur. Jeder davon ist mit einem dreizackigen Baumsymbol markiert (sehen Sie dazu Anhang A).

Natürlich sollten Sie Ihre Tastatur mit einem der USB-Anschluss an Ihrem Mac verbinden und die Maus mit der Ende der Tastatur. Dadurch bleiben jedoch immer noch zwei USB-Anschlüsse frei für andere Anwendungen – einer an der Seite des Mac und der andere an der Tastatur.

Ein neues USB-Gerät anschließen

Wie die meisten Computer Ergänzungen bringen auch viele USB-Geräte eine spezielle Software mit, die auf dem Mac installiert werden muss. Sie finden diese Software auf einer CD-ROM, die mit dem Gerät geliefert wird. Legen Sie die CD ein und sehen Sie dann nach einer Datei names Installation, Installer oder so ähnlich, doppelklicken Sie darauf und folgen Sie den jeweiligen Installationsanweisungen.

Nach der Installation der Software verbinden Sie das Gerät mit dem Mac (USB-Schnittstelle). Wenn die Schaltkreise alle gut gestimmt sind, funktioniert dann das neue Gerät wie es in der Werbung versprochen wurde.

Mehr USB-Geräte anschließen

Sie werden über kurz oder lang vor einem Problem mit den USB-Schnittstellen stehen: Nachdem Sie die Maus und die Tastatur angeschlossen haben, bleiben nur noch zwei freie Plätze. Vielleicht für Ihren Scanner und Ihren Drucker – ganz hervorragend – und wo schließen Sie jetzt Ihre Digitalkamera an?

Ganz einfach: Kaufen Sie sich einen Adapter mit mehreren Anschlussmöglichkeiten. Damit können Sie Ihre Anschlussmöglichkeiten auf einen Schlag mulTipplizieren und gewinnen vier, acht oder sogar noch mehr freie Plätze. Wenn Sie genügend dieser Adapter miteinander kombinieren, können Sie bis zu 127 Geräte gleichzeitig mit Ihrem Mac verbinden. (Ohne ID-Kennungen, Terminator oder Kabelsalat wie bei den alten SCSI-Verbindungen. Und Sie haben keinerlei Beschränkungen in der Auswahl der Geräte – dank der hervorragenden Technik lernen Sie ein sehr unerfreuliches Zeitalter gar nicht mehr kennen.)

In Anhang A finden Sie eine Auswahl dieser Adapter-Zentralen.

Wie können Sie ältere Macintosh-Peripheriegeräte an Ihrem Mac anschließen?

Diese Frage taucht immer wieder auf: »Ich habe ein/eine/einen Lieblings-Drucker, -Tastatur, -Maus, -Digitalkamera aus der Zeit vor den USB-Macintoshs. Wie kann ich diese an meinen Mac anschließen?«

Ganz einfach: Kaufen Sie USB-Adapter, kleine Verbindungsstücke, die den notwendigen Datenaustausch der alten Geräte für die USB-Macs übernehmen. In Anhang C finden Sie eine kleine Auswahl davon.

Irgendwann werden keine Adapter mehr notwendig sein. Dann werden alle Macintosh-Modelle mit USB-Schnittstellen ausgerüstet und alle Peripheriegeräte mit dieser Technologie ausgestattet sein. Aber das kann noch etwas dauern.

Ethernet leicht gemacht

Ethernet ist eine spezielle Art der Verbindung zwischen Computern. Es ist schnell, leicht verständlich und einfach auszusprechen. Damit können Sie Dateien zwischen Ihrem Mac und einem anderen Mac durch Ziehen einfach hin- und herschicken. Für Backups und alle anderen Zwecke.

Bevor Sie weiterlesen, noch Eines: Es ist sehr sehr einfach, Ihren Mac direkt mit einem anderen Computer zu verbinden, dafür brauchen Sie nur ein vergleichsweise preiswertes Kabel – ein so genanntes *CrossOver-Kabel*. Sehr viel komplizierter dagegen ist der Aufbau eines Netzwerkes aus Macintosh-Computern in einem Büro, dazu brauchen Sie einen etwas teureren Adapter und natürlich wesentlich mehr Kabel.

Sie haben jedoch gutes Geld für dieses Buch bezahlt (oder es sich zumindest in einer guten Bibliothek ausgeliehen), daher wollen wir Ihnen die notwendigen Schritte für die beiden Verbindungen auch erklären.

Einen Mac mit einem anderen Mac verbinden

Schritt 1: Nehmen Sie das Kabel (CrossOver-Kabel)

Stecken Sie die Enden des Ethernet-Kabels in die Ethernet-Schnittstellen der beiden Macintosh Computer. Das ist der seitliche Anschluss an Ihrem Mac, der aussieht wie ein überdimensionierter Telefonanschluss.

Schritt 2: Richten Sie die iBook Software ein

Nun wenden Sie Ihre ganze Aufmerksam der in den Macs installierten Software zu. Die Mac Netzwerk-Software ist beeindruckend. Sie können Tage damit zubringen, Passwörter und entsprechende Zugangsberechtigungen auf die verschiedenen Ordner und Dateien auf den beiden Computern einzugeben und so weiter – und manche Profis tun das auch.

Aber wenn Sie der einzige sind, der Ihren Mac benutzt, ist das wohl alles etwas übertrieben. Wenn Sie zum Beispiel zwei Macs besitzen – zum Beispiel einen Mac und ein iBook-Laptop – sind Sie sicher weitaus mehr an einem schnellen Datenaustausch zwischen den beiden Geräten interessiert.

Zur Klarstellung: Wir gehen hier davon aus, dass Sie an einem Mac sitzen und das iBook-Symbol auf Ihren Bildschirm bekommen wollen. (Sie können diese Annahme natürlich auch in anderer Richtung sehen.) Jedoch müssen Sie die folgenden Schritte in jedem Falle nur einmal durchführen! Danach können Sie die beiden Computer mit einem Doppelklick miteinander verbinden.

Nehmen Sie diese Schritte auf dem iBook vor:

1. **Öffnen Sie das KONTROLLFELD|APPLETALK (Kontrollfelder im -Menü), wählen Sie ETHERNET aus dem PopUp-Menü, schließen Sie das Fenster und sichern Sie die Änderungen.**

   Sie werden gefragt, ob AppleTalk eingeschaltet werden soll – ja.

2. **Öffnen Sie das KONTROLLFELD|FILE SHARING, geben Sie bei Besitzer Ihren Namen und bei Computer eine Bezeichnung für Ihr iBook ein.**

   Wenn Sie der einzige sind, der dieses iBook benutzt, nutzen Sie einen einfachen, leicht einzugebenden Namen, zum Beispiel Ihre Anfangsbuchstaben oder einfach »Ich« (und lassen Sie das Passwort frei, da Sie hier ja keine zusätzliche Sicherheit brauchen).

3. **Klicken Sie auf den START Button, *schließen* Sie das Fenster und sichern Sie Ihre Änderungen; wenn Sie darauf aufmerksam gemacht werden, dass Sie kein Passwort eingegeben haben, klicken Sie OK und führen Ihr geruhsames Leben einfach fort.**

Schritt 3: Den Mac einrichten

Ihr iBook ist nun bereit für die Verbindung. Und so bringen Sie nun das iBook Symbol auf den Bildschirm des Mac – führen Sie diese Schritte auf Ihrem Mac durch:

1. Öffnen Sie das KONTROLLFELD|APPLETALK, wählen Sie ETHERNET in dem PopUp-Menü, schließen Sie das Fenster und sichern Sie. Und lassen Sie auch diesmal den Computer AppleTalk einschalten, wenn er danach fragt.

2. Öffnen Sie das KONTROLLFELD|FILE SHARING und geben Sie den selben Namen ein, den Sie in Schritt 2 bei der Einrichtung des iBook verwendet haben, schließen Sie das Fenster und klicken Sie OK, wenn Sie die Warnung über das fehlende Passwort erhalten.

3. Wählen Sie aus dem -Menü NETZWERK BROWSER und doppelklicken Sie in dem Dialogfenster auf den Namen, den Sie Ihrem iBook gegeben haben (unten links) und klicken Sie auf Verbinden im folgenden Dialogfenster (unten rechts).

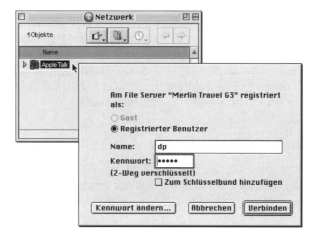

Das Symbol der iBook-Festplatte erscheint in dem Netzwerk Browser-Fenster. Ein Doppelklick öffnet das iBook-Fenster und siehe da, Sie sind auf dem anderen Computer!

Sie können jetzt auf dem iBook von Ihrem Mac aus arbeiten wie Sie es gewohnt sind. Sie können zum Beispiel einen Ordner kopieren, indem Sie ihn aus dem iBook-Fenster einfach in ein Mac-Fenster ziehen – oder umgekehrt – oder wieder zurück.

 Damit Sie beim nächsten Mal mit dem Aufbau der Verbindung Zeit sparen, erstellen Sie ein Alias des iBook-Festplatten-Symbols, das jetzt auf Ihrem Mac-Bildschirm ist. (Sehen Sie dazu auch Kapitel 13.) Wenn Sie dann wieder die Verbindung aufbauen wollen, benötigen Sie die zuvor beschriebenen Schritte nicht mehr, sondern brauchen nur noch einen Doppelklick auf das Alias des iBook zu tätigen und dann die Bestätigung OK und das Original des Symbols der iBook-Festplatte springt auf Ihren Bildschirm.

Ach – und noch etwas: Wenn die Geräte nicht beide eingeschaltet und mit dem Ethernet-Kabel verbunden sind, erhalten Sie beim Start eine mysteriöse Meldung. Klicken Sie einfach OK und starten – falls erforderlich – den einen oder anderen Computer noch einmal. (Beim nächsten Mal sind die beiden Macs verbunden und eingeschaltet und es erscheint keine Meldung mehr.)

Ein lebendiges, das ganze Büro umfassendes Ethernet-Netzwerk aufbauen

Seien Sie gewarnt, diese Einrichtung ist weder einfach noch preiswert. Es ist nicht wirklich technisch schwierig, aber Sie können bei den vielen durchzuführenden Schritte ganz schön ins Schwitzen kommen.

Nehmen Sie an, Sie haben einen Mac, ein iBook, einen Power Macintosh und einen Laserdrucker, die Sie miteinander verbinden wollen – ach, und natürlich ein Büro, in dem das alles passieren soll. Besuchen Sie zuerst den nächsten Computerladen und kaufen Sie einen Ethernet-Zentralanschluss (ein Hub oder – mit üblicherweise 4 bis 24 Anschlüssen – Sie brauchen einen Anschluss für jedes anzuschließende Gerät). Außerdem kaufen Sie eine ausreichende Menge Ethernet-Kabel (oder »10BaeT« oder »100BaseT«) in ausreichender Länge, damit Sie alle Macs und den Drucker mit der Zentrale (Hub/Switch) verbinden können.

Großer Schritt 1: Das Büro verkabeln

Die meisten Menschen versuchen die Ethernet-Zentrale und die Kabelmenge darum herum zu verstecken – in der Toilette oder sonstwo. Manche engagieren einen Elektriker, um die Kabel in der Wand zu verlegen, weil sie frei liegende Kabel einfach nicht ertragen.

Wenn sich der Rauch dann endlich verzogen hat und alles wieder sauber ist, sollte jedoch jeder Computer und der Drucker über Kabel direkt mit der Ethernet Zentrale verbunden sein – die Zentrale ist wie der Körper eines Tintenfisches und die Kabel sind die einzelnen Tentakel. (Verbinden Sie auf keinen Fall einen der Computer direkt mit einem anderen!)

Großer Schritt 2: Jedem Computer eine eigene Identität geben

Setzen Sie sich dafür vor den ersten Computer und folgen Sie diesen Schritten:

1. **Öffnen Sie das KONTROLLFELD|APPLETALK, wählen Sie ETHERNET aus dem PopUp-Menü, schließen Sie das Fenster und sichern Sie die Änderungen.**

   Sie werden gefragt, ob AppleTalk eingeschaltet werden soll – ja.

2. **Öffnen Sie das KONTROLLFELD|BENUTZER&GRUPPEN und klicken Sie für jede Person, die in Ihrem Büro arbeitet, NEUER BENUTZER, geben Sie den Namen der Person und das entsprechende Passwort ein, schließen Sie das Fenster NEUER BENUTZER.**

14 ➤ USB, Ethernet, AirPort und andere Schnittstellen

 Wenn Sie sich keine Gedanken über Sicherheitsmaßnahmen machen müssen – wenn also jeder im Büro uneingeschränkt auf jeden Computer Zugriff haben kann – vergessen Sie den zweiten Teil. Doppelklicken Sie stattdessen auf das Symbol Gast, wählen Sie aus dem PopUp-Menü SHARING und dort die Option GÄSTE DÜRFEN SICH BEI DIESEM COMPUTER ANMELDEN.

3. **Öffnen Sie das KONTROLLFELD|FILE SHARING und geben Sie den Namen der Person ein, die diesen Computer bedient. Geben Sie hier auch das Passwort und den Namen des Computers in die entsprechenden Felder ein. Klicken Sie auf den START Button, schließen Sie das Fenster und sichern Sie.**

   Name und Passwort sollten mit denen aus Schritt 2 übereinstimmen. Mit anderen Worten, wenn dies der Computer ist, den Peter Braun benutzt, geben Sie diesen Namen ein und das Passwort, das Sie für Peter Braun in Schritt 2 eingegeben haben.

4. **Markieren Sie das Symbol Ihrer Festplatte (Macintosh HD), klicken Sie INFORMATION im Menü ABLAGE und dann GEMEINSAM NUTZEN und aktivieren Sie die Option GEMEINSAME NUTZUNG ERMÖGLICHEN, schließen Sie das Fenster, klicken Sie OK und sichern Sie die Änderungen.**

   Damit haben Sie Ihre Festplatte für alle anderen Benutzer zugänglich gemacht, Sie können diesen Zugang mit demselben Schritt aber auch auf nur einen Ordner beschränken, indem Sie nicht die Festplatte, sondern nur einen Ordner darin markieren. Dann haben die anderen Benutzer zwar Zugang auf Ihre Festplatte, sehen aber nur den Inhalt dieses einen Ordners.

5. **Wiederholen Sie die Schritte 1, 2, 3 und 4 für die anderen Computer.**

Sie haben es geschafft und das Netzwerk eingerichtet, leihen Sie sich ein Video aus und entspannen Sie, Sie haben es sich verdient.

Großer Schritt 3: Verbinden

Die Einrichtung ist vollendet, jetzt kommt der große Test, ob auch alles funktioniert, wie Sie es sich gedacht haben.

1. **Am besten laden Sie alle Mitarbeiter ein, damit diese Ihre Arbeit bewundern können.**

   Wenn Sie alleine sind, überspringen Sie diesen Schritt.

2. **Wählen Sie NETZWERK BROWSER aus dem -Menü.**

   Wenn Sie dem Ethernet-Gott genügend Opfer gebracht haben, erscheinen jetzt die Namen der Computer in der Liste.

3. **Doppelklicken Sie auf den Namen des Computers, mit den Sie verbunden werden wollen.**

   Ein Fenster erscheint, in dem Sie sich identifizieren müssen.

4. **Klicken Sie auf Gast, falls dieser Button verfügbar ist. Falls nicht, müssen Sie Ihren Namen und Ihr Passwort eingeben, wie Sie sie festgelegt haben. Klicken Sie OK.**

   Das Festplatten-Symbol des ausgewählten Computers (oder das Ordner-Symbol – falls Sie das in Schritt 4 des großen Schrittes 2 markiert hatten) erscheint in dem Netzwerk Browser-Fenster. Öffnen Sie es mit einem Doppelklick und spielen Sie ein bisschen mit den darin enthaltenen Dateien.

Sie haben das Netzwerk alleine zum Leben erweckt! Wenn Sie dafür einen Spezialisten engagiert hätten, wären Sie jetzt um mehrere Tausend DM ärmer.

Zur Belohnung dürfen Sie jetzt noch Folgendes tun:

- ✔ Öffnen Sie das Symbol der Festplatte des anderen Computers. Sie können Dateien öffnen, wegwerfen, kopieren, umbenennen, oder auch die gesamte Dateiorganisation völlig verändern – egal, ob der Computer im gleichen Raum oder ein Stockwerk tiefer steht.

- ✔ Erstellen Sie ein Alias des Symbols der fremden Festplatte wie in Kapitel 13 beschrieben und legen Sie dieses Alias-Symbol irgendwo auf Ihren Schreibtisch. Wenn Sie das nächste Mal eine Verbindung zu dem anderen Computer herstellen wollen, benötigen Sie nur einen Doppelklick auf dieses Alias-Symbol und die Verbindung steht – ohne die vielen Schritte, das erspart Ihnen einige der beschriebenen Schritte.

- ✔ Schalten Sie die Computer aus, vernichten Sie Ihre Notizen und machen Sie sich einen netten Abend.

Drahtlos ins Internet mit AirPort

Was waren das noch für Zeiten, als man den Computer noch per Kabel über die Telefonsteckdose mit dem Internet verbinden musste!

Wie Sie vielleicht schon gehört haben, kommen die neuen Macs mit DVD-Laufwerk ohne Telefonkabel aus. Im Gehäuse des Mac ist nämlich eine Antenne für drahtlose Übertragung integriert. Dank dieser Antenne genießen Sie die folgenden Vorteile:

- ✔ Sie können im Internet surfen, ohne dass Sie ein zusätzliches Kabel an den Mac anschließen müssen. Sie können den Mac sogar in einem Raum ohne Telefonanschluss aufstellen, solange die Entfernung zum nächsten Telefonanschluss nicht mehr als 30 Meter beträgt. Das ist besonders vorteilhaft, wenn Sie bereits über ein Modem oder einen ISDN-Anschluss verfügen. Dann können Sie den Mac überall im Haus benutzen.

- ✔ Sie können mit anderen Mac-Besitzern Spiele für mehrere Teilnehmer spielen – wenn diese auch über AirPort verfügen.

- ✔ Sie können Dateien zwischen Ihrem Mac und anderen Macs via AirPort drahtlos austauschen.

✔ Sie können gleichzeitig mit mehreren mit AirPort ausgestatteten Macs über einen Telefonanschluss, der mit Ihrem Mac verbunden ist, im Internet surfen.

Alle diese tollen Eigenschaften erhält der Mac durch eine neue Apple-Erfindung, die AirPort-Karte. Einmal eingerichtet, ist diese Technologie kinderleicht. Nach etwas Zeit und Geduld werden Sie bald nicht mehr darauf verzichten wollen.

Die AirPort-Karte installieren

Ihr Mac bringt diese erstaunliche Leistung auch ohne AirPort-Karte, die Sie zusätzlich kaufen müssen. Eine AirPort-Karte sieht etwa aus wie eine VisaCard aus dünnem Metall. Sie erhalten Sie von Ihrem Apple-Händler oder direkt über die Apple-Webseite (www.apple.de) oder von einer der Adressen in Anhang B. Um Sie zu installieren, öffnen Sie einfach die Klappe an der Unterseite – die Verriegelung können Sie mit einer Münze lösen. Dann stecken Sie die Karte in die Halterung wie auf der beiliegenden Zeichnung dargestellt. Als Nächstes müssen Sie noch die Software von der AirPort-CD-ROM installieren und es kann losgehen.

Online mit der Basis-Station

Der größte Nutzen der AirPort-Karte ist sicherlich, dass Sie sich drahtlos mit dem Internet verbinden können. Sie surfen im Web und versenden E-Mails ohne dass Sie sichtbar mit irgendetwas verbunden sind. Das Anwählen übernimmt ein kleiner Empfänger/Sender irgendwo in Ihrer Wohnung bzw. Ihrem Haus.

Der Name dieser Sende-/Empfangsstation ist AirPort-Basisstation, kostet Sie noch einmal etwas zusätzlich und sieht aus wie eine kleine verchromte fliegende Untertasse.

Anstatt kleiner grüner Männchen enthält diese Basisstation jedoch ein Modem. Verbinden Sie einfach die Basisstation über den Modemanschluss (nicht den Ethernet Anschluss, der ist größer) mit der Telefonsteckdose. Ihr Mac kann mit einer bis zu 30 Meter entfernten Basisstation kommunizieren, sogar durch Wände und Decken hindurch. (Wenn Sie ein Kabelmodem oder einen ISDN-Anschluss haben, stellen Sie die Verbindung zum Telefonnetz über den Ethernet-Anschluss her.)

Stellen Sie sich einmal vor, Sie haben Ihren Mac auch dort aufgestellt, wo Ihr Fernsehgerät steht, und Sie starten nun den Webbrowser. Ihre Basisstation ein Stockwerk tiefer in Ihrem Büro beginnt zu wählen und Ihr Mac ist im Internet, ohne dass er mit irgendeinem Kabel mit irgendetwas verbunden ist (ausgenommen dem Stromnetz).

Ein Hinweis für Lehrer und kleine Büros: Über eine einzige Basisstation können gleichzeitig 10 und mehr mit AirPort ausgestattete Macs (iBook-Laptops zum Beispiel) im Internet surfen. Aber bitte beachten Sie, dass die Geschwindigkeit immer geringer wird, je mehr Macs gleichzeitig betrieben werden.

Einrichten der Basisstation

Der Schlüssel für die richtige Einrichtung der Basisstation ist ein Programm names AirPort-Assistent. Sie finden dieses Programm bereits auf Ihrer Festplatte im Ordner Assistenten. Geben Sie dort einfach die gewünschten Antworten, zum Beispiel auch den Namen und das Passwort der Basisstation, ein.

Die meisten Menschen vergeben dabei Namen wie »Basisstation Keller« oder »Müllers Mathematikklasse«. Jedesmal, wenn die Basisstation Sie drahtlos verbinden soll, müssen Sie das Passwort eingeben. Es empfiehlt sich daher, diese Angabe einfach frei zu lassen, wenn nicht sehr gewichtige Sicherheitsgründe für die Nutzung eines Passwortes sprechen sollten. (Es könnte ja sein, dass Ihr Nachbar im Reihenhaus nebenan auch einen Mac besitzt und ohne Passwortschutz über Ihre Basisstation im Internet surft.)

Wenn Sie das erledigt haben, ist Ihre Basisstation perfekt konfiguriert.

Verbinden mit dem Internet – und die Verbindung trennen

Stellen Sie Ihren Mac an irgendeinen Ort, von dem aus Sie noch nie im Internet gesurft haben (Dachboden) und tun Sie dann bitte Folgendes:

1. **Klicken Sie auf das AirPort-Symbol in der Kontrollleiste und wählen Sie dann den Namen der Basisstation, mit der Sie verbunden werden wollen.**

   Da die meisten Menschen nur über eine Basisstation verfügen, sehen Sie auch nur einen Namen in dieser Liste wie hier:

2. **Wenn nach dem Passwort gefragt wird, geben Sie es ein und bestätigen mit der ⏎-Taste.**

   Wenn Sie kein Passwort eingegeben haben, werden Sie natürlich auch nicht danach gefragt.

3. **Öffnen Sie Ihr Internetprogramm: Internet Explorer oder Netscape Navigator (für das Web) oder Outlook Express (für E-Mails).**

   Die Basisstation wählt die Nummer. (Die Basisstation hat keinen Lautsprecher, daher werden Sie die typischen Wählgeräusche vermissen. Es blinken nur die beiden Lämpchen.) Wenn die Verbindung hergestellt ist, werden Sie allerdings keinen Unterschied zwischen drahtlosem Surfen und Surfen über das Telefonkabel bemerken.

Während Sie verbunden sind, können Sie die Stärke des Antennensignals Ihres Mac zur Basisstation überprüfen – entweder im AirPort-Programm in Ihrem -Menü oder über das AirPort-Symbol in der Kontrollleiste. Fünf Punkte bedeuten ein starkes Signal. Je weiter Sie von der Basisstation entfernt sind, desto schwächer wird das Signal und desto geringer wird die Geschwindigkeit, mit der Sie im Internet surfen können.

Wie bereits angesprochen, durchdringt das Signal zwischen der Basisstation und Ihrem Mac auch Decken und Wände – meistens jedenfalls. Während Glas, Papier und Holz das Signal ungehindert durchlassen, kann es bei Stein- oder Betonwänden jedoch zu Verminderungen kommen – ebenso bei Metallkonstruktionen.

Wenn Sie Ihren Internetbesuch beenden wollen, sollten Sie die Basisstation wieder trennen, damit die Telefonleitung für die wichtigen Dinge des Lebens frei wird (zum Beispiel für den Anruf Ihrer Schwiegermutter). Auflegen können Sie auf folgende Weise:

✔ Wählen Sie AirPort aus dem -Menü und dann Auflegen AirPort-Basisstation.

✔ Warten Sie einfach ab. Wenn die Basisstation 10 Minuten lang keine Aktivität registriert, trennt sich die Verbindung automatisch.

Den Mac als Basisstation nutzen

Sie müssen nicht unbedingt eine AirPort-Basisstation kaufen, um an den Freuden des drahtlosen Internet-Surfens teilnehmen zu können (obwohl es natürlich ziemlich hightech-mäßig aussieht, wenn Sie so ein Gerät auf dem Schreibtisch stehen haben). Sie können Ihren Mac auch als Basisstation – auch für andere Macs, zum Beispiel für einen iBook Laptop – benutzen. Mit anderen Worten, wenn Sie Ihren Mac direkt mit dem Telefonanschluss verbinden, übernimmt er die Wählfunktion und dient als Basisstation. Dann nehmen Sie eben Ihr iBook und suchen sich irgendwo im Haus einen ruhigen Platz, um im Internet zu surfen.

Wenn Ihnen diese Lösung mehr zusagt, öffnen Sie jetzt das AirPort-Programm auf Ihrem Mac (es befindet sich im Ordner Assistenten auf Ihrer Festplatte) und wählen Sie das Programm Basisstation (wenn Ihre Softwareversion das anbietet, die ersten Versionen taten das nicht). Wieder werden Sie nach dem Namen und einem Passwort für die drahtlose Verbindung gefragt. Denken Sie daran, dass Sie das Passwort jedesmal eingeben müssen, wenn Sie eine Verbindung aufbauen wollen.

Wenn Sie alle Fragen des Assistenten beantwortet haben, können Sie beginnen. Nehmen Sie Ihr iBook, öffnen Sie die Kontrollleiste und wählen Sie aus dem AirPort-Symbol den Namen, den Sie Ihrem schreibtischgebundenen Computer gegeben haben. Geben Sie das Passwort ein (wenn Sie kein Passwort vergeben haben, vergessen Sie das ...) und öffnen Sie dann Ihr E-Mail-Programm bzw. Ihren Webbrowser. Der einsame Mac wählt und stellt Ihnen die Verbindung her.

Die Kommunikation zwischen Mac und Mac

Im Internet surfen und E-Mails verschicken sind nicht die einzigen Dinge, wozu die eingebaute Antenne in Ihrem Mac nützlich ist. Ohne dass Sie eine Basisstation kaufen müssen, können über diese Technologie zum Beispiel zwei Macs miteinander kommunizieren. (Nebenbei gesagt können das alle mit AirPort ausgestatteten Macs: Mac, Power Mac G4 oder welches Modell Sie auch immer haben.)

Damit können Sie schnell und einfach zum Beispiel Dateien zwischen den Macs hin- und herschicken. Oder Sie können mit Ihren Freunden oder Bekannten gemeinsam spielen – ohne dass Sie die verschiedenen Computer zum Beispiel erst über Netzwerkkabel verbinden müssen.

Grundsätzlich können Sie mit der AirPort-Technologie verschiedene Computer ähnlich vernetzen, wie wir es bereits im Abschnitt Ethernet beschrieben haben – und das in weniger als zwei Tagen.

Der einfache Weg, zwei Computer zu benutzen

Für die nachstehende Beschreibung setzen wir einmal voraus, dass Sie zwei Computer besitzen und sich über Datensicherheit keine Kopfschmerzen machen müssen, da Sie die einzige Person sind, die mit diesen beiden Computern arbeitet. Der Aufbau eines drahtlosen Netzwerkes zwischen diesen beiden Computern entspricht exakt der Beschreibung, wie wir sie Ihnen bereits im Abschnitt Ethernet gegeben haben. Es sind lediglich die folgenden Unterschiede zu berücksichtigen:

1. **Nachdem Sie die AirPort-Software auf beiden Computern installiert haben, führen Sie die Schritte 2, 3 und 5 der Beschreibung »Verbinden mit einem anderen Mac« in diesem Kapitel aus.**

    Mit anderen Worten, schalten Sie bei beiden die AppleTalk-Funktion ein.

2. **Öffnen Sie die Kontrollleiste und wählen Sie aus dem AirPort-Symbol die Option COMPUTER ZU COMPUTER.**

3. **Beenden Sie mit Punkt 6 aus der Beschreibung »Verbinden mit einem anderen Mac«.**

    Jetzt erscheint das Festplatten-Symbol des anderen Computers im Netzwerk Browser-Fenster. Nach einem Doppelklick sehen Sie den entsprechenden Inhalt, den Sie dann kopieren, löschen, verschieben oder in jeder anderen Weise behandeln können.

Die voll funktionsfähige drahtlose Vernetzung mehrerer Computer

Das geht genauso, wie wir es Ihnen bereits zuvor in diesem Kapitel bei der Einrichtung eines Ethernet-Netzwerkes beschrieben haben. Sie können Macs und andere Macs mit AirPort-Technologie problemlos in Klassenzimmern, Büros oder für andere Anwendungen (zum Beispiel Seminare oder Schulungen) miteinander vernetzen.

1. Installieren Sie die AirPort-Software auf jedem Computer und folgen Sie dann den Schritten 2, 3, und 4 der Beschreibung des Ethernet-Netzwerkes. Wiederholen Sie diese Schritte für jeden Computer.

2. Öffnen Sie die Kontrollleiste und wählen Sie die Option Computer zu Computer aus dem AirPort-Symbol.

3. Beenden Sie die Installation mit den Schritten 7, 8 und 9 aus der Beschreibung der Ethernet-Installation.

Wenn Sie das alles erledigt und eine wohlverdiente Mütze voll Schlaf genommen haben, öffnen Sie das Netzwerk Browser-Programm und Sie sehen alle angeschlossenen Computer des Netzwerkes, die sich innerhalb der Sendereichweite (ca. 30 Meter) befinden. Sie können die Festplatten-Symbole der anderen Computer auf Ihren Schreibtisch ziehen, als wären es CD-ROMs im Laufwerk Ihres Mac, und mit dem Inhalt dieser Festplatten spielen. Ohne dass Sie ein einziges Kabel verlegt haben. Und da denken manche Menschen, ein Bildtelefon wäre schon das Gelbe vom Ei!

America Online vs. AirPort

Normalerweise können Sie sich nicht über AirPort mit America Online (AOL) verbinden, denn das spezielle AOL-Wählprogramm kann das Wählsystem des Mac nicht benutzen.

Sie können jedoch trotzdem eine Verbindung zu AOL herstellen, wenn Sie sich einen direkten Internet-Zugang (ISP) einrichten. Prüfen Sie, dass Ihr Mac eine Verbindung zum Internet aufbaut, und richten Sie dann Ihre Basis-Station wie bereits beschrieben ein.

Jetzt öffnen Sie die AOL-Software und klicken auf dem Willkommens-Bild EINRICHTEN|AOL EINRICHTEN FÜR EINEN NEUEN STANDORT, dann weiter, geben Sie einen Namen ein, zum Beispiel »AirPort Verbindung«, klicken Sie weiter und dann TCP VERBINDUNG HINZUFÜGEN. Klicken Sie dann Nächste und OK. Von jetzt an stellen Sie die Verbindung zu AOL über Ihren direkten Internet-Zugang her. Ihr Mac wählt im Hintergrund statt der AOL-Nummer die lokale Zugangsnummer Ihres Internet-Providers. Sie könen Ihre AirPort-Verbindung nutzen, um sich bei America Online einzuwählen.

Außerdem können Sie noch zwei weitere schöne Vorteile nutzen. Zunächst einmal bleiben Sie von ständigen Besetztzeichen verschont, da Sie AOL ja nicht mehr direkt anwählen. Und zweitens erhalten Sie von AOL einen günstigeren Verbindungspreis, da das Unternehmen glücklich ist, dass Sie sich über einen anderen Anbieter einwählen.

Um diesen Rabatt zu erhalten, stellen Sie die Verbindung zu AOL her, wählen den Suchbegriff Zahlungsart und klicken ZAHLUNGSART ÄNDERN.

Dieser Tipp ist doch sicher den Preis für das Buch wert – oder?

Das Buch von iBook und PowerBook

15

In diesem Kapitel

▶ Wie Ihnen die Batterie – und Ihre Gesundheit – länger erhalten bleiben

▶ Warum Sie das Ding eigentlich nie richtig ausschalten sollten

▶ Überlebenstraining in Hotelzimmern und Flugzeugen

Es ist ein wenig verrückt, dass die heutigen Laptops von Apple, sowohl PowerBooks als auch iBooks, genauso viele Computerpferdestärken haben wie die meisten unförmigen Schreibtischmodelle. Apple geht beinahe keine Kompromisse ein: Geschwindigkeit, Festplattenkapazitäten, Speicher und die Bildschirmgröße von PowerBook oder iBook sind beinahe die gleichen, wie die bei regulären Macs – nur dass alles in einem Kasten von der Größe eines Buches untergebracht ist – der wiegt rund 3200 Gramm und versteckt all den Unrat.

iBook contra PowerBook

Apple stellt zwei Arten von Laptops her:

✔ **Das iBook.** Es ist glänzend und glatt, gewölbt und aus kugelsicherem Kunststoff, in Farben, die es in der Natur nicht zu finden gibt. Gesellschaftlich gesehen können Sie viel aus Ihrem iBook herausholen, indem Sie es bei Parties einfach direkt auf dem Kaffeetisch ablegen. Es verfügt über einen Tragegriff, der bei Nichtbenutzung flach am Gehäuse anliegt. Dieser Laptop ist so glatt und beinahe so rund wie ein Ei. Es gibt keine Riegel und keine Klappen oder Türen, die abbrechen können.

Trotz all der überwältigenden Coolness ist das iBook auf dem großen Markt der Laptops mit rund 3000 DM extrem preiswert. Das erklärt sich unter anderem dadurch, dass das iBook nicht so viele Anschlüsse und Verbindungen wie andere Macs hat. Zum Beispiel gibt es kein Mikrofon und keine Stelle, um eines einzustecken, keinen FireWire-Anschluss (bei originalen iBooks) und keinen Anschluss für einen externen Monitor oder Projektor. Mit anderen Worten: Es ist nicht der Laptop, den Sie in Vorstandssitzungen sehen. Aber das ist für die hunderttausenden von Studenten, kreativen Menschen und rauhen Individualisten, die diesen Rechner ergattert haben, nur gut.

✔ **Das PowerBook.** Dieser Laptop ist der wirkliche Geschäftsrechner. Er ist schneller, leichter und kleiner als das iBook, hat einen größeren Bildschirm, ist auf der Rückseite mit Anschlüssen voll ausgestattet, wird nur in schwarz hergestellt und kostet etwa 1000 DM mehr als ein iBook.

Beides sind also absolut aufregende Rechner, und sie arbeiten im Wesentlichen so, wie Sie es in diesem Kapitel erfahren werden.

Wie versorge ich meinen Laptop?

Die Arbeit an einem Mac-Laptop unterscheidet sich nicht stark von der Arbeit an einem herkömmlichen Desktop-Mac, so dass ein separates Kapitel beinahe unnötig ist. *Beinahe.* Denn ein paar Fragen bleiben offen. Sie betreffen größtenteils die winzigen Mac-Bildschirme, die Batterie und den Transport.

Schlaf ist gut. Wir lieben Schlaf

Besitzen sie ein PowerBook oder ein iBook? Erzählen Sie mir ja nicht, dass Sie es am Ende eines jeden Tages abschalten!

Ja, leider schalten viele Leute ihren Laptop unnötigerweise jeden Tag, oder noch viel schlimmer, mehrmals am Tag ab. Tun Sie das nicht!

Statt dessen sollten Sie Ihrem Laptop etwas Schlaf gönnen. Schließen Sie dazu einfach den Deckel.

Im Ruhezustand ist Ihr Laptop beinahe so gut wie ausgeschaltet. Es verbraucht keinen Strom mehr aus der Batterie, nichts bewegt sich, alles ist ruhig, alles ist dunkel. Die Vorteile eines schlafenden Laptops sind beachtlich. Wenn Sie ihn zum Beispiel noch einmal benutzen möchten, brauchen Sie lediglich irgendeine Taste zu berühren, um ihn aufzuwecken. Und wenn der Rechner aufwacht, muss er nicht wieder die ganze 45-Minuten-Willkommensroutine durchlaufen. Statt dessen bringt er Sie an genau die Stelle zurück, an der Sie zuletzt gearbeitet haben. Wenn Sie also einen Brief schreiben und den Laptop mit dem halbfertigen Brief wieder aufwecken, erscheint er genau so wieder auf dem Bildschirm. Enorme Zeitersparnis.

Sie müssen Ihren Laptop auch nicht zum Reisen herunterfahren. Sie benötigen den Befehl HERUNTERFAHREN nur dann, wenn Sie den Computer für mehr als eine Woche beiseite legen wollen. Viel mehr noch: Ihre Batterie wird Strom verlieren, auch im Schlafmodus.

Vor- und Nachteile der Batterien

 Natürlich ist es gut möglich, den Laptop jahrelang mit dem Netzstecker in der Steckdose zu benutzen und dabei freundlicherweise die Möglichkeit des Batteriebetriebs ignorieren.

Viele Leute machen das auch so – Leute, die einen Laptop seiner kompakten Größe wegen gekauft haben, und nicht, weil sie viel mit dem Flugzeug unterwegs sind. Es ist tatsächlich eine großartige Idee, den Laptop so oft wie möglich angeschlossen zu haben.

Sollten Sie jedoch vorhaben, den Laptop auf Rücksitzbänken von Taxen, in Heißluftballons oder in den Alpen zu benutzen, werden Sie auf den Batteriebetrieb angewiesen sein. In diesem Fall werden Sie jedesmal wenn Sie die Maus bewegen oder etwas schreiben zusammenzucken und sich wundern, dass Sie unnötigerweise die Batterie leer lutschen. Es ist ein merkwürdiges Gefühl, einen Mac mit Batterien laufen zu lassen. Unter keinen anderen Umständen empfinden Sie, dass die Zeit so schnell vergeht.

Am Ende des Kapitels werden Sie herausfinden, wie Sie jede einzelne Batterieladung besser ausnutzen können. Ehrlich gesagt: Wenn Sie sich wegen der Batterie verrückt machen, geben Sie doch lieber noch einmal rund 180 DM für eine zweite aus. Es wird sich lohnen.

Abgesehen davon, sie haltbarer zu machen, gibt es noch einige weitere lustige und interessante Fakten über die Batterie, die helfen sollen, Ihren kleinen, eckigen, grauen, elektronischen Freund zu verstehen:

✔ Ihre Batterie lädt sich immer dann wieder auf, wenn der Laptop an eine Steckdose angeschlossen ist.

✔ Keine Laptop-Computer-Batterie hält jemals länger als die vom Hersteller angegebene Anzahl an Stunden. Dabei spielt es keine Rolle, ob die Batterie in einem Laptop aus der Mac- oder Windows-Welt steckt. Sie können froh sein, zwei Stunden der Standard »Dreistunden«-PowerBook-Batterie oder fünf Stunden der »Sechsstunden«-iBook-Batterie nutzen zu können. Das ist eine Lebensweisheit. Oder Reklame. Oder irgendwas.

✔ Egal ob Ihr Laptop schläft oder komplett ausgeschaltet ist, die Batterie entleert sich trotzdem. Das ist auch der Grund, warum Sie Ihren Laptop, der eine volle Batterie hatte, nach einigen Wochen mit einer leeren Batterie wiederfinden, ohne dass Sie ihn benutzten.

✔ Laptops machen regen Gebrauch von dem cleveren kleinen Bildschirmmännchen, das als *Kontrollleiste* bekannt sind. In Kapitel 12 können Sie wesentlich mehr darüber lesen. Für unsere Diskussion über die Batterie sollten Sie deren kleine Tankanzeige beobachten, die ein Teil der Kontrollleiste ist. Obwohl sie bei weitem nicht genau ist, ist der kleine Pegel der beste Indikator, der Ihnen zur Verfügung steht, um herauszufinden, wie lange Sie mit der Batterie noch arbeiten können.

✔ Egal, woran Sie gerade arbeiten, es bringt Sie nicht gleich in die allergrößten Schwierigkeiten, wenn sich der Atem Ihrer Batterie dem Ende nähert. Sie bekommen vorher zwei oder drei Warnungen – die Meldungen auf dem Bildschirm werden zunehmend eindringlicher – die sich über einen Zeitraum von 15 Minuten verteilen. Und dann geht der Laptop in den Schlafmodus über.

Auch wenn Sie Ihre Arbeit nicht gespeichert haben, ist der Inhalt des Arbeitsspeichers komplett für eine weitere Woche gespeichert, auch nachdem der Laptop sich schlafen gelegt hat. Schließen Sie Ihren Laptop einfach bei der nächsten Gelegenheit an eine Steckdose an, wecken Sie ihn auf und speichern Sie Ihr Meisterstück.

✔ Laptop-Batterien können bis zu 500mal wieder aufgeladen werden. Das, ebenso gut wie der gewöhnliche Menschenverstand, sollte Ihnen einen Hinweis darauf geben, dass es besser ist, den Laptop so oft wie möglich an eine Steckdose anzuschließen. Sie werden merken, dass es an der Zeit ist, die Batterie zu wechseln, wenn diese keinen Ladeprozess mehr übersteht. An diesem Punkt sollten Sie die leere Batterie mit ihrer tödliche Dosis toxischer Chemikalien aber nicht einfach in den Hausmüll werfen. Bringen Sie sie besser zum Apple-Händler zurück, dieser führt die Batterie dann dem speziellen Apple-Recyclingprogramm zu.

Die Leistungsfähigkeit des Trackpads ausnutzen

Ein Laptop arbeitet hervorragend mit einer Maus – wenn Sie zu Hause an Ihrem Schreibtisch sitzen. Es kann jedoch sehr abenteuerlich werden, einen Platz für das Mauspad zu finden, wenn Sie Ihren Laptop in der Telefonzelle oder im Wildwasser-Kanu benutzen wollen.

Das ist der Grund, warum iBooks und PowerBooks mit einem Trackpad ausgestattet sind, einem flachen Kunststoffkästchen zwischen der Tastatur und Ihnen, auf dem Sie Ihre Finger so bewegen, als würden Sie mit der Maus arbeiten. Sie müssen lediglich ein paar Dinge über das zwei Zoll große Feld wissen, das zu Ihrem besten Freund werden wird:

✔ Wenn Sie sich Ihren ersten Laptop kaufen, können Sie mit dem Trackpad lediglich den Cursor über den Bildschirm bewegen. Jedoch bieten die Trackpads aller modernen Laptops wesentlich mehr zusätzliche Funktionen!

Das Geheimnis ist das Kontrollfeld mit dem Namen TRACKPAD (Sie finden es unter KONTROLLFELDER im -Menü). Es bietet Ihnen drei weitere Trackpad-Features, die Sie ausprobieren sollten (klicken Sie jede Checkbox an, um das Feature einzuschalten).

Klicken bedeutet, dass Sie die Oberfläche des Trackpads berühren können (anstatt die große Taste mit dem Daumen zu klicken), um die Maustaste zu klicken. Ebenso können Sie auf dem Pad doppelt klicken, wenn Sie einen Doppelklick benötigen. DRAGGING bedeutet, mit der Maus zu ziehen. Tippen Sie mit Ihrem Finger zweimal deutlich auf das Pad (und lassen den Finger beim zweiten Mal unten). Sie können ein langes Ziehen fortsetzen, wenn Sie Ihre Finger zwischen zwei Zügen kurz anheben.

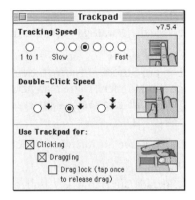

Und dann gibt es noch DRAG LOCK, bei weitem die nützlichste Funktion, denn sie hilft Ihnen bei Pull-Down-Menüs und dem Bewegen von Icons (was sehr schwierig ist, wenn Sie, sagen wir mal, auf einem Kamel reiten). Wenn die dritte Checkbox-Option aktiviert ist, können Sie auf dem Trackpad doppelklicken. Bewegen Sie Ihren Finger allerdings nachdem zweiten Klick, wird der Mac die Maustaste nicht wieder loslassen, auch wenn Sie ihn für immer heben. Sie müssen das Trackpad erneut berühren, um die Taste freizugeben.

Es gibt keinen Zweifel darüber, dass es immer einige Leute geben wird, die dieses neumodische Verhalten verabscheuen und weiterhin jeden Klick und Doppelklick auf der großen Plastiktaste unter dem Trackpad machen werden. Aber probieren Sie es ruhig einmal aus, und sei es nur, um ein besserer Laptopbenutzer zu werden.

Die einzige Garantie-Erweiterung, die wirklich etwas nutzt

Nur einen Hinweis zum Garantie-Erweiterungsprogramm namens AppleCare. Das hat nichts zu tun mit diesen unnützen Wartungsverträgen für 5000 DM-Fernseher, die Sie im Jahr 1000 DM kosten. Macs werden für gewöhnlich so gebaut, dass sie nicht totzukriegen sind.

Mit Laptops sieht es da schon anders aus. Die können Sie herumtragen, einschlafen und aufwachen lassen, ständig Zubehör anschließen oder auch nicht, sie in Gepäckfächer schieben und Ihr Glas Orangensaft darauf abstellen. Mit dieser Art der Behandlung neigen Sie auch zu wesentlich mehr Störungen. Als Bonus gibt Ihnen AppleCare das Recht, die Hilfs-Hotline kostenlos anzurufen.

Kurz gesagt, ist es eine hervorragende Investition, AppleCare zu besitzen.

✔ In vielen großen Filmen (Independence Day, Mission Impossible, Deep Impact usw.) werden Laptops gezeigt. Können Sie die gewaltige Unglaubwürdigkeit erkennen?

Nein, nein, nicht dass Tom Cruise sicher aus einem explodierenden Helikopter auf einen fahrenden Zug mit 160 Meilen pro Stunde aufspringt. Nein, ich beziehe mich auf die Tatsache, dass das Trackpad nicht funktioniert, wenn man nervös ist. Wenn die Hände feucht, verschwitzt oder in irgend einer Art und Weise eingecremt sind, werden die elektronischen Sensoren in dem Pad verwirrt.

Dieser auffallende Haken hat die Filme für mich persönlich ruiniert.

Egal, es gibt diverse einfache Möglichkeiten, die nur darauf warten, genutzt zu werden. Wenn Sie sich zum Beispiel gerade die Hände gewaschen haben und ziemlich eilig den Laptop benutzen müssen, können Sie als provisorische Maßnahme ein Stück Papier über das Trackpad legen.

Hier ist ein Tipp, um mit Hilfe des Trackpads in die Ecken des Bildschirms zu gelangen. Versuchen Sie, Ihren Finger auf dem Pad ein kleines Stück in die Richtung der Ecke zu bewegen, in die Sie wollen. Berühren Sie das Pad dann mit einem weiteren Finger, einen Zoll von der Stelle entfernt, an der sich Ihr erster Finger bewegt hat. Sie haben dem Ding gerade einen Streich gespielt und es glauben lassen, dass Sie die Strecke zwischen Ihren beiden Fingern in Nullkommanichts zurückgelegt hätten. Der Mauszeiger springt sofort in die gewünschte Ecke.

Viele Neulinge entdecken dieses Verhalten eher zufällig. Wenn Sie mit einem zweiten Finger das Trackpad berühren, während Sie gerade versuchen, den Mauszeiger zu bewegen, schießt dieser genau in dem falschen Moment über den Bildschirm.

✔ Wandert der Cursor auf dem Bildschirm umher, während Sie schreiben, und bringt er Sie dazu, die Wörter an der falschen Stelle einzufügen? Das kann passieren, wenn einer Ihrer Finger zufällig und aus Versehen das Trackpad berührt und einen Mausklick auslöst. Die Lösung für dieses Problem ist ein einfaches Shareware-Programm für rund 10 DM namens TapGuard, das diesen Fehler verhindert. Sie können es bei www.macdownload.com bekommen.

Die Tastatur: Nicht die Schreibmaschine Ihres Opas

Wenn Sie sehr viel Zeit damit verbracht haben, gedankenlos auf die lichtdurchlässigen Tasten eines modernen Apple-Laptops zu starren, haben Sie möglicherweise etwas Ungewöhnliches an den Tasten entdeckt. Jede Taste auf der rechten Hälfte der Tastatur besitzt zwei Aufschriften: Die regulären Buchstaben (J, K, L usw.) sowie in anderer Farbe, eine Anzahl von Nummern und anderen Aufschriften.

Sollten Sie jemals auf der Tastatur eines Standard-Desktop-Computers gearbeitet haben, werden Sie die farbige Beschriftung sofort erkennen. Es sind die Zahlenfelder, die sich normalerweise auf separaten Tasten rechts neben der Buchstabentastatur befinden.

Auf einem gewöhnlichen Computer erfüllen die Zahlenfelder rechts neben der Tastatur genau dieselbe Funktion wie die Tasten oberhalb von ihr. Nach einiger Übung ist es jedoch einfacher, Dinge wie Telefonnummern oder Preise mit Hilfe des Zahlenfeldes zu schreiben, als die hintereinander liegenden Tasten oberhalb zu benutzen.

Ihr Laptop besitzt keine separate Reihe für die Zahlentasten, die neben dem rechten Rand des Laptops in den Raum ragen. Die Zahlenfelder sind statt dessen in die normalen Buchstabentastatur integriert. Wenn Sie die Taste [Fn] (Funktion) drücken, die sich in der unteren linken Ecke der Tastatur befindet, können Sie die Zahlenfelder nutzen.

Schauen Sie zum Beispiel auf die Buchstabentaste [U]. Einfach gedrückt, schreiben Sie damit den Buchstaben U. Wenn Sie die Taste allerdings drücken, während Sie auch die [Fn]-Taste gedrückt halten, erhalten Sie die Zahl 4. (Sehen Sie die farbigen Aufschriften auf den Tasten?) Besonders clever ist die Art und Weise, wie sich die Zahlen 7, 8 und 9 der normalen Tastatur mit der *Fn*-Tastatur überschneiden. Diese Tasten schreiben immer 7, 8 und 9, egal ob Sie [Fn] gedrückt halten oder nicht.

Hier noch ein paar andere Tasten, die zum Leben erweckt werden, wenn Sie [Fn] drücken:

Home, End

[Home] und [End] beschreiben den oberen und unteren Teil des Fensters. Sie lösen diese Funktion aus, indem Sie die Taste mit dem linken oder dem rechten Pfeil (in der unteren rechten Ecke der Tastatur) gleichzeitig mit der [Fn]-Taste drücken.

Wenn Sie einen Text bearbeiten, springen die [Home]- und [End]-Tasten zum ersten beziehungsweise zum letzen Wort der Datei. Schauen Sie im Finder in ein Auflistungsfenster, das voll mit Dateien ist, dann bringen Sie die Tasten zum Anfang oder zum Ende der Liste.

Pg Up, Pg Down

Diese Tasten scrollen bei einem Vollbildschirm nach oben oder unten. Noch einmal: Die Idee ist es, Sie in einem Textverarbeitungsdokument und in Tabellen umherscrollen zu lassen, ohne dass Sie die Maus benutzen zu müssen. Um diese Funktion auszulösen, drücken Sie die Richtungspfeile nach oben oder nach unten in der rechten unteren Ecke der Tastatur zusammen mit der Taste [Fn].

Den Funktionstasten die ursprüngliche Persönlichkeit zurückgeben

Die Funktionstasten dienen bei einem normalen Computer nicht der Einstellung des Bildschirms oder der Lautsprecher, wie sie es bei einem Laptop tun. Statt dessen machen sie wesentlich mehr Dinge. Bei einem Desktop-Macintosh zum Beispiel lösen die ersten vier Funktionstasten (F1 bis F4) in den meisten Programmen Befehle wie RÜCKGÄNGIG, KOPIEREN und EINFÜGEN aus.

Es ist unter Umständen möglich, dass Sie öfter diese Funktionen benutzen als dass Sie die Helligkeit oder Lautstärke anpassen wollen. Wie können Sie dann den ersten fünf Tasten auf dem iBook oder dem PowerBook die ursprünglichen Möglichkeiten als Funktionstasten zurückgeben? Mit anderen Worten: Wie können Sie den Befehl der Taste F1 von der Anpassung der Bildschirmhelligkeit in den Befehl RÜCKGÄNGIG umwandeln?

Ganz einfach. Sie können das eingebaute Feature für die Helligkeit und die Lautstärke entweder einmal oder dauerhaft überschreiben. Um die Funktionstasten nur zeitweise als solche zu belassen, halten Sie die Taste Fn gedrückt, während Sie auch die Taste F1 , F2 , F3 , F4 oder F5 drücken.

Manche Leute ziehen es aber vor, die Funktionstasten dauerhaft einzurichten, so dass mit ihnen die Helligkeit und Lautstärke nur geregelt werden kann, wenn *gleichzeitig* Fn gedrückt wird. Um das bei Ihrem iBook so einzurichten, öffnen Sie die Kontrollfelder innerhalb des -Menüs. Öffnen Sie das Kontrollfeld TASTATUR und klicken Sie die Funktionstasten an. Aktivieren Sie nun die Option BENUTZUNG DER TASTEN F1 BIS F12 ALS FUNKTIONSTASTEN. Von nun an machen Sie mit der Taste F1 zum Beispiel alles rückgängig. Wenn Sie allerdings gleichzeitig noch die Taste Fn drücken, können trotzdem die Helligkeit des Bildschirms verändern.

Clear

Clear bedeutet, den gekennzeichneten Text zu löschen, allerdings ohne eine Kopie davon in das unsichtbare Clipboard zu packen, wie es der Befehl AUSSCHNEIDEN tun würde. Um diese Taste zu aktivieren, halten Sie die Taste Fn und drücken Sie gleichzeitig die 6 .

Einen Laptop besitzen und ab durch die Mitte

Nun dann. Sie haben herausgefunden, wie Ihr Laptop arbeitet, nun wollen Sie ihn auch außerhalb Ihres Wohnzimmers präsentieren. Wer sollte Ihnen das verübeln? Ein paar Punkte dazu, wenn ich darf.

Röntgengeräte und Sie

Röntgengeräte auf dem Flughafen können Ihrem Laptop nichts anhaben.

Röntgengeräte auf dem Flughafen können Ihrem Laptop nichts anhaben.

Röntgengeräte auf dem Flughafen können Ihrem Laptop nichts anhaben.

Alles klar?

Verzweiflungstaten

Ich möchte jetzt keine verärgerten Briefe von Ehefrauen und anderen wichtigen Menschen bekommen, die mir die Schuld geben, ihre Geliebten in einsiedelnde Idioten verwandelt zu haben. Was ich Ihnen jetzt erzählen werde, sollte in Ihrem Hinterkopf gespeichert und nur im Notfall hervorgekramt werden.

In dem Tipp geht es um Flugzeuge und um Flughäfen. Sie werden wissen, dass Laptops und Flugzeuge wie für einander gemacht sind. Außerdem sollten Sie noch wissen, was zu tun ist, wenn die befürchteten Warnmeldungen auftauchen, die Ihnen zu verstehen geben, dass Ihre Batterie in wenigen Minuten den Geist aufgibt. Und das alles, während Sie sich inmitten eines Geistesblitzes befinden.

 Als Allererstes einmal finden Sie auf fast jedem Flughafen (und jeder Bus- oder Bahnstation auch) und an jedem Flugsteig Steckdosen, die für die Öffentlichkeit zugänglich sind. Diese Steckdosen, hauptsächlich für die Staubsauger der Reinigungsfirmen gedacht, befinden sich oftmals direkt neben einer Säule. Unglücklicherweise niemals in der Nähe eines Sitzplatzes. Wenn die Anziehung Ihres Macs stärker ist als Ihr Stolz, müssen Sie wohl oder übel auf dem Boden Platz nehmen.

Lassen Sie mich Ihre Aufmerksamkeit auf die Steckdose für elektrische Rasierapparate in Toiletten von Flugzeugen lenken. Denn sollte Ihnen dort einmal der Saft ausgehen, können Sie diese benutzen. Es ist allerdings möglich, dass Sie sich dann wie ein absoluter Idiot fühlen, wenn Sie mit Ihrem Laptop und dem Adapter in der Toilette verschwinden, um es sich vor dem winzigen Spülbecken bequem zu machen und zu warten, bis sich Ihr Laptop wieder voll aufgeladen hat.

Zumindest wurde mir das so berichtet. Ich selbst würde so etwas Verrücktes natürlich nie tun.

Eingebaute Drucker

Okay, Sie haben sich also einen Laptop gekauft. Doch womit wollen Sie drucken? Schmerzliche Erfahrungen haben gezeigt, das nur wenige Airlines einen 20-Kilo-Laserdrucker als Handgepäck anerkennen.

Es gibt natürlich auch tragbare Drucker. Im Normalfall sind diese sehr teuer, sehr empfindlich und langsam. Eine bessere Idee: Nutzen Sie Ihr eingebautes Fax-Modem. Schicken Sie sich das, was Sie für sich selber drucken wollen (was immer es auch ist) einfach als Fax (Kapitel 21 enthält Anleitungen dazu). Faxen Sie es zum Beispiel, während Sie in Ihrem Hotelzimmer sitzen, vom Laptop direkt zur Hotelrezeption. Originell, schnell und kostenlos.

Sie brauchen mir jetzt nicht zu danken.

Die besten Tipps, um die Leistung Ihrer Batterie zu erhöhen

Viele Neubesitzer eines Laptops sind verwirrt, wenn Sie herausfinden, dass Sie anstatt der erwarteten fünf Stunden effektiv nur zweieinhalb Stunden aus einer frisch geladenen Batterie herausbekommen.

Diese Tricks können helfen, die Betriebszeit der Batterie zu verlängern.

1. Die Beleuchtung des Bildschirms benötigt die Hälfte der Leistung. Je stärker Sie die Helligkeit herabsetzen, desto länger hält Ihre Batterie. (Bei modernen PowerBooks und iBooks können Sie die Helligkeit mit den Tasten F1 und F2 oben links auf der Tastatur kontrollieren.)

2. Ein weiterer enormer Batteriefresser ist Ihre Festplatte. Diese Platten mit 4.500 Umdrehungen pro Minute laufen zu lassen, würde auch meine Batterie stark beanspruchen.

   Es erscheint vielleicht etwas irrsinnig, anzunehmen, dass Sie versuchen Ihre Festplatte nicht so schnell laufen zu lassen. Aber es ist möglich. Werfen Sie zuerst einen Blick auf das Kontrollfeld ENERGIE SPAREN und verschieben Sie den Balken in Richtung BESSERE ERHALTUNG. Diese Einstellung stoppt das Laufen Ihrer Festplatte, sobald sie nicht mehr gebraucht wird.

   Letztendlich können Sie Ihre Festplatte auch anhalten, wenn Sie, wie vorhin schon einmal beschrieben, über die Kontrollleiste verfügen. Platzieren Sie dafür einfach den Cursor auf dem Icon für die Festplatte und wählen Sie die Option FESTPLATTE HERUNTERFAHREN.

   Nehmen wir zum Beispiel an, dass Sie froh und munter seit 20 Minuten etwas in AppleWorks schreiben. Die Festplatte ist dabei ganz ruhig. Doch jetzt wollen Sie Ihre Arbeit speichern. Das Laufwerk beginnt einfach wieder zu arbeiten und Ihre Datei ist gespeichert.

   Jetzt, soweit es Sie betrifft, ist die Arbeit des Laufwerks beendet. Doch es ist jetzt wieder sich selbst überlassen und würde unnötigerweise weitere 15 Minuten arbeiten (je nachdem, wie groß die Zeitspanne ist, die Sie im Kontrollfeld ausgewählt haben). Das sind dann 15 Minuten, die Sie sich locker sparen können, indem Sie das Ding mit der Kontrollleiste abstellen.

3. Jede noch so kleine Vorrichtung, die Sie an Ihren Laptop anschließen, vermindert die Ladung Ihrer Batterie. Das schließt im besonderen externe Bildschirme ein, eingebaute CD-ROM-Laufwerke, USB-Scanner und die Maus.

4. Schalten Sie AppleTalk aus. Es verbraucht unheimlich viel Strom und verkürzt das Leben der Batterie um eine halbe Stunde. Um es auszuschalten, benutzen Sie entweder die Kontrolleiste oder die Option AUSWAHL im -Menü. Deaktivieren Sie dort AppleTalk.

5. Wenn Sie den Rechner nicht mehr gebrauchen, auch wenn es nur fünf Minuten sind, können Sie ihn in den Schlafmodus versetzen. (Wählen Sie aus dem Menü SPEZIAL die Schlaffunktion oder schließen Sie einfach den Deckel.)

6. Wann immer Sie Ihren Rechner an eine Steckdose anschließen. Gehen Sie sicher, dass er auch wirklich Strom bekommt. Nichts ist ärgerlicher, als wenn man später, zum Beispiel im Flieger, bemerkt, dass die Steckdose, an der der Rechner angeschlossen war, nicht funktionierte.

Sollten Sie ein iBook besitzen, ist diese Überprüfung ganz einfach: Schauen Sie sich den Ring um den Stromanschluss an, dort wo das Stromkabel in den Laptop mündet. Leuchtet dieser Ring orange auf, bekommen Sie Strom. Ist er grün, ist die Batterie voll aufgeladen. Wenn er allerdings überhaupt nicht leuchtet, bekommen Sie auch keinen Saft.

Haben Sie ein PowerBook, müssen Sie auf Ihre Kontrolleiste achten (siehe Kapitel 12). Die Batterieanzeige zeigt mit einem Leuchtstreifen an, wenn der Laptop mit Strom versorgt wird. Wenn eine kleine Batterie zu sehen ist, ist dies nicht der Fall.

7. Das hier ist nicht unbedingt ein Tipp zum Batteriesparen, aber es gab keinen anderen Platz, ihn irgendwie unterzubringen. Das wirklich Gute am PowerBook ist die eingebaute Tankanzeige für die Batterie. Werfen Sie einmal einen Blick auf die vier kleinen LEDs auf dem äußeren Verschalungsteil der Batterie. Wenn Sie den winzigen hülsenförmigen Knopf daneben drücken, leuchten diese Lichter auf. Je mehr Lichter aufleuchten, desto mehr Saft hat Ihre Batterie.

Teil V

Fehlerbehebung leicht gemacht

In diesem Teil...

Jetzt ist es Zeit, den Stier bei den Hörnern zu packen, die Hühner zu satteln und vom Hof zu reiten ... Wir informieren Sie noch über einige Hilfen bei eventuell auftretenden Problemen und lassen Sie dann mit Ihrem treuen Mac an Ihrer Seite allein.

Wenn Ihrem Mac etwas Schlechtes widerfährt

In diesem Kapitel

- Die zehn häufigsten Anfängerfehler und wie man sie vermeiden kann
- Die nächsten zehn nach diesen
- Und nach diesen noch zehn weitere

Ein Blick in den Computer-Alptraum

Wenn Sie Computer-Anfänger sind, leuchtet es Ihnen wahrscheinlich nicht auf Anhieb ein, dass das Kapitel zur Fehlerbehebung eines der umfangreichsten Kapitel in diesem Buch ist.

Aber um es deutlich zu sagen: Computer sind sensible Werkzeuge. Und als solche haben sie ihre eigenen Gesetze. Und wie bei anderen teuren Anschaffungen, wie zum Beispiel einem Auto, tendieren Sie dazu, im denkbar ungeeignetsten Augenblick zu versagen.

Und wenn das passiert, verdächtigen die meisten Anfänger zunächst einmal die elektronischen Bauteile. Das ist durchaus zu verstehen, denn wenn der Videorecorder, der Rasenmäher oder der elektrische Rasierapparat streiken, schafft ja auch eine Reparaturwerkstatt schnell Abhilfe. Aber ein Computer unterscheidet sich von diesen technischen Hilfsmitteln: Durch seine Software. Wenn Ihr neuer Mac sich also einmal merkwürdig benimmt, ist es vermutlich meistens kein mechanisches, sondern ein Softwareproblem, das Sie in der Regel vollkommen kostenlos selbst beheben können – jedenfalls in den meisten Fällen.

Ein Hinweis zu unserer Fehler-Übersicht:

Es ist eine Tatsache, dass über 90 Prozent aller Fehler, die bei Ihrem Mac auftreten können, praktisch mit den nachfolgend beschriebenen wenigen Hilfeschritten behoben werden können. Um Ihnen und mir die Zeit und die Mühe beim Lesen bzw. Schreiben zu ersparen, habe ich diese Schritte alle in Kapitel 16 zusammengefasst. In der folgenden Beschreibung der verschiedenen Fehlersymptome wird auf die entsprechenden Schritte verwiesen.

Dieses Kapitel und das folgende zeigen Ihnen die Schritte, wie Sie der Software Ihres neuen Mac wieder Leben einhauchen können. (Nebenbei sei bemerkt, dass natürlich auch das Handbuch zu Ihrem Mac bei der Fehlerbehebung wertvolle Dienste leistet.)

Der Mac ist abgestürzt oder steht

Zwei gruselige Zustände, bei denen schon manch gestandener Mac-Jockey schwer geschluckt hat. Der erste dieser Zustände, der Systemabsturz, ist passiert, wenn auf dem Bildschirm die folgende Nachricht erscheint:

Ihre aktuelle Arbeit ist damit beendet, Sie müssen den Computer neu starten. (Der einfachste Weg zu einem Neustart führt dabei über den NEUSTART-Button, wie im nächsten Kapitel beschrieben.) Natürlich ist alles, was Sie seit der letzten Speicherung Ihres Dokumentes geschrieben, gestaltet oder gezeichnet haben, für immer dahin!

Ein stehendes System ist etwas anderes: Sie erhalten keine Nachricht auf dem Monitor, der Cursor klebt wie festgewachsen an einem Platz, Sie können ihn nicht bewegen und egal, welche Taste Sie auch anschlagen, nichts tut sich, Ihr Mac steht im Silikon-Tiefschlaf.

So tauen Sie das eingefrorene System auf

Erster Versuch: Mit der »*Schnell-beenden*« Tastenkombination. (Lesen Sie dazu den Abschnitt »Die Schnell-beenden Tastenkombination« im nächsten Kapitel.) Damit können Sie das gesperrte Programm verlassen.

Letzter Versuch: Sollte das nicht funktionieren, was leider manchmal der Fall ist, müssen Sie den Mac neu starten. Mehr dazu finden Sie im Abschnitt »Der Neustart-Button« im nächsten Kapitel.

Der erstaunliche selbstreparierende Mac

Der Systemabsturz eines Mac mit System MAC OS 8.5 oder höher (siehe Kapitel 1) ist genauso betrüblich wie bei jedem anderen Computer. Aber jetzt kommt das Schöne: Sobald Ihr Mac nach dem Systemabsturz neu startet, repariert er sich auf immer wieder erstaunende Weise praktisch von selbst.

Und Sie können dabei zusehen: Eine großes Dialogfenster auf dem Bildschirm informiert Sie über den Reparaturfortschritt. Exakt ausgedrückt: Ihr Mac überprüft seine eigene Festplatte, um sicherzustellen, dass während des Systemabsturzes nichts beschädigt wurde. Eventuelle Fehler behebt der Mac automatisch. Und weil das alles unmittelbar nach dem Systemabsturz geschieht, werden Probleme schon erkannt, solange sie noch gering sind, und können sich gar nicht erst zu großen Problemen auswachsen.

Falls Sie wollen, können Sie diese Funktion in den Systemeinstellungen ausschalten (siehe Kapitel 12) »*Warnmeldung Text*«. Aber Sie sollten es nicht tun!

So vermeiden Sie wiederholten Systemstillstand

Zu neunzig Prozent führen Konflikte mit dem Speicher oder den Erweiterungen zu Systemabstürzen und Systemstillstand.

Erster Versuch: Weisen Sie dem jeweiligen Programm mehr Speicherplatz zu, wie im Abschnitt »*Speicherplatzzuweisung für ein Programm*« im nächsten Kapitel beschrieben. Zum Beispiel ca. 10 Prozent mehr.

Zweiter Versuch: Ein weiterer Grund können Konflikte im Systemordner sein, sehen Sie dazu auch den Abschnitt »*Beheben von Konflikten mit Systemerweiterungen*« im nächsten Kapitel. Wenn Sie momentan keine Zeit für eine exakte Überprüfung haben, können Sie Ihren Mac zunächst mit gedrückter ⇧-Taste neu starten. Dabei werden alle Systemerweiterungen ausgeschaltet, was Sie für die Dauer Ihrer Arbeit zumindest vor Systemabstürzen bewahrt. Sie können den Job beenden und sich dann in aller Ruhe des Problems annehmen.

Dritter Versuch: Es kann sein, dass eines Ihrer Programme die Probleme verursacht, da es nicht mehr aktuell ist oder aus einem anderen Grund. In diesem Falle können Sie sich nur mit dem Software-Hersteller in Verbindung setzen und von dort Hilfe erhoffen.

Letzter Versuch: Falls das alles nicht zum gewünschten Ergebnis geführt hat, sollten Sie sich 20 Minuten Zeit nehmen und den effektivsten Weg wählen, indem Sie den Systemordner neu installieren. Die ausführliche Beschreibung finden Sie im Abschnitt »Installation des Systems« im folgenden Kapitel.

Probleme in einem Programm

Wenn es danach aussieht, als würde lediglich eine Anwendung die Probleme verursachen, ist die Fehlerbehebung wesentlich einfacher.

Erster Versuch: Weisen Sie dem Programm mehr Speicherplatz zu wie im Abschnitt »Einem Programm mehr Speicherplatz zuweisen« in Kapitel 16 beschrieben.

Zweiter Versuch: Hierzu zunächst ein wenig technischer Hintergrund. Wenn Sie in einem modernen Programm starten, greift dieses generell auf die Präferenzen im Präferenzenordner zu. In der Präferenzdatei speichert das Programm über die von Ihnen vorgegebenen Einstellungen, u.a. wo Sie die Werkzeugleiste auf dem Bildschirm platzieren (z.B. Word), welche Ihre Start-Webseite ist (Netscape Navigator, Internet Explorer), ob Sie die Darstellungen als Listen, Tasten oder Symbole eingestellt haben (Finder) und so weiter. Wenn diese Datei beschädigt ist, ist es auch Ihre Arbeitssitzung.

Was tun wir, wenn unsere Regierung nicht funktioniert? Wir werfen die Mitglieder raus, die nicht funktionieren, und wählen neue. Und genau so geht es auch hier: Öffnen Sie den Präferenzenordner in Ihrem Systemordner und entfernen Sie die Präferenzdatei des jeweiligen Programms. Beim nächsten Start des Programm wird automatisch eine neue Präferenzdatei angelegt. Und das Beste daran – hier versagt leider der politische Vergleich –, die neue Präferenzdatei ist garantiert unbeeinflusst.

Dieser Trick ist besonders wirksam bei dem am häufigsten genutzten Programm, dem Finder. Die FINDER-PRÄFERENZEN beinhalten alle wichtigen Einstellungen Ihrer Mac-Arbeitsumgebung: Schriften, Icons, Fenstereinstellungen, die Meldung »*Wollen Sie die Dateien im Papierkorb wirklich löschen?*« und mehr.

Sollten Sie an diesen Dateien irgendwelche Veränderungen bemerken, entfernen Sie die Finder Präferenzdatei aus dem Präferenzenordner und beim nächsten Neustart Ihres Mac wird eine neue, vollkommen saubere erstellt.

Letzter Versuch: Sollte das alles keine Abhilfe geschaffen haben, installieren Sie das betreffende Programm am besten neu – möglichst in einer aktualisierten Version.

Es könnte allerdings auch sein, dass eine Ihrer Systemerweiterungen die Störungen an dem Programm herbeiführt. Mehr dazu finden Sie im nächsten Kapitel unter »*Beheben eines Konfliktes mit Systemerweiterungen*«.

Fehlermeldungen

Lassen Sie uns diesen Abschnitt mit einigen guten alten amerikanischen Fehlermeldungen beginnen. Ja, Freunde, das ist die Jahr-2000-Ausgabe der Fehlermeldung »DOES NOT COMPUTE«. Wenn diese Meldungen – ein Beispiel ist unten dargestellt – erscheinen, bedeutet das, dass irgendetwas schief gegangen ist.

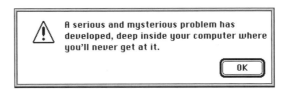

»Anwendung/Programm nicht gefunden«

Erster Versuch: Nicht alles auf dem Mac ist für den Gebrauch durch Sie bestimmt, es gibt einige Dateien, die der Mac für sich selbst braucht. Wenn Sie daher versuchen, diese Dateien, die meist im Systemordner liegen, zu öffnen, erhalten Sie die Fehlermeldung »Anwendung/Programm nicht gefunden«, weil das eben eine exklusive Datei für den Mac und nicht für Sie ist, zum Beispiel die Dateien im Ordner Preferences.

Zweiter Versuch: In Kapitel 3 haben Sie einiges über das Verhältnis zwischen Programmen und die mit diesen Programmen erstellten Dokumente (Eltern-Kinder) gelesen. Manchmal bedeutet die Meldung »*Anwendung/Programm nicht gefunden*«, dass der Mac für ein Dokument (Kind), das Sie mit Doppelklick öffnen wollen, das Erstellungsprogramm (Eltern) nicht finden kann.

Wenn Sie zum Beispiel ein AppleWorks-Dokument per Doppelklick öffnen wollen, AppleWorks jedoch nicht auf Ihrer Festplatte installiert ist, fragt Sie der Mac zurecht »Schön und gut, aber womit soll ich dieses Dokument denn öffnen?«. Um den Fehler zu beheben, installieren Sie einfach das vermisste Programm auf Ihrer Festplatte – oder vergessen das Dokument.

Wesentlich öfter kommt das vor, wenn Sie Dateien oder Dokumente von einem anderen Computer oder aus dem Internet auf Ihre Festplatte laden und dann mit einem Doppelklick öffnen wollen – etwas, das von irgendjemandem irgendwann und irgendwie gestaltet wurde. Wenn Sie zum Beispiel ein Dokument irgendeines Textverarbeitungsprogrammes öffnen wollen, jedoch dieses Textverarbeitungsprogramm nicht installiert haben.

Um solche Dateien lesen zu können, öffnen Sie zuerst Ihr eigenes Textverarbeitungsprogramm und wählen Sie dann den Befehl ÖFFNEN aus dem Menü ABLAGE (folgende Abbildung, links).

Es erscheint ein Dialogfenster (Abbildung rechts), in dem Sie das fremde Dokument sehen. Jetzt können Sie es öffnen.

Ähnlich ist es mit Graphik-Dokumenten. Dateien in den Dateiformaten PICT, JPEG oder GIF können mit fast jedem Programm angesehen werden (mit dem Webbrowser zum Beispiel). Wenn Sie aber versuchen, eine dieser fremden Dateien einfach per Doppelklick zu öffnen, erhalten Sie wieder die Fehlermeldung »*Anwendung/Programm nicht gefunden*«. (Vor allem auch deshalb, da diese Dateien auf dem Mac mit so vielen Programmen geöffnet werden könnten, dass der Mac nicht selbst entscheiden will.) Auch hier ist die Lösung wieder: Öffnen Sie zuerst Ihr Grafikprogramm (AppleWorks oder PhotoShop oder was auch immer Sie besitzen) und dann das Dokument über den Befehl ÖFFNEN.

Dritter Versuch: Wenn Sie eine Datei als Anlage einer E-Mail über AOL erhalten, kann es sein, dass Sie diese Datei überhaupt nicht öffnen können, da diese Anlagen an AOL E-Mails im Internet selbst erstellt werden. (Lesen Sie mehr dazu in Kapitel 8 und am Ende von Kapitel 6 über Goodies.)

Letzter Versuch: Manchmal erhalten Sie die Meldung »*Anwendung/Programm nicht gefunden*« auch, obwohl Sie sicher sind, dass das entsprechende Programm auf Ihrer Festplatte installiert ist. (Sie doppelklicken zum Beispiel auf ein AppleWorks-Dokument und erhalten die Mitteilung, dass AppleWorks – das Programm – nicht gefunden werden konnte, obwohl Sie das Symbol des Programmes klar und deutlich auf Ihrer Festplatte sehen können.)

In diesem Fall sind dem Mac einige Information verloren gegangen, er weiß nicht mehr, mit welchem Programm dieses Dokument erstellt wurde. Dann sollten Sie, wie die Mac Spezialisten sagen, »*den Schreibtisch aufräumen*«. Die Informationen dazu finden Sie im Abschnitt »*Den Schreibtisch aufräumen*« im nächsten Kapitel.

Der einzige Virus, über den Sie sich Kopfzerbrechen machen müssen

Es gibt eine ganze Anzahl guter Gründe, einen Macintosh-Computer zu benutzen. Denken Sie nur an Computerviren (Programme von Psychopathen, die nur dazu geschrieben wurden, um Computer und die gespeicherten Daten zu zerstören). Über 10.000 verschiedene Computerviren starten täglich ihre Angriffe auf Windows-Computer, jedoch seit 1998 konnte kein einziger Macintosh-Dateien zerstören.

Es gibt allerdings einen Macintosh-Virus, genannt AutoStart. Ob Ihr Mac sich diesen Virus »eingefangen« hat, erkennen Sie an drei Symptomen: 1. Der Mac startet jedesmal neu, wenn Sie irgendeine Disk einlegen. (In diesem Fall hatte der Mac den Virus schon von Geburt an.); 2. Ihre Festplatte macht nach dem Start über eine halbe Stunde einen ziemlichen Lärm; 3. Einige der Dateien auf Ihrer Festplatte können nicht mehr geöffnet werden.

Glücklicherweise können Sie Ihren Mac sehr leicht vor diesem Virus schützen: Wählen Sie KONTROLLFELDER aus dem -Menü, öffnen Sie QUICKTIME EINSTELLUNGEN und deaktivieren Sie die OPTION AUTOSTART. Das ist alles und Ihr Mac ist sicher. Es ist übrigens OK, wenn Sie die Option AUDIO-CD AUTOMATISCH ABSPIELEN eingeschaltet lassen. Diese Option sorgt dafür, dass Audio-CDs automatisch starten, wenn Sie in das Laufwerk Ihres Mac eingelegt werden. Das ist vollkommen sicher.

»Sie haben keine Zugangsberechtigung«

Erster Versuch: Öffnen Sie die ALLGEMEINEN EINSTELLUNGEN in den Kontrollfeldern. Wenn Sie die Option SYSTEMORDNER SCHÜTZEN oder ORDNER PROGRAMME SCHÜTZEN aktiviert haben, erhalten Sie diese Fehlermeldung immer dann, wenn Sie versuchen, ein Symbol in oder aus dem System- bzw. Programmordner zu ziehen.

Letzter Versuch: Kann es sein, dass Sie Mac OS 9 installiert haben und irgendjemand die Funktion MEHRERE BENUTZER eingeschaltet hat (siehe Kapitel 13)? In diesem Fall erhalten Sie die o. a. Meldung, wenn Sie versuchen, etwas zu öffnen, wofür Sie von demjenigen, der den Mac eingerichtet hat, keine Berechtigung bekommen haben.

»DNS Entry not found« oder »Error 404«

Diese Fehlermeldung erhalten Sie von Ihrem Webbrowser (siehe Kapitel 7) und sie bedeutet, dass die gewünschte Webseite nicht existiert. Vielleicht haben Sie sich bei der Eingabe der Webadresse (URL) vertippt oder die Webadresse wurde geändert oder der Computer, auf dem die Webseite liegt, wurde vom Netz genommen (vielleicht nur kurzzeitig).

»Es ist nicht genug Speicherplatz verfügbar«

Sie können es glauben oder nicht, diese Meldung erscheint auch auf Macs mit immensen Speicherplatzreserven. Die Meldung bedeutet nicht, dass Ihr Mac über zu wenig Speicherplatz verfügt, sondern dass dem Programm, mit dem Sie zur Zeit arbeiten, langsam die Luft ausgeht, obwohl Ihr Computer noch über jede Menge Reserven verfügt.

Jedes Programm, das Sie sich neu kaufen, wird vom Hersteller mit einer Speicherplatzbegrenzung versehen. Es darf nicht mehr als den eingestellten Speicherplatz verwenden, obwohl der Mac überreichlich davon hat.

Glücklicherweise können Sie diese Begrenzung verändern. Wenn das Programm oft langsam wird, abstürzt oder eben diese Meldung produziert, erhöhen Sie einfach den zugewiesenen Speicherplatz. Wie das gemacht wird, erfahren Sie im Abschnitt »Einem Programm mehr Speicherplatz zuweisen« im nächsten Kapitel.

»Die Anwendung wurde unerwartet beendet«

Das Programm hatte nicht mehr genug Speicherplatz. Sehen Sie auch dazu den Abschnitt »Einem Programm mehr Speicherplatz zuweisen« im nächsten Kapitel.

Nummerierte Fehlermeldungen

Das mag Ihnen vielleicht nicht ganz logisch vorkommen, aber die Nummern in einigen Fehlermeldungen (Type 11, Type 13, Error 49 und so weiter) sind nicht immer eine Hilfe. Sie haben manchmal – auch nicht immer – einen Wert für die Programmierer. Hier ein paar Beispiele:

Error Code	Mitteilung	Bedeutung
-1	qErr	Queue element not found during deletion
-2	vTypErr	Invalid queue element
-3	corErr	Core routine number out of range
-4	unimpErr	Unimplemented core routine

Wie ein Apple Programmierer einmal sagte, ist das etwa genau so, als wenn man ein Auto findet, das gegen einen Baum gefahren ist, und bei dem sich die Räder noch drehen. Alles, was Sie daraus entnehmen können, ist, das irgendwas dumm gelaufen ist. Aber Sie haben keinen Hinweis darauf, was es gewesen sein könnte, der Fahrer könnte betrunken, eingeschlafen oder unaufmerksam gewesen sein.

So ist es auch bei Ihrem Mac. Der Mac weiß, dass etwas passiert ist, aber es ist sowieso zu spät, um Sie rechtzeitig zu warnen. Starten Sie neu und fahren Sie mit Ihrer Arbeit fort.

Nicht genügend Arbeitsspeicher vorhanden

Als kleine Geste gegenüber allen Computer-Einsteigern haben wir mit diesem Buch angefangen, ohne zuerst über Speicherplatz und solche technischen Finessen zu sprechen. Wir hoffen, dass Sie darüber auch in Zukunft nicht allzu oft nachdenken müssen. Speicherplatz ist nämlich nur dann wirklich von Bedeutung, wenn Sie die Meldung »Es ist nicht genug Speicherplatz verfügbar, um AppleWorks zu öffnen« erhalten (oder welches Programm Sie auch gerade öffnen wollen). Deshalb erfahren Sie in diesem Kapitel über Problemlösungen etwas mehr darüber.

Ihr Mac hat eine bestimmte Speicherkapazität. Stellen Sie sich das einfach vor wie Ihr Auto. Sie können darin eine ganze Campingausrüstung unterbringen, oder Ihre gesamte Familie mit Urlaubsgepäck oder Ihre Schwiegermutter – aber nicht alles gleichzeitig. Wenn Sie nämlich versuchen, die Campingausrüstung und die Familie und die Schwiegermutter und dann auch noch Ihren Bernhardiner unterzubringen, wird mit Sicherheit bald die Bemerkung laut »Es ist nicht mehr genug Platz für den Hund in deinem Kleinwagen!«

Und genau das will Ihnen die Fehlermeldung »… nicht genug Speicherplatz …« sagen.

Denn jedes Programm, das Sie öffnen, beansprucht einen Teil des begrenzten Speicherplatzes Ihres Mac. Wenn Sie auch theoretisch eine Vielzahl von Programmen gleichzeitig geöffnet haben können – zum Beispiel den Notizblock, den Rechner, das Textverarbeitungsprogramm und so weiter – die praktische Grenze wird durch den Speicherplatz Ihres Mac gezogen. Und wenn Sie dann versuchen, noch ein Programm zusätzlich zu öffnen, erhalten Sie die Bemerkung über den Hund. (Sie verstehen, was wir meinen.)

Bevor wir weitergehen, erinnern Sie sich bitte noch einmal daran, dass es zwei verschieden Arten von Speicher gibt. »*Das Programm hat nicht mehr genügend Arbeitsspeicher, bitte ...*« zeigt Ihnen an, dass ein Programm nicht mehr über genügend Speicher verfügt. Das können Sie abstellen wie im Abschnitt »*Einem Programm mehr Speicherplatz zuweisen*« beschrieben wird.

»*Es ist nicht genügend Speicherplatz vorhanden, um das Programm zu öffnen*« dagegen bedeutet, dass der Mac über keine Reserven mehr verfügt. Nachfolgend beschäftigen wir uns zunächst mit diesem Problem.

Erster Versuch: Schließen Sie einige Programme

Die einfachste Lösung, um diese verfahrene Situation zu retten: Schließen Sie einige der geöffneten Programme. (Sie können ein Programm schließen, indem Sie den Befehl SCHLIESSEN aus dem Menü DATEI wählen.) Wenn Sie also zum Beispiel das Programm Word geöffnet haben und wollen auch noch AppleWorks öfnen, erhalten aber die Fehlermeldung über den nicht ausreichenden Speicherplatz, schließen Sie zuerst Word, bevor Sie AppleWorks öffnen.

Manchmal sind auch Programme geöffnet und Sie wissen es gar nicht. Denn nur, dass Sie kein Fenster eines Programmes auf Ihrem Bildschirm sehen, bedeutet ja nicht gleichzeitig, dass kein Programm geöffnet ist. Wenn Sie zum Beispiel die Arbeit in einem Programm beendet haben, haben Sie dann nur das Fenster geschlossen oder haben Sie den Befehl BEENDEN aus dem Menü ABLAGE gewählt? Wenn Sie nicht den Befehl BEENDEN eingegeben haben, ist das Programm weiter im Hintergrund geöffnet und beansprucht Speicherplatz.

Um das Programm zu beenden – oder um überhaupt zu sehen, welche Programme geöffnet sind – sehen Sie einfach in das Menü PROGRAMME (rechts oben auf Ihrem Bildschirm). Klicken Sie die Programme an, die Sie schließen wollen, und wählen Sie den Befehl BEENDEN aus dem Menü ABLAGE.

Zweiter Versuch: Defragmentieren Sie Ihren RAM-Speicher

Stellen Sie sich einmal einen Autofahrer vor, der im Parkhaus genau auf der Trennlinie zwischen zwei Parkplätzen parkt und damit gleich zwei Plätze blockiert. Der Platz rechts und links entspricht zwar genau dem Platz, den Sie als Parkplatz für Ihr Auto benötigen, aber das hilft Ihnen eigentlich wenig – diese Parkmöglichkeit können Sie vergessen.

Ähnlich wird der Speicherplatz Ihres Mac während eines Arbeitstages jedesmal in immer kleinere Stückchen aufgeteilt, wenn Sie ein Programm öffnen oder schließen. Ihr Systemordner belegt zum Beispiel 12, dann kommt ein freier Platz von 4, dann kommt AppleWorks mit 8, dann ein leerer Platz mit 3 und so weiter und so weiter. Es wäre zwar rein rechnerisch noch genug Platz da, um Word oder PhotoShop zu öffnen, aber trotzdem erhalten Sie diese verflixte Meldung, dass kein Speicherplatz mehr verfügbar ist. Ihr Mac verfügt nicht mehr über genügend zusammenhängenden Platz, um auch dieses Programm noch zu öffnen.

Die Lösung heißt: Defragmentieren. Schließen Sie alle Programme und öffnen Sie danach die notwendigen Programme neu, um aufzuräumen. Jetzt bleiben keine freien Plätze mehr übrig. (Ein Neustart Ihres Mac hat übrigens auch diesen Effekt.)

Dritter Versuch: RAM-Doubler

Hier ist eine faszinierende Möglichkeit, wie auch Besitzer von Macs mit wenig Arbeitsspeicher mehr daraus machen können: Ein kleines Programm, genannt RAM-Doppler.

RAM-Doppler lässt Ihren Mac durch einige technische Tricks so agieren, als wäre er mit doppelt bzw. dreimal soviel Arbeitsspeicher ausgestattet als dies tatsächlich der Fall ist. Der einzige große Unterschied zu echtem Arbeitsspeicher ist, dass Sie mit RAM-Doppler mehrere kleinere Programme gleichzeitig geöffnet halten können, jedoch nicht ein großes Programm, das mehr Arbeitsspeicher benötigt, als tatsächlich auf Ihrem Mac vorhanden ist.

So ist zum Beispiel RAM-Doppler für Paul Ehrlich, der gleichzeitig nur den Rechner, AppleWorks, den Webbrowser und PhotoSoap auf seinem 32-MB Mac öffnen will, die ideale Lösung. Er muss nicht länger ständig ein Programm schließen, um ein anderes öffnen zu können.

Petra Unmuth dagegen, die auf ihrem 32 MB Mac mit dem Programm PhotoShop arbeiten will, das 48 MB RAM benötigt, hilft diese Lösung wenig. Denn mit RAM-Doppler können große Programme, die auch vorher nicht auf dem Mac liefen, ebenfalls nicht genutzt werden.

Vierter Versuch: Den virtuellen Speicher nutzen

Wie beim RAM-Doppler können Sie auch mit dem Virtuellen Speicher (kostenlos eingebaut) auf dem Mac mehrere Programme gleichzeitig betreiben, da der Speicherplatzbedarf zusammengerechnet wesentlich größer ist als der tatsächlich vorhandene Arbeitsspeicher.

Obwohl Sie es vielleicht bisher nicht bemerkt haben, verfügen Sie bereits über die Option Virtueller Speicher, seit Sie Ihren Mac das erste Mal eingeschaltet haben. Wenn es mit dem Speicherplatz eng wird, können Sie darauf zurückgreifen, um mehr Programme gleichzeitig zu öffnen:

1. **Wählen Sie Kontrollfelder aus dem -Menü und klicken Sie auf Speicher.**

   Es erscheint dieses Dialogfenster:

2. **Schalten Sie die Option *Virtueller Speicher* ein.**

   Auf einem Mac sollte diese Option immer eingeschaltet sein – wenigstens für einen kleinen Teil (siehe Schritt 3). Die technischen Einzelheiten würden Ihnen die Haare zu Berge stehen lassen, deshalb nur so viel: Die Macs sind damit schneller und nutzen den vorhandenen Speicherplatz effektiver.

   (Hinweis: Der virtuelle Speicher sollte nur dann ausgeschaltet werden, wenn Sie RAM-Doppler installieren wie bereits erwähnt, da sich dann die Wirkung umkehrt.)

3. **Stellen Sie mit den Hoch- und Runter-Pfeilen neben der Angabe »Nach Neustart« den gewünschten Speicherplatz ein.**

   Der virtuelle Speicher nutzt einen Teil Ihrer Festplatte, um zusätzlichen Arbeitsspeicher zu simulieren.

   Aus unergründlichen techischen Gründen können Sie das Dialogfenster Speicher nicht dazu benutzen, um einen beliebigen Wert für den gewünschten zusätzlichen Arbeitsspeicher einzugeben. Der Mac braucht bestimmte Reserven, daher können Sie auch keinen virtuellen Speicher anlegen, wenn die Festplatte bereits voll ist.

   Nehmen wir an, der Mac legt den virtuellen Speicher um 1 MB größer an als den tatsächlich installierten Arbeitsspeicher. Wenn Ihr Mac 32 MB RAM besitzt, beträgt die Größe des virtuellen Speichers 33 MB.

   Sie reduzieren Ihren gesamten verfügbaren Speicherplatz und verdoppeln Ihren Arbeitsspeicher. Aber Vorsicht: Je höher Sie diesen Wert einstellen, desto langsamer wird der Mac. Wenn Sie über 32 MB realen Arbeitsspeicher verfügen, sollte der Gesamtwert (einschl. virtuellem Speicher) nicht höher als 64 MB sein. Mehr bringt nichts, da dann die Arbeitsgeschwindigkeit stark zurückgeht, was sich auch nicht lohnt.

4. **Wenn Sie die Einstellung vorgenommen haben, starten Sie den Mac neu.**

Letzter Versuch: Kaufen Sie einfach mehr Arbeitsspeicher

Irgendwann stehen Sie jedoch vielleicht an einem Punkt, an dem Sie mit diesen Tricks einfach nicht mehr zufrieden sind – ewig Fehlermeldungen, der Mac wird immer langsamer etc. Das bringt einfach nicht den rechten Spaß.

Spätestens an diesem Punkt (manchmal sogar früher), sollten Sie sich überlegen, ob Sie Ihrem Mac nicht doch etwas mehr Arbeitsspeicher spendieren, den Sie bei Ihrem Apple-Händler erhalten.

Bei den Mac-Modellen mit DVD-Laufwerk gibt es für die Installation eine kleine Klappe an der Unterseite hinten. Die Installation ist einfach, auch wenn Sie so etwas noch nie gemacht haben. (Mehr darüber erfahren Sie in der Mac-Hilfe.)

Bei älteren Mac-Modellen sollten Sie sich nur an die Installation wagen, wenn Sie genau wissen, was Sie tun, oder einen erfahrenen Berater zur Seite haben. Andernfalls gehen Sie lieber damit zu Ihrem Apple-Händler.

Es macht einfach mehr Freude, mit einem größeren Arbeitsspeicher zu arbeiten. Ihr Mac ist schneller, stürzt nicht so oft ab und funktioniert wie neu. Das können Sie sich wirklich gönnen.

Startprobleme

Mit diesen Problemen haben meist nur Mac-Neulinge zu kämpfen und es wirkt natürlich etwas nachteilig auf das Selbstbewusstsein, wenn man dieses Ding nicht einmal problemlos einschalten kann.

Kein Ton, kein Bild

Erster Versuch: Die Chancen stehen sehr sehr gut, dass Ihr Mac einfach keinen Strom hat. Der Stecker ist einfach nicht in der Steckdose. Oder er steckt in einem Doppelstecker, der ausgeschaltet ist. Oder die Sicherung dieser Steckdose ist defekt.

Zweiter Versuch: Sie haben versucht, den Mac mit dem kleinen runden Einschaltknopf auf der Tastatur zu starten? Ist die Tastatur überhaupt mit dem Mac verbunden? Versuchen Sie einmal den identischen Knopf auf der Gerätefront.

Letzter Versuch: Wenn das nichts gebracht hat, ist Ihr Mac im Computerhimmel. Bringen Sie ihn zur Reparatur oder lassen Sie ihn umtauschen.

Bild – aber kein Ton

Jeder Mac meldet sich mit einem Sound, wenn er gestartet wird. Die Lautstärke der Eröffnungsmelodie wird im Kontrollfeld TON bzw. MONITORE & TON eingestellt.

Erster Versuch: Öffnen Sie das Kontrollfeld Ton bzw. Monitore & Ton und überprüfen Sie die Einstellung – die Stummschaltung sollte ausgeschaltet sein.

Letzter Versuch: Wenn Sie Kopfhörer an den Mac angeschlossen haben, sind die Front-Lautsprecher ausgeschaltet. Ziehen Sie in diesem Fall die Kopfhörer ab.

Ein Fragezeichen blinkt auf dem Bildschirm

Diese Fragezeichen in einem Disketten- oder Ordnersymbol ist das weltweit bekannte Symbol für die Frage aller Macintoshs »Ich habe überall gesucht, kann aber den Systemordner nicht finden.«

Das bedeutet, dass Ihre Festplatte nicht richtig arbeitet – oder dass sie zwar hervorragend arbeitet, der Systemordner jedoch irgendwie beschädigt ist. Gehen Sie so vor, um den Fehler zu beheben:

Erster Versuch: Nachdem das Valium wirkt, schalten Sie den Mac aus und starten ihn noch einmal neu. Oder Sie versuchen einen Neustart (sehen Sie dazu den Abschnitt »*Der Neustart Button*« in nächsten Kapitel.)

Zweiter Versuch: Suchen – und finden – Sie die Software Installations-CD-ROM, die Sie mit Ihrem Mac erhalten haben und legen Sie diese in das Laufwerk ein und starten Sie den Mac neu (siehe »*Der Neustart Button*« im nächsten Kapitel), während Sie die *Taste* C so lange gedrückt halten, bis der lächelnde kleine Mac auf dem Bildschirm erscheint.

Danach starten Sie das Programm Erste Hilfe und lassen die Festplatte reparieren, was in den meisten Fällen dann auch erfolgreich ist.

Dritter Versuch: Wenn das Symbol der Festplatte auch dann noch nicht auf dem Schreibtisch erscheint, liegt der Fehler vielleicht im Systemordner. Installieren Sie den Systemordner von der Software Installations-CD-ROM einfach neu wie im Abschnitt »*Das System sauber neu installieren*« in Kapitel 16 beschrieben.

Vierter Versuch: Setzen Sie das Parameter-RAM zurück – mehr darüber erfahren Sie im Abschnitt »*Zurücksetzen des Parameter-RAM*« in Kapitel 16.

Letzter Versuch: Wenn das alles nichts gebracht hat und das Symbol Ihrer Festplatte einfach nicht auf dem Schreibtisch erscheint, ist Ihre Festplatte beschädigt. Rufen Sie Ihren Apple-Händer an und bewahren Sie die Ruhe – die Chancen stehen gut, dass Ihre Dokumente das unbeschädigt überlebt haben. (Nur weil die Platte sich nicht dreht, bedeutet das ja nicht, dass jetzt nichts mehr drauf ist. Auch bei Ihrem Walkman sind die Bänder ja nicht gelöscht, nur weil die Batterien leer sind.)

Sie können Ihre Dokumente auch selbst mit einer externen Platte retten (siehe Kapitel 18), wenn Sie ein solches Laufwerk besitzen. Kaufen Sie ein Reparatur-Programm, zum Beispiel Norton Utiliteis oder TechTool Pro. Damit können Sie alle wichtigen Dateien von der beschädigten Platte holen und sogar prüfen lasssen, was denn eigentlich mit Ihrem Baby los ist.

Der Einschaltknopf auf der Tastatur funktioniert nicht

Wenn Sie mit dem Einschaltknopf auf der Tastatur den Mac nicht starten können, der identische Knopf an der Frontseite des Mac jedoch funktioniert, haben Sie wahrscheinlich ein Problem mit der Tastatur. Der Einschaltknopf der Tastatur funktioniert nur, wenn die Tastatur direkt mit dem seitlichen Anschluss des Mac verbunden ist und nicht zum Beispiel mit einer Ethernet-Zentrale (Ethernet Hub, siehe Kapitel 14).

Entweder Sie schalten den Mac zukünftig mit dem Knopf an der Frontseite ein oder Sie schließen die Tastatur richtig an.

Manche Programme werden geöffnet, wenn Sie den Mac einschalten

Das nennen die Programmierer einen zusätzlichen Nutzen und keinen Fehler.

Im Systemordner finden Sie den Ordner *Startobjekte*. Schauen Sie dort einmal nach, irgendein Spaßvogel hat dort ein Programm oder ein Dokument abgelegt.

Alles, was sich im Ordner Startobjekte befindet, wird jedesmal automatisch geöffnet, wenn Sie den Mac einschalten. Diese Zusatzfunktion ist insbesondere für Menschen sehr nützlich, die jeden Tag mit den gleichen Dokumenten arbeiten. Entfernen Sie einfach die Objekte aus dem Ordner Startobjekte, die Sie persönlich stören – oder fügen Sie andere dazu.

Probleme mit dem Drucker

Wenn Sie einen Tintenstrahldrucker, zum Beispiel Epson oder HP, benutzen, sollte einer Ihrer ersten Gedanken bei auftretenden Problemen sein, so schnell wie möglich den Hersteller anzurufen (oder sich die Webseite anzusehen). Diese Drucker sind bekannt dafür, dass sie immer wieder aktualisierte Software benötigen, die Sie kostenlos erhalten oder aus dem Internet downloaden können. Und Sie sind für die hervorragende technische Unterstützung per Telefon und Internet berühmt.

Der Tintenstrahldrucker druckt nur weiße Blätter

Das liegt bestimmt an der Patrone.

Erster Versuch: Wenn Sie den Drucker eine Zeitlang nicht benutzt haben, wählen Sie zuerst einmal die Reinigungsfunktion. (Wahrscheinlich benötigen Sie dazu das Handbuch zum Drucker, um die entsprechende Einstellung zu finden.)

Letzter Versuch: Werfen Sie die alte Patrone weg und setzen Sie eine neue ein.

Finder-Fehler

Der FINDER, wie Sie sich sicher erinnern, ist Ihre Heimatbasis: Der Schreibtisch, der Papierkorb und all die vielen anderen Symbole. Hier sortieren Sie Ihre Dateien, geben ihnen Namen und kopieren Sie – und manchmal haben Sie auch Probleme mit ihnen.

Eine Datei lässt sich nicht umbenennen

Vielleicht ist diese Datei geschützt. Klicken Sie sie einmal an, wählen Sie Information aus dem Menü DATEI und heben Sie den Schutz auf. Oder die Datei liegt auf einem geschützten Datenträger, zum Beispiel einer CD-ROM – hier können Sie nichts verändern.

Eine Disk lässt sich nicht umbenennen und nicht auswerfen

Sie können eine CD nicht umbenen, da es sich dabei um einen dauerhaft geschützten Datenträger handelt.

Wenn Sie jedoch Ihren Mac mit einem zusätzlichen externen Laufwerk (zum Beipiel einem Floppy-Disk-Laufwerk oder einem Zip Laufwerk, siehe Kapitel 18) ausgestattet haben, ist wahrscheinlich File Sharing aktiv (Kontrollfelder). Richtig?

Wenn Sie File Sharing nutzen, können Sie Ihre Festplatten nicht umbenennen. Denn Sie würden damit die anderen Benutzer des Netzes ganz schön verwirren, die ja auf diese Platten mit den vorherigen Namen zugreifen wollen und diese dann nicht mehr finden.

Schalten Sie die File Sharing-Funktion im Kontrollfenster aus und benennen Sie Ihre Festplatte neu. (Sie können u.a. manchmal auch Zip Disks oder CD-ROMs nicht auswerfen, wenn File Sharing aktiv ist.)

Alle Symbole werden schwarz angezeigt

Sie haben ein Problem mit der Schreibtisch-Datei – sehen Sie dazu den Abschnitt »Schreibtisch aktualisieren« im nächsten Kapitel.

Es ist der 1. Januar 1904

Haben Sie sich eigentlich schon einmal gefragt, woher Ihr Mac immer genau weiß, wieviel Uhr es ist – sogar wenn er ausgeschaltet ist?

Der Mac hat eine kleine eingebaute Batterie, die mindestens 5 bis 7 Jahre hält und die dafür sorgt, dass die Uhr auch in ausgeschaltetem Zustand weiterläuft. Wenn diese Batterie jedoch ihren Geist aufgibt, wird die Mac-Uhr automatisch auf das Datum 1. Januar 1904 oder 1. Januar 1956 zurückgestellt. Und alle Ihre neuen oder geänderten Dateien erhalten auch dieses

Datum. Egal, wie oft Sie auch die Uhr neu stellen – die Anzeige springt immer wieder auf dieses Datum zurück.

 Da dieses zwei Jahre nach der Produktion der ersten Macs veröffentlich wird, dürfte dieses Batterieproblem Ihnen noch keine allzu großen Sorgen bereiten. Und als Besitzer eines neuen Mac können Sie ganz sicher ruhig schlafen. Denn bis zu dem Zeitpunkt, an dem sich Ihr Mac auf den 1. Januar 1904 oder den 1. Januar 1956 zurückstellt, sind es immerhin noch 5 bis 7 Jahre.

Die Batterie können Sie allerdings jederzeit von Ihrem Apple-Händler ersetzen lassen.

Speicher-Chaos (Floppies, Zips, CD und Co.)

Disks sind preiswert, handlich und hervorragende Kaffeeuntersetzer. Sollten Sie welche benutzen, lesen Sie weiter. (Einige der folgenden Probleme treten nur bei zusätzlichen externen Laufwerken, zum Beispiel für Floppy Disks, Zip Disks, auf.)

Eine CD vibriert sehr stark

Eine CD-ROM kann sich im Laufwerk des Mac so schnell drehen, dass sie sehr stark hin- und herschwingt – das hört sich dann ähnlich an wie bei einer Waschmaschine, die nicht völlig gerade steht. Meistens kommt diese Unwucht von irgendwelchen Aufklebern auf der CD.

Über die Geräuschentwicklung brauchen Sie sich keine Gedanken zu machen. Mehr noch, Apple hat dieses Problem seit Mac OS 8.6 gelöst und liefert eine entsprechende Software mit, die das abstellt. Sollten Sie noch ein älteres Betriebssystem benutzen, können Sie diese zusätzliche Software aus dem Internet (www.apple.com/support/Mac) downloaden – Mac CD Firmware. Installieren Sie diese Software wie dort beschrieben und das CD-Syndrom dürfte behoben sein.

Sie können kein neues Programm von einer SuperDisk installieren

Wenn Sie Ihren Mac mit einem SuperDisk-Laufwerk ausgestattet haben (siehe Kapitel 18), könnten Sie vor diesem Problem stehen. Obwohl die neueren Programme alle auf CD geliefert werden, gibt es doch einige ältere Versionen, die noch als ein Stapel von Floppy Disks ausgeliefert werden. Während der Installation dieser Programme wirft ein normales Macintosh Floppy-Laufwerk automatisch die erste Disk aus, wenn es Zeit wird für die nächste ist und so weiter – nicht so das SuperDisk-Laufwerk. Auf dem Bildschirm erscheint die Meldung »Bitte legen Sie Disk 2 ein«, aber Disk 1 bleibt brav im Laufwerk.

Die Lösung hier ist eine Aktualisierung der Software (2.0), die Sie bei www.superdisk.com/sc/sc_dl.html downloaden können.

Das CD-Laufwerk öffnet sich nicht

Dies ist nur für die Besitzer der Macs mit CD-Laufwerk (nicht Macs mit DVD-Laufwerk) interessant. Wenn das Laufwerk leer ist, können Sie es mit dem Knopf an der Frontseite öffnen. Wenn eine CD darin liegt, erscheint das CD-Symbol auf dem Schreibtisch. Ziehen Sie das Symbol in den Papierkorb und das Laufwerk wird geöffnet.

Wenn sich jedoch das Laufwerk nicht öffnen lässt, aber auch kein CD-Symbol auf dem Schreibtisch zu sehen ist, haben Sie ein Problem.

Erster Versuch: Führen Sie eine gerade gebogene Büroklammer in das kleine Loch in der Stirnseite ein, wie bereits weiter vorne beschrieben.

Zweiter Versuch: Wenn dieser Trick nicht zum gewünschten Ergebnis führt, versuchen Sie, die Klappe mit einem Buttermesser zu öffnen. Eventuell werden Sie feststellen, dass eine CD nicht richtig eingelegt wurde – in die Vertiefung des Schlittens.

(Bemerkung: Apple empfiehlt diese Technik natürlich nicht, jedoch sie funktioniert und erspart eine teure Fahrt zum nächsten Händler.)

Alles geht so langsam

Wenn der Mac langsamer arbeitet als Sie es normalerweise gewohnt sind, scheint irgendetwas nicht ganz in Ordnung zu sein.

Erster Versuch: Nachdem Sie bereits viele Monate mit dem Mac gearbeitet haben, scheint es so zu sein, dass er immer langsamer wird. Das Problem ist meist eine völlig chaotische Schreibtischdatei, die Lösung finden Sie im Abschnitt »*Schreibtischdatei neu anlegen*« in Kapitel 16.

Letzter Versuch: Wenn Ihre Festplatte brechend voll ist, sollten Sie einmal aufräumen – defragmentieren. Sehen Sie dazu »Die Festplatte defragmentieren« im nächsten Kapitel.

Die Hardware macht Kopfschmerzen

Diese Probleme sind weniger üblich als Probleme mit der Software, jedoch genau so ärgerlich, wenn sie auftreten.

Die Maus spielt nicht mehr mit

Wie Kinder, Breakdancer und Dackel verbringt auch Ihre Maus die meiste Zeit damit, auf dem Bauch über den Untergrund zu rutschen. Und genau so sieht sie dann nach einiger Zeit auch von unten aus.

Für die Reinigung nehmen Sie sie umgekehrt in die Hand, drehen Sie den kleinen Deckel im Uhrzeigersinn und nehmen Sie die kleine Kugel heraus – abreiben, waschen und an der Luft trocknen lassen.

In der Zwischenzeit können Sie sich damit beschäftigen, den Hohlraum und die kleinen Röllchen zu säubern. Sehen Sie die schwarzen Schmutzstreifen – die sollten Sie vorsichtig entfernen. Was sich dabei ablöst, möglichst nicht in die Öffnung fallen lassen, sondern komplett daraus entfernen. Wenn alles wieder schön sauber ist, legen Sie die Kugel wieder ein und drehen den Deckel entgegen dem Uhrzeigersinn fest. Jetzt kann Ihre Maus wieder unbeschwert eine ganze Zeit lang auf dem Bauch herumrutschen.

Doppelklick funktioniert nicht

Wahrscheinlich haben Sie den Doppelklick zu langsam ausgeführt – oder Sie haben die Maus dabei von dem Objekt wegbewegt. Versuchen Sie es noch einmal.

Der Bildschirm ist zu klein

Erster Versuch: Stellen Sie einen anderen Vergrößerungsfaktor ein, wie in Kapitel 13 beschrieben.

Zweiter Versuch: Wenn Sie einen iMac haben. öffnen Sie das KONTROLLFELD|MONITOR&TON bzw. Monitor und öffnen Sie das Dialogfenster GEOMETRIE:

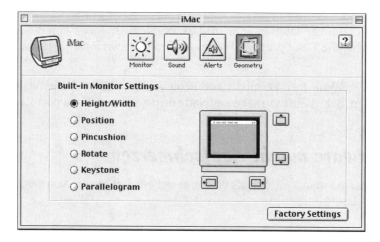

 Klicken Sie auf HÖHE/BREITE und stellen Sie danach mit den Einstellknöpfen an dem kleinen Monitor die Bildschirmgröße so ein, dass die schwarze Bildschirmumrandung genau ausgefüllt wird. Sie können den Bildschirm sogar größer einstellen, das hat keinen Einfluss darauf, was Ihnen gezeigt wird (das bleibt immer gleich), der Inhalt wird Ihnen dann nur größer angezeigt.

Letzter Versuch: Wenn Sie eines der Mac DV-Modelle besitzen, können Sie auch einen zweiten größeren Bildschirm an Ihren Mac anschließen, der dasselbe zeigt wie der eingebaute Bildschirm, jedoch größer.

Ihr Bildschirm »tanzt«

Natürlich meinen wir damit nicht, dass der ganze Bildschirm tanzt, sondern nur das, was darauf abgebildet wird.

Erster Versuch: Ihr Mac ist empfänglich für die verschiedensten elektronischen und elektrischen Einflüsse, zum Beispiel von einer Lampe, einem Ventilator oder einer Klimaanlage, die am selben Stromkreis angeschlossen sind. Versuchen Sie eine andere Steckdose, stellen Sie den Mac an einen anderen Platz oder wechseln Sie den Job.

Letzter Versuch: Sie leben in einer Erdbebenzone – am besten ziehen Sie sofort um.

Noch mehr Hilfen bei Problemen

In diesem Kapitel

▶ Wie Sie Ihren Mac reparieren

▶ Alles über hilfreiche Erweiterungen

▶ Etwas über saubere Installationen

Im vorigen Kapitel haben Sie viel über mögliche Probleme, die während der Arbeit mit Ihrem Mac auftreten können, erfahren, und Sie sind nun vielleicht etwas niedergeschlagen.

Wir haben jedoch auch eine Therapie dagegen: Ein ganzes Kapitel mit Hilfen, wenn es einmal Probleme gibt. Denken Sie daran, dass Sie wahrscheinlich nie herausbekommen, was einen Fehler verursacht hat. Wenden Sie einfach die folgenden Techniken an, um alles wieder in Ordnung zu bringen.

Die Schreibtischdatei aufräumen

Die Schreibtischdatei ist eine besonders wichtige Datei auf Ihrer Festplatte. Aber wie kommt es, dass Sie sie niemals sehen? Die Schreibtischdatei ist unsichtbar. (Ja, Mac-Dateien können auch unsichtbar sein. Sie sollten sich an diese Tatsache erinnern, falls Sie in einem Detektivbüro oder in einer Antispionage-Einheit arbeiten.)

Der Mac speichert zwei Arten von Informationen in der Schreibtischdatei: Die aktuellen Symbole all Ihrer Dateien und Informationen über das Eltern-Kind-Verhältnis (Programm-Dokumente), mit dem Sie manchmal Probleme bekommen können.

Wenn in der Schreibtischdatei etwas durcheinander geraten ist, erkennen Sie an den beiden Symptomen »*Generelles Symbol*«-Problem (alle Symbole sind schwarz) und »*Anwendung/Programm nicht gefunden*« (erscheint, wenn Sie versuchen, etwas mit einem Doppelklick zu öffnen).

Ein anderes Problem mit der Schreibtischdatei ist, dass diese Datei mit der Zeit immer größer und größer wird, da in ihr jedes Symbol, das Sie anlegen, abgespeichert wird. Und wenn Sie Dateien löschen, werden diese Symbole nicht automatisch aus der Schreibtischdatei entfernt, sondern weiter aufbewahrt. Je größer jedoch Ihre Schreibtischdatei wird, desto langsamer wird Ihr Mac beim Öffnen von Fenstern, bei der Darstellung von Symbolen und beim morgendlichen Starten.

Die Schreibtischdatei aufzuräumen bringt zwei wichtige Nutzen. Zunächst einmal werden die Gefahren des generellen Symbol-Problems und des »Anwendung/Programm nicht gefunden«-Problems stark verringert (weil der Mac immer wieder die Beziehungen zwischen den Dateien und ihren Bildern neu lernt). Und zweitens macht es Ihren Mac schneller (weil einfach der ganze alte Ballast über Bord geworfen wird).

Und so gehen Sie dabei vor:

1. Wählen Sie NEUSTART aus dem Menü SPEZIAL.
2. Während der Mac neu startet, halten Sie die ⌥- und die ⌘-Taste gedrückt.

    Und lassen Sie nicht los. Drücken Sie die beiden Tasten, bis der Mac Sie fragt, ob Sie die »*Schreibtischdatei neu anlegen*« wollen. Klicken Sie OK.

Danach funktioniert auch Ihr Doppelklick wieder, Ihre Symbole kehren zurück und Ihr Mac kann endlich befreit aufatmen und arbeitet wieder schneller.

Das Parameter-RAM zurücksetzen

Das Parameter-RAM (PRAM) ist ein kleiner Speicherbereich, der ständig von der kleinen eingebauten Batterie mit Strom versorgt wird. Der Mac speichert im PRAM bestimmte Informationen, die Sie in den Kontrollfeldern eingegeben haben, wie zum Beispiel die Lautstärke, die Geschwindigkeit der Maus, Speicher-, Netzwerk- und Bildschirmeinstellungen.

Sehr selten (aber eben doch manchmal) wird dieser Speicherbereich beschädigt. Die typischen Symptome dafür: Die Kontrollfelder akzeptieren Ihre Einstellungen nicht, Sie können nicht drucken oder Sie bekommen Probleme mit Ihrem Netzwerk.

Gehen Sie wie folgt vor, um das Parameter-RAM zurückzusetzen, das heißt, um die dort gespeicherten Informationen auf die Standardwerte (die Originaleinstellungen) zurückzusetzen: Schalten Sie zunächst den Mac aus. Wenn Sie ihn wieder einschalten, drücken Sie die Tastenkombination ⌘+⌥+P+R solange, bis Sie den Einschaltton zwei oder drei Mal gehört haben. Dann lassen Sie die Tasten los.

Danach müssen Sie eventuell die Geschwindigkeit der Maus, die Lautstärke, die Uhr, die Network-Verbindung und so weiter neu einstellen. Doch das dauert nicht lange über die Kontrollfelder.

Der erstaunliche »Sofort-Beenden« Tastaturbefehl

Sollte Ihr Mac einmal »eingefroren« sein, d. h. Sie sehen zwar noch alles auf dem Bildschirm, aber es bewegt sich nichts mehr, weder mit der Maus noch mit der Tastatur, dann können Sie die folgende Tastenkombination anwenden, um den Mac auszuschalten: ⌘+⌥+Esc. (Das ist übrigens die einzige Situation, in der Sie die Esc-Taste verwenden.)

Sie erhalten eine Meldung »*Programm sofort beenden?*« mit der Warnung, dass alle nicht gespeicherten Änderungen verloren gehen. Klicken Sie auf Sofort beenden – und wenn der Trick funktioniert – verlassen Sie das Programm, in dem Sie gerade gearbeitet haben.

Und was war der Grund dafür? Nun, wenn Sie mehrere Programme gleichzeitig geöffnet hatten, schließt diese Tastaturkombination nur das eine Programm, in dem Sie gerade gearbeitet haben – das die Störung verursacht hat. So haben Sie zumindest die Chance, die Änderungen in den anderen geöffneten Programmen zu sichern (falls Sie das nicht bereits getan haben). Wenn Sie alles gesichert und die Programme geschlossen haben, starten Sie den Mac neu.

Der Neustart-Knopf

Um Ihren Mac nach einem Systemabsturz, oder wenn er »*eingefroren*« ist, neu zu starten, drücken Sie einfach den Einschaltknopf an der Frontseite und halten ihn etwa 6 Sekunden gedrückt, bis der Mac neu startet.

Falls er nicht neu startet bzw. eine entsprechende Meldung gezeigt wird, haben Sie entweder a) ein älteres Modell oder b) einen wirklichen Systemabsturz. In beiden Fällen sollten Sie dann wie folgt verfahren:

✔ IMac-Modelle mit DVD-Laufwerk: Untersuchen Sie die rechte Seite des Computers – dort, wo die Anschlüsse sind. Hier finden Sie einen Restart-Knopf, markiert mit einem nach links zeigenden Dreieck (siehe Abbildung in Anhang A). Drücken Sie auf diesen Knopf, um den »eingefrorenen« Mac neu zu starten.

✔ Frühere Mac-Modelle: Öffnen Sie die Kunststoff-Klappe an der rechten Seite des Mac und drücken Sie eine gerade gebogene Büroklammer in die kleine Öffnung zwischen dem Anschluss für das Telefonkabel und den USB-Anschlüssen, bis der Mac neu startet.

Und wenn auch das nichts nutzt, ziehen Sie den Stecker kurz aus der Steckdose – der Mac schaltet sich aus (das funktioniert immer).

Einen Konflikt mit Systemerweiterungen beheben

Nun kommt sie endlich, die lang erwartete Diskussion über Konflikte durch die Systemerweiterungen.

Jede Systemerweiterung (selbstöffnende Hintergrund-Programme, wie zum Beispiel ein Bildschirmschoner), den Sie in Ihren Systemordner installiert haben, wurde von einem Programmierer geschrieben, der natürlich keine Ahnung davon hat, was Sie sonst noch so alles auf Ihrem Mac installiert haben. Das Ergebnis ist, dass sich verschiedene Systemerweiterungen aber auch gar nicht miteinander vertragen, was dann in der freundlichen Mitteilung endet: »*Ein Systemfehler ist aufgetreten ...*«

Solche Dinge sind leicht zu beheben, wenn Sie das Geheimnis kennen. Schalten Sie Ihren Mac aus (wählen Sie AUSSCHALTEN aus dem Menü SPEZIAL) und schalten Sie ihn dann wieder ein. Während der Mac startet, halten Sie die ⌂-Taste gedrückt, bis Sie die Meldung 1. »*Systemerweiterungen ausgeschaltet*« oder 2. den Schreibtisch sehen – was auch immer zuerst kommen mag.

Ihr Mac macht Ihnen nun keine weiteren Sorgen – aber er arbeitet jetzt natürlich komplett ohne die vielen Systemerweiterungen, von denen einige ja durchaus ihren Wert haben: CD-ROM, Telefax-Programm, Internet-Verbindung und so weiter.

An diesem Punkt der Übung stehen Sie nun vor der Aufgabe, herauszufinden, welche der Systemerweiterungen denn nun den ganzen Stress verursacht haben. Dazu haben Sie zwei Möglichkeiten, davon ist die eine kostenlos, braucht aber etwas Zeit, die andere kostet Geld, arbeitet dafür aber automatisch.

✔ *Der dornenreiche Weg*: Schalten Sie den Mac aus und an und drücken Sie dabei die Leertaste. Sie erhalten eine komplette Liste der Systemerweiterungen wie hier:

Hier können Sie die verschiedenen Systemerweiterungen und Kontrollfelder einfach ausschalten, indem Sie auf das kleine Quadrat links vor dem Namen klicken (X = eingeschaltet).

Hier eine Spezial-Information: Wenn Sie auf das kleine Dreieck vor der Zeile »*Objektinformationen einblenden*« klicken, öffnet sich ein Geheimfeld, in dem Ihnen angezeigt wird, wofür die einzelnen Systemerweiterungen gut sind, wenn Sie den Namen der Systemerweiterung in der darüber stehenden Liste anklicken. Zum Beispiel für AppleTalk »Ermöglicht die Auswahl eines LocalTalk oder Ethernet Netzwerkes. Wird benötigt, wenn Ihr Computer an ein Netzwerk angeschlossen ist und Open Transport verwendet.«

Aber wir schweifen wohl etwas ab. Nehmen Sie sich einfach die Liste vor und schalten Sie die ersten paar Systemerweiterungen und Kontrollfelder aus. Dann starten Sie den Mac neu, indem Sie einfach auf den NEUSTART-Button am Fuß des Fensters klicken.

Wenn jetzt Ihr Mac ohne Probleme arbeitet, wissen Sie, dass eine bzw. mehrere der gerade ausgeschalteten Systemerweiterungen die Ursache für die Störung waren. Wenn der Fehler jedoch wieder auftritt, wiederholen Sie die gerade beschriebene Prozedur so lange, bis Sie die verantwortlichen Systemerweiterungen herausgefunden haben.

✓ *Der einfache Weg*: Kaufen Sie das Programm Conflict Catcher, das übrigens nicht nur nach Konflikten zwischen Systemerweiterungen sucht und herausfindet, welche Systemerweiterungen bzw. Kontrollfelder einen Konflikt verursachen. Sie müssen dann nichts weiter tun, als den Mac wieder und wieder zu starten, bis Conflict Catcher Ihnen meldet, dass das Problem gefunden ist und Ihnen die Verantwortlichen beim Namen nennt. Danach können Sie dann entscheiden, was zu tun ist – ausschalten oder wegwerfen.

(Sie erhalten eine 7-Tage-Trialversion von Conflict Catcher über die Webadresse www.casadyg.com oder von AOL. Das ist wahrscheinlich lange genug, um herauszufinden, welche Systemerweiterungen auf Ihrem Mac verrückt spielen.)

Einem Programm mehr Speicherplatz zuweisen

Wenn Sie Ihren Mac einschalten, wird ein Teil des Arbeitsspeichers (RAM) durch die Dateien im Systemordner belegt. Wenn Sie Programme öffnen, wird weitere Arbeitsspeicherkapazität beansprucht.

So können Sie immer sehen, wie Ihr Arbeitsspeicher aktuell belegt ist:

Gehen Sie in den Finder und wählen Sie ÜBER DIESEN COMPUTER aus dem -Menü. Es erscheint dieses hilfreiche Dialogfenster mit den wichtigen Angaben über Ihren Arbeitsspeicher:

Hier wird angezeigt, wieviel realer Arbeitsspeicher in Ihrem Mac installiert ist.

Dies ist der größte frei zur Verfügung stehende Speicherplatzblock, in dem Sie weitere Programme öffnen können (natürlich können auch noch kleinere freie Blöcke verfügbar sein).

Im unteren Teil des Fensters wird angezeigt, was gerade an Arbeitsspeicher benötigt wird und wie viel Arbeitsspeicher jedes Programm beansprucht.

Es kann hilfreich sein, die Speicherplatz-Zuteilung für die Programme zu verändern. Wenn Sie zum Beispiel feststellen, dass ein Programm immer wieder zum Systemabsturz führt, kann das daran liegen, dass das Programm einfach mehr Speicherplatz braucht. Wenn Ihnen jedoch nicht so viel Arbeitsspeicher zur Verfügung steht, können Sie den Bedarf eines Programmes auch reduzieren, um mehr für andere Zwecke freizubekommen. Das geht so:

1. **Beenden Sie das Programm, dessen Speicherplatz-Appetit Sie ändern wollen, und klicken Sie dann auf das Symbol des Programmes.**

    Dieser Schritt verwirrt manchmal, deshalb: Wie Sie ein Programm beenden, lesen Sie in Kapitel 15. Und klicken Sie dann nicht auf den Ordner mit dem Programmnamen, sondern öffnen Sie den Ordner und klicken Sie auf das Programm-Symbol. Es nutzt auch nichts, auf das Symbol Alias des Programmes zu klicken (ein Alias ist eine Datei, deren Bezeichnung in kursiven Buchstaben geschrieben ist – siehe Kapitel 13). Dann folgt Schritt 2.

2. **Wählen Sie Information aus dem Menü ABLAGE.**

    Wenn Sie den Befehl INFORMATION nicht sehen, kann es sein, dass Sie sich im SIMPLE FINDER befinden oder dass die MEHRERE BENUTZER-Funktion eingeschaltet ist (beide in Kapitel 13 beschrieben). Verlassen Sie den Modus SIMPLE FINDER bzw. schalten Sie die MEHRERE BENUTZER aus, bevor Sie weitermachen.

    Normalerweise jedoch erscheint das Dialogfenster INFORMATION.

3. **Wählen Sie aus dem PopUp-Menü SPEICHER.**

    Wenn Sie den Befehl SPEICHER nicht sehen, prüfen Sie noch einmal nach Schritt 1: Vielleicht haben Sie das Symbol der Aliasdatei angeklickt, wie dort beschrieben?

    Wenn alles OK ist, sehen Sie dieses Dialogfenster:

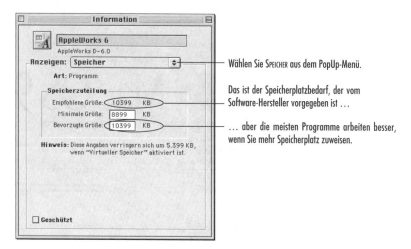

4. **Ändern Sie die Angabe für B<small>EVORZUGTE</small> G<small>RÖSSE</small>.**

Dieser Wert gibt den Arbeitsspeicherplatz an, den das Programm belegt, wenn Sie damit arbeiten. Wenn Sie erreichen wollen, dass das Programm stabiler bzw. schneller arbeitet, sollten Sie diesen Wert zum Beispiel um 10 Prozent erhöhen.

Damit Systemabstürze nicht das Interessanteste in Ihrem Leben werden, sollten Sie die bevorzugte Größe nie kleiner wählen als die empfohlene Größe.

Das System komplett neu installieren

Dieses Verfahren ist zwar ein etwas technisch, überzeugt allerdings durch die große Vielzahl der danach nicht mehr auftretenden Probleme. Schriftprobleme, Systemabstürze, »eingefrorene Rechner« und andere Ungereimtheiten, die Sie sich nicht erklären können – alles ist plötzlich verschwunden, wenn Sie neu installieren.

Da das Getriebe Ihres Systemordners täglich arbeitet, kann hin und wieder etwas Sand hineingeraten. Das nachstehende Verfahren ersetzt Ihr altes, etwas beschädigtes System durch ein brandneues. Mit der fast hundertprozentigen Garantie, dass alle plötzlich aufgetretenen Probleme verschwinden. Ihr Mac wird wieder in den Zustand versetzt, in dem er das Werk verlassen hat.

Sie benötigen dazu die Software Installations-CD, die Sie mit dem Mac erhalten haben.

Schritt 1: Die neue Software installieren

Schalten Sie den Mac ein, legen Sie die Software Installations-CD ein (oder die Mac OS 9-CD, falls Sie inzwischen Mac OS 9 gekauft haben).

Doppelklicken Sie auf das Mac OS-Installieren Symbol, den S<small>TART</small>-Button im Installationsfenster und wählen Sie aus den Optionen Z<small>USÄTZLICHEN</small> S<small>YSTEMORDNER ANLEGEN</small>.

Dann klicken Sie so lange OK, W<small>EITER</small> bzw. I<small>NSTALLIEREN</small>, bis die Installation abgeschlossen ist – das dauert etwa zehn Minuten.

Schritt 2: Ihre persönlichen Einstellungen übertragen

Das Ergebnis der zuvor beschriebenen Installation ist ein neuer, völlig unbeschädigter Systemordner. Ihr Mac wird wieder schnell und problemlos arbeiten – garantiert.

Unglücklicherweise befinden sich alle Ihre persönlichen Einstellungen, zum Beispiel Ihre Schrifteneinstellungen, Kontrollfelder, Preferences und -Menü-Eintragungen immer noch im alten Systemordner. Und natürlich auch die Einstellungen für Ihre Internet-Verbindung.

Idealerweise sollten Sie diese Einstellungen alle vollkommen neu vornehmen. Wenn Ihnen das jedoch zu viel Arbeit ist, legen Sie die Fenster des neuen und der alten Systemordner in der Listenansicht am besten nebeneinander auf den Bildschirm. Jetzt kopieren Sie alles, was sich noch nicht in dem neuen Systemordner befindet, Stück für Stück in den neuen Systemordner. (Von Schlüsselordner, wie Preferences, Systemerweiterungen, Kontrollfelder, Apple-Menü und Zeichensätze, sollten Sie die neueren Versionen wählen.) Gehen Sie dabei behutsam vor, damit Sie sich nicht jetzt die alten Probleme neu einbauen.

Um die Einstellungen für Ihren Internet-Zugang zu übertragen, öffnen Sie den Ordner Preferences des alten Systemordners (links) und des neuen Systemordners (rechts) wie hier:

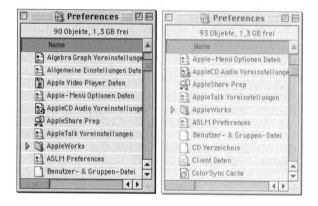

Ziehen Sie nun mit gedrückter Optionstaste die folgenden Preference-Dateien aus dem linken Fenster (altes System) in das rechte Fenster. (Die ⌥-Taste bewirkt, das die Dateien nicht in den neuen Ordner bewegt, sondern kopiert werden. Sie könnten sie auch nur in den neuen Ordner ziehen, das wäre auch in Ordnung, auf die beschriebene Art bleibt jedoch der alte Systemordner komplett – für alle Fälle.)

- ✔ AOL bzw. T-Online (ein Ordner)
- ✔ Internet Explorer (ein Ordner)
- ✔ Internet Preferences
- ✔ Modem Preferences
- ✔ Remote Access (Ordner)
- ✔ TCP/IP Preferences

Bei jeder Datei werden Sie gefragt, ob Sie die neuere Datei durch die ältere Datei ersetzen wollen – ja. Der Remote Access-Ordner wird Ihnen außerdem die Meldung schicken, dass er nicht ersetzt werden kann, weil er in Gebrauch ist. Tricksen Sie ihn aus, indem Sie den Remote Access-Ordner aus dem rechten Fenster entfernen, bevor Sie den Ordner aus dem linken Fenster dorthin kopieren. (Vielleicht verstehen Sie diesen Satz nicht auf Anhieb, dann lesen Sie ihn am besten noch einmal ganz langsam und laut.)

Es lauert allerdings ein kleiner Teufel: Sind beispielsweise Systemerweiterungen im Kontrollfeld ERWEITERUNGEN EIN/AUS abgeschaltet, kann es sein, dass diese nicht aktualisiert werden und die alten Versionen erhalten bleiben – und der Ärger kann von vorne losgehen.

 (P.S.: Falls Sie inzwischen Conflict Catcher gekauft haben, müssen Sie diese Aktion nicht manuell durchführen. Benutzen Sie einfach den Clean-Install-System-Befehl des Programms, um Ihren alten und neuen Systemordner automatisch abzugleichen und – unter Ihrer Aufsicht – Ihre persönlichen Einstellungen in den neuen Systemordner zu kopieren.)

Und alles wieder zurück

Angenommen, Sie haben einen neuen Systemordner installiert, es stellt sich jedoch heraus, dass Ihr Mac mit diesem neuen Systemordner auch nicht besser arbeitet als mit dem alten System, können Sie immer wieder zu dem alten System zurückkehren. Löschen Sie einfach den neuen Systemordner, öffnen und schließen Sie den vorherigen Systemordner und starten Sie den Mac neu. (Sie können das Wort »Vorheriger« aus dem Systemordnernamen löschen, wenn Sie das wollen.)

Andere Wege, um Ihren Mac zu aktualisieren

Zusätzlich zur Software Installations-CD (wie zuvor beschrieben) erhalten Sie mit dem Mac die CD Software-Aktualisierung. Diese CD ist besonders wertvoll bei besonders dramatischen Umständen, zum Beispiel, wenn Sie sich entschließen sollten, Ihre Festplatte zu löschen (etwa wenn Sie den Mac verkaufen wollen).

Diese CD können Sie so einsetzen: Legen Sie die CD in das Laufwerk ein und führen Sie dann mit einen Neustart durch. Drücken Sie dabei den Buchstaben [C] bis Sie die Mitteilung »Willkommen« auf dem Bildschirm sehen.

Das Apple Aktualisierungs-Symbol zeigt Ihnen dann zwei Möglichkeiten: »Restore in Place« bzw. »Macintosh HD Before Restoring«.

Die Option »Restore in Place«

Hier erhalten Sie komplett neue Kopien von allem, mit dem der Mac ausgeliefert wurde – einschließlich Systemordner und den Freeware-Programmen – ohne eine Spur der Bearbeitungen, die Sie inzwischen vorgenommen haben, wie zum Beispiel Ihrer AppleWorks Dokumente, Ihrer E-Mails und so weiter.

Unglücklicherweise ersetzt »Restore in Place« auch viele nützliche Dateien in Ihrem Systemordner, zum Beispiel die Dateien die Ihrem Mac sagen, wie er die Internetverbindung aufbauen soll, und all Ihre Favoriten für Ihre Surftouren durch das Web. Damit Sie diese nicht verlieren, können Sie Folgendes tun:

1. **Öffnen Sie den Systemordner, dann den Ordner Preferences und ziehen Sie die folgenden Dateien aus dem Fenster Preferences auf den Schreibtisch: Die AOL- bzw. T-Online-, Explorer- und Remote Access-Ordner sowie die Dateien Internet, Modem und TCP/IP Preferences.**

   Wenn Sie wollen, können Sie danach alle Fenster wieder schließen.

2. **Öffnen Sie die Software Restore CD. Doppelklicken Sie auf das Software Restore-Symbol, wählen Sie die Option »Restore in Place«.**

   Das Programm erfüllt seine Pflicht und fordert Sie danach auf, den Mac neu zu starten.

3. **Öffnen Sie nach dem Neustart die Festplatte, dann den Systemordner, dann den Ordner Preferences und legen Sie den Ordner Remote Access in den Papierkorb. Ziehen Sie danach die 6 in Schritt 1 beschriebenen Dateien bzw. Ordner vom Schreibtisch in den Ordner Preferences.**

   Wenn Sie gefragt werden, ob Sie die neueren Dateien durch die älteren Dateien ersetzen wollen, klicken Sie jedesmal OK.

Sie haben sich damit selbst wieder eine neue und völlig unbenutzte Software installiert, gleichzeitig aber die Einstellung für Ihren Internet-Zugang erhalten.

Die Option »Erase before restoring«

Diese Option ist noch extremer. Es wird die gesamte Festplatte komplett mit allem, was Sie auf dem Mac angelegt haben, gelöscht und der Zustand wieder hergestellt, in dem der Mac war, als Sie die Verpackung geöffnet haben. Ihre gesamte Arbeit ist für immer verschwunden.

Diesen Trick sollten Sie wirklich nur anwenden, wenn es ganz besondere Umstände erfordern.

Die Festplatte defragmentieren

Auf Ihrer Festplatte herrscht meistens ein heilloses Durcheinander – so ähnlich wie in unserem Büro. Nur hin und wieder packt uns die Aufräumwut und alles wird säuberlichst aufgeräumt und geordnet. Doch am nächsten Tag oder spätestens am Tag danach ist das schöne alte Chaos wieder komplett hergestellt. Weil uns während der täglichen Arbeit oft die Zeit fehlt, alles sofort wieder wegzupacken.

Die Festplatte ist auch immer in Eile. Wenn Sie sagen, dass eine Datei gespeichert werden soll, dann hält sie sich nicht lange damit auf, einen geeigneten Platz zu suchen, sondern speichert sie dort, wo gerade Platz ist. Manchmal wird eine Datei auch an mehreren Plätzen gespeichert – aufgeteilt wie ein Kuchen. Mit der Zeit nimmt die Zahl der derart aufgeteilten Dateien auf der Festplatte immer mehr zu. Selbstverständlich merkt sich die Festplatte, wo die einzelnen Stückchen liegen, und wenn Sie die Datei aufrufen, werden sie zusammengesucht und Sie erhalten das komplette Ergebnis auf dem Bildschirm.

Aber dieses Jagen nach den einzelnen Stückchen reduziert die Arbeitsgeschwindigkeit, insbesondere dann, wenn Ihre Festplatte schon zu 80 Prozent belegt ist und das schon eine ganze Weile so geht. Und wie wir regelmäßig unser Büro aufräumen, sollten Sie auch hin und wieder die Festplatte aufräumen, d. h. die überall verstreuten Stückchen der verschiedensten Dateien zusammensuchen und nacheinander und komplett darauf ablegen.

Dieser Vorgang wird als Defragmentieren bezeichnet und kann auf zwei Wegen geschehen. Zum einen können Sie alle Datein Stück für Stück auf einen anderen Datenträger, zum Beispiel eine Zip-Disk oder eine SuperDisk, kopieren, wenn Sie über ein solches zusätzliches Laufwerk verfügen, dann die Festplatte löschen und die Dateien wieder auf die Festplatte kopieren. Oder Sie können ein Programm kaufen, das die Festplatte defragmentiert, wie zum Beispiel Norton Utilies oder DiskExpress. (Sie sollten allerdings ein Backup Ihrer Dateien anlegen, bevor Sie diese Programme anwenden.)

Mac OS X: Das System der Zukunft

In diesem Kapitel

▶ Was ist Mac OS X – und warum?

▶ Überleben mit dem neuen System

▶ Die Umstellung überleben

---

*Ü*ber Jahre hinweg haben sich die Computerfreaks an Systemstillstände, -abstürze und andere Unannehmlichkeiten gewöhnt. Wir haben von einem absturzsicheren Betriebssystem geträumt – und 2001 werden wir es bekommen. Apple hat die letzten Jahre damit verbracht, an einem brandneuen Betriebssystem zu arbeiten, um Mac OS 9 abzulösen: einem, das wirklich dem Stand der Technik entspricht und sehr stabil ist. Tatsächlich liegt diesem neuen Betriebssystem Unix zugrunde, das System, das die riesigen Mainframe-Computer der Banken, der Regierungen und Armeen am Laufen hält.

Dieses neue Betriebssystem heißt Mac OS X. (Sprechen Sie es »Mac O.S. zehn« und nicht »Mac O.S. ix aus«, wenn Sie nicht gerade möchten, dass man über Sie lacht.) Es hat zwei wesentliche Vorteile: es ist optisch ziemlich eindrucksvoll, und es ist praktisch absturzsicher. In Wirklichkeit können Programme unter Mac OS X zwar immer noch abstürzen – trotzdem hängt sich nicht der ganze Mac auf mit der Bitte, ihn neu zu starten. Statt dessen bekommen Sie eine solche Nachricht:

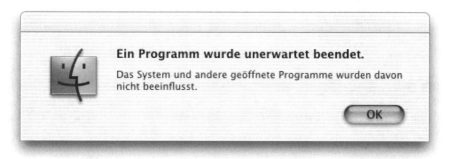

– und Ihr Leben geht weiter.

Mac OS X ist nicht wirklich das bekannteste Mac-Betriebssystem. Es enthält einige der Features, die in diesem Buch beschrieben sind, doch die meisten davon funktionieren auf komplett neue Weise. Jetzt, wo dieses Buch geschrieben wird, müssen wir noch einige Monate auf die Auslieferung von Mac OS X warten; man kann nicht sagen, was sich im Vergleich zur jetzigen Version verändern wird. Doch im Moment fehlen Mac OS X noch viele, aus vorhergehenden Mac OS bekannte Funktionen, unter anderem das -Menü, das Programmmenü, die

Kontrollleiste, das PopUp-Fenster, der Befehl VERSCHLÜSSELN, der ZURÜCKLEGEN-Befehl, der Klickstarter, Icon-Etiketten und einige nützliche Kontrollfelder.

Glücklicherweise bietet Mac OS X einige gute Sachen von selbst an – und ein paar neue Lösungen für alte Aufgaben. Hier ist das Überlebenshandbuch.

Ein Überblick

Wie Sie hier sehen können, ist Mac OS X hübsch anzuschauen. Alles hat ein glänzend schimmerndes 3-D-Aussehen; die Scrollleisten wirken wie Gel-Zahncreme. Hier sind einige der grundlegend neuen Elemente dieser wesentlich neuen Systemsoftware:

Der verwirrendste Aspekt von Mac OS X ist die Ordnerstruktur. Der Name Ihres Macs ist *localhost,* und der Systemordner enthält eine merkwürdige Ansammlung von Ordnern wie Administration, Applications, Demos, Documentation und Library. Stöbern Sie ein bisschen herum, dann finden Sie Dateien namens BSD.loc, package_version und apatche.conf.bak. Offensichtlich ist das nicht das Mac OS Ihres Vaters.

Glücklicherweise hält Ihnen einen Rettungsanker in der Form des Go-Menüs und der Finder-Werkzeugleiste bereit, die Ihnen den direkten Zugang zu denjenigen Ordnern ermöglichen, die Sie wirklich interessieren: *Applications,* wo Sie die meisten Programme von Mac OS X finden, und *Dokumente,* in dem die Mac OS X Programme Ihre Arbeit abspeichern. Beide Ordner befinden sich tatsächlich tief irgendwo im Dschungel der Unix-Ordner, aber so sind sie wenigstens einfach zu finden.

Das finden Sie im Dock

Nur wenige Komponenten von Mac OS X haben eine so kontroverse Diskussion ausgelöst wie das Dock, die Reihe von Icons am unteren Bildschirmrand, das das - und das Programm-Menü ersetzen soll. Bevor Sie jetzt noch von einem Anflug von Apple-Menü-Nostalgie erfasst werden, lernen Sie lieber die Regeln des Docks, so schnell Sie können:

✔ Wie das -Menü enthält auch das Dock die Icons der Programme, Ordner, Platten und Dokumente für einen schnellen Zugriff. Es ist trotzdem wesentlich einfacher zu konfigurieren als das -Menü: Sie können dem Dock einfach etwas hinzufügen, indem Sie es darauf ziehen, und wieder entfernen, indem Sie es vom Dock wegziehen. Sortieren Sie die Icons einfach um, indem Sie sie ziehen.

✔ Auf der linken Seite der dünnen, weißen Trennlinie im Dock erscheinen nur Programme. Alles andere (Ordner, Platten, Dokumente und der Papierkorb) erscheint rechts. Als handlicher Bonus sieht jedes Icon so aus wie das echte Dokument, komplett mit Zeichensatz, Überschrift usw. Das kann sehr nützlich sein, um Grafik-Dokumente oder Dokumente mit einer fettgedruckten Überschrift voneinander zu unterscheiden. Beachten Sie, dass ein sehr volles Dock nur sehr kleine Icons anzeigt, die sich allerdings vergrößern und wesentlich mehr Details zeigen, wenn Sie mit der Maus darüber hinwegfahren, so wie es hier gezeigt ist:

- Um etwas im Dock zu öffnen, klicken Sie es einmal an. Ein kleines Dreieck unterhalb eines Anwendungsicons zeigen an, dass dieses gerade läuft. (Dokumente auf der anderen Seite zeigen niemals dieses Dreieck. Und das gerade geöffnete Dokument wird gar nicht im Dock angezeigt.)
- Um dem Dock ein Fenster hinzuzufügen, klicken Sie auf den gelben Punkt in dessen Titelleiste.

Fenster-Durcheinander

Finder-Fenster arbeiten nicht wie gewohnt. Das Doppelklicken auf einen Ordner oder eine Platte zum Beispiel öffnet kein neues Fenster. Statt dessen behalten Sie die ganze Zeit ein großes Fenster. Jede Festplatte und jeder Ordner, auf den Sie doppelklicken, erscheint in diesem Fenster und ersetzt das, was vorher dort war. Drücken Sie den Zurück-Button direkt unter der Werkzeugleiste, um zu dem zurückzukehren, was Sie gerade gesehen haben. Mit anderen Worten: der Finder arbeitet wie ein Webbrowser für Ihre Festplatte.

Wenn Sie zwei Fenster auf einmal öffnen müssen (um zum Beispiel Icons zu bewegen oder zu kopieren), können Sie das »Neue Finder-Fenster« im Menü ABLAGE nutzen, um ein zweites Fenster zu erstellen – oder halten Sie die Optionstaste gedrückt und doppelklicken Sie auf eine Festplatte oder einen Ordner, um ihn in einem neuen unabhängigen Fenster zu öffnen. Oder Sie benutzen die unten gezeigte Spaltenansicht.

Es gibt eine neue Art, sich Dateien und Ordner anzusehen: die *Spaltenansicht*, die die Ordnernavigation dramatisch beschleunigt, es Ihnen einfacher macht, sich in der Ordnerhierarchie zurechtzufinden und die Zeit reduziert, die Sie damit verbringen, Ordner zu öffnen und zu schließen. Das sieht etwa so aus:

Um zwischen Icons, Listen und der Spaltenansicht hin- und herzuspringen, klicken Sie jeweils auf einen der drei entsprechenden Buttons in der oberen rechten Ecke jedes Finder-Fensters.

Zurück zu Mac OS 9

Am schnellsten sammeln Sie Erfahrungen mit Mac OS X, indem Sie Programme benutzen, die für Mac OS X geschrieben (oder daran angepasst) sind. Nur diese Programme bieten Funktionen wie den Speicherschutz, das bedeutet, dass der Rest trotzdem weiter läuft, wenn ein Programm abstürzt oder einfriert.

Sie müssen Ihre älteren Lieblingsprogramme aber nicht wegwerfen. Mac OS X erscheint mit einem neuen Programm, als *Classic* bezeichnet, das es Ihnen ermöglicht, alle Ihre alten, Mac OS 9-kompatiblen Programme in deren eigener Speicherblase laufen zu lassen. Diese haben nicht dieselben Stabilitätsvorteile: wenn eines der Mac OS 9-Programme abstürzt, stürzt die ganze Mac OS 9-Blase mit ab. Aber Sie müssen nicht den Computer neu starten. Mac OS X läuft weiter.

Um die Welt von Mac OS 9 zu betreten, doppelklicken Sie lediglich auf das Icon Ihres alten Programms. (Solche Icons sehen fleckig und faltig aus, weil Sie nicht mit der Smooth-Scaling-Grafiktechnologie von Mac OS X entworfen wurden.) Unglücklicherweise ist das Starten der Classic-Anwendung genau so, als wenn Sie eine Mac OS 9-Maschine starten, komplett mit der langen Wartezeit, wenn die Systemerweiterungen geladen werden. Und wenn Ihr Mac nicht 128 MB oder mehr Speicher hat, brauchen ältere Programme unglaublich lange, um zu starten.

Wo Sie was finden

Für einen Mac-Benutzer ist der Gebrauch von Mac OS X so, als würden Sie von der Schule zurück nach Hause kommen und herausfinden, dass Ihre Eltern weggezogen sind. Hier sind einige Hinweise, wo Sie die Features, die Sie einst kannten, finden können. (Einige der fehlenden Features erscheinen möglicherweise wieder in der fertigen Version von Mac OS X.)

Funktion in Mac OS 9	Wo Sie es in Mac OS X finden
-Menü	Dock
Programmmenü	Dock
Ballonhilfe	entfernt
Auswahl, Desktopdrucker	Im Administrationsordner des Systemordners, jetzt als PrintCenter.app bezeichnet.
Fensterinhalt ein/aus	Doppelklicken Sie auf die Titelleiste (wenn Sie diese Funktion in den Voreinstellungen aktiviert haben).

Funktion in Mac OS 9	Wo Sie es in Mac OS X finden
Kontrollfelder	Klicken Sie im Dock auf die System-Voreinstellungen, (wenn Sie dieses Feature auf der allgemeinen Seite der Systemeinstellungen aktiviert haben).
Clip-Dateien auf dem Schreibtisch	entfernt
Festplattenicons	Im Systemordner, im Bibliotheksordner im Schriftartenordner, aber Sie können nicht mehr auf eine Schriftartendatei doppelklicken, um zu sehen, wie diese aussieht.
ziehbare Fensterecken	entfernt
Erweiterungen	entfernt
Zeichensatzordner	Im Systemordner, im Bibliotheksordner, im Zeichensatzordner, doch Sie können nicht mehr auf die Zeichensatzdatei doppelklicken, um eine Vorschau zu sehen.
Tastatur, Taschenrechner	Wählen Sie GO/APPLICATIONS.
PopUp-Fenster	entfernt
Ordner für Voreinstellungen	entfernt, wie wir wissen
Befehl BEENDEN	Nicht mehr im Dateimenü des Programms; jetzt im Application-Menü.
Album, Notizzettel	entfernt
Sherlok	auf dem Dock
SimpleText	Jetzt als »TextEdit« bezeichnet, befindet sich im Systemordner im Applicationsordner.
Startobjekte	Klicken Sie auf SYSTEMVOREINSTELLUNGEN im Dock, klicken Sie auf LOGIN-OBJEKTE/HINZUFÜGEN
Klebenotizen	Wählen Sie GO/APPLICATIONS
Zoombox	Der grüne Punkt unten links in einem Fenster.

Sollten Sie umstellen?

Sie können jeden Mac mit einem G3-Prozessor (das ist jeder Mac, der nach 1998 gebaut wurde) auf Mac OS X aufrüsten. Die Frage ist: Sollten Sie das tun? Wenn Sie meistens Works und den Internet Explorer benutzen, die beide schon in das Mac OS X-Format konvertiert wurden, können Sie schon jetzt umstellen und sich an der neu gewonnenen Stabilität von Mac OS X erfreuen.

Andererseits jedoch sollten Sie die Tatsache in Betracht ziehen, dass Sie sich alle neuen Programme besorgen müssen (wenn es Ihre Favoriten überhaupt im Mac OS X-Format gibt), alle neuen Techniken lernen und einige Monate warten müssen, bis die ganzen Kinderkrankheiten kuriert sind. In diesem Fall wird es wohl am besten sein, noch eine Weile zu warten – bis, sagen wir, Mac OS X.I.

Was es rund um den Mac alles gibt

In diesem Kapitel

▶ Über Max OS 9, MacOS X und darüber hinaus

▶ Was bei Fehlern zu tun ist

▶ Ein Blick in die Zukunft

▶ Und jetzt gehen Sie einfach mal an die frische Luft

Die ersten 16 Kapitel dieses Buches waren mehr oder weniger ein Crashkurs. Jetzt müssen Sie selbst versuchen, tiefer in die Mac-Welt einzusteigen. Sie schaffen es und werden die Möglichkeiten, die im Mac stecken, sicher bald alle für sich nutzen können.

Wenn dann doch einmal Fragen auftreten sollten

Sie besitzen einen Computer, der vieles verzeiht und sich auch zum Teil selbst repariert. Aber trotzdem kann hin und wieder etwas schiefgehen. Und nicht nur deshalb, weil Sie so obskure Programme wie Bienenzüchter Pro oder irgendeinen Billigscanner angeschlossen haben. Aber glücklicherweise bekommen Sie für die Problemlösung viel Unterstützung.

15 Minuten kostenlose Hilfe für Sie

Während der ersten drei Monate, die Sie Ihren Mac besitzen, können Sie jederzeit die kostenlose Apple-Hilfe in Anspruch nehmen. (Hinweis für Pfennigfuchser: Apple weiß nicht, wann Sie Ihren Mac gekauft haben. Sie rechnen deshalb 90 Tage ab Ihrem ersten Anruf und nicht ab Kaufdatum.)

Danach wird die Problemunterstützung kostenpflichtig – fragen Sie einfach mal bei Apple nach oder sehen Sie auf die Webseite www.apple.de.

Was wir damit sagen wollen: Es wäre ganz günstig, wenn Sie alle Probleme in den ersten 90 Tagen lösen könnten.

Servicepauschale

Wenn Sie denken, dass Sie die Hilfe öfter benötigen werden, können Sie auch AppleCare kaufen. Das ist ein dreijähriger Garantievertrag für alle Probleme mit dem Mac einschließlich technischer Probleme. Während dieser Zeit können Sie immer kostenlos bei der Apple-Hilfe anrufen, ohne dass Sie extra dafür bezahlen müssen. Allerdings müssen Sie diesen Garantievertrag im ersten Jahr, nachdem Sie den Mac gekauft haben, abschließen.

Adressen, bei denen Sie kostenlose Hilfe erhalten

Wenn Sie Probleme nicht immer gleich mit Geld lösen wollen, können Sie es zunächst bei den folgenden Adressen versuchen:

- ✔ www.apple.com/support/Mac: Ein Teil der Apple-Webseite (siehe Kapitel 6 und 7). Hier erhalten Sie Updates für Ihre Software, können Ihre Fragen in den elektronischen Diskussionsforen stellen und die Apple-Bibliothek benutzen – ein elektronisches Lexikon rund um den Macintosh. Hier finden Sie die meisten Fragen rund um den Mac und natürlich auch die Antworten darauf.

- ✔ **Apple-SOS:** Eine Telefonnummer, unter der Sie sich bis zu dem Punkt, der Sie interessiert, durchfragen können – Tipps, Tricks und Problemlösungen.

- ✔ www.nowonder.com: Auf dieser englischsprachigen Webseite finden Sie rund um die Uhr kostenlose Tipps.

- ✔ **MacFixit-Webseite:** Auf der ebenfalls englischsprachigen Webseite www.macfixit.pair.com finden Sie eine riesige Themenliste zum Mac.

Sie können sich auch einer lokalen Benutzergruppe anschließen, die allerdings in der Regel nicht Ihre persönlichen Probleme lösen wird, aber Sie lernen eventuell neue Gesprächspartner kennen. Auf jeden Fall ist eine solche Gruppe – wenn sie existiert – ein sprudelnder Quell an Informationen.

Eine andere Informationsquelle ist das Internet, zum Beispiel AOL, wo man Ihnen Ihre Fragen auch beantwortet. Versuchen Sie doch einmal das Schlüsselwort MOS (in Kapitel 6 finden Sie mehr über Schlüsselwörter). Oder Sie versuchen es über eine andere englischsprachige Adresse: comp.sys.mac.

Viele nützliche Informationen finden Sie auch in der MacWelt – neue Software, Update, Warnungen und vieles mehr.

Upgrade auf Mac OS 9 und darüber hinaus

Wenn Sie Ihren Mac vor November 1999 gekauft haben, wurde er mit dem Betriebssystem Mac OS 8.1, 8.5 oder 8.6 ausgeliefert – ohne Zweifel perfekte Betriebssysteme. Die neueren Modelle werden mit dem Betriebssystem Mac OS 9 ausgeliefert – auf einige der wichtigsten Eigenschaften haben wir in diesem Buch hingewiesen, zum Beispiel Sherlock in Kapitel 7 und die Mehrere Benutzer-Funktion in Kapitel 13. Darüber hinaus gibt es noch viele weitere neue Funktionen, die Ihren Mac schneller, leistungsfähiger und weniger problemanfällig machen.

Wenn Ihr Mac noch nicht mit dem Betriebssystem Mac OS 9 ausgestattet ist, können Sie dieses Betriebssystem nachträglich als Update für Ihr bestehendes Betriebssystem kaufen. Die Installation ist nicht besonders schwierig:

1. **Legen Sie die Mac OS 9-CD-ROM in das Laufwerk ein und doppelklicken Sie auf das Installieren Mac OS 9 Symbol.**

   Es erscheint ein Begrüßungs-Bildschirm.

2. **Klicken Sie WEITER, OK, INSTALLIEREN und warten Sie einfach ab, bis die Installation abgeschlossen ist.**

   Starten Sie danach den Mac neu und Mac OS 9 arbeitet auf Ihrem Computer.

Immer wenn Sie das Betriebssystem auf diese Weise aktualisieren, kann es natürlich passieren, dass zusätzliche Programme – keine Apple-Software – nicht mehr störungsfrei arbeiten. Auf die Apple-Programme wie AppleWorks oder auf Outlook Express trifft das nicht zu, sondern nur auf Programme, die Sie zusätzlich gekauft oder aus dem Internet bezogen haben.

Sollte das passieren, haben Sie drei Möglichkeiten:

✔ Setzen Sie sich mit dem Software-Hersteller in Verbindung oder gehen Sie auf die Webseite des Herstellers und sehen Sie nach, ob für das Programm ein Upgrade erhältlich ist. (Das ist meistens der Fall.)

✔ Arbeiten Sie ohne diese Software.

✔ Wenn Sie nicht ohne diese Software leben können und es wird keine neuere Version angeboten, arbeiten Sie mit Ihrem alten Betriebssystem weiter. Holen Sie dafür die System-Installations-CD-ROM wieder hervor, die mit Ihrem iMag geliefert wurde, und machen Sie eine saubere Neuinstallation wie in Kapitel 16 beschrieben.

Die Änderungen vor dem Schließen sichern

In Anhang B finden Sie einige Hinweise darauf, wo Sie mehr über Apple- Macintosh und den Mac erfahren können.

Aber wir wollten mit diesem Buch eigentlich nicht erreichen, dass Sie sich über nichts anderes als den Mac Gedanken machen. Wir wollen eigentlich nur, dass Sie wissen, worum es geht, wenn Ihr Computer Sie das nächste Mal anpiept. Wir wollten Ihnen die Grundkenntnisse für entspanntes und effektives Arbeiten mit dem Mac vermitteln.

Sie sollten sich nicht zu sehr vom Mac vereinnahmen lasen. Was macht es schon, wenn Sie die Programmiersprache nicht beherrschen und nichts über die integrierten Schaltkreise wissen? Wichtig ist, dass Sie den Mac einschalten können, etwas schreiben, zeichnen und gestalten und ausdrucken können und danach den Sonnenschein genießen – das macht den echten Mac Nutzer aus. Das weiß jeder Dummie.

Teil VI

Was noch wichtig ist

In diesem Teil...

Hier kommt nun alles, was in den vorangegangenen Kapiteln dieses Buches nicht richtig zuordnen ließ – drei Listen mit jeweils 10 wichtigen Punkten, die wir Ihnen noch unbedingt mit auf den Weg geben wollen.

Zehn Geräte zum Kaufen und Anschließen

In diesem Kapitel finden Sie einiges über zusätzliche Peripheriegeräte, in die Sie noch eine Menge Geld stecken können. Diese Geräte geben Ihrem Mac Augen und Ohren, verbinden Sie zum Beispiel mit einem internationalen Netzwerk oder verwandeln ihn in ein komplettes Symphonieorchester. Sie sind natürlich nicht verpflichtet, auch nur irgendeines oder gar alle diese Geräte anzuschaffen. Aber schon dass Sie wissen, was Ihr Mac sonst noch alles kann, gibt Ihnen doch sicher das gute Gefühl, dass Sie den richtigen Computer gekauft haben.

Ein Scanner

Ein Drucker nimmt ein Dokument, das Sie auf dem Bildschirm gestaltet haben und reproduziert es auf ein Stück Papier. Bei einem Scanner funktioniert das genau umgekehrt – er ist dafür da, zum Beispiel ein Bild von einem Stück Papier auf den Mac-Bildschirm zu transportieren. Erst nachdem das Bild eingescannt und in Bits und Bytes umgerechnet ist, versteht es der Mac (das Bild wurde digitalisiert). Sie können das Bild dann in jeder Weise, die Sie sich vorstellen können, bearbeiten. Sie können Teile davon abschneiden, den Hintergrund dunkler machen, Onkel Theodor eine dicke Zigarre verpassen oder den Hals Ihres Bruders verkürzen – was auch immer Ihnen einfällt. Mit dem Scanner können Sie reale Abbildungen erfassen, um sie in Ihre Dokumente einzubinden. Wenn Sie zum Beispiel einen Werbebrief für eine Schneiderei erstellen wollen, können Sie darin einen besonders schönen Anzug oder eine Hose abbilden.

Und was kostet Sie das? Ein einigermaßen guter Farbscanner kostet ca. 1.000,– DM einschließlich der Scan-Software, mit der Sie das eingescannte Bild dann für die Anforderungen Ihres Textverarbeitungsprogrammes bearbeiten können. (Sie brauchen allerdings einen Scanner, der an den Mac angeschlossen werden kann – Mac-kompatibel ist – mit einer USB-Schnittstelle wie zum Beispiel Umax Astra 1220 U oder Agfa SnapScan 1212u etc.) In Kapitel 11 finden Sie unseren Scanner-Crashkurs.

Eine Digitalkamera

Heute bekommen Sie bereits für das Geld, das eine gute Spiegelreflexkamera kostet, auch eine hervorragende Digitalkamera von Kodak, Casio, Olympus, Sony oder einem anderen Hersteller. Diese Kameras speichern zwischen 10 und 150 Bildern ohne Film auf einem eingebauten Speicher. Und zu Hause können Sie die Kamera dann einfach an Ihren Mac anschließen (mit einem USB-Kabel), die Bilder in Ihrem Mac speichern und die Kamera ist wieder frei für neue Taten.

Für Menschen, die immer wieder möglichst kostengünstige Bilder für die verschiedensten Verwendungen brauchen (Ärzte, Gestalter von Webseiten, Immobilienmakler, Versicherungsagenten und so weiter), sind diese Kameras ein Gottesgeschenk. Die Abbildungen in diesem Buch wurden zum Beispiel mit, einer kleinen Olympus gemacht. Die Ergebnisse haben zugegebenermaßen zwar keine Profiqualität, dann müssten Sie ein Vielfaches für die Kamera ausgeben, aber sie sind gut genug, um Computerbücher zu illustrieren.

Sehr wichtig: Sie brauchen eine Kamera mit einer USB-Schnittstelle und, wenn Sie einen Mac DV besitzen, mit einer FireWire-Schnittstelle. Wenn Sie bereits eine Kamera mit einer seriellen Schnittstelle besitzen sollten, benötigen Sie einen USB-Adapter wie in Anhang C aufgeführt.

Eine Maus

Die Mac-Maus ist eine besondere Diva. Sie ist rund und Sie können Ihre Hand nicht darauf abstützen. Und nur die kleine Vertiefung zeigt Ihnen an, wie Sie die Maus ausrichten müssen – die älteren Modelle haben nicht einmal das.

Wenn Sie mit dieser Maus gut zurechtkommen – hervorragend. Andererseits können Sie sie für wenig Geld austauschen. Sie erhalten verschiedene durchsichtige Modelle in der üblichen ovalen Form.

Sie können sogar eine Maus mit USB-Anschluss, die eigentlich für einen anderen Computer gedacht ist, an den Mac anschließen (bzw. an die Mac-Tastatur). Diese Mäuse haben dann drei Tasten im Gegensatz zu der Mac-Maus, die nur eine Taste hat – aber alle drei Tasten tun dasselbe.

Ein Joystick

Der Mac ist durch den superschnellen G3-Prozessor und die hervorragende Bildqualität natürlich auch das ideale Spielgerät. Aber wie profan und wenig professionell ist es doch, wenn Sie einen Raumjet durch die Weiten des Alls mit der Maus lenken. Dazu brauchen Sie einen Joystick, der wie der Steuerknüppel eines Flugzeuges funktioniert und mit dem sich die Flugbewegungen exakt kontrollieren lassen. Joysticks sind relativ preiswert und Sie finden die Angebote überall, zum Beispiel auch im Internet unter www.imacintouch.com.

Lautsprecher oder Kopfhörer

Oh natürlich – Ihr Mac bietet nicht nur HighTech, sondern auch HiFi in hervorragender Stereoqualität. Allerdings werden Sie beim Klang der beiden Frontlautsprecher der Modelle bis Ende 1999 Ihr Wohnzimmer wohl kaum mit der Carnagie Hall verwechseln.

Aber Sie können an den Mac auch noch Zusatz-Lautsprecher anschließen und dann geht beim Spielen erst so richtig die Post ab.

Wenn Sie allerdings nicht mehr hören wollen als das Einschaltsignal Ihres Mac, brauchen Sie eigentlich über den Kauf externer Lautsprecher nicht nachzudenken. Achtung: Nicht alle Lautsprecher können an den Mac angeschlossen werden. Es müssen aktive abgeschirmte Lautsprecher mit eigener Stromversorgung sein. Die Magnete von normalen Stereo-Lautsprechern würden das Bild auf Ihrem Bildschirm aussehen lassen wie ein modernes Kunstwerk. Mit anderen Worten, Sie sollten sich auf jeden Fall geeignete Lautsprecher beschaffen – Apple, Yamaha, Sony und viele andere Hersteller bieten Versionen für den Mac an.

Sie haben vielleicht auch schon die beiden Kopfhörerbuchsen an der Frontseite des Mac bemerkt – ideal, um zu zweit Musik zu hören oder damit Sie beim Spielen niemanden stören. Wenn daher externe Zusatzlautsprecher für Ihren Geschmack zu übertrieben sind – die hohe Klangqualität bekommen Sie auch mit Walkman-Kopfhörer. (Die Frontlautsprecher werden automatisch abgeschaltet, wenn Sie einen Kopfhörer anschließen.)

Der Harmon/Kardon Subwoofer

Wenn Ihr Mac ein DVD-Laufwerk hat und also eines der neueren Modelle ist, dann haben die eingebauten Lautsprecher bereits eine überragende Qualität für Computer-Lautsprecher. Schließlich kommen Sie von Hamon/Kardon, einem führenden Hersteller von Stereogeräten. Das liest sich in der Apple-Werbung dann so:

Das Harmon/Kardon Odyssee Audiosytem ist eine Designinnovation aus hoher Bandbreite (100 Hz bis 20.000 Hz), einem ultra-dynamischen Magneten für beste Tiefen- und Höheneffekte etc. etc.

Das liest sich jedenfalls so, als wäre der Klang gut. Was Sie vielleicht vermissen werden ist ein dritter Lautsprecher, ein so genannter Subwoofer. Das hört sich für einen Laien vielleicht nach einem Tiefseelebewesen an, gemeint ist jedoch ein durchsichtiges blasenförmiges Modul, das die niedrigeren Frequenzen wiedergibt, und etwa so aussieht:

Wenn Sie sich mit Stereo auskennen, wissen Sie, dass ein Subwoofer die Klangfülle verstärkt. Wenn Sie das CD-Laufwerk Ihres Mac benutzen, um Musik-CDs anzuhören oder mit dem DVD-Laufwerk Spielfilme anzusehen, erreichen Sie mit einem Subwoofer eine unvergleichliche Klangverbesserung (für einen Computer). Sie benötigen allerdings Mac OS 9, um iSub zu benutzen.

Musik und MIDI

MIDI bedeutet *Musical Instrument Digital Interface* und heißt, dass Sie einen Synthesizer anschließen können. Sie können dann mit Ihrem Mac die Musik aufnehmen und abspielen, die Sie selbst mit dem Syntheziser erzeugt haben. Wenn Sie aufnehmen, erzeugt der Mac einen Metronom-Ton und Sie spielen den Rhythmus. Zum Abspielen können Sie dann verschiedene Klangfarben etc. bestimmen, so dass Sie denken werden, dass Elvis das Instrument spielt – außer dass sich die Tasten nicht bewegen. Sie können das Musikstück auch in jeder Weise bearbeiten und speichern.

Alles was Sie dafür benötigen ist ein MIDI Interface, das Ihren Mac mit dem Synthesizer verbindet. (Natürlich eine USB-Version, aber das wissen Sie ja sicher.) Und Sie brauchen ein Programm, mit dem Sie die Musik aufnehmen und wieder abspielen können, wie zum Beispiel

MusicShop oder Freestyle. Natürlich müssen Sie auch noch auf dem Synthesizer spielen, obwohl es bereits Programme gibt, die auch das noch für Sie erledigen.

Ein Projektor

Wenn Sie Ihren Mac zum Beispiel für Diavorträge einsetzen wollen, wäre es sicher ganz hilfreich, wenn Sie die Bilder auf einem größeren Fernsehmonitor oder einer Leinwand zeigen könnten. Mit einem Video-Output-Adapter, zum Beispiel dem USB Presenter (www.aver.com), können Sie Ihren Mac an ein Fernsehgerät oder einen LCD-Projektor anschließen und damit der ganzen Welt Ihre Kreaviät beweisen.

Wenn Sie einen Mac DV besitzen, brauchen Sie dafür nicht einmal einen Adapter – lesen Sie mehr darüber im Abschnitt »Einen zweiten Monitor anschließen« in Anhang A.

Zip, SuperDisk und Co.

Wir sind sicher, dass Sie inzwischen gemerkt haben, dass der Mac kein FloppyDisk-Laufwerk hat. Das ist jedoch kein großer Verlust, denn FloppyDisks sind eine überholte Technik, sie sind langsam und haben nur eine geringe Speicherkapazität.

Auf der anderen Seite brauchen viele Mac-Nutzer verschiedene Möglichkeiten, um Daten zu speichern; ein Backup im Internet (siehe Kapitel 7) oder auf einem anderen Mac im Netzwerk (siehe Kapitel 14) kommt für die wenigsten in Betracht.

Aber was sollten Sie jetzt tun? Die Daten auf Post-It-Zettel schreiben? Nun, Sie können ein externes Laufwerk an den Mac anschließen – an der USB-Schnittstelle. Zur Auswahl stehen an:

- ✔ Ein Floppy-Laufwerk: Das erhalten Sie schon für einen geringen Preis.
- ✔ Ein SuperDisk-Laufwerk: Für etwas mehr bekommen Sie auch etwas mehr. Mit dem zum Design des Mac passenden durchsichtigen SuperDrive-Laufwerk können Sie FloppyDisks und SuperDisks verwenden, die aussehen, schmecken und riechen wie FloppyDisks, jedoch 83 mal mehr Speicherkapazität haben.
- ✔ Ein Zip-Laufwerk: Das ist eine völlig andere Welt – blau und durchsichtig – für Zip-Disketten, die zwar ähnlich wie Floppy Disks aussehen, jedoch 100 MB bzw. bis zu 250 MB Speicherkapazität zu einem erträglichen Preis bieten. Zip-Disks sind problemlos und einfach zu handhaben und der große Vorteil ist, dass viele Computerbesitzer über ein Zip-Laufwerk verfügen. So können Sie Ihre Dokumente auf einer Zip-Disks einfach in der Hosentasche mit sich herumtragen und zum Beispiel zum nächsten Copy Shop bringen, um große Plakate davon herstellen zu lassen (wenn der Copy Shop ein Zip-Laufwerk hat).

✔ Einen CD-Brenner: Ja, das Unmögliche ist Wirklichkeit geworden – Sie können natürlich auch Ihre Daten auf CDs brennen. Sie schließen dafür nur eines dieser modernen Geräte an Ihren Mac an (USB-Schnittstelle), legen eine beschreibbare CD ein und geben an, welche Dateien von Ihrer Festplatte auf der CD gesichert werden sollen – das wär's.

Mehr Informationen zu diesem Abschnitt finden Sie in Anhang C.

Eine Filmkamera

Kaufen Sie eine Filmkamera – halt, keinen superteuren Camcorder (obwohl Sie den natürlich auch kaufen und an den Mac anschließen können, wenn Sie einen Mac DV besitzen, Kapitel 10). Wir meinen etwas Kleineres und Billigeres wie zum Beispiel QuickCam (siehe Anhang C), eine Filmkamera, die nicht größer als ein Golfball ist. Die verbinden Sie einfach mit der USB-Schnittstelle des Mac und Sie können digitale Filme aufzeichnen. Einen billigeren Weg zur eigenen Filmproduktionsgesellschaft gibt es nicht.

Zehn Dinge, von denen Sie bestimmt nicht dachten, dass Ihr Mac sie kann

21

*E*r ist schnell, modern und zeugt von gutem Geschmack. Aber der Mac kann mehr, viel mehr. Versuchen Sie das einmal an einem langweiligen Samstagnachmittag.

Musik-CDs abspielen

Legen Sie einfach Ihre Lieblings-Musik-CD in den Mac ein – Mozart, Brahms ... Manche Macs sind bereits dafür eingerichtet, dass Musik-CDs automatisch abgespielt werden, ansonsten müssen Sie nur noch den Befehl zum Abspielen geben.

Wenn Sie das Abspielen Ihrer Musik-CDs auf dem Mac genau so kontrollieren und regeln wollen wie auf Ihrem normalen CD-Player, können Sie den Apple CD Audio-Player in Ihrem -Menü verwenden.

Probieren Sie einfach mal alles aus, Sie werden sicher sehr schnell herausfinden, wie Sie die einzelnen Titel abspielen, die Lautstärke und weitere Funktionen einstellen können.

Wenn Sie auf das kleine Dreieck unter dem Knopf NORMAL klicken, erhalten Sie die Übersicht aller auf der CD enthaltenen Musiktitel – Sie können das Fenster so weit vergrößern, dass Sie alle Titel sehen. Dummerweise werden Sie nur als »Titel 1«, »Titel 2« und so weiter angezeigt

– es ist Ihre Aufgabe, hier zu klicken und den richtigen Namen einzugeben. (Die Eingabe bestätigen Sie mit ⏎ , was Sie auch gleichzeitig in das nächstuntere Titelfeld bringt – diesen Effekt hat auch die ⇥ – ⇧ + ⏎ bringt Sie ein Feld höher in der Titelliste. Im Eingabefeld über der Titelliste können Sie statt Audio-CD den Namen der CD eingeben.) Wenn Sie das getan haben, erinnert sich der Audio CD-Player jedesmal automatisch an Ihre Eingaben, wenn Sie diese CD einlegen.

Aber jetzt kommt der beste Teil: Klicken Sie auf den Knopf PROG. Sie können jeden Titel aus der linken Liste in die rechte Liste ziehen – und zurück, wenn Sie Ihre Meinung ändern sollten. Sie können auch die Reihenfolge der Titel in der rechten Spalte so verändern, wie Sie es wollen, einfach indem Sie die Titel an eine andere Position ziehen. Sie können Ihre Lieblingstitel in der rechten Spalte auch mehrmals einfügen und Titel, die Sie nicht hören wollen, einfach weglassen.

Übrigens: Wenn Sie einen Mac DV gekauft haben, können Sie damit auch DVD-Filme abspielen, die Sie sich entweder kaufen oder in einer Videothek ausleihen (siehe auch Kapitel 10).

Sprechen »Speech«

Wie man so sagt, benötigen wir ein Jahr, um Kindern das Sprechen beizubringen und dann weitere 18 Jahre, um Ihnen beizubringen, wann sie den Mund halten sollen. Beim Mac ist das wesentlich unkomplizierter.

Es gibt einige Programme, die mit einer Sprachfunktion versehen sind, wie zum Beispiel Word 98, AppleWorks, AOL und WordPerfect. Aber das Programm, bei dem Sie dabei die wenigste Arbeit haben, ist das Textverarbeitungsprogramm SimpleText.

Suchen Sie Simple Text (mit dem Befehl FINDEN, öffnen Sie das Programm und geben Sie dann einen Text ein, den der Mac vorlesen soll, zum Beispiel »Hallo Liebling! Das war ganz toll – das sollten wir öfter machen.«

Bewegen Sie dann den Mauscursor auf das Menü TON und wählen Sie ALLES VORLESEN. Sind Computer nicht toll?

Um die Sache mit etwas Humor zu würzen, wählen Sie noch einmal den Befehl TON und wählen Sie aus dem Befehl STIMMEN eine der 18 Stimmen aus, mit der Sie Ihren Text gesprochen haben möchten, von einer Frau, einem Kind, mit einer tiefen oder hohen Stimme etc. Sie brauchen Stunden, um das alles durchzuprobieren.

Natürlich hat Apple diese Funktion des Mac nicht nur dafür erfunden, damit Sie sich einen mehr oder weniger schwachsinnigen Satz vorlesen lassen. Diese Funktion hat auch sehr konkrete Anwendungen – Sie können sich zum Beispiel einen Text zur Kontrolle bzw. Korrektur vorlesen lassen.

Singen

Der Mac ist auch auf anderen Gebieten talentierter als Sie es sich vielleicht vorgestellt haben – er singt sogar. Er hat zwar ein ziemlich begrenztes Repertoire – er kennt nur genau vier Lieder – aber er kann jedes Gedicht vertonen und er gerät niemals außer Puste.

Damit Ihr Mac singt, müssen Sie ihn zunächst einmal sprechen lassen wie zuvor beschrieben. Und dann wählen Sie eine dieser Stimmen aus dem Stimmenfundus:

- ✔ **Pipe Organ:** Singt zur Alfred Hitchcock-Titelmelodie.
- ✔ **Good News:** Singt zur Melodie von »Pomp & Circumstances«, auch bekannt als der Abschlussfeier-Marsch.
- ✔ **Bad News:** Singt zu einem Trauermarsch.
- ✔ **Cellos:** Singt zur Melodie von »In der Halle des Bergkönigs« aus Peer Gynt von Edvard Grieg. Höchstes Kulturniveau!

Ein Punkt zeigt dem Mac an, dass er wieder von vorne mit der Melodie beginnen soll. Ein Beispielvers für die Melodie Good News könnte etwa so aussehen:

Du hast das große Los gezogen – kannst dir einen Mac leisten

Und musst nie wieder mit Windows arbeiten – Hurra, Hurra

Filme abspielen

Ihr Mac ist im Umgang mit Filmen ziemlich geschickt – er kann sie machen, aufzeichnen und abspielen.

Das Geheimrezept dafür heißt QuickTime. Wenn Sie einen Filme auf Ihrem Bildschirm abspielen wollen, doppelklicken Sie einfach auf das Symbol des Filmes, um ihn zu starten. Er wird dann in Movie Player oder QuickTime Player geöffnet.

Mit diesem Schieber können Sie sich im Film hin- und herbewegen.

Hier können Sie Starten bzw. Stoppen.

Zum Starten klicken Sie auf den kleinen Startpfeil oder drücken die Leertaste. Hier noch einige Bemerkungen über digitale Filme: Sie werden meistens in kleinen Fenstern abgespielt und Sie sind eigentlich immer sehr kurz. Das kommt daher weil QuickTime Filme einen immensen Speicherplatzbedarf haben.

QuickTime Filme erhalten Sie aus verschiedenen Quellen, zum Beispiel ist einer auf der CD, die Sie mit dem Mac erhalten haben, Sie können sich die Filme aus dem Internet downloaden oder von den CDs, die den verschiedenen Computerzeitschriften beiliegen, abspielen.

Wenn Sie ein Mac DV-Modell besitzen, können Sie auch Ihre eigenen Filme herstellen – groß, bildschirmfüllend und in guter Qualität, wie in Kapitel 10 beschrieben. Wenn Sie dieses Modell nicht besitzen, können Sie kleinere Filme mit der kleinen QuickCam-Kamera selbst herstellen. Diese nur golfballgroße Kamera zeichnet farbige Filme mit Ton auf, die Sie dann im Mac bearbeiten und ansehen können.

Faxe verschicken

Da Ihr Mac ein eingebautes Fax-Modem hat, können Sie auch Faxe versenden und empfangen. Die Qualität der Faxe ist genauso gut wie über ein herkömmliches Faxgerät. Und das Versenden ist sehr viel bequemer, denn Sie benötigen keinen Ausdruck mehr. Ihr Mac sendet die Nachricht direkt zu dem Empfängergerät.

Wenn Sie eine Faxnachricht versenden wollen, schreiben Sie zunächst einmal den Text – wie einen Brief – zum Beispiel mit AppleWorks. Gehen Sie dann in das Menü ABLAGE. Sehen Sie den Befehl DRUCKEN? Drücken Sie nun die ⌐ - und die ⌘ -Taste – aus Drucken ist Faxen geworden!

Normal

Mit gedrückter Options- und ⌘-Taste

Wenn Sie diesen Befehl wählen, erhalten Sie das nachstehende Dialogfenster.

21 ➤ Zehn Dinge, die Sie Ihrem Mac nicht zutrauten

Wählen Sie aus dem PopUp-Menü die Option TEMPORARY ADDRESS, und geben Sie die Faxnummer des glücklichen Empfängers Ihrer Nachricht ein. Wenn Sie damit fertig sind, sehen Sie rechts den Namen des Empfängers – klicken Sie auf SENDEN.

Sollten Sie öfter Faxe an denselben Empfänger schicken, ist dieser Weg natürlich etwas umständlich.

 Einfacher geht es mit dem Programm FAX BROWSER auf Ihrer Festplatte (im Ordner FAXstf im Ordner Programme). Öffnen Sie das Programm, wählen Sie FAXNUMMER aus dem Fenstermenü und dann geben Sie den Namen, die Faxnummer und alle weiteren wichtigen Angaben des Empfängers ein (mit der ⇆-Taste können Sie dabei von Eingabefeld zu Eingabefeld wechseln). Wiederholen Sie diesen Schritt so lange, bis Sie alle wichtigen Faxadressen eingegeben haben.

Von jetzt an können Sie die gespeicherten Empfänger einfach aus der Liste in der rechten Spalte in die linke Spalte ziehen, wenn Sie ein Fax versenden wollen.

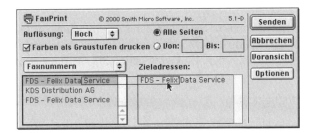

Und noch ein Tipp für diejenigen unter Ihnen, die viele Faxe versenden. Wenn es Ihnen zu umständlich ist, immer wieder den Fax-Browser zu öffnen, wenn Sie Ihrer Empfängerliste einen weiteren Empfänger hinzufügen wollen, können Sie das auch direkt dann erledigen, wenn Sie diesem Empfänger das erste Mal ein Fax schicken – einfach im Fax Senden-Fenster (vorherige Abbildung). Allerdings geht das nur mit der Vollversion von FAXstf – die Upgrade Informationen finden Sie im FAXstf Ordner.

Faxe empfangen

Wenn Sie versprechen, es nicht weiter zu sagen: Ihr Mac kann auch Faxe empfangen.

Dazu müssen Sie Ihren Mac nur ausrüsten wie ein Faxgerät – ihm einen zweiten Telefonanschluss spendieren. Oder Sie leben damit, dass Sie jedesmal den Stecker des Telefons herausziehen müssen, um den Mac einzustöpseln, wenn Sie ein Fax erwarten. Das ist aber nicht sehr praktisch

 Suchen Sie zunächst den Ordner FAXstf auf Ihrer Festplatte und darin das Programm Fax Browser.

Öffnen Sie Fax Browser und wählen Sie EINSTELLUNGEN aus dem Menü BEARBEITEN. Wenn Sie in der linken Auswahl das Fax Modem-Symbol entdeckt haben, klicken Sie es an und Sie erhalten ein PopUp-Menü, mit dem Sie einstellen können, ob das Modem einen Anruf annehmen kann (und nach dem wievielten Läuten). Wenn Sie diese Option nicht aktivieren, nimmt das Modem keinen Anruf entgegen.

Wenn ein Fax eingeht, blinkt das -Menü. Öffnen Sie den Fax-Browser um die Nachricht zu lesen und – wenn Sie wollen – drucken Sie es aus. Damit haben wir Ihnen die Kosten für die Anschaffung eines zusätzlichen Faxgerätes erspart.

Wissen in der Tasche

Es passiert auch den Besten von uns: Sie haben den Mac einfach in Ihr Leben integriert. Er ist Ihr Terminkalender, speichert Ihre wichtigen Telefonnummern, erinnert Sie daran, was noch zu tun ist – alles, was Sie so brauchen. Und jetzt wollen Sie das Haus verlassen. Was tut da ein richtiger Mac-Fan?

Sie haben folgende Möglichkeiten:

- ✔ Stecken Sie sich den Mac einfach in die Tasche. Das wird jedoch etwas merkwürdig aussehen, wenn Sie immer mit einer ausgebeulten Manteltasche durch die Gegend laufen.
- ✔ Kaufen Sie einen PalmPilot.

Ein PalmPilot ist einer jener handlichen kleinen Organizer, nicht größer als eine Audiokassette. Solche Minicomputer werden von den unterschiedlichsten Herstellern angeboten. Abgesehen vom Aussehen sind sie jedoch alle gleich. Jeder kann an Ihren Mac angeschlossen werden und Sie können die wichtigsten Daten darauf speichern: Ihren Terminkalender, Ihr Telefonbuch, Memos und sogar E-Mails. Einige davon können Sie direkt mit der USB-Schnittstelle verbinden, bei anderen benötigen Sie einen zusätzlichen USB-Adapter – siehe Anhang C.

Das Großartige daran ist, dass Sie nach Ihrer Besprechung oder Ihrer Reise einfach den PalmPilot mit Ihrem Mac verbinden und Änderungen Ihrer gespeicherten Daten werden automatisch durchgeführt.

PalmPilot kann zwar nicht mit Mac-Programmen arbeiten, aber Sie haben die wichtigen Daten für Ihr Geschäfts- oder Privatleben immer bei sich. Wenn Sie zum Beispiel wie in Kapitel 9 beschrieben Ihre Verabredungen und Telefonnummern im Palm Desktop Programm, das mit Ihrem Mac geliefert wurde, erfassen, haben Sie damit nicht einmal zusätzliche Arbeit. Nehmen Sie einmal an, Sie kommen von einem Meeting mit einer Fülle neuer Kontaktadressen und einigen neuen Terminen, die Sie in PalmPilot eingegeben haben. Sie stellen die Verbindung zum Mac her, drücken auf Sync und die Daten werden automatisch in der Palm Desktop-Datei Ihres Mac aktualisiert. (Jetzt wissen Sie auch, warum das Programm auf Ihrem Mac Palm Desktop heißt.)

Ton aufnehmen

Der Mac hat ein eingebautes Mikrophon oben in der Frontseite. Das ist zwar nicht so ein Mikrophon, wie es zum Beispiel Tina Turner benutzt, es ist aber dennoch ausreichend für die verschiedensten Aufgaben. Zum Beispiel, um für den kleinen Beep-Ton, den der Mac produziert, wenn Sie einen Fehler machen, einen anderen Ton aufzunehmen.

Ton aufnehmen geht so:

1. **Wählen Sie SimpleSound aus dem -Menü.**
2. **Klicken Sie den Hinzufügen-Button.**

3. **Klicken Sie A**UFNEHMEN **und sprechen Sie in das Mikrophon.**

   Wenn Sie fertig sind, klicken Sie auf Stop – es sei denn, Sie wollen noch eine Zeit der Stille hinter Ihren goldenen Worten aufnehmen.

   Die aufgenommene Tonsequenz können Sie auf verschiedensten Arten abspielen. Sie können sie mit der Taste Abspielen abspielen oder unter einem Namen speichern und für Ihre Enkel aufheben. Im Kontrollfenster Ton finden Sie die Sequenz in der Liste der verfügbaren Töne und wenn Sie wollen, können Sie die Sequenz auch als Warnton auswählen.

Noch mehr Töne für Detailbesessene

Sie können Tonsequenzen auch abspielen, ohne dass Sie das Kontrollfenster öffnen müssen. Wenn Sie ein Fan der Doppelklicks sind, öffnen Sie Ihren Systemordner und dann die Datei System. In diesem Fenster finden Sie neben Ihren Schriften auch all Ihre Töne – einfach doppelklicken und sie werden abgespielt.

Die Lautstärke des Mac einstellen

Da wir gerade bei den Tönen sind, passt es eigentlich sehr gut, Ihnen jetzt zu erklären, wie Sie die Lautstärke Ihres Mac einstellen können.

Der einfachste Weg ist die Einstellung über das Symbol in der Kontrollleiste wie in Kapitel 12 beschrieben und gezeigt.

Der dornige Weg ist dagegen über das -Menü, Kontrollfenster TON bzw. MONITORE & TON. Hier sehen Sie die Regler für die Lautstärkeregelung aller an Ihrem Mac angeschlossenen Lautsprecher.

Hier können Sie auch dem Mac sagen, über welche Tonquelle aufgenommen werden soll: vom Mikrophon oder zum Beispiel von einer Musik-CD, die Sie in das Laufwerk gelegt haben. Mit dem PopUp-Menü Toneingabe können Sie die entsprechende Tonquelle einstellen.

Mit Windows Programmen arbeiten

Es ist wahr, Sie müssen sich nicht länger vernachlässigt fühlen. Der Mac kann mit den meisten gängigen Windows-Programmen arbeiten. Sie brauchen dazu nicht mehr als die zusätzlichen Programme SoftWindows oder VirtualPC. Die Windows-Programme arbeiten dann zwar nicht so schnell wie auf dem schnellsten Windows-Computer – aber sie laufen.

Fotos ausdrucken

Bewaffnet mit einer Digitalkamera (Kapitel 18) und einem Farbdrucker (Kapitel 5) gibt es eigentlich keinen Grund mehr, warum Sie Zeit und Geld für die Entwicklung und die Abzüge herkömmlicher Fotos aufwenden sollten. Beides können Sie sinnvoller für Ihren Mac verwenden.

Die schlechte Nachricht: Vernünftiges Fotopapier ist relativ teuer, Sie können keine Vergrößerungen machen – wenn Sie Ihre digitalen Fotos vergrößern, wird die Qualität immer schlechter – und eine digitale Kamera (nicht der Drucker) kostet immer noch ziemlich viel.

Die gute Nachricht: Der Ausdruck geht in der Regel ziemlich schnell, sieht eigentlich ganz gut aus (besonders auf dem teuren Spezialpapier). Und Sie können die Fotos vor dem Ausdruck noch bearbeiten, die Farben korrigieren, Bildelemente hinzufügen oder wegnehmen (zum Beispiel bestimmte Familienmitglieder oder so).

Teil VII

Anhang

In diesem Teil... Hier sind sie: die Anhänge, auf die Sie gewartet haben. Hier erfahren Sie, wie Sie Ihren Computer einrichten und wo Sie das entsprechende Zubehör bekommen.

Wie Sie einen Mac kaufen und einrichten

Um die Arbeit mit einem Mac beginnen zu können, sind drei Schritte nötig: Die Entscheidung, welches Modell es sein soll, wo man ihn kaufen will und seine Einrichtung. Dieser bezaubernde Anhang wird Sie durch alle drei Schritte führen und Ihnen so einige Kopfschmerzen ersparen.

Die einzigen Dinge, die wirklich zählen

Wenn Sie sich auf die Suche nach einem Mac machen, werden Sie die verschiedensten Zahlen und technischen Daten hören, die Ihnen um die Ohren fliegen. Die einzigen vier, die Sie jedoch interessieren sollten, sind erstens: wie groß ist die Festplatte, zweitens: wieviel Speicher hat der Computer, drittens: welcher Prozessor ist eingebaut und viertens: wie schnell er läuft.

- ✔ **Die Größe der Festplatte.** Was Sie in erster Linie interessieren sollte, ist die Größe der Festplatte im Mac. Die Größe wird dabei in Gigabytes angegeben. (Wenn Sie auf einer Party sind, können Sie als Abkürzung auch *Gigs* sagen.)

  Wieviel benötigen Sie? Nun ja, die Dinge, die Sie erstellen – Briefe, Manuskripte, was auch immer – sind wirklich klein. Der vollständige Text dieses Buches würde etwa zwei Megabytes der 20000 verfügbaren Ihrer Festplatte verbrauchen. Doch die heutigen Softwareprogramme, wie zum Beispiel Textverarbeitungsprogramme, sind riesig. Und wenn Sie die Arbeit mit digitalen Filmen planen (siehe Kapitel 9), könnte Ihre Festplatte innerhalb von Minuten gefüllt sein.

  Sollten Sie keine Filme machen wollen, können Sie eigentlich gar keinen Mac mit einer zu kleinen Festplatte kaufen. Die heutigen Modelle bieten 15 bis 30 GB an, was Sie auf jeden Fall durch die nächsten paar Amtszeiten der Bundeskanzler bringen sollte.

- ✔ **Speicher.** Wenn Sie bei einem Videorekorder die Play-Taste betätigen, beginnt dieser die Inhalte der Videokassette zu lesen und überträgt die Videoinformationen auf den TV-Bildschirm. Ist der Fernseher ausgeschaltet, können Sie auch Ihren Film nicht sehen, doch Sie können sicherlich gut schlafen, weil Sie wissen, dass er auf der Kassette gut aufgehoben ist.

  Auf die gleiche Art und Weise liest Ihr Macintosh das, was auf der Festplatte ist und überträgt eine elektronische Kopie davon auf den Computerbildschirm. Dort können Sie es dann sehen, es verändern oder was auch immer. Während es sich auf dem Bildschirm befindet, ist es auch im Speicher. (Details dazu finden Sie in Kapitel 1,5.)

Doch Speicherplatz ist wesentlich teurer als der Platz für die Platten, deshalb werden Sie wesentlich weniger davon bekommen. Während Festplatten normalerweise 15 oder 30 Gigabytes groß sind, kommt ein Mac für gewöhnlich mit 64 oder 128 MB Speicher aus. Je mehr Speicher Sie haben, desto mehr können Sie mit Ihrem Computer gleichzeitig machen (in dem einen Fenster schreiben und in einem anderen surfen usw.).

Die zweit intelligenteste Computerfrage ist: »Wieviel RAM bekomme ich in den Mac? 32 MB? Vergessen sie es! In 32 MB kann ich nicht einmal Luft holen.«

Zeitungsanzeigen geben Ihnen oft beide dieser kritischen Zahlen (Speicher und Plattengröße), die durch einen Schrägstrich voneinander getrennt sind. Zum Beispiel können Sie lesen »Mac 128/27G«. Durch Ihren gerade neu gewonnenen Grips wissen Sie, dass dieses Modell 128 MB Speicher und eine 27 GB große Festplatte für dauerhafte Ablagen hat.

✔ **Modell des Prozessors.** Die dritte wichtige Größe ist der Name des primären Prozessor-Chips. Das Herz eines Macintosh ist ein rechteckiger Chip mit einem Durchmesser von etwa einem Zoll, der übrigens millionenfach von einer komplett anderen Firma hergestellt wird.

Die heutigen Modelle benutzen alle die berühmte PowerPC-Chip-Familie. Diese Chips haben im Laufe der Jahre immer wieder andere Namen gehabt – 601, 603, 604, G3, G4.

✔ **Geschwindigkeit des Prozessors.** Die Geschwindigkeit eines Chips ist mit dem Blutdruck vergleichbar. Er bestimmt, wie schnell sich die Daten durch die Maschine bewegen. Die Reichweite der Geschwindigkeit, gemessen in Megahertz, beträgt 8 (im ersten Mac von 1984) bis 500 oder mehr (in den neuesten Power Macs).

Ich habe mir jetzt den Kopf zerbrochen, um einen intelligenten und logischen Weg zu finden, das folgende Phänomen zu erklären, aber ich bin echt überfragt. Ich werde es einfach Ihnen überlassen:

Ein Computer mit wesentlich mehr Megahertz ist nicht unbedingt schneller.

Ist das nicht merkwürdig? Es ist wahr. Sie denken jetzt vielleicht, dass ein 500 MHz-Power Mac lediglich genauso schnell ist wie ein Windows Pentium Computer mit 500 MHz. Dem ist nicht so! Der Power Mac wird um einiges schneller sein.

Die Widersprüchlichkeit kommt daher – sind Sie bereit dafür? – dass Sie die Megahertzangabe *verschiedener Chips* nicht vergleichen können! Im vorangegangenen Beispiel nutzen Power Macs einen Chip namens G4, IBM-kompatible Computer benutzen einen Chip namens Pentium.

Hier kommt die menschlichste Tatsache, die Sie in dem gesamten Buch lernen, aber auch eine der wichtigsten: Megahertzangaben sind lediglich für Vergleiche zwischen identischen Chips nützlich. Sie können die Megahertzangabe eines G3- und eines G4-Chips nicht vergleichen, auch nicht zwischen einem PowerPC und einem Pentium. Auch wenn einige Ihrer Freunde das vielleicht des Öfteren tun.

So, wie um alles in der Welt können Sie annehmen, einen Computer zu kaufen, wenn es keine Zahlenangabe gibt, die direkt die Geschwindigkeiten vergleicht? Mit größten Anstrengungen. Das letzte Modell eines Chips ist immer auch das schnellste. Die höchste Anzahl an Megahertz für einen bestimmten Chip ist immer auch die schnellste.

Die Produktlinie

Seitdem Macintosh das erste Mal auf der Bildfläche erschienen ist, hat es mehr als 150 verschiedene Modelle gegeben. Heutzutage gibt es nur fünf: Drei teure (Power Mac, G4 Cube und das PowerBook) und zwei günstigere (iMac und iBook). Jedes Jahr bringt Apple neue Versionen dieser Modelle heraus und jedesmal sind sie schneller und besser. Das Grundlegende bleibt immer gleich. Alle sehen blendend aus, laufen extrem schnell und können mit einer AirPort-Karte an ein drahtloses Netzwerk angeschlossen werden, wie es in Kapitel 14 beschrieben ist. Und alle werden hier kurz beschrieben. Für weitere Details schauen Sie einfach unter www.apple.com nach.

Power Macintosh

Der führende Mac dieser Tage ist ein Tower-Rechner, freistehend, aus lichtdurchlässigem Plastik, mit abgerundeten Ecken und zwei aufgesetzten Tragegriffen. Die Kennzeichen eines Power Macs sind Geschwindigkeit und die Erweiterungsmöglichkeiten. Er hat eingebaute Erweiterunganschlüsse, wo eingefleischte Computerfreaks diverse Zusatzteile für spezielle Bedürfnisse anschließen können (für Filme, Musikbearbeitung, Netzarbeit usw.). Glücklicherweise ist es ziemlich einfach, diese Erweiterungen auszuführen. Die gesamte Seitenwand eines Power Macs lässt sich wie eine Zugbrücke öffnen und bringt den gesamten Inhalt zum Vorschein.

Power Mac G4 Cube

Diesen Rechner können Sie sich nicht anschauen, ohne die Fassung zu verlieren. In seinem Inneren hat er die Geschwindigkeit und die Pferdestärken des Power Macs, wie im vorangegangenen Absatz beschrieben. Die äußere Hülle bildet ein durchsichtiger Acrylrahmen, in dem ein acht Zoll großer Würfel wie in der Luft zu schweben scheint. (Fotos dazu können Sie sich unter www.apple.com ansehen.) Sie müssen nicht einmal die Power- und Schlaftaste auf der Oberfläche des Würfels betätigen, denn er reagiert auf Berührungen.

Wenn dieser prächtige, leistungsstarke und ultrakompakte Rechner mit durchsichtigem Acryl umhüllt ist, wo legen Sie dann eine CD oder DVD ein? In den oberen Teil – senkrecht, was den

Ur- Urgroßvater des G4 Cubes ins Gedächtnis zurückruft: den Toaster. Die Kabel für USB, FireWire, Strom und Monitor sind darunter befestigt. Genauso wie die beiden Harmon-Kardon-Lautsprecher auf jeder Seite des Würfels, die wie kleine durchsichtige Acryltennisbälle aussehen.

Der Preis für solch einen Würfel liegt zwischen dem eines iMacs und eines Power Macs. Er ist für die Leute genau richtig, die die Schnelligkeit und Leistungsstärke des Power Macs mögen, jedoch nicht seine Erweiterungsanschlüsse, den Preis oder seine Größe. Er ist das Richtige für diejenigen Leute, die zuerst einen Blick auf das Ding werfen und dann ungläubig ihre Hände beim Zücken der Visacard beobachten, als wenn diese einen eigenen Verstand hätten.

PowerBook

PowerBooks sind tragbare Laptop-Macs. Sie sind dunkelgrau, zwei Zoll dick, wiegen etwa sieben Pfund und sind fast immer genauso schnell wie ein Power Mac. (Werfen Sie einen Blick in Kapitel 17, dort finden Sie weitere Knüller über das PowerBook.)

Es ist nicht ganz so komfortabel, auf einem PowerBook zu schreiben, wie auf einem Desktop-Mac, und Sie können es nur mit größeren Anstrengungen erweitern. Für jeden der viel reist, ist so ein PowerBook jedoch unentbehrlich. Und ein PowerBook ist definitiv der Mac, den Sie haben sollten, um die Aufmerksamkeit anderer auf sich zu ziehen.

Ein PowerBook besitzt einen speziellen Kartensteckplatz – wie der Schlitz in einem Geldautomaten, wo Sie Ihre Karte einstecken. In früheren Tagen war es möglich eine PC-Karte einzuschieben, die dem Laptop dann ein Modem verpasst hat, eine Netzwerkkarte oder einen Anschluss für einen Videoausgang. Heutzutage werden alle diese Features direkt in den Rechner eingebaut. Die meisten lassen ihren PC-Steckplatz leer.

iMac

In der gesamten Geschichte von Apple erregten nur wenige Macs mehr Spannung und Erwartungen als der iMac. Es ist ein kompakter, zweifarbiger, einteiliger und sehr erfolgreicher Macintosh, der die Form einer kleinen, rundlichen Pyramide hat. Seine durchsichtige Kunststoffverschalung erlaubt Ihnen einen schattenhaften Einblick auf die Hardware im Inneren, die Maus und die Kabel. (Sie können einen iMac in der Farbe Ihrer Wahl kaufen.)

Trotz seines günstigen Preises bietet der iMac hervorragende Technologie. Er ist ausgestattet mit einem schnellen G3-Prozessor, einer großen Festplatte, einem schnellen CD-ROM-Laufwerk, einem 15-Zoll-Monitor, einem 56K-Modem und (in den DV-Modellen) FireWire (siehe Kapitel 9).

Wenn Sie sich jetzt sehnlichst noch ein paar weiter Detailinformationen wünschen, schauen Sie sich »*iMac für Dummies*« an (vom selben Autor und im selben Verlag).

iBook

Wenn Sie sich an den Gedanken an einen Laptops schon gewöhnt haben, der Startpreis von rund 5000 DM für ein PowerBook für Ihren Blutdruck jedoch ein wenig zu hoch ist, dann ziehen Sie seinen wesentlich günstigeren Cousin in Betracht: Das iBook. Dieser Rechner wurde als tragbarer iMac geschaffen. Auch dieses Gerät bietet eine Auswahl an Farben, ein kurviges und glänzendes Design und einen sehr schnellen Chip für nicht allzu viel Geld.

Es ist auch extrem stabil konstruiert. Seine Hülle besteht aus kugelsicherem Kunststoff mit einem griffigen Gummiüberzug. Außerdem (wie in Kapitel 15 schon angemerkt) besitzt das iBook keine Riegel und Klappen, die in Ihrem Rucksack oder der Handtasche kaputt oder verlorengehen könnten.

Wo Sie Ihren Mac kaufen

Ich vermute, dass Sie nicht zu der Steuerklasse von Donald Trump gehören. Und ich nehme auch an, dass Sie nach so viel Mac wie möglich für so wenig Geld wie nötig Ausschau halten.

Bestellung per Post

Ein günstiger Weg einen neuen Mac zu bekommen, ist möglicherweise der, ihn bei Firmen per Post zu bestellen. Diese schalten große Anzeigen in Macintosh-Magazinen wie *Macwelt* und *MacUp* und verkaufen ihre Macs über das World Wide Web. Es ist klar, dass Sie dabei nicht so genau in den Angeboten herumstöbern können, deshalb wird, wenn Sie bei einer dieser Firmen anrufen, vorausgesetzt, dass Sie genau wissen, was Sie haben wollen.

Wenn alles glatt geht, kann die Bestellung per Post ein fairer Deal sein. Sie bekommen einen guten Preis und müssen nichts im Auto nach Hause transportieren.

Die Apple-Webseite

Ihren Mac bei www.apple.com zu kaufen, bedeutet, den vollen Preis für ihn zu bezahlen. Doch es eröffnet eine Möglichkeit, die bei all den anderen Quellen nicht vorhanden ist: Sie können Ihren Mac nach Ihren eigenen Bedürfnissen zusammenstellen. Sie können exakt angeben, welche Features Sie haben möchten: mehr Speicher, eingebautes Zip-Drive (bei Power Macs) usw. Normalerweise ist diese Vorgehensweise sehr angenehm, wenn Sie sich nicht an dem geringfügig höheren Preis stören.

Computerfachgeschäfte

Computerfachgeschäfte machen häufig sehr hohe Preise. Allerdings haben Sie dann auch jemanden, den Sie notfalls bearbeiten können, wenn etwas kaputt geht.

Wie können Sie gute Händler (und ihre Reparaturdienste) von schlechten unterscheiden? Da gibt es nur einen einzigen Weg: Fragen Sie herum. Natürlich hängt es davon ab, wo Sie wohnen, dennoch ist es leichter gesagt als getan, einige Empfehlungen zu bekommen. Wenn Sie nicht wissen, wen Sie fragen sollen, beginnen Sie zunächst damit, die nächstgelegene Macintosh-Nutzergruppe ausfindig zu machen.

Gebrauchte Macs

Letztendlich ist es auch möglich, einen gebrauchten Mac zu kaufen.

Es gibt drei Regeln, die Sie beachten sollten, wenn Sie gebrauchtes Equipment kaufen:

- ✔ Erstens entscheiden Sie, ob Sie die komfortable Apple-Garantie für Geldersparnisse umgehen wollen.
- ✔ Zweitens sollten Sie sicher gehen, dass der Preis auch wirklich niedrig genug ist, dass diese Einsparung auch wirklich sinnvoll ist ...
- ✔ Nicht zuletzt sollten Sie den Mac so gut wie möglich testen, bevor Sie ihn kaufen.

Kreditkarten

Wenn Sie schon auf den Kreditkartenzug aufgesprungen sind, hier noch ein Tipp: bezahlen Sie alles mit Ihrer Kreditkarte, besonders wenn Sie bei einem Versandhandel bestellen. Ihre Kreditkartengesellschaft wird die Rechnung nicht bezahlen, wenn Sie sie anfechten. Dies ist eine wirklich nützlicher Schutzpuffer zwischen Ihnen und dem Versandhändler, wenn man Ihnen das Falsche oder ein defektes Teil geschickt hat.

Ich habe die Verpackung entfernt! Was nun?

Einen Mac einzurichten, sollte nicht länger als fünf Minuten (wenn es ein Desktop-Mac ist) oder fünf Sekunden dauern (sollte es ein Laptop sein). Hier sind die Namen der Anschlüsse, die sich an der Seite eines typischen Mac befinden (in diesem Fall ein iMac):

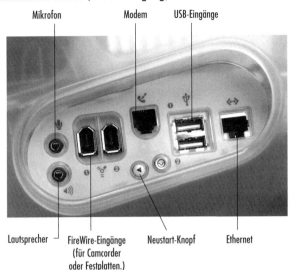

Das sind die Dinge, die Sie an den jeweiligen Verbindungen anschließen können:

✔ **Ethernet-Anschluss:** Ihr Netzwerk. Einen Laserdrucker.

✔ **USB-Eingänge:** Tastatur. Maus. Digitale Kamera. Scanner. Die meisten SuperDisk-Laufwerk.

✔ **FireWire-Eingänge:** FireWire Festplatte. Digitale Camcorder und Kameras.

Ergo... Ergonomie

Finden Sie als Erstes heraus, wo Sie das wohl teuerste Gerät, das Sie je gekauft haben, hinstellen wollen.

Zu guter Letzt noch ein Rat zu Ihrer Sitzgelegenheit: Falls Sie viel Zeit an Ihrem Mac verbringen, sollten Sie in eine gute investieren.

Anschließen

Wenn Ihr neuer Mac ein Laptop oder ein iMac ist, gibt es nicht viel vorzubereiten. Schließen Sie das Stromkabel an (und die Tastatur und die Maus des Macs). Sollten Sie einen Power Mac oder einen G4-Würfel haben, schließen Sie außerdem den Monitor an.

Den Mac einschalten

Schnell! Schlagen Sie Kapitel 1 auf!

Weitere Schätze

Zeitschriften

Englische Zeitschriften

MacHome Journal

Für Anfänger, Studenten und alle, die den Mac zu Hause nutzen. Die Webseite finden Sie hier:

www.machome.com

Macworld

Nachrichten, Berichte und Analysen. Den Inhalt können Sie kostenlos lesen auf der Webseite:

www.macworld.com

MacAddict

Lustig, respektlos und mit vielen Spielen und anderen Dingen. Jede Ausgabe enthält eine prall gefüllte CD-ROM mit Neuheiten. Leider nicht über das Web zu lesen, trotzdem hier die Adresse:

www.macaddict.com

Deutsche Zeitschriften

MacWelt Nachrichten, Berichte und Analysen. Den Inhalt können Sie kostenlos lesen auf der Webseite:

www.macwelt.de

MacUp

Nachrichten, Berichte und Analysen. Den Inhalt können Sie kostenlos lesen auf der Webseite:

www.macUp.com

Mac Easy

Mit vielen Spielen und anderen Dingen. Jede Ausgabe enthält eine prall gefüllte CD-ROM mit Neuheiten.

User Groups

Mehr darüber finden Sie auf der deutschsprachigen Apple-Webseite:

www.apple.com/de/usergroups

Online bestellen

Auf der deutschen Webseite www.apple.com/de finden Sie den Apple Store, Hardware- und Software-Angebote und mehr über den Mac.

Hier außerdem noch einige weltweite Adressen, falls Ihnen das nicht genügt:

MacConnection

www.macconnection.com

MacWarehouse

www.macwarehause.com

Mac Zone

www.maczone.com

Cyberian Outpost

www.outpost.com

Shopper.com

Eine Webseite mit der Preisübersicht aller Online-Händler. Hier können Sie sich schnell informieren und unter Umständen eine Menge Geld sparen.

Die Mac Webseiten

MacSurfer

Unter der Adresse www.macsurfer.com finden Sie aktuelle Veröffentlichungen über Macs aus amerikanischen Zeitung und Zeitschriften.

Macintouch

www.imacintouch.com

TheMac.com

www.theimac.com

Macworld.com

www.imacworld.com

MacCentral

Neuheiten, Updates, Tricks und Produktneuheiten – einfach alles über den Mac finden Sie unter www.imaccentral.com

SiteLink

Eine Webseite, die Sie mit anderen Webseiten über den Mac verbindet: www.sitelink.net – da können Sie sich bis ins hohe Alter tummeln.

MacOS Rumors

Die Bibel der Macintosh-Welt – alles über die Geheimnisse von Apple:

www.macosrumors.com

Viele weitere Webseiten

Das Web ist voll von Seiten, die sich mit dem Mac beschäftigen und die von einem oder zwei Enthusiasten ins Netz gestellt und betreut werden. Wie zum Beispiel Mac2day, MacOnline, DailyMac, EverythingMac und so weiter. Die Webadresse ist übrigens immer gleich: www:_com – einfach den jeweiligen Namen ohne Leertasten eingeben.

Stichwortverzeichnis

A

abgestürzt 322
ActiveX Controls 258
ADB-Anschluss 293
Administrator 288
Adresse 141-148, 151, 154, 156
AirPort 268, 293, 300-305
aktualisieren 349
Album 63, 246, 266
Albumdatei 266
Alegbra Graph 245
Alias 272, 273, 274, 291
Alias-Datei 245, 274
Allgemeine Einstellungen 72, 252, 254, 255
Allgemeine Information 270
Alt-Taste 284
America Online 305
Anfänger 127, 130
anhängen 164, 165
Anlage 326
anmelden 130
Antenne 300, 304
Antialiasing 247
Anwendung 95, 323, 325-327
Anwendung/Programm nicht gefunden 341, 342
Anwendungsprogramme 66
AOL 121, 123-126
Appel Enet 258
Apple CD/DVD-Treiber 258
Apple Color 258
Apple DVD Player 244
Apple Extras 244, 245, 253
Apple LaserWriter 110
Apple Monitor Plugins 258
Apple QD3D 258
Apple StyleWriter 109
Apple System Profiler 244
Apple Umgegbungsassistent 253
Apple-Bibliothek 360
Apple-Hilfe 258, 359
Apple-Menü 348

Apple-Menü Order 244
Apple-SOS 360
Apple-Umgegbungsassistent 260
AppleCD Audio Player 245
AppleDouble 166
AppleScript 245, 258
AppleShare 258
AppleTalk 249
AppleWorks 62, 207, 235, 325
Arbeit verloren 46
Arbeitsspeicher 43, 46, 328
ATI 258
ATM 249
Attachement 164, 165, 166
Audio CD 249
Auflösung 235, 240, 241, 253, 276
Aufspringende Ordner 274
Ausblenden 270, 271
Ausschalten 30
Ausschaltobjekte 265
Ausschneiden 69
Ausschnitt 240, 241
Ausstattung 268, 269
Auswahl 79, 85, 106, 245, 252, 265
Auswahlrahmen 239, 240
Auswerfen 30, 100
automatischer Zeilenumbruch 75

B

Back up 98, 101
Bandbreite 146
Base64 166
Basis-Station 301, 305
Batterie 335, 336, 342
Beheben von Konflikten mit
    Systemerweiterungen 323
Benutzer & Gruppen 257
Betriebssystem 279, 287
Bild auf die Webseite stellen 241
Bild positionieren... 277
Bildausschnitt 239

Bilder 84
    ausdrucken 241
Bildfläche 238
Bildschirm 269-272, 275-278, 281-283, 290
Bildschirm ist zu klein 338
Bildschirm »tanzt« 339
Bildschirmauflösung 275
BinHex 166
Briefkopf 221
Browser 133, 142, 143, 146-148, 150, 153

C

CarbonLib 258
Casio 366
CD vibriert 336
CD-Laufwerk 337
CD-ROM 57, 62
Chatroom 128, 129
ClarisWorks 83
Clipboard 265
ColorSync 249, 259, 263
Computer neu starten 322
Computer-Alptraum 321
Computerviren 326
Conflict Catcher 345, 349
Cookie 146
CrossOver-Kabel 296
Cursor klebt 322
Cyber 124

D

Darstellung 275, 276, 279, 280, 284, 291
Darstellungsgröße 75
Datei
    abgleichen 251
    empfangen 166
    öffnen 45
    sichern 73, 89
    suchen 104
Dateiformate 235
Datenbank 83, 208, 209
Datenbankinformationen 207
Datenträger 100, 102
Datum & Uhrzeit 251, 262
Defragmentieren 329, 330

Desktop Print 259
Desktop Publishing 73
Dial-Assist 251
Dialogbox 89, 90
Dialogfelder 112
Digitalkamera 235, 239, 294, 295, 366, 379
DIN A4 Druckfläche 117
Diskette 100, 101
DiskExpress 351
DNS Entry not found 327
DNSPlugin 259, 262
Dokumente 85, 89, 92, 95, 100, 246, 249, 252, 254, 265
Domäne 147
Doppelklick 73
    funktioniert nicht 338
DOS-Disketten 251
DOS-Format 251
DOS-Wechselplatten 251
Download 130, 135-138, 147
    Image to Disk 236
dpi 118
Drag&Drop 79, 82
Drahtlos
    ins Internet 300
    surfen 303
DrawSprocketLib 259
Drucken 163
Drucker 294, 295, 298, 334
Druckeranschluss 293
Druckerauswahl 249, 250, 253
Druckerbeschreibungen 261
DSL 123
DVD 244, 258, 259, 263
DVD-Laufwerk 130, 332, 337

E

E-Mail 127, 131, 159
E-Mail-Adresse 168
eigene Farben 278
eigene Symbole 276
Einblenden 270
Einfügen 61, 66-69, 277, 285
Einfügepunkt 75, 76, 78, 81
eingefroren 342, 343
Einschaltknopf 332, 334

Stichwortverzeichnis

Einsetzen 69
Einstellmöglichkeiten 289
Einstellungen 75, 83, 85-87, 92
einwählen 121
Einwahlnummern 126
elektronische Pinboards 131
elektronische Post 159
EM-Erweiterung 259
Empfänger 128, 129, 160, 163, 166
Energie sparen 72, 251
Enter 284
entpacken 136
Epson 107
Epson Stylus 259
Erase before restoring 350
Erkunden nach Symbolen 126
Error 404 327
Erscheinungsbild 72, 244, 247-249, 277-279
Erste Hilfe 333
Erweiterungen 244, 250, 251, 259, 262, 323
Erweiterungsfeld 34
Ethernet 268, 293, 295-299, 301, 304, 305
Ethernet-Anschluss 301
Etikett 247, 278
Excel 165
externes Laufwerk 99

F

Farallon iPrint 108, 109, 110
Farbauswahl 259
Farbkreis 259
Farbprofile 253
Farbtiefen 253
Fax-Browser 375
Faxe empfangen 376
Faxe verschicken 374
FaxMonitor 259
FaxStatus 245
FAXstf 375, 376
Fehler-Übersicht 321
Fehlerbehebung 319, 321-323
Fehlermeldung 324, 325, 327-332
Fehlersymptome 321
Fenster 25, 269
Fenster-Voreinstellungen 279
Fensteransicht 281

Fensterinhalt 34, 281
Festplatte 41-47
   defragmentieren 350
Festplattenspeicher 41, 43, 47
File Exchange 72, 251
File Sharing 245, 249, 251, 258
FileMaker 62, 165
Filme abspielen 373
Filmkamera 370
Find by Content 259
Finden nach Inhalt 103, 104
Finden-Befehl 278
Finder 246, 255, 265
   Darstellung 255
   Fehler 335
   im Hintergrund anzeigen 255
   Präferenzen 324
FireWire 257, 259
   Kabel 239
FKEYs 252
floating window 247
Floppy Disks 98, 99
   Laufwerk 98, 293
FontSync-Erweiterung 260
formatierte Platte 99
Fotokopierer 237
Fotoretuschen 73
Fotos ausdrucken 379
FTP 121
Funktionstasten 252, 285, 286

G

Gemeinsame Nutzung ermöglichen 299
GIF 147, 165, 278, 325
Grafiken 84, 207
Größenfeld 34

H

Harmon/Kardon Subwoofer 368
Herunterladen 122, 256
Hewlett-Packard 107, 108
Hilfe 124, 127, 281, 284, 341
Hintergrund 113, 277, 278
Home 283, 284
Homepage 141, 146, 152, 153

HP LaserJet 110
hqx 136, 137
HTML 147, 148
    RenderingLib 260
Hub 298

I

ICeTEe 260
Indeo Video 260
Indexing Scheduler 259
Information 270, 277, 291
Input-Sprocket 260
Installations CD-ROM 244
installieren 323-325, 331, 333, 336
Instant Messages 129
Instant Palm Desktop 260
Internet 73, 119, 143, 235
    Assistent 245
    Explorer 348
    Hilfsprogramme 245
    Preferences 348
    Provider 245
    Service Provider 123, 131
    Shops 63
    Surfer 149
    Verbindung 286
    Zugang 123, 124, 133, 245, 246, 251, 252
Iomega-Treiber 260
ISDN-Anschluss 300, 301
ISP 123, 124, 129-133

J

Java 147
Joystick 294, 367
JPEG 147, 165, 278, 325
    Format 241

K

Kalibrierungs-Assistent 259
kein Bild 332
kein Ton 332
KickStarter 253
KlickStarter
    Objekte 265

Klickstarter 74, 75
Kodak 366
Kommunikation 304
konfigurieren 130
Kontext-Menü 59, 247, 259
Kontrollfeld|AppleTalk 296, 297
Kontrollfeld|File Sharing 296, 297, 299
Kontrollfelder 61, 70, 72, 243, 245, 247-251, 256, 259, 264, 347
Kontrollleiste 33, 247, 249, 250, 259, 275
Kontrollleisten-Erweiterung 259
Kontrollleistenmodule 247
Kopfhörer 333, 367
Kopieren 61, 66, 68, 69, 100, 105
kostenlose Hilfe 360

L

Language & Region Support 265
Laserdrucker 107, 108, 110, 111
Lautsprecher 294, 303, 367
Lautstärkeregelung 249, 378
LCD-Projektor 369
LDAP 260
Lesezeichen 147, 156
letzte Änderung 93
Leute 126, 129
Lexikon 127, 152
Link 141, 144, 148
Liste 37
Listenansicht 282, 283
Listenmenü 90
Löschen 284

M

Mac
    Hilfe 253, 284
    Tastatur 283, 284, 285
Mac OS 279, 287
Mac OS 8.1 150
Mac OS 8.5 34, 35, 150, 322
Mac OS 9 21, 34, 35, 287, 327, 360, 361
Mac OS ROM 157, 266
Mac OS X 359
Mac-Hilfebefehl 260
MacFixit 360

Stichwortverzeichnis

MacinTalk 260
Macintosh-Computer 165
Macintosh-Programme 137
Macromedia 260
Mail 245, 246, 252, 260, 262
Mailordner 128
Malen 208
Maus 64, 337
Mauscursor 77, 78, 79, 81
Mauszeiger 76, 80
Mehrere Benutzer 255, 261, 287-290, 327
Menü Ablage 272, 273, 277, 299
Menü Bearbeiten 277
Menüleiste 251
Microsoft 260
Microsoft Excel 62, 284
Microsoft Internet Explorer 141, 143
Microsoft Word 62, 165
MIDI 368
Mikrophon 294
MIME 166
Mini-Symbol 281, 282
Mitglieder 125, 128, 129, 133
Modem 122-125, 130, 141, 148, 251, 253, 260-262, 294, 300, 301
   Anschluss 123, 293, 301
   Preferences 348
Monitor 71, 253, 255, 263
Monitorauflösung 249
Monitore & Ton 332, 333, 378
Monitorfarbtiefe 249
Monospace-Schriften 116
MRJ Libraries 261
Müll-Mailer 167, 168
Multiprocessing 261
Multitasking 66, 270
Musik 368
Musik-CDs 371

N

Nachricht 122, 128-133, 160, 162-168
NBP Plug-Ing 261
Netscape 159
   Communicator 154
   Navigator 133, 138, 141, 143, 150, 155

Netzwerk 111, 148, 245-253, 257-262, 300
   Browser 297-305
   Kabel 304
neu installieren 347
Neustart 75, 92, 322, 324, 330-333, 342-345, 349, 350
News 126, 132, 133
Newsgroups 131-133
Newsserver 133
nicht auswerfen 335
nicht umbenennen 335
Norton 56
Norton Utiles 333, 351
Notizblock 63-69, 73, 74, 79-83, 105, 245, 266
Notizblockdatei 266
Notizzettel 246, 247
Nützliche Scripte 245, 258

O

Objektinformationen einblenden 344
Olympus 366
Online 121-133, 135, 147, 148
Open GL 261
Open Transport 258, 261, 262
Optionen 248, 249
Options-Taste 269, 272, 284
Ordner Application Support 263
Ordner Favoriten 264
Ordner Hilfen 264
Ordneraktionen 259
Organisationsstruktur 93
Originaldateien 274
Outlook Express 132-135, 159-161, 166

P

Palm Desktop 62
PalmConnect 261
PalmPilot 376
Papierkorb 49, 55, 270, 282
   entleeren 270
Parameter-RAM 333, 342
Passwort 296-300, 302-304
   prüfen 125
Peripheriegeräte 295

PhotoDeluxe 237, 240, 241
PhotoShop 138, 165, 278
PICT 278, 325
Picture Viewer 236, 237
Platinum Klänge 248
Plugin 148, 154
Posteingangsfeld 166
PostScript 110, 115
PowerPoint 165
Präferenzdatei 324
Präferenzenordner 324
PRAM 342
Präsentation 208
Preferences 263, 347
Printer Share 261
Printing Lib 261
PrintMonitor 261
Probleme 323, 334-336, 337
Programm nicht gefunden 325, 326
Programm-Umschalter 275
Programme 74, 79, 83, 85, 91, 94-98, 244-246, 249, 252, 253, 257, 258, 263
Programmfenster 270, 272
Programmiersprache 147
Programmumschalter 258
Projektor 369
Proportionale Rollbox 248
Proportionalschriften 116
Punkte per inch 118

Q

QuickDraw 3D 258, 262
QuicKeys 285
QuickTime 249, 255, 262

R

RAM 43-45, 47, 345
RAM-Doubler 330
Ränder 83
Rechner 64-68, 70, 245
Remote Access 246, 255, 348
reparieren 252
Restart-Knopf 343
Restore in Place 349

Return 284
Rollbalken 248, 255
Rollbox 248
Rubriken 151

S

scannen 278
Scanner 235, 294, 365
schlafen 30
schließen 93, 97, 102
Schließfeld 34, 94
Schlüsselbund 253
Schnell-beenden 322
Schnittstellen 293-296
Schreibtisch 25-29, 31, 36, 37, 236, 241, 244, 247-251, 255, 259, 265, 272, 276, 277, 289
  aktualisieren 335
  Hintergrund 235
  Programme 63, 64
  Zubehör 61
Schreibtischdatei 341, 342
  aufräumen 341, 342
  neu anlegen 337
Schriftart Symbol 117
Schriftarten 83-86, 105, 279
Schrifteneinstellungen 83, 347
Schriftform 83
Schriftgröße 83, 85
Schwarz/Weiß-Abbildung 239
Scroll-Leisten 34, 248
Scrollbalken 105, 281
SCSI 293, 294, 295
Security 262
senden 121, 128-132, 134, 160, 164-166, 168
Seriell Modul 262
Serifen 117, 118
Server 146-48, 246, 249, 257
Service Provider 148
Servicepauschale 360
Setup Assistenten 159
Shared Library 257, 262
Shareware 63
ShareWay IP Personal 262
Sherlock 101-104, 149-152, 157, 246, 259, 260, 263, 265

Stichwortverzeichnis

Sherlock 2 246
Shopping 126
Sicherheitskopien 98, 99
Sichern 73, 87-90, 92, 96, 97, 236, 241
SimpleSound 246
Singen 373
Sites 147
SlotIn 57
SLPPlugin 262
Smileys 148
Sofort-Beenden 342
Software Aktualisierung 256, 262
Software installieren 347
SoftWindows 137, 378
SOMobjects 262
Sonderzeichen zeigen 83
Sony 366, 367
Sound Manager 262
Speech 72, 257, 262, 372
Speicher 41, 44, 46, 251, 253, 323, 329-331, 336
Speicherkapazität 328
Speicherplatz 323, 327-331
   zuweisen 345, 346
   zuweisen für ein Programm 323
Speicherplatzbegrenzung 327
Spezial 29, 56, 57, 58
Spezial-Menü 30
Spiegelreflexkamera 366
Sprachidentifizierung 263
Sprechen 372
Startadresse 154
Startbildschirme 235
Startobjekte 265, 334
Startprobleme 332
Startseite 146
Startvolume 257
StuffIt 166
Stummschaltung 333
Suchbegriff 126
Suchen-Button 145
Suchmaschine 145, 149, 157
SuperDisk 369
Surfen 141, 146
Switch 298
Symbole 49, 54, 57, 276-279, 324, 335
System 244, 257, 265
Systemabsturz 250, 252, 322, 323

Systemerweiterungen 250, 323, 343, 348
Systemordner 243
   schützen 327
Systemstillstand 323

T

T-Online 121, 245, 246, 261, 348
Tabellen 83
Tabellenkalkulation 208
Tabulator 83, 112
Tastatur 63, 246, 294
Tastatur-Kurzbefehle 49, 69, 291
TCP Verbindung hinzufügen 305
TCP/IP 121, 148, 257
   Preferences 348
TechTool Pro 333
Telefonanlage 123
Telefonanschluss 296, 300
Telefonleitung 122, 136
Temporary Address 375
Text 207, 246, 257, 262
   auswählen 65
Textclip 82
Textverarbeitung 73, 82, 208
Themen 150, 151
Tintenstrahldrucker 107
Titelleiste 34, 148, 151, 275, 281, 282
Ton 71, 246, 255
Toneingabe 249, 378

U

UDF Volume 263
Uhr 335
Uhrzeitsynchronisierung 262
Umax Astra 1220 237
Universal Serial Bus 293
Upgrade 360, 361
URL 143, 148, 263
USB 257, 293
   Anschluss 108
   Anwendungen 294
   Druckerkabel 108
   Eingänge 237
   Kabel 108
   Schnittstelle 108, 257

V

Verbinden 245
Verbindung
    trennen 133
verlorene Arbeit 92
VirtualPC 137, 378
virtueller Speicher 44, 331
Virus 148, 326
Vorschau 238

W

Wahl-Taste 284
Warnmeldung 323
Web Sharing 257, 263
Web-Adressen 121, 143, 149, 153
Web-Browser 133, 142, 153, 245
Webdesigner 147
Webnamen 128
Webseite 143
Wechselplatten-Laufwerke 257
Wegwerfen 163
Weiterleiten 163
Weltkarte 72, 253
Widerrufen 69
wiederfinden 92
Windows PC 165
Windows Programme 137, 378
Word 98 117, 118
World Wide Web 121, 148
Wortzwischenraum 78, 83

Y

YAHOO 145, 146, 149

Z

Zeichenkonzepte 219
Zeichensätze 115, 247, 348
Zeichnen 208
Zeilenschaltung 83, 84
Zeilenumbruch 76, 77, 84
Zeitschriften 391
Ziehen und Ablegen 73, 79
Zip 136, 369
Zugang 159
Zugangsberechtigung 327
Zwischenablage 276, 284

Mac für Dummies – Schummelseite

Was Sie haben

Um herauszufinden, über wie viel Speicherplatz und über welche Software-Version Ihr Mac verfügt, wählen Sie ÜBER DIESEN COMPUTER aus dem -Menü (siehe Kapitel 1). Tragen Sie die Antworten hier ein.

Ihre Mac OS Version _____
Eingebauter Speicher _____

So überleben Sie die erste halbe Stunde

Die folgenden Informationen benötigen Sie nur für den Beginn Ihrer Mac-Karriere – aber Sie brauchen sie nun mal.

Den Mac einschalten

Drücken Sie den Ein/Aus Knopf. Das ist der runde Knopf in der rechten oberen Ecke Ihrer Tastatur (siehe Kapitel 1).

Den Mac ausschalten

1. Speichern Sie Ihre Arbeit auf die Festplatte mit dem Befehl SICHERN aus dem Menü ABLAGE.
2. Drücken Sie den runden Ein/Aus Knopf auf Ihrer Tastatur.
3. Klicken Sie AUSSCHALTEN im Dialogfenster.

Tastenkürzel zur Fehlerbehebung

Der Mac ist eingefroren, aber die Maus lässt sich noch bewegen: Drücken Sie die Tastenkombination ⌘+⌥+Esc und klicken Sie dann den *Schnell-Beenden-Button*. Speichern Sie Ihre Arbeit in jedem Programm und starten Sie dann den Mac neu. (Das funktioniert in der Hälfte der Fälle. Falls nicht, lesen Sie weiter.)

Der Mac ist komplett eingefroren: Starten Sie ihn neu, indem Sie den Ein/Aus Knopf für ca. 6 Sekunden drücken. Falls das nicht hilft, drücken Sie den *Restart-Knopf* an der rechten Seite des Mac. Bei neuen Macs ist der Restart-Knopf mit einem nach rechts zeigenden Pfeil versehen. Bei den älteren Modellen drücken Sie eine gerade gebogene Büroklammer in das kleine, mit einem Pfeil versehene Loch. Fall keiner dieser Schritte zum gewünschten Ergebnis führt, ziehen Sie den Stecker heraus. Stecken Sie dann den Stecker wieder ein und starten Sie den Mac.

Alle Symbole erscheinen schwarz: Drücken Sie beim Starten des Mac die Tastenkombination ⌘+⌥. Wenn Sie gefragt werden, ob die Schreibtischdatei neu angelegt werden soll, klicken Sie OK.

Ein Verbindungsproblem wird gemeldet: Starten Sie den Mac mit gedrückter Shift-Taste bis Sie die Meldung sehen »Systemerweiterungen ausgeschaltet«. Jetzt arbeiten Sie nur noch die Grundfunktionen (kein Fax, keine Internetverbindung), aber der Mac läuft ganz sauber. In Kapitel 16 finden Sie weitere Hinweise, wie Sie danach weiter verfahren sollten.

Sie sind in Panik: Dann rufen Sie die Apple-Hotline an – 800-500-7078.

Mit Symbolen arbeiten

Eine Datei finden

Jede Datei, die Sie anlegen, wird durch ein Symbol markiert und üblicherweise in einem elektronischen Ordner abgelegt, der wie ein Dateiordner aussieht. Nun kann es aber vorkommen, dass Sie einmal eine Datei vermissen. Dann können Sie Folgendes tun:

1. **Wählen Sie Sherlock aus dem -Menü.**
2. **Geben Sie als Suchbegriff die ersten Buchstaben der von Ihnen vermissten Datei ein.**
   Sie müssen nicht unbedingt den vollständigen Namen eingeben – einfach nur so viel, um die Datei zu identifizieren. Groß- und Kleinschreibung wird bei der Suche ignoriert.
3. **Drücken Sie die Zeilenschaltung oder klicken Sie auf den *Finden-Button*.**
   Der Mac durchsucht alle Ihre Dateien und zeigt Ihnen danach eine Liste mit den Dateien, auf die Ihr Suchbegriff zutrifft. Klicken Sie einfach auf die von Ihnen gesuchte Datei (um zu sehen, wo sie liegt) oder doppelklicken Sie, um sie zu öffnen.

Eine Datei umbenennen

1. **Klicken Sie auf das Symbol (einmal) und drücken Sie die Zeilenschaltung.**
2. **Geben Sie den neuen Namen ein und drücken Sie die Zeilenschaltung.**

Ein Dateiname kann bis zu 31 Buchstaben lang sein. Einen Tippfehler bei der Eingabe können Sie einfach mit der Zurück-Taste korrigieren.

Eine CD-ROM einlegen

Halten Sie die CD am Rand (oder in der Mitte) mit dem Aufdruck nach oben.

Neue Macs: Schieben Sie die CD in den Schlitz an der Frontseite des Mac bis der Mac die CD von selbst einzieht.

Ältere Macs: Hat Ihr Mac einen Druckknopf unterhalb des Wortes Mac? Drücken Sie diesen Knopf, damit der CD-Schlitten entriegelt wird und ziehen Sie dann den Schlitten heraus. Legen Sie die CD ein und schieben Sie den Schlitten wieder zurück.

Unabhängig vom Mac Modell erscheint das Symbol der CD auf Ihrem Schreibtisch.

Eine CD oder eine andere Platte auswerfen

Ziehen Sie das Symbol auf den Papierkorb. Oder klicken Sie das Symbol einmal an und wählen Sie den Befehl AUSWERFEN aus dem Menü SPEZIAL.

Eine Datei auf eine Platte kopieren

Sie können keine Symbole auf eine CD ziehen. Wenn Sie ein Floppy Disk Laufwerk, ein Zip Laufwerk oder andere Plattenlaufwerke für Ihren Mac gekauft haben, ziehen Sie das Symbol der Datei (siehe Abbildung) einfach auf das Symbol des Speichermediums. Der Rest geht von alleine.

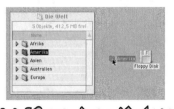

Mac für Dummies – Schummelseite

Wofür diese kleinen Kontrollfelder gut sind

Die Leute von Macintosh nennen dieses Feld ein Dialogfenster, weil der Mac hier Fragen stellt, die er gerne beantwortet hätte. Und hier sind die typischen Elemente eines Dialogfeldes.

Optionsknöpfe

Hintergrunddruck: ○ Aus (Ausgabe direkt zum Drucker)
● Ein

Der Name ist angelehnt an die typischen Wähltasten an einem Autoradio, bei denen immer nur eine gedrückt sein kann. Logischerweise kann auch beim Mac immer nur einer der Optionsknöpfe angewählt sein.

Makierungsfelder

☑ Kopien sortieren

Damit können Sie einstellen, welche Funktion ein- oder ausgeschaltet ist. Einmal klicken aktiviert das Feld (X), noch einmal klicken schaltet die Funktion wieder aus.

Textfelder

Hier sollen Sie Text eingeben. Um von einem Textfeld zum anderen zu gelangen, klicken Sie entweder mit der Maus in das neue Feld oder benutzen Sie die Tabulatortaste.

PopUp-Menüs

Wenn Sie dieses Bild sehen, handelt es sich um ein so genanntes PopUp-Menü. Zeigen Sie auf den Text, halten Sie die Maustaste gedrückt und treffen Sie Ihre Auswahl aus dem Menü, das nach unten aufspringt.

Eingabeknöpfe

Jedes Dialogfeld hat einen oder zwei deutlich sichtbare Eingabeknöpfe (gewöhnlich OK oder Beenden), mit denen Sie das Dialogfenster wieder schließen bzw. den Dialog verlassen können.

Wenn Sie auf OK (oder Drucken, Fortfahren oder was immer auch auf dem Eingabeknopf steht) klicken, wird der Vorgang ausgeführt, den Sie im Dialogfenster spezifiziert haben. Klicken Sie BEENDEN, wenn Sie den Dialog verlassen wollen und es wird so sein, als hätten Sie diesen Befehl nie gegeben.

Sehen Sie den kräftigen Rahmen um den Eingabeknopf DRUCKEN in der oberen Abbildung? Wenn Sie diese Entscheidung treffen wollen, müssen Sie nicht unbedingt die Maus benutzen, sondern Sie können stattdessen auch die ↵-Taste benutzen.

Mit mehreren Programmen arbeiten

Mit dem Mac können Sie gleichzeitig mit mehreren Programmen arbeiten. Wenn Sie zu viele Programme gleichzeitig geöffnet haben, erhalten Sie eventuell die Meldung, dass nicht genügend Speicherplatz vorhanden ist. Dann können Sie wie folgt vorgehen:

Stellen Sie zunächst fest, welche Programme geöffnet sind

Zeigen Sie mit dem Cursor auf das Symbol rechts oben auf Ihrem Bildschirm und drücken Sie die Maustaste. Das Menü ANWENDUNGEN springt auf und zeigt Ihnen alle geöffneten Programme. Das Programm, mit dem Sie gerade arbeiten, ist dabei mit einem Haken gekennzeichnet und erscheint auch im Menütitel.

Programme schließen, um Speicherplatz freizugeben

1. Wählen Sie das Programm aus dem Menü ANWENDUNGEN.
2. Wählen Sie den Befehl SCHLIESSEN aus dem Menü ABLAGE.

Mit den Mac-Fenstern arbeiten

Öffnen oder Schließen eines Fensters

Jedes Fenster war einmal ein Symbol, das Sie mit einem Doppelklick geöffnet haben, um zu sehen, was sich dahinter verbirgt.

1. Doppelklicken auf ein Symbol öffnet das dazugehörige Fenster.
2. Um das Fenster zu schließen, klicken Sie in das Schließfeld in der linken oberen Ecke.

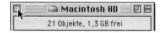

Verdeckte Symbole sichtbar machen

Wenn ein Fenster zu klein ist, um den gesamten Inhalt anzuzeigen, sehen Sie am Fuß bzw. an der Seite graue Scrollleisten.

1. Zeigen Sie mit dem Cursor auf einen der kleinen schwarzen Pfeile an der Scrollleiste und drücken Sie die Maustaste (unten links). Die Fensteransicht wird in die Richtung verschoben, in die der Pfeil zeigt und Sie sehen, was sich noch alles im Fenster verbirgt (unten rechts).

2. Um das Fenster so zu vergrößern, dass gleichzeitig der gesamte Inhalt gezeigt wird, klicken Sie einfach in das Erweiterungsfeld.

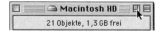